U0165921

圖解
系列

圖解

社會工作管理

陳思緯 著

閱讀文字

理解內容

觀看圖表

五南圖書出版公司 印行

本書目錄

■ 第 ③ 章 ■ 社會工作的規劃與決策

第 6 章　社會工作的組織管理

第 7 章　社會工作的人力資源管理

第 8 章　社會工作的績效管理

第 12 章　社會工作的資源、網絡、團隊管理

第 13 章　社會工作的行銷管理

第 14 章　社會工作的資訊管理

第 15 章　社會工作的變革、衝突、創新管理

第 16 章　社會工作的風險、危機管理

第 17 章　社會工作的方案管理

第 1 章

社會工作管理的入門

●●●●●●●●●●●●●●●●●●●●●●●● 章節體系架構

Unit 1-1
管理的意涵

「管理」（management）係指透過一系列的活動或過程，善用組織資源，以有效率與有效能的方式達成組織的任務或目標。「管理」是一種有計畫、有組織和命令、監督、操作、協調、統合等機能性綜合型態。亦即，管理是為處理組織有關的人、事、物等事項，而有效地達成其組織目的、目標的一種工作過程，即為運用人力、物力、財力，透過計畫、組織、任用、指導與溝通、協調與控制、決策等的基本功能之行使，以訂定與達成組織目的、目標的一種程序。

綜合而言，管理的要素，包括：

1. 資源（resources）：係指組織所投入的人力、物力、財力、技術與資訊等資源。

2. 活動或過程（activities or process）：主要包括規劃、組織、任用、領導、控制與決策等六項職能。

3. 效率（efficiency）：係指「把事情做對」（do the thing right），亦即以最低的資源投入（input），獲得既定的產出（output），讓投入與產出之間的成本極小化，以符合成本效益。

4. 效能（effectiveness）：係指「做對的事情」（do the right thing），亦即做出正確的決策並成功地執行，以達成組織目標。

Weinbach 認為社會工作管理是：「人群服務組織內各層次的社會工作者所從事的某種工作，而這些工作是促進組織目標的完成。」亦即，社會工作管理是一種社會工作方法與過程，其目的是將管理的知識技能運用在人群服務，尤其社會福利服務組織或機構，透過計畫（規劃）、組織、任用、命令、領導、監督與控制評估等職能，有效地整合組織中之各種人力、財力、物力等資源，協助社會工作人員發揮專業精神與知能，達成其服務人群或案主的最主要、最終目的或目標的一種方法與過程。故社會工作管理的目的，是在於有效地滿足案主或被服務者的需求。

在社會工作的脈絡裡，「管理」係指在人群服務組織的各個層級裡，由社會工作者所執行的某些職能，以促進組織目標的實現。當社會工作者扮演管理者的角色，即意欲要創造和維持一個適宜的內部工作環境，以促進有效率的服務輸送。因而，社會工作管理的目的是要去經營社會服務組織，以協助組織成員為被服務對象提供最大且最佳的服務。最佳的服務輸送必須建立在「以人為本」（person-centered）的觀點上，好的服務輸送絕對脫離不了對人的關懷，管理若能以此做為基礎，將使得社會工作變得更有意義。因此，好的社會工作管理應是建立在社會工作存在的基礎上，社會工作的存在則是基於肯定人的重要性為前提。

從管理的本質來看，管理是一種科學，也是一種藝術，其目的在於善用各種可利用的資源，包括硬體與軟體資源，藉著各種活動而促進與提升工作效率與效能，以獲得組織目標和滿足個人需求的雙贏局面。

管理的過程

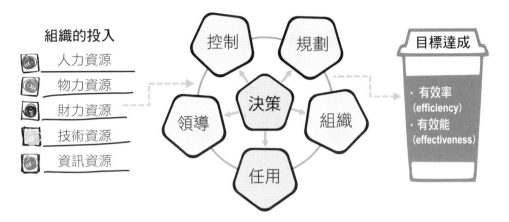

組織的投入
- 人力資源
- 物力資源
- 財力資源
- 技術資源
- 資訊資源

控制　規劃

領導　決策　組織

任用

目標達成
- 有效率 (efficiency)
- 有效能 (effectiveness)

管理的效率vs.效能

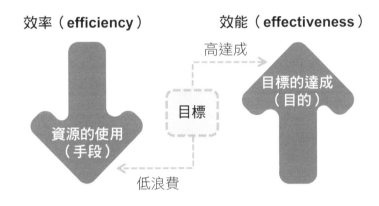

效率（**efficiency**）

效能（**effectiveness**）

高達成

目標

目標的達成
（目的）

資源的使用
（手段）

低浪費

比較項目		效能（effectiveness）	
		高	低
效率（efficiency）	高	以很低的成本產出市場所需要的產品	以很低的成本產出市場不需要的產品
	低	以很高的成本產出市場所需要的產品	以很高的成本產出市場不需要的產品

■ 管理者的目標：高效率、高效能　　　■ 效率會拖垮效果：低效率、高效能
■ 生產愈多損失愈大：高效率、低效能　　■ 管理者的夢魘：低效率、低效能

Unit 1-2
行政與管理之觀念區辨

「行政」與「管理」二者不易區分。Stein指出，「行政」是一個體系透過協調與努力合作，定義和達成組織目標的過程。Sheld認為，「行政」關注組織政策決策、財務、生產與分配的協調和組織範圍決定，以及執行的最終考評。因此，「行政」較為偏向關注組織目標之體系和程序的設計，以及如何執行。

有學者認為「管理」與「行政」是有區別的。Warham認為「行政」係由三種不同層級的要素所構成，包括：1.高階的指導功能：在於長期的規創和設定目標；2.中階的管理功能：在於讓體系持續受到關注；3.基層的督導功能：在於監督管理層次所提出的政策指示和資源的運用，以確保績效能達到所訂的標準。Mullins則認為，管理本質上是一種整合性的活動，行政則是管理過程的一環，它所關切的是協助實現組織目標之體系和程序的設計與執行。

「行政」的意義較具政治性，是依法律而行動，比較具體而正式，是意味著一種理論和功能上的改變；而「管理」是較有彈性、較抽象，是為有效達成組織目標，通常是依時間、地點以及對象而有不同的處理方式。因此上述二個名詞在意義上雖然相近，但在其語意上就有區分，如一位行政官（administrator）與一位管理者或經理（manager），他們所扮演的角色或所採取處理人、事、物等的技巧方法是不同的。因此，Hughes認為，在功能上，

「行政」要比「管理」狹隘些，「行政」本質上為「遵從指示」和服務，「管理」則包括結果的達成以及須為結果負責。「行政」是指依據事前決定的程序與規則，對於資源做有次序的安排；「管理」則是進行資源管理，以達成一組目標的裁量權。

因此，儘管「管理」（management）和「行政」（administration）這兩個名詞可以互相轉換使用，但兩者之間在文獻的描述與實務的運用上仍有一些細微的差異。Sheldon對於兩者在功能上的區分認為：「行政」是企業的功能，它關切公司政策的決定、財務、生產與分配的協調、組織範圍的決定，以及執行的最終控制；「管理」是企業的功能，它關切在行政所設定限制下的政策執行，以及在之前所設定特定目標之下組織的人事僱用。

綜合言之，「行政」本質上是依法和遵從指示，讓工作在組織內順暢執行，故關注程序；「管理」則是讓所有資源都有合理的安排，或透過努力把事情做好，二者確實不易界定得非常清晰，在工作中的行為區分上，極有可能是同一項工作。所以，管理與行政經常被連結一起使用。這也說明了管理與行政看似有所差異，卻又彼此關聯、不易完全切割。如果將服務效能做為最終衡量目標，則行政與管理都是達成效能的必要手段。無論是將行政認為是指導、管理或督導的綜合運作，不可否認的是，管理與行政各有作用，缺一不可。

相同點

- 均具實務精神：管理強調行政學者之研究議題應限於與社會息息相關者；行政乃起源於提升效能及滿足民眾需求之壓力。
- 兩者均具有顧客導向之精神。
- 兩者均反對僵固的科層組織體系，且都強調授權及活化工作者之能力。

相異點

- 智識基礎不同：管理理論多來自企業管理知識，並特別強調效率之量化價值；行政大多來自反對行為科學之價值中立，強調傳統政治學之公平、正義等規範價值。
- 強調重點不同：管理強調行政之管理面，偏重管理者之實際知識及策略；行政則強調行政之政治面向及規範色彩。
- 意識形態不同：管理強調市場導向，主張政府應減少干預，顯現右派思想；行政強調政府應積極照顧弱勢者，顯現左派思想。

左派思想與右派思想

左派　　　　　　　　　　　　　　　　**右派**

- 社會主義
- 源自英國費邊社
- 主張透過政府干預，以便有更多的資源以協助弱勢者。
- 擴大社會資源共享，消弭社會的匱乏或不幸。
- 透過國家干預，推展普及化的福利措施。

- 資本主義
- 源自美國放任的自由經濟制度
- 反對國家過度干預，認為個人必須為自己的幸福負責。
- 追求機會平等，提高服務效率。
- 政策工具強調自由市場、公民社會，以選擇性福利為主。

Unit **1-3**
治理

治理（governance）係一種自我管理的、組織之間的網絡，是一種政府、市場結構之外的新模式。社會福利的供給模式，隨著社會福利意識形態的改變，逐漸從早期「科層行政」轉變到「準市場管理」，再轉變至公民參與的「網絡治理」模式。網絡治理主要係透過網絡建構，以提供整合性的服務，且並非僅侷限於政府的活動，非營利組織亦在過程中扮演重要的角色。

治理是各種公私部門中的個人與機構，用以處理其共同事務的一種方式；它是使相互衝突或不同利益的各造得以溝通調和，並且採取聯合行動的一種持續性過程，它包括了具有強制權力的正式機構與規章制度，以及非正式的各種關係或安排。而這種治理機制均以參與民眾或機構的同意及共識為前提，同時也是在符合各造利益下所設置。

治理所重視的是一種跨越公、私部門限制，結合政府與民間力量之平行權力網絡關係，或其他跨越不同層級政府及功能領域之間的互動協調機制，其間之參與主體仍是政府、市場與其他民間組織。因此，治理可以視為促進政府、市場與其他民間組織合作協力的平台，促使參與者發揮一加一大於二的效果。

治理特別重視國家與公民社會的合作，或者是公私部門的「夥伴協力關係」；換句話說，治理的最大特徵即是「合作協調」與「權力分散」。從權力關係觀察，國家與主要社會團體之間是「夥伴關係」，不但能夠參與決策，兩者的互動關係亦屬於雙向水平互動，而非傳統的「由

上而下」或「由下而上」。亦即，治理的權力運作是一種上下互動的模式，彼此透過信任、合作、夥伴協力關係共同完成一項任務。

治理強調的是政府應該與私部門或志願部門等夥伴進行政策與執行的協商，以及由社區居民共同決定社區事務的方向，透過鄰里間的合作，以使社區成員能相互關懷與共享，是一種公私協力的夥伴關係，即為網絡治理的形成。

進一步言之，網絡治理模式具有以下的特性：

1. 部門之間的水平連結：治理轉移並模糊了不同性質部門之間的界線，公、私及志願部門之自主行動者，彼此有較穩定且相互依賴的水平連結。

2. 網絡成員持續性的互動：由於需要相互交換資源與協商共同的目的，網絡成員彼此之間須有持續性的互動。

3. 彼此同意的遊戲規則：以信任為基礎，網絡參與者在彼此同意的遊戲規則約制下進行互動與協商。

4. 有限的自主性：網絡是自主的組織，無須向國家負責，但國家可居於主權的立場，以間接的方式引導網絡。

5. 公共目的的產出：在公共價值、願景、計畫、規則和具體決定等廣泛的意識下，有助於公共目的的產出。

綜合而言，治理被視為是一種政府與社會共同管理的理念型（ideal type），所指涉的是公共與私人部門間互動的過程，透過彼此的協商、互動、協力等關係，以決定社會價值如何分配、社會政策如何執行。

政府與治理觀點的對照

政府	對照項目	治理
公部門	主體	公部門、私部門或兩者合作
由上而下	權力的運作	上下互動
強調制度	特質	強調過程
以國家為中心，從政府觀點思考社會政策	理論觀點	國家與公民社會各自享有自主性，兩者相互依賴與合作

社會福利脈絡之行政、管理與治理之比較

比較項目	行政	管理	治理
理論觀點	社會民主觀點	新右派	第三條路
政策導向	福利國家	福利多元主義	最佳價值
行為主體	公部門	民間／私部門	公＋私＋公民團體
供給取向	標準／程序	效率／產出	效能／影響
關鍵人物	科層／專業人員	管理者	網絡夥伴
政府的角色	划槳者	顧客	公民
使用者角色	案主	顧客	公民
經營／責信方式	層級節制	市場考驗	績效／目標導向
政策結果	政府／科層失靈	準市場失靈	社會融合

註：
1.資料來源：黃源協、莊俐昕（2020）。
2.社會民主觀點、新右派、第三條路之詳細解說，請見編者另著《圖解社會政策與社會立法》，五南。

Unit 1-4
社會工作管理思潮的演進

自十九世紀以來，社會工作管理的思潮的演進，歷經了五個發展時期，包括：1.富商個人化、家族化與親友化的領導期（二十世紀前）；2.慈善組織與專業的連結期（1930年代前）；3.專業與科層行政的結合期（1980年代前）；4.管理凌駕專業期（2000年前）；5.績效、責信與網絡治理期（2000年代後）（黃源協、莊俐昕，2020），茲分二個單元說明如下：

一、富商個人化、家族化與親友化的領導期（二十世紀前）

社會工作管理的興起，主要係源自於美國兩項社工組織情境：1.小型之志願專業社會服務機構；以及2.大型之政府科層服務機構。由於社會福利組織擴張及睦鄰運動之睦鄰公社等發展，富商們以政府慈善委員，抑或志願性社會服務機構理事或理事長的身分，參與社會服務機構的發展。慈善組織會社（COS）的成立，即反映出他們致力於改善和提升慈善事業的經營效率，以及對溫和社會改革的支持。富商志工們以理事長身分擔任募款者、決策者或執行者，相當具有家族企業的經營模式。然而，隨後興起的睦鄰公社，係由創立者招募親友及社區貴婦共同組成理事會，實際執行則委由專職管理者負責，理事會扮演執行者的支持者甚於組織的決策體。

二、慈善組織與專業的連結期（1930年代前）

由於COS規模的擴大，組織開始重視與強調經營的效率並進行管理，因此，兼具社會工作技術與專業教育者，開始加入非營利社會服務機構的行列，支薪員工（包括管理者）及不支薪志工（理事會）開始有不同的責任分工。1930年代前，志願機構呈現的組織模式。管理者被期待能夠提供專業和組織的領導，以監管社會工作者的服務品質。

三、專業與科層行政的結合期（1980年代前）

1930年代的經濟大蕭條，許多由志願部門提供的服務轉移至政府「公共福利」部門，美國許多大規模服務方案開始聘僱社會工作者，社工專業開始進入複雜的政府行政體系。1940年代中期，福利國家的建立啟動了一種以政府為中心（大政府）的「福利混合經濟」體制，為處理日益擴張的福利業務，英國政府正式在公部門設置社會工作職位，並聘任專業社會工作者，福利服務的輸送體系出現以一種傳統公共行政（public administration）為導向的「科層—專業主義」（bureau-professionalism）模式運作。1950年代的美國，志願服務機構之規模和數量增加，許多志願機構行政主管是具有社工專業背景者；1960年代期間，「對貧窮作戰」（War on Poverty）方案出現，人群服務組織服務規模擴大，且這些以社區為基礎的方案，試著要降低科層的結構，以及讓服務使用者加入機構的決策。

社會工作管理思潮的演進

01.富商個人化、家族化與親友化的領導期（二十世紀前）

02.慈善組織與專業的連結期（1930年代前）

03.專業與科層行政的結合期（1980年代前）

04.管理凌駕專業期（2000年前）

05.績效、責信與網絡治理期（2000年後）

慈善組織會社與睦鄰運動之比較

項目	慈善組織會社	睦鄰運動
背景因素	貧窮是個人（道德）責任，而提供慈善救濟機構之間的資源發生重疊、浪費，必須整合資源	貧窮不只個人因素（內在），也是社會因素（外在），需要個別救濟，亦需要社會改革
起始時間	1869年	1884年
發起者	索里（Solly）	巴涅特（Barnett）
主要對象	一般貧窮者	失業或患病的移工
工作人員	友善訪問員	熱心人士
工作方式	調查個人需求，提供慈善救助	在社區裡進駐、研究、改革
工作取向	慈善者由上而下	草根者由下而上
現代社工意義	有個案工作的影子	是社區工作的前身

Unit **1-5**
社會工作管理思潮的演進（續）

圖解社會工作管理

010

本單元接續前一單元，說明社會工作管理思潮的演進如下：

四、管理凌駕專業期（2000年前）

1970年代，社會服務機構的服務持續擴張，且預算和方案的控制與評估成為更重要的工作，管理科學的工具也快速地運用於各種會社和組織。組織的創辦者拒絕科層－專業模式，轉而偏好一種非專業、非層級、協同與共識的決策模式。社會工作者因缺乏管理的教育訓練，致使在爭取中高階管理職位時，處於一種相對不利的位置，導致無論是志願或政府部門的社會服務機構管理者，反而是由公共和商業背景者擔任，政府社會服務部門具社會工作專業背景的管理者，卻隨著民營化的趨勢而相對減少。

1980年代，隨著「新公共管理」（New Public Management, NPM；亦稱為新管理主義，New Managerialism）之契約委外（contracting-out）的崛起，管理開始成為社會工作機構的慣用語，組織的焦點轉移至效率、方案評估、責信、顧客滿意度、全面品質管理等面向，社會工作開始重視組織的效益、績效與責信。

五、績效、責信與網絡治理期（2000年後）

2000年後，社會服務契約委外雖然持續存在著，但卻在「新公共管理已死！」的評述，以及「契約委外仍是公共服務契約委外的萬靈丹嗎？」的質疑聲浪中，

遭到嚴峻的挑戰。新興的「新公共服務」（New Public Service, NPS）觀點認為，對社會服務的期待不再僅是效率和效能，在發展國家與公民社會（civil society）夥伴關係之「治理」（governance）理念的訴求下，同時也要求服務使用者和照顧者參與經營的過程。亦即，公、私社會服務部門在面臨績效與責信的挑戰下，期望能夠透過營造公私夥伴關係的共同治理（joined-up governance）模式，以為處於困頓中的公共服務找尋新出路。社會服務的輸送體系亦隨之出現新的發展路徑——最佳價值（best value）。

最佳價值被界定為：有符合明確標準（含價格和品質）的義務，期望能以最具經濟、效率和效能的方法提供服務。將最佳價值理念運用於地方社區服務，即地方政府的官員和員工有責任與義務傾聽地方居民的聲音，並善用自己的優勢，發展超越傳統界限的新服務輸送方式，來為社區居民提供優質的服務。不同於新管理主義之契約委外的「交易式契約」（transactional contract），最佳價值強調的是「關係式契約」（relational contract），主要特性包括：立約者雙方是建立在長期的社會交換、互信、互賴、特定夥伴的承諾、利他主義和合作解決問題的基礎上。因此，社會服務不再只是強調管理的重要性，網絡中的利害關係人亦是服務過程中的積極參與者。為此，如何有效管理服務網絡已成為追求社會工作績效與責信的新途徑。

社會安全法案（Social Security Act）

社會安全法案
Social Security Act

■美國於1935年制定美國歷史上有名的「社會安全法案」，使美國社會安全有了永久性的立法與制度，建立了劃時代的社會安全制度。

■「社會安全法案」，主體包括：老年保險（old age insurance）、遺屬保險（survivor's insurance）、殘障保險（disability insurance），前述三個法案總稱為老人遺屬殘障保險（OASDI）。

福利混合經濟

福利混合經濟
Mixed Economy of Welfare

■「福利混合經濟」觀點涵蓋了「福利多元主義」的創新潛能，它不僅強調福利服務供給來源多元化，更關注在特定服務範疇（如老人福利服務）內供給部門的互動密度與強度，以促使新型態的組織、服務和網絡達到一種融合效應（synergetic effect），而非毫無結構性的加總。

■羅斯（Rose）稱之為「福利混合」（welfare mix），也就是三個不同的社會制度共同來供應福利，包括市場、家戶、國家。羅斯進一步指出，社會中福利的總值應是家戶所提供、國家所提供與市場所提供的總合。

■福利混合經濟認為，政府應扮演「服務整合、規範與創新者的角色」，以提供更多樣化的服務選擇，而此種既創新又彈性的供給模式，較能符合服務使用者的多樣性需求，同時也創造出市場機制的競爭效率，以達物符所值的最佳價值（the best value）選擇。

Unit 1-6
社會工作管理的環境脈絡

圖解社會工作管理

社會工作管理在面對1970年代的福利國家的危機、新管理主義興起及最佳價值的出現，使得社會工作面臨強大的績效、品質與責信的要求，因此，社會工作管理必須要重視管理，其原因可從社會工作組織所處的內、外部環境脈絡分析（黃源協、莊俐昕，2020），茲分二個單元說明如下：

一、內部環境脈絡

（一）為妥善運用與管理有限的福利資源

社會服務輸送的人力、物力和財力無法滿足需求的攀升，為有效協助案主和社區解決問題或滿足需求，組織必須能有效管理有限的資源。學習社會工作管理即是學習善用各種資源，且有效率與有效能地為案主提供服務。為使有限的資源發揮最大的效益，社會工作管理已是任何社會服務組織皆不可迴避的議題。

（二）為緩和組織之專業與管理人力的困境

在社會服務組織中，專業社會工作者對組織能否提供優質的服務，扮演重要的角色。然而，社會工作雖是一門專業，但社會工作從業者的「四高、四低」，卻是許多社會服務機構員工共同面臨的困境。究其原因與社會服務機構的組織特性與經營管理方式有關。此外，Coulshed 等學者指出，社會工作管理者流失率相當高，主要是因為中階管理者沒有獲得足夠的教育和訓練，以致其所承受的不安全和壓力，往往會影響且反映在服務品質上。如何發揮管理的功能，以善用並維繫組織的專業和管理人力，實為影響社會工作服務能量與品質不可或缺的途徑。

（三）為裝備社會工作職涯發展上的知識與技能

在社會工作直接實務的過程中，前線社工若缺乏替代的生涯途徑，則經常會等到已被派任管理職位時，才感覺到忽略了應有的準備或訓練。為了協助那些已在或將轉移至基層管理職位者獲得管理相關的知識、技巧與價值，以勝任管理職務，社會工作管理的教育或訓練是必要的。研究即指出，社會工作專業在人群服務管理已失去其地盤，主要原因是社會工作者對公共福利行政不感興趣，以及社會工作教育缺乏管理相關的訓練，特別是高層管理技巧。裝備並善用社會工作管理上的知識與技能，將有助於提升社工的士氣與向心力。

（四）為實踐社會工作專業的價值和理念

「價值」是社會工作的核心，對引導社會工作者如何承擔、開創和達成目標有重要的影響。價值的實踐單靠社會工作專業知能可能窒礙難行，在新管理主義盛行的年代，社會工作的價值可能面臨非社會工作專業管理者嚴峻的挑戰。在現代化的組織裡，即使可以選擇不擔任管理職務，卻不能同時選擇避免管理。組織內任何層級的社會工作者，皆需要了解管理及如何管理，以為實踐或維繫社會工作者的價值與理念尋求良機，進而完成所賦予的專業任務。

社會工作管理的環境脈絡

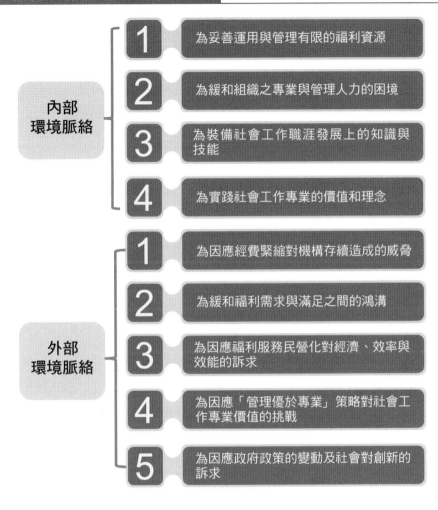

內部環境脈絡

1 為妥善運用與管理有限的福利資源

2 為緩和組織之專業與管理人力的困境

3 為裝備社會工作職涯發展上的知識與技能

4 為實踐社會工作專業的價值和理念

外部環境脈絡

1 為因應經費緊縮對機構存續造成的威脅

2 為緩和福利需求與滿足之間的鴻溝

3 為因應福利服務民營化對經濟、效率與效能的訴求

4 為因應「管理優於專業」策略對社會工作專業價值的挑戰

5 為因應政府政策的變動及社會對創新的訴求

社會工作從業者的「四高、四低」

四高

1. 高壓力／高案量
2. 高工時
3. 高流動率／高流失率
4. 高風險（人身安全受到威脅）

四低

1. 低薪資
2. 低士氣
3. 低成就感／低認同
4. 低發展性

Unit **1-7**
社會工作管理的環境脈絡（續）

本單元接續前一單元，說明社會工作管理的環境脈絡如下：

二、外部環境脈絡

（一）為因應經費緊縮對機構存續造成的威脅

社會服務機構營運經費主要來自政府稅收和民間捐款。因此，如何有效經營有限資源以彰顯服務的績效，如何善用各種機會來增加機構收入與擴大服務方案和顧客，已被視為機構管理階層與經理人的兩大挑戰。

（二）為緩和福利需求與滿足之間的鴻溝

社會問題趨於多元與複雜，及民眾福利意識的提升，如何藉由效率與效能的提升，以緩和資源不足所衍生出的需求問題，考驗著機構的經營管理。因應之道，在於必須藉由對工作加以妥適經營，同時也須注意到組織內部的管理過程，以維繫並強化組織目標的實現。

（三）為因應福利服務民營化對經濟、效率與效能的訴求

1980年代，在契約委外與福利服務民營化趨勢下，社會服務供給的責任已由政府部門轉移至非政府部門。為追求高品質的服務，組織往往會任命可善用市場以吸引更多捐款的經理人，以達成組織經營管理所需的3Es——經濟、效率與效能。然而，商業價值的行動取向，卻可能會加深專業者與管理者之間的嫌隙，社會工作管理的運用，將有助於化解彼此認知上的差距，亦可因應民營化趨勢所帶來的衝擊，或在準市場的競爭過程中，爭取機構生存的必要資源。

（四）為因應「管理優於專業」策略對社會工作專業價值的挑戰

愈來愈多的社會工作者機構的主管，因缺乏能因應社會快速變化之管理知能，遂由公共行政或企業界人士所取代。社會工作專業在遭遇外部環境劇烈挑戰的情況下，必須要擁有管理的知識、態度和實務能力，展開和提供適當的社會服務，以避免因受制於新管理主義「管理優於專業」的策略，而讓自身的專業理念與價值大打折扣。社會工作者要倡導的專業，並非是頑固地強調傳統的專業主義，反而應該試圖去建構一套將管理納入社會工作專業體系的專業重構，以邁向Thompson所稱之「真正的專業」（authentic professionalism）。

（五）為因應政府政策的變動及社會對創新的訴求

政黨的意識形態、政黨輪替影響政策取向，以及民間參與社會服務輸送，雖為社會服務的輸送注入更多的能量，卻也造成許多民間組織對政府的高度依賴。此外，政府政策的不成熟或過度跳躍，常使得許多接受政府契約委外的非營利組織無所適從，造成組織經營管理上的困擾，甚至將組織帶進「道德風險」（moral hazard）的處境，而社會創新也考驗著社會服務組織。無論是對政府政策變動或社會創新的因應，若無經營管理的知能當後盾，將可能使得組織不知不覺地因「隨波逐流」而陷入「使命飄移」（mission drift）的窘境。

臺灣社會工作從「自閉式專業」邁向「真正的專業」之作法

社會工作

```
┌─────────────┐
│  自閉式專業  │
└─────────────┘
       │
     邁向
       ↓
```

Thompson所稱之具備責信、夥伴和充權等特性的「真正的專業」（authentic professionalism）

---作法---

■ 社會工作的「專業教育」應該突破傳統的領域，將社會工作管理視為培訓專業社會工作所不可或缺的學科，特別是有關社會工作的品質、績效、團隊與網絡、契約、行銷、財務等的管理。

■ 社會工作管理這門學科的內涵不應僅是概論性的，而是要能延伸至更廣泛的內容。

■ 機構領導者應主動積極將機構導向學習型組織（learning organizations）。

■ 機構領導者應透過與外部機構建立起夥伴關係，以期藉由不斷地學習管理相關知能，並結合外部資源來實踐社會工作專業使命與社會責信，以重建並贏得個案、社會大眾、管理者與政府對社工專業的信任與信心。

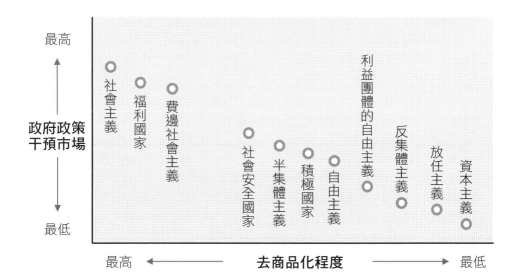

意識形態與介入社會政策程度關係

Unit 1-8
新管理主義：發展背景

1970年代中期石油危機爆發後的經濟成長停滯，稅收大幅減少，再加上不斷擴增的福利經費，讓戰後的福利國家體制面臨嚴峻考驗，甚至引發「福利國家危機」（welfare state in crisis）。因此，在1970年代後期，隨著新右派（The New Right）觀點的盛行，為摒除官僚體制的僵化及提升政府的活力與績效，社會服務的輸送轉移至以「福利多元主義」（welfare pluralism）模式運作，開啟了一種對專業權力的挑戰。

「福利多元主義」是跟隨著混合經濟的概念而發展出來的，由姜生（Norman Johnson）所提出。「福利多元主義」係立基於為解決福利國家的危機而產生的理論，企圖為福利國家的發展尋求另一新的契機，主張社會福利應由不同部門提供，包括政府、志願、商業和非正式部門，並藉由「分權」與「參與」策略來達成福利服務供給來源多元化的目標。然而，福利多元主義並非主張解除政府的福利責任，而是認為政府不應扮演支配性的直接供給角色，但政府仍將是福利財務的主要來源，更重要的是扮演規範角色。

這一股新興的「政府再造」運動，帶動各國政府科層文化的轉移——從「公共行政」轉變為「公共管理」，開啟新管理主義的篇章。公共部門引進新公共管理，是一種對專業權力的挑戰。這股新的公共部門管理模式，常被賦予不同的名稱，包括：管理主義（managerialism）、新管理主義（new managerialism）、後官僚典範（post-bureaucratic paradigm）、企業型政府（entrepreneurial government），這些名詞的內涵大致相似，可統稱為「新公共管理」（New Public Management, NPM）。

新管理主義是屬於新右派的思想，也就是強調政府應該減少對社會及市場的干預，讓市場機制得以充分發揮，而且認為政府必須重視產出的效能，以滿足顧客的心態來滿足民眾的需求，至於達成此一目標的首要途徑，就是為政府注入企業家精神。由於公民社會意識的倡導，強調公民參與公共事務及社會責任的影響。因此，社會福利不再只是由上而下的政策轉化過程，而是政府落實民主社會公民參與而發展出的福利多元模式。

新管理主義的主要目標是效率（efficiency）、效能（effectiveness）、經濟（economy）及服務品質，此一全球化公共行政改革運動，被稱為「公部門革命」或「公共管理改革」，或稱為「政府再造」或「政府轉型」。政府不再是政策實施的主體，透過購買服務契約的外包過程，政府將政策轉化後的服務方案透過信託方式，委請民間組織以更具彈性與專業的模式執行。新管理主義主張採用企業管理的技術，強化服務導向及顧客導向，引介市場機制及競爭功能到公共管理體系內。新管理主義之「管理」，蘊含著欲將企業精神引進公共門的管理，也欲藉由諸如「投標與競標」之市場機制的契約委外方式，鼓勵民間部門加入服務行列。

WELFARE STATE
CRISIS

經濟問題：
福利國家的高支出➜高稅率➜阻礙生產性投資➜投資不足➜
經濟低成長率➜深化了通貨膨脹

政府問題：
➤福利擴張➜大政府➜干預市場活動➜破壞市場功能➜政府
　效率缺乏競爭
➤增加社會福利方案➜擴增公務員、提高稅收

財政問題：
福利支出過重➜歲收不足➜刪減公共服務支出、借貸與赤字
預算➜增稅➜影響家庭儲蓄與消費、企業競爭

合法性危機：
國家出現經濟的危機、政府的無效能，以及財政負荷過重➜
選舉時政黨輪替

道德危機：
政府的角色介入托兒、養老、濟貧➜傳統家庭價值遭到破壞
➜福利國家不鼓勵工作➜造就了「懶人國」

017

降低政府的支出：即緊縮政
府預算，使用者付費，取消
或刪減服務項目。

縮減給付：即降低給
付之金額（如社會保
險）。

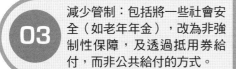
減少管制：包括將一些社會安
全（如老年年金），改為非強
制性保障，及透過抵用券給
付，而非公共給付的方式。

市場競爭：即以購買
服務、契約及補貼民
營方式取代公營的給
付及設施。

Unit 1-9
新管理主義：對公共治理傳統管理模式的討論

新管理主義的轉變是從 1970 年代強調管理的自由選擇，到 1980 年代則轉為強調消費者的權力，包括選擇的自由和資訊的獲得。在具體的政策推動策略上，則包括了民營化、公私部門協力、社區主義、企業精神等。此種轉變不僅是管理技術與管理方法的改變，也涉及政府與非營利組織在社會中的角色，還有與服務對象之間關係的改變。

在 1970 年，由於英國政府廣泛主導社會福利的適當性備受質疑，因而使得「福利科層」與「專業主義」所造成的輸送福利服務緩慢與福利資源浪費亟需改革。在新管理主義的發展趨勢下，3Es 也就成為組織管理所追求的目標，包括：

1.經濟（economy）：意味著以最低的成本來取（購）得適當之質與量的人力或物資。

2.效率（efficiency）：係指以能使用一定資源的投入獲得最大的產出。

3.效能（effectiveness）：係指讓組織能符合人們的要求，並讓一個方案或活動達成所訂的目的或所欲的目標。

傳統管理主義時期相信，公共治理有賴於管理技術的精進，以理性規劃及效率的控制為手段，強化公共組織與行政管理的內涵與效果。因此面對官僚組織僵化的困境，公共治理的傳統模式以行政管理學派及行為科學管理為核心理論。公共治理傳統管理模式，其特色如下：

一、以效率為核心價值並追求唯一最佳法則

傳統模式之核心價值在於使效率及經濟最大化，其重點在發展唯一最佳法則，相信最佳管理原則是達成效率的保證。

二、大有為政府觀念致使政府職能不斷膨脹

受到進步主義的影響，大有為政府的理念致使政府職能不斷擴張與膨脹。

三、行政組織中角色明確界定，組織結構嚴密設置

明訂政府組織中主管與部屬的職權及行為，強調命令統一、權責相稱、狹小的控制幅度等管理原則，各行政組織垂直與水平結構有嚴密的分工與設置。

四、視公共治理與公司治理無異

公共治理等同於公司治理，重視管理的技術與過程，對於公共的本質較為漠視。

傳統模式凸顯政策的主體即為政府作為，強調從上而下的官僚層級與分工，此時期的社會福利政策是在考量社會進步與安定之下所制訂及執行，公部門社會工作專業伴隨各項大規模服務方案而發展，如美國 1935 年通過「社會安全法案」，各州政府積極推展社會福利服務，對社會工作人力需求增加，同時促使社會工作快速發展專業化組織與志願性團體。

3Es與生產過程的關係

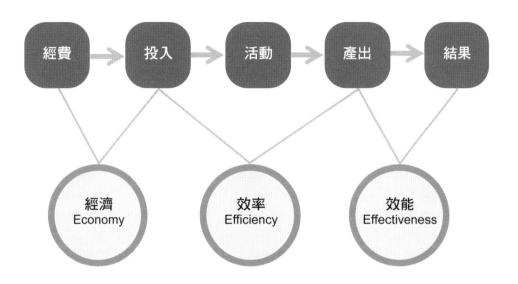

經費 ➜ 投入 ➜ 活動 ➜ 產出 ➜ 結果

經濟
Economy

效率
Efficiency

效能
Effectiveness

3Es關係圖

組織以最低成本獲得所需資源

經濟
Economy

組織一定資源的投入能獲得最大的產出

效率
Efficiency

效能
Effectiveness

達成所定的目的或所欲目標的程度

Unit 1-10
新管理主義：理論取向

「福利科層」一直是福利國家發展的中心，是一個以「規則管轄」（rule bound）為主的組織體系，但福利服務的輸送受限於規則及規章，為確保福利組織可以透過預測的方式來處理大量的申請案，因此需要大規模的行政人力來支援，但結果卻導致了整個福利體系運作的僵化。

「專業主義」是專業人員相對於服務使用者而言，較有權力，因為專業所擁有的專門知識及合法性，所以假設被服務者順服、認同專業的介入，並相信專業人員了解什麼是好的。但專業人員往往為了維持及擴張自身利益而壟斷福利資源，排擠福利受益者的資訊，因而產生了專業主義的危機。

傳統的公共行政（public administration）為導向的運作模式，行政是相當具有公共性和社會性的，公共行政即代表著一群具備專業技術專職人力，欲透過科層體制的運作，以達成為民服務的目的，公共服務遂被導入一套兼具科層與專業特性結合的「科層－專業主義」體制，許多服務是由「知道什麼是對服務使用者最好的」專業工作者所主導。因此，許多公共服務組織是由一些專業團體參與其中的複雜專業科層，這些團體對其所執行的實務有其「自主」的歷史傳統，且往往給予他們比其他利害關係團體更有權力的位置。

新公共管理的理論特質，主要來自管理主義及市場取向觀點：

一、管理主義

管理主義重視提升效率、強調管理技術在公共領域的運用、專業管理角色的應用、運用有組織的勞動力來提高生產力等，主張利用市場機制代替國家機制，強調管理是一種組織與激勵員工的工具。因此，公私部門在運用上並無差異，尤其將成本效能及對顧客的回應視為公共行政的價值，並透過民營化與契約外包的方式，以降低政府缺乏效率的問題。

二、市場取向

由於官僚體制造成政府組織與權責不斷擴張，因而缺乏效率與競爭力，故主張引進市場機制與競爭功能來改造政府。市場機制的方法包括：1.視人民為顧客，並強調顧客的價值；2.創造市場或準市場的競爭機制；3.擴大個人及私部門自理的範圍；4.購買者的角色必須從供給者的角色中分離出來；5.契約或半契約配置的增加；6.由市場來測定績效目標；7.彈性工資。

由上述兩個理論的背景可知，新公共管理以顧客為導向，重視政府的產出、成果、效率與品質，同時採用企業的成本效益分析、全面品質管理、人力資源管理等方法，以提升效率及效能。在契約委外的過程中，透過市場機制，私部門可以參與公共事務，而非傳統上的由政府提供專有壟斷的服務內容，以提供民眾更具品質之服務。新公共管理提供社福機構參與政府社會福利服務方案的管道，從服務輸送的過程來看，Harris 認為新公共管理模式中，服務輸送已從傳統「科層－專業」主義的守門人角色，轉向由顧客選擇的準市場模式。

Pollitt所研究的新管理主義之發展歷程

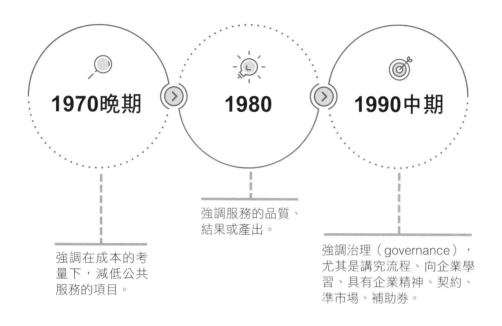

1970晚期　**1980**　**1990中期**

強調服務的品質、
結果或產出。

強調在成本的考
量下，減低公共
服務的項目。

強調治理（governance），
尤其是講究流程、向企業學
習、具有企業精神、契約、
準市場、補助券。

顧客選擇與守門人之比較

顧客選擇	守門人
需求取向	預算取向
預算彈性	預算無彈性／嚴格控制成本
量身訂做的服務	盡可能經濟且有效率地增大服務供給量
基於個人的選擇，可自由地購買服務	限制服務的選擇和購買，以便能夠確保納稅人的錢做最佳的運用
個人可影響服務型態和內容	標準化服務

Unit 1-11
新管理主義：核心觀念

在新右派衝擊下，採行以管理主義為精神的公部門行政改革風潮。新管理主義有幾項重要的信條，包括：「著重管理、績效評鑑及效率；公共科層轉為處理基於使用者付費的機構，運用準市場和契約外包扶植競爭、刪減預算，強調輸出標的、限定項目契約、重視財務和經營自由的管理型態。」其內涵包括以下四個面向：

1. 政府管制與市場機能的結合：強調政府機制可以採取市場機能的型態運作，企業的績效亦可運用於政府服務效能之評量。

2. 強化組織及管理的分權：重視組織之分工外，並強調管理權責之劃分，以利組織之有效運作。

3. 服務品質的持續提升：不僅強調服務效益之增加，也重視服務品質的持續提升，止於至善。

4. 公共服務之使用者或顧客導向：對公共服務之品質評估，以使用者或稱為顧客為評量的標準。

此外，新管理主義的運作模式特性，包括：

1. 跳脫傳統公共行政的科層模式，引進企業管理的模式。

2. 明確指出績效的標準和測量，並提供誘因與績效連結的契約網絡。

3. 強調買方與賣方分離之準契約和準市場的服務供給模式。

4. 強調公共服務之去集體化和分散化，並提高供給者之間的競爭。

5. 強調服務使用者對服務供給的選擇權與發言權。

6. 重視資源配置的紀律和節約。

7. 降低政治決策對公共服務管理的直接干預。

在具體作法上，新管理主義採行以下的作法：

1. 推行民營化，將服務私有化。強調將政府管制與市場機能結合，對於無法直接轉移到準市場（quasi-market）機制的公部門，大膽採用如同市場的機制（market-like mechanism）。

2. 引用準市場與購買式服務的概念作法扶植競爭。

3. 勵行組織精簡，裁併功能重疊的部門與人員。

4. 採行企業化組織結構與企業化服務目標，以公共服務使用者為導向，強調充分授權與顧客至上，關注個別服務使用者的需求與期待，並依此改變組織文化與人員的服務態度，採取由下而上的參與性決策。

5. 健全財務結構，考量成本效率關係，以改善財務狀況為目標。

6. 以組織重整或調整為方法。

7. 透過不斷宣傳，達成改善服務品質的需求。

8. 管理制度的改革包括以目標與任務為導向、組織內部充分授權、分工、簡化行政程序、鬆綁預算與法規、建立客觀的績效評估標準、財務管理、稽核等。

綜合言之，新管理主義抱持著一種相互承諾的合作文化，以跨越組織的價值和任務，它的任務是要去創造一種同質和共享的文化，讓所有工作者負有追求共同目標的義務。新管理主義相當強調放棄傳統附著的作法，而尋求結合文化管理（目標和意義的創造）與績效管理，以彌補動機的差距；它強調督導的控制以促進整合，以及由順從（compliance）轉向承諾（commitment），其目標是要去創造一個開明的組織，其成員皆負有追求達成共同目標的責任與雄心。

「科層—專業」主義與新管理主義的比較

科層—專業主義	新管理主義
規則限制的	創新的
內部順從的	外部取向的
強調依從	強調績效
冷酷的	動態的
專業主義	**管理主義**
父權作風的	顧客為主
神祕支配的	透明的
標準取向	結果取向
自我管制的	市場考驗的
政治人物	**管理者**
武斷的	務實的
干預的	使能的
不穩定的	策略的

與新管理主義相關的社會福利改革措施

英國佘契爾夫人：
1970年末上台後，主張縮減政府的福利支出，政府福利角色重新界定，處理福利國家所面臨的危機。在福利制度方面，主張政府權力分散化、福利服務私有化，強調應將福利服務的生產與輸送從政府部門撤出，轉移福利責任到非政府部門，由市場、非營利組織、家庭和個人共同承擔，形成「福利的混合經濟」（mixed economy of welfare）。

美國柯林頓總統：
1996年進行福利改革，頒定「個人責任與工作機會調和法案」，此法案修訂了行之數牛的「依賴兒童家庭補助」（Aid to Families with Dependent Children, AFDC）方案，強調受助者必須工作的強制機制。

英國首相布萊爾：
1997年上台後，提出第三條路（the third way）的主張，政策重點包括當代混合經濟、包容性平等和積極性福利。其中當代混合經濟的核心概念認為，政府的責任是進行人力投資及建立基本設施，以讓企業文化能夠得到充分的發展。

Unit 1-12
新管理主義：社會服務輸送模式的變革

　　新管理主義係以市場取向的公共選擇理論（public choice theory）為基礎，強調新右派所尊崇的「市場機制」及「效率」，主張政府機關應刪減公共支出，並透過「民營化」（privatization）或準市場的模式，儘量將公共服務交由市場來處理，才能確實達成小而美政府的改造目標。為達成政府再造的目標，新管理主義支持者認為，政府機關的成員（含民選首長、政務官及行政人員）唯有以企業精神經營政府機構，始可能滿足人民的需求和期待。為此，如何形塑「企業型政府」（entrepreneurial government）遂成為這波政府再造的重大工程。

　　在新公共管理與企業型政府的思維主導下，除了將私部門的管理實務引進政府部門外，社會服務供給的責任亦由政府部門轉移至非政府部門，例如：私人企業、志願組織、社會企業或個人。一套基於公共行政的實務和價值體系，已被另一套強調「管理優於專業」的新策略所取代，某些福利服務尋求以「契約控制」取代「階層控制」，採用社會服務契約委外模式運作，主要欲採取「購買者—供給者分離」（purchaser-provider split）的「準市場」策略，將競爭引進公共服務的供給，使得以往著重於「守門人」角色的傳統輸送模式，轉為強調「顧客選擇」的模式。專業者在福利服務輸送所扮演之主導性角色，也因而受到效率、消費主義及顧客導向新典範的挑戰；詳盡的標準和程序，讓社會服務顧客可向提供者施壓，以提升其服務品質；不同機構的服務輸送也受到績效指標的監督，並提供顧客做選擇。

　　「準市場」的運作機制是將服務供給者與服務購買者分離為二。過去公共服務的供給者與購買者均為政府部門，但在準市場機制下，改由「契約控制」（control by contract）方式，例如：公辦民營、委託計畫、強制性競標（compulsory competitive tendering, CCT）都是常見的作法，如此服務供給者的角色可更多元化，例如：企業、非營利組織皆可參與投標，這也使得服務輸送模式的管理者由「守門員」角色轉為「顧客選擇」導向的角色。其次，是服務購買者與費用支出者不同。

　　再者，社會服務輸送模式的變遷，特別是傳統管理觀念下的守門員角色，其主導性也因而受到效率、消費主義以及顧客導向之管理新典範的挑戰。反之，新管理主義觀念下的服務對象（使用者），可向服務供給者施壓，監督其績效和服務品質。加上有更多機構提供服務，如此也讓消費者有更多樣的選擇，這些變革措施也直接或間接促使了消費者的充權。

　　綜上所述，新管理主義在服務的輸送上強調分散化、應用市場機制的改革，並著重品質的持續改善，以及注意到是否符合個別使用者的期望之管理方式；新管理主義做為一種商業技術的集合，被視為提供了開創「公共企業」（public entrepreneurship）的可能性。

企業型政府之意涵

企業型政府

- 企業型政府是一種導航型政府（catalytic government），強調政府高層的領導者應全力做好決策和領導，而將實際的執行藉由契約外包、抵用券、特許制或租稅誘因等方式，交由基層或民間執行。
- 企業型政府是一種競爭型政府（competitive government），主張政府應促使公共服務組織彼此之間形成競爭態勢，以避免因官僚體系的獨占性而造成政府機能的僵化、保守、浪費和無效率。
- 企業型政府亦是一種市場導向的政府（market-oriented government），強調市場機能優於官僚機制，透過市場競爭機制能創造資源的有效運用，若民間機構能夠共同分攤營運風險，協助處理公共事務，將有助於政府效率的提升。

傳統（科層—專業主義）與新管理主義的輸送模式

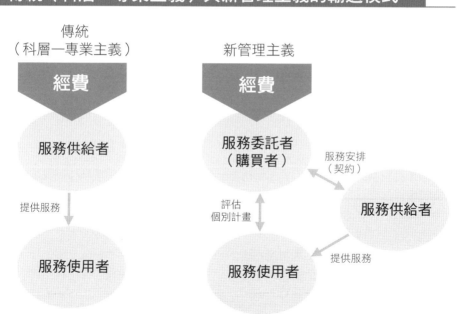

資料來源：黃源協、莊俐昕（2020）。

Unit 1-13
新管理主義：對社會工作的影響

圖解社會工作管理

026

在新管理主義潮流的影響下，有些重要趨勢已對管理者產生重要的影響，如競爭、契約化、消費主義、績效指標、監測、守門人和資源配置等，這些被謔稱為「審核社會」（audit society）的元素，已對社會工作專業帶來前所未有的挑戰與威脅。尤其是因為在1970和1980年代裡，科層－專業主義主導下的社會服務，社會工作者被視為是一種「街頭官僚」（street-level bureaucrats），在面對新管理主義潮流衝擊下，對社會工作的影響說明如下：

1. 個案是顧客，而非服務消費者：個案的身分不再是一位弱勢且需要協助的「服務消費者」，而是被鼓勵去界定和要求服務品質之買單（納稅）的「顧客」（customer）。

2. 管理者是組織中最重要的人，而非前線員工：效率和效能的改善可藉由任命有效率及有效能的管理者來達成，前線員工僅在執行管理者的想法、計畫和決定，更大的效率可藉由裁員或契約委外來降低成本。

3. 員工是雇員，而非專業者：專業自主並不受重視，專業的前線員工不再被視為專家，他們只是組織的雇員，專業員工被期待要負起更多管理工作，例如：規劃、編列預算、績效評鑑和管理預算。

4. 管理知識是主流，而非專業知識：有效率的管理者將產生好的結果，管理技術已成為行動的指導原則，管理者相信社會服務的品質和績效，可透過管理技能而獲得改善。

5. 市場為環境，而非社會或社區：管理主義視社會為一種競逐利益的市場，而非具有共同目標的社區，在市場裡，供給、需求及價格是重要的因素，而非支持、尊嚴與平和；市場價值是決策的最終標準，社區的精神和社會的價值遭到擱置，取而代之的是商業原則——利潤極大化。

6. 效率是判準，而非效能：效率（產出與投入比率）成為測量組織和員工績效的判準，而非關注服務目標是否達成的效能，管理主義雖然強調品質，但品質往往被視同為標準。管理者傾向以計算數字替代判斷、以測量替代思考，且價格重於原因。

7. 現金和契約為關係的基礎，而非照顧和關懷：在管理主義的支配下，關係是一種法定、有時限性及任務取向之明確列舉的責任，亦即一種義務和短期性的關係，公共網絡被商業市場陌生人之間的契約關係所取代，互信已隨著管理主義之風潮而消逝。

8. 品質等同於標準化和文件化：品質與績效皆為管理主義所強調與重視的，但依據一套標準界定的品質很難適用於社會服務，這使得過程中難免會忽略難以被量化的要素，品質等同於書面文件，社會服務的專業者被要求投入文書工作，其投入時間甚於直接服務。

街頭官僚（street-level bureaucrats）

- 「街頭官僚」是指工作者使用其裁量權做為防衛，以管理難以抗拒的工作負荷。
- 社工實務的研究發現，專業裁量大部分被用來防衛而非倡導專業的理想，或彈性地回應人們個別的需求。街頭官僚的行為，直接地以其工作更具可預測性與可控制性之需求做為引導，因而，不同於賦予專業裁量之彈性和個別化的理想，街頭官僚採用刻板印象將案主類別化，以簡化其管理和回應的方式，這使得引導社會工作者的並非是專業原則和方法，而是「實務為基礎的意識形態」（practice based ideologies），這不僅讓他們能夠掌控其工作，也使他們能夠因應在時間與資源皆有限的情況下所遭遇的困境。

新管理主義：對社會工作的影響

1 個案是顧客，而非服務消費者。

2 管理者是組織中最重要的人，而非前線員工。

3 員工是雇員，而非專業者。

4 管理知識是主流，而非專業知識。

5 市場為環境，而非社會或社區。

6 效率是判準，而非效能。

7 現金和契約為關係的基礎，而非照顧和關懷。

8 品質等同於標準化和文件化。

Unit 1-14
新公共服務的興起

圖解社會工作管理

028

新管理主義下，採行契約文化的強制性競標（Compulsory Competitive Tendering, CCT）方式，主張強制性競標可達到效率提升和成本節制的目標。但是，CCT的所主張的這些目標，並無法獲得實證的支持，但昂貴的交易成本及對員工士氣的負面衝擊卻是事實，再加上繁瑣且缺乏彈性的規範、競標者不足、短期的契約、偏遠地方不存在競爭市場等現象，多少也影響到服務品質。此外，CCT缺乏社會民眾參與地方民主的決策過程，再加上強調過於市場取向的現象，傷害到地方政府廣泛的社區基礎，這些被稱為準市場失靈（quasi-market failure）的現象，彰顯出「導航，而非划槳」的策略是失效的，這也使得新公共管理的運作進入另一波新的變革。

1990年代後期社會服務的輸送體系出現新的發展路徑——「新公共服務」（New Public Service, NPS）。新公共服務強調的是一種「服務，而非導航」（serving, not steering），並對傳統的公共行政及新公共管理的批判。新公共服務以民主做為公共服務最重要價值觀的理念，主要係呈現在 R. B. Denhardt 與 J. V. Denhardt 二位作者之〈新公共服務：民主優先〉一文中。而在兩位作者之《新公共服務：服務而非領航》中指出：

「政府不應該如企業般運作，而是應該以民主方式運作。這個世紀與全球政府，無論是民選或是被任命的公共服務者，都應該以民主做為行事的原則。同時亦應對於公共利益、治理過程，以及擴大民主的公民意識做相同的承諾。因此，他們必須學習新的政策發展與政策執行技能，了解與接受所面臨的各種挑戰。……於此過程中，公共服務者也必須與公民有所連結。行政人員必須『傾聽』（listening）而非『告知』（telling）公眾，必須『服務』（serving）而非『領航』（steering）。透過公共服務者的邀請，甚至是慫恿（urging），常民百姓得以在政府治理過程中變得積極參與。公民與公共服務者攜手界定與強調共同的問題，並得以互利互惠。我們建議這種採取新態度與新的投入精神，正在公共行政萌發的運動，稱之為『新公共服務』。」

相較於傳統的公共行政和新公共管理，新公共服務具有下列的特色：

1. 傳統公共行政著重由上而下；新公共服務講求內外合作，以創造共享的利益與價值。

2. 新公共管理認為須降低政府的角色，利益的創造須多仰賴私部門與非營利組織的合作；新公共服務認為公部門、私部門及志願部門應相互合作，始能有效解決問題。

3. 傳統公共行政與新公共管理忽略人際網絡與社會關係的重要性；新公共服務強調人際之間的信任和關係，透過社會資本的累積以提升公民參與，並建立以公民為中心的治理。

4. 新公共管理視服務使用者為「顧客」；新公共服務則視服務使用者為「公民」。

強制性競標

強制性競標

所謂的「強制性競標」，係要求政府的公共服務要能思考其所負責之服務標準和成本，並增進服務提供者的選擇。在新管理主義的理念主導下，公共服務的去國家化、商業化、契約外包及去規制化等策略隨之而出。其中，契約外包是許多公共服務採用的主要方法，它係指法令所規範的公共服務項目，依法必須付諸競標，亦即為強制性競標。

傳統公共行政、新公共管理、新公共服務的面向比較

比較面向	傳統公共行政	新公共管理	新公共服務
基本理論	政治理論	經濟理論	民主理論
公共利益的概念	公共利益乃政治的體現，並於法律層次中展現	公共利益乃個人利益之整合	公共利益是共享價值對話的結果
接受「公共服務者」	委託者與選民	顧客	公民
政府角色	操槳者（注重單一的政治界定的目標：政策之設定與執行）	領航者（扮演市場力量的媒介）	服務提供者（公民與社群團體的談判與協商）
達成政策目標的機制	政府各機構的方案行政	透過民營化與非營利機構創造機制與誘因結構	建立公營、民營、非營利組織機構聯盟以滿足相互需求
組織結構的假定	官僚體系的特徵，機構內由上而下的威權，及對服務對象的控制與管制	分權的公共組織，機構內保有主控權	內外共同領導的合作結構

029

Unit 1-15
最佳價值

何謂「最佳價值」（best value）？最佳價值意指：1.在合理的價格下有更佳的服務品質；以及2.給予地方居民更多的決定權。亦即，最佳價值被界定為有符合明確標準（含價格和品質）的義務，期望能以可用之最具經濟、效率和效能的方法提供服務。將這種理念運用於地方社區服務，即地方政府的官員和員工有責任與義務傾聽地方居民的聲音，並善用自己的優勢，發展超越傳統界限的新服務輸送方式，來為社區居民提供優質的服務。

最佳價值是繼強制性競標（CCT）之後的一項公共服務改革；亦即，它是一種從新公共管理（NPM）走向新公共服務（NPS）的治理模式，這套體制被英國學者Boyne等人譽為公部門的全面品質管理。相較之下，強制性競標（CCT）以一種委託人－代理人理論（ principals-agent theory）為依據，案主和簽約者之間的交易關係特性包括：詳盡的契約說明書和高度監測的正式程序、一次購買或短期市場的交易關係、強調政府和外部立契約者之間的零和關係等，這些特性顯然對社會服務實務有很大的束縛。

最佳價值強調的是關係契約，主要特性包括：立約者雙方是建立在長期的社會交換、互信、互賴、特定夥伴的承諾、利他主義和合作解決問題的基礎上；可讓地方政府有機會去思考特定服務之契約的適當性，同時也提供可替代之契約包裹及不同契約關係形式的範圍；以監測和績效來對照詳細的規範，以及對支出與成本的嚴格監督；要求對原則做承諾，包括：熱誠、彈性和創造。這些特性顯然可導正前述強制性競標（CCT）的一些限制，也是一種新公共服務（NPS）價值的實踐。

最佳價值的理性模式和對社區參與的重視，再加上朝向地方政府扮演使能的角色，以建構地方政府與社區的夥伴關係，這使得最佳價值體制被視為是跨足於新公共管理（NPM）與社區和地方治理（CLG）的產物；亦即，它是介於NPM與社區和地方治理兩者之間的折衷模式。顯然，最佳價值並非完全否決過去的新策略，而是一項結合過去的優點，再加上引進企業經營模式，並配合現代民主理念實踐的創舉。

最佳價值的模式，主要特色在於取新公共管理（NPM）與社區和地方治理（CLG）兩者最好的部分，包括：

1. 新公共管理（NPM）內的契約文化：取市場和內部供給兩者之間的平衡，但必須能夠展現出競爭。

2. 以夥伴的關係契約取代強制性競標（CCT）之競爭和對抗式的契約。

3. 將公民視為服務使用者和納稅人，讓他們能以多面貌接觸各層次的公共服務。

4. 找尋授予使用者能力和社區共同參與服務產出的方式。

5. 嚴格要求績效改善，所根據的是中央的規定及地方社區共同設定的目標。

6. 以使用者共同參與服務產出及委託的夥伴關係，取代新公共管理（NPM）嚴格的個案和服務提供者分離（client-contractor separate）的現象。

強制性競標、最佳價值和最有利標三者之差異比較

類別／特質	強制性競標	最佳價值	最有利標
決標方式	以價格為唯一參考標準，最低價得標	品質標準為參考標準，最佳價值者得標	價格僅為參考項目之一，最適價者得標
所欲尋求的廠商	尋求最經濟價值之廠商	尋求能提供最佳品質或價值之廠商	尋求功能佳、條件好、最有利之廠商
市場之準備	完全競爭市場	不完全競爭市場或完全競爭市場	不完全競爭市場或完全競爭市場
評審標準	以價格或商業條款做評審	以服務品質、成本、責信、效能、政府標準、達成標的等	以技術、品質、功能、商業條款或價格做綜合評選
採取程序特色	■ 同質性工程或勞務採購 ■ 強調競爭性且強制性 ■ 無須上級機關核准 ■ 不一定要組採購評選委員會 ■ 訂底價	■ 無論同質性或異質性工程或勞務採購 ■ 強調競爭性但非強制性 ■ 僅競爭仍可能不足 ■ 透明化	■ 須有異質性工程或勞務採購 ■ 強調競爭性但非強制性 ■ 須組採購評選委員會 ■ 不訂底價
部會干預情形	無須上級機關核准	中央部會之干預權與中央部會之最後決策權	僅須經上級機關核准
缺點	■ 惡性低價競爭 ■ 較不易圖利特定廠商 ■ 難以直接掌握並缺乏彈性 ■ 增加經常性費用，也有剝削的風險	■ 是否易圖利特定廠商值得考量 ■ 凡採購均須訂標準，但標準不易訂 ■ 規範仍極為模糊	■ 品質或有利一詞難以界定 ■ 易圖利特定廠商 ■ 可能易以直接掌握並具彈性
優點	■ 減低成本加強財務掌控 ■ 減少管理負擔 ■ 清楚之服務標準 ■ 增進競爭風氣	■ 強調責信與效益 ■ 仍重視廠商之競爭 ■ 大多訂有各項服務標準可遵循及評鑑	■ 可依財政預算多寡取得最適之服務品質

資料來源：黃松林等著（2020）。

最有利標

最有利標之精神，就是要讓機關能依招標文件所規定之評審標準，就廠商投標的之技術、品質、功能、商業條款或價格等項目，作綜合評選，以擇定最佳決標對象。由於是綜合評選之結果，所以得標者可以是一個分數高、產品品質好、功能強而價格雖高但屬合理之廠商。一方面讓機關在既定之預算規模下，買到最好之標的，把預算用得最有價值；另一方面亦可鼓勵廠商從事非價格之競爭，避免惡性低價搶標。

Unit 1-16
最佳價值（續）

最佳價值是期望在強調經濟、效率與效能之同時，又能符合公平正義的目標。「最佳價值」的重點包括：

1. 在更好的服務品質前提下，追求「合理」成本取代「最低」成本。

2. 更著重服務對象的參與權，提供充分的資訊給服務對象，並且設法獲得他們的回饋意見。

3. 提供的服務必須是有效率且高品質的，並且要符合服務對象所需。

4. 最佳價值的達成不應僅考慮經濟與效率，也要兼顧效能與品質，並且所設定的績效評定指標也要能反映這些要求。

5. 強調公部門需要與其他機構及團體建立夥伴關係，以便完成更全面的績效考核，提升社區中不同獲利者的服務成效。

6. 在訂約過程中選擇有利的提供者，比較的因素除了成本與價格，還要允許透過平衡成本與非成本的評估因素，有彈性的選擇，以發展最好的計畫。

Martin 指出：最佳價值絕沒有將之前的改革一掃而空，而是建立在其基礎上——擴展市場的角色、讓地方政府對納稅人和服務使用者更負責任，以及鼓勵更多績效取向的文化；亦即，最佳價值是新公共管理與社區和地方治理的融合，這種融合讓最佳價值超越強制性競標（CCT）的競爭，並吸取社區治理的精髓。

儘管最佳價值在實際運作上仍存在著諸多限制，但最佳價值檢視績效的4Cs、合作，再加上「合作」（cooperation）的第五個C，對福利服務實務的運作更深具意義。茲將5Cs說明如下：

1. 挑戰績效（challenging performance）：挑戰為何某一特定服務應被提供及何以如此提供，也要能挑戰既有的服務方式，以期藉由檢視而創新服務。

2. 比較績效（comparing performance）：透過各種相關的指標與其他相似的組織進行比較，這將有助於機構彼此相互學習，進而促進績效的改善。

3. 徵詢（consultation）：新績效標之設定須視議題和服務性質，以徵詢利害關係人的意見，這是一種參與和充權的表現。

4. 競爭（competition）：競爭將持續做為獲得改善之必要管理工具之一，以便能夠讓所提供的服務符合最佳價值之成本和標準的要求。

5. 合作（cooperation）：合作是最佳價值的核心，亦即要能透過團隊、夥伴及整合的方式提供服務，這將有助於服務績效的提升。

最佳價值體制可謂新公共服務（New Public Service, NPS）理念的體現，在社會服務輸送的過程中，其所涉獵的利害關係人，皆要能展現出治理模式所訴求的協力／夥伴關係，以追求並確保服務的效率、效能、品質與責信。

最佳價值的體制及實踐內涵之歸納

01 最佳價值不僅要能持續追求服務的經濟、效率與效能，也要能夠不斷提升服務品質。

02 最佳價值要善用競爭機制，但卻不受強制性契約外包的束縛。

03 最佳價值要求的不僅要關注社區居民的感受，更要社區居民積極地參與。

04 最佳價值要的不是利害關係人之間的抗衡，而是統整與合作。

05 最佳價值強調的不是守成，而是不斷學習與創新。

06 最佳價值的學習不僅是內部學習，更要求與外部組織的比較和學習。

07 最佳價值要的不僅是消極接受績效結果，對績效不佳者更要積極追蹤或直接介入。

新公共管理、最佳價值、社區和地方治理之比較

比較項目	新公共管理	最佳價值	社區和地方治理（CLG）
契約的建構基礎	與可替代的提供者簽約	經過與社區和其他利害關係人協議後的合作關係	社區之信任為基礎網絡
對服務對象的看法	透過競爭增加使用者的利益	朝向影響利害關係人結果的關係契約	透過合作增加公民的利益
績效監督機制	由國家介入和監管的績效測量	地方和社區利害關係人所同意，且受到國家審核者和監督者的績效改善	對地方公民透明和責信的績效報告
績效監督者	由被授權的服務對象管理者做檢視	由其他利害關係人認可之服務管理者所領導的團隊，做最佳價值的檢視	公民、使用者、專家和管理者共同進行服務再設計和議題檢視的工作

Unit 1-17
管理的過程（基本功能）

　　管理的過程主要包括六項活動：規劃、組織、任用、領導、控制與決策，每項活動即是代表著管理的基本功能。茲將這六項功能的基本內涵，說明如下：

　　1. 規劃：規劃係指管理者設定適當的組織目標，並擬定為達成目標所必須採取的行動方案，以及如何進行組織資源的分配。目標的設定讓工作的進行能有特定焦點，且能夠協助組織成員將注意力集中於最重要的事務，特別是讓管理者知悉如何適當地配置時間和資源。規劃的目的在於對未來發展做有效控制，亦即，規劃要說明組織「正確的選擇」，也就是「該做到什麼事」。透過決策、選擇適宜手段，以確保服務績效的實現，這是建構目標與手段相連結的過程。因此，規劃涉及確認目標、釐訂工作優先順序、設計服務內容、服務輸送方式與時程。

　　2. 組織：組織係指管理者將組織內部工作予以整合，依據分工原則進行任務分配，將內部成員依據專長分配到不同部門，並進行部門間的溝通協調，以達成組織的目標。

　　組織要根據資源和環境對現實目標所必須的完成的活動或事情，進行結構設計，透過妥善設計工作流程和編定工作說明書，並制訂各項制度配合，如召募及甄選制度、績效考核制度、激勵制度、培訓制度等，以形成組織。組織的重點包括：決定要完成什麼工作，誰來從事該項工作？這些工作要如何被組合？誰要向誰負責？以及要在哪裡做決定等？簡言之，組織即是統整或組合活動和資源。

　　3. 任用：任用為人力資源管理重要的一環，係指針對組織的各項職位選擇適當的員工，指派其擔任組織中的待補位置。程序包括工作人力的需求確認，以及現有工作人力的盤點、人才招募、遴選、安置、薪酬、升遷、訓練等相關事項。

　　4. 領導：領導係指管理者讓員工清楚明白組織目標，並運用自身的影響力及各種激勵方式，帶領員工達成組織目標。領導是所有管理活動中最重要且最具挑戰性的，任何一個組織皆是由人所組成的，領導即是讓組織的員工，願意共同協力以完成組織的任務或目標。

　　5. 控制：控制的功能是一套監督、評價及改正的過程，其目的在於找出實際活動與預想狀況之間的落差，採取必要的行動加以消除、改善。亦即，控制即是績效管理，可分為對人的控制（目標管理）與對事的控制（績效監測）。亦即，控制係指管理者要監督及評估組織內部成員及各部門之績效，確認是否達成組織目標，並採取必要行動來維持或改善成員及各部門之績效。因而，控制即是一種監測和評估的活動，它能夠協助確保成功管理所需要的效率和效能。

　　6. 決策：決策係管理功能的核心，是指各種替代方案的產生和評估，以及在其中做出選擇的過程。在每一個管理的功能皆涉及到決策。在規劃上，涉及組織整體方向的設定及決定未來的工作分配；在組織上，需要在各種基本的組織形式及回報關係的鬆緊中做選擇；在任用上，涉及到將適當的人才置於適當職位之決定；在領導上，領導者在每一個案件裡選擇要採用哪一種方式；在控制上，必須就控制的鬆緊和許多使用的可能標準和容許度間做選擇。

MANAGEMENT

如期完成工作，完成任務：

管理是經由他人的努力，以完成工作的一種活動，所以有效的管理，不但可提升工作品質，而且能如期完成任務。

符合質量的標準化、統一化：

管理是組織其活動能合理地依其目標進行所必要之人、事、物等關係的標準化、統一化，也就是符合其質量的標準化、統一化。

達成組織目標：

管理為達成目標的一種決策過程與技術。

降低成本：

管理是運用計畫、組織、任用、領導、控制等管理程序，使人力、物力、財力等資源作合理與最佳的配合，降低成本獲得最高效益，達成組織目標的活動。

達成預期效果，滿足被服務者的需求：

管理是將人力、物力、財力等資源透過組織中的動態活動達成組織的預期目標，滿足被服務者的需求。

Unit **1-18**
管理者的層級與技能

組織員工可約略區分為兩種類型：作業員工和管理者。作業員工係指直接負責某項工作或任務，且無監督他人工作的責任，例如：科員、組員、社會工作者。管理者是指在組織中指導或監督他人的活動，通常可分以下三種類型：

1. 高層管理者（top managers）：為組織的最高層或接近高層者，主要任務在於為組織規劃長期的方向與目標，提供組織全面指導，以及確立影響所有組織員工的政策。因而，高階管理者要能具備較廣的視野，監控與解讀外界環境，試圖與大環境接觸，包括：社區、政府或基金會等。

2.中階管理者（middle level managers）：從屬於機構的高階主管，主要職責在於管理功能的發揮，負責將高層所設定的目標，轉化為較低階的管理者能夠執行的細項，以讓體系的運作持續受到關注。因而，中階管理者通常會關注比較短期的未來發展，須與同僚建立良好的互動關係，以協調組織各項分工，並能促進團隊合作與解決衝突，盡可能以平和與有效的方式讓方案順利運作。

3. 基層管理者（front-line managers）：為組織的基層主管，主要職責在於直接負責產品的生產或提供服務的作業，並指導或監督基層／作業員工的工作狀況；關注的焦點在於：運用組織規則與流程以達成高效率生產作業、提供技術支援與激勵員工士氣，以確保績效能夠達到所訂定的目標。

就管理技能而言，Robert Katz 提到不論何種層級的管理者皆應具備以下三種技能：

1. 概念性技能（conceptual skill）：係指分析和診斷複雜情境的心智能力，亦即理解抽象或一般概念，並將之應用於特定情境的能力。具有概念性技能的管理者會了解整個組織的複雜性，包括每一個單位對達成組織目的之貢獻。概念性技能對高階管理者尤其重要，因其必須要持續地將焦點清楚地置於組織的「大面向」，這將有助於促進管理者做出較佳的決定。一般而言，概念性技能的重要性，往往隨著組織內層級之降低而遞減。

2. 技術性技能（technical skill）：是指使用特殊的知識、方法和技術以完成工作之能力。這種能力對基層管理者（督導）而言是很重要的，他必須將此技能用於訓練新員工及監督日常的工作活動，若有必要改正時，具有技術性的管理者（督導）要有能力做出指導。隨著管理層級的提升，技術性技巧的重要性通常會隨之遞減。

3. 人群關係技能（human relationship skill）：是指了解、激勵以及與他人相處的能力。對各管理階層而言，人群技能是同等重要的。中階管理者若能夠了解且激勵基層管理者，並與之相處融洽，便能發揮最高的影響力；基層管理者與其員工或對長官的影響亦是如此。需要人群技能的活動包括溝通、領導和激勵。

管理者的層級

高階管理者
董（理）事長、總裁、總監、會長、總經理、執行長、祕書長

- 組織代表者
- 規劃組織長期方向／策略／目標
- 提供組織全面指導
- 領導與監督中階管理者

中階管理者
經理、協理、主任、處長、局長

- 將高階管理者擬定的目標／策略轉化為具體可行的方案
- 協調組織各項分工事宜
- 促進團隊合作與衝突解決
- 領導與監督基層管理者

基層管理者
課長、科長、組長、督導

- 執行中階管理者擬訂的方案
- 確保績效能達到所訂的目標
- 領導與監督基層／作業員工

管理者的層級與技能之對應關係

隨著管理層級之提升，重要性遞增

所有管理者皆須具備

概念性技能	高階管理者
	中階管理者
技術性技能	基層管理者

人際關係技能

隨著管理層級的提升，重要性隨之遞減

Unit 1-19
企業管理概念在社會工作管理之應用

　　社會服務本質上雖然與營利企業有諸多的差異，但是，當社會服務以「準市場」的方式出現在社會服務的輸送體系中，即為應用企業管理的原理在人群服務領域中，進而影響到組織的經營管理。將企業管理的基本概念應用在社會工作管理上，對社會工作管理者是具有意義的，說明如下：

　　1. 維繫焦點目標：社工管理的目標往往是多重且相互衝突的，但在任何情況下，有效的管理者在專注於多方面的工作目標時，必須將其焦點維繫於使命的實踐。亦即，將組織的使命視同為企業部門的老闆。

　　2. 解決複雜事務：如同企業界需要顧及政府的規則、消費者、供給者、媒體等，社會服務組織除關注個案外，也須注意到如媒體、政府、顧問、理監事會等利害關係人等。亦即，要能夠關注到多面向的利害關係人，且能協助他們解決複雜的問題。

　　3. 主動積極：如同企業會隨著環境調整其策略，社會服務組織也要能依環境的改變，主動積極調整策略或作為，以維繫其效益及使命。亦即，監測環境，並主動調整組織結構進行變革。

　　4. 了解適當的管理層次：基層管理者要著重監督臨床工作者的工作狀況；中階管理者則須著重於調和組織各部門的責任及分工；高階管理者須試圖與大環境接觸，包括：社區、政府、基金組織及規範

性的單位。亦即，管理者應有所分工，依層級執行所賦予的任務。

　　5. 與員工一同工作：如同企業界般，社會服務機構須透過員工訓練和發展、人性和關懷的督導、懇請員工提供意見、減少規則的引入，以及提供經濟上的報酬，以提升組織的效能。亦即，要能夠強調以團隊方式運作，以達成組織的成效。

　　6. 了解效率－效能的關聯：一個有效率的組織，會以極少數的資源達成其目標；一個有效能的組織，則會致力於使命與目標的實現；一位管理者要能有效率，也要有效能。亦即，要能注意到效率與效能兩者之間的關係。

　　7. 知道管理的絕對底線：沒有任何一個組織的管理是與財務無關的，組織內的真正決策者，同時也是財務的決定者，社會服務方案不可能自外於財務資源的取得、管理及監督。亦即，對任何管理者而言，有必要了解金錢（財務）管理即是管理的絕對底線。

　　8. 贊助與參與管理訓練：訓練的項目從人群關係、領導到技術的教授，不僅是企業部門如此，在社會工作機構也獲得廣泛的重視，例如：持有專業證照會要求以繼續訓練為必要條件。亦即，重視管理者和員工的訓練是組織的重要投資。

　　9. 謹記基本要求：一些企業公司對員工會有基本要求，如儀表、衣著或電話技巧等，這些對社會工作機構也有其必要。亦即，要能夠重視對員工的基本要求。

企業管理概念在社會工作管理之應用

1　維繫焦點目標

解決複雜事務　2

3　主動積極

了解適當的管理層次　4

5　與員工一同工作

6　了解效率—效能的關聯

知道管理的絕對底線　7

8　贊助與參與管理訓練

謹記基本要求　9

社會工作管理不同於企業管理之特質

01 社會工作管理
以「人的價值」為基礎

社會工作管理的運作基礎乃是建立在對「人的價值」之肯定，是要協助工作者有效發揮其專業以服務案主，最終目的是為了促進人群或案主的福祉。

02 社會工作管理
不易凸顯「剩餘」

社會服務的績效往往因難以測量，而不易像市場般凸顯所創造的「剩餘」，甚至可能被誤認社會工作介入是一種昂貴且無效率的行業。

03 社會工作的「預防」與
「治療」成效容易混淆

許多預防性社會工作措施，可讓潛在問題「弭禍於無形」，如家庭暴力或兒童虐待的服務方案，可能因「無形」而難以彰顯績效；一些有形的「治療」或「復健」方案，反而可能被歸因於預防性工作經營不佳所致。

Unit 1-20
駁斥社會工作專業對管理的誤解

管理主義強調服務效率、效能，績效導向，使得當社會工作專業引進管理概念應用的社會工作時遭許多批評，認為管理並無法適用於社會工作且會對社會工作的價值造成傷害。為使社會工作獲得肯認，社會工作者應該釐清對於管理的某些誤解如下（曾華源、白倩如主編，2017）：

一、誤解一：管理以效率為優先，將傷害社會福利服務之價值基礎

管理者所考慮的是全體服務對象之最佳利益，所以在服務輸送上比較不會以理想性後果做為決策依據，反而會顧及多數人的現實利益，以及考慮依循制度規章之可能的正負向結果，導致管理者被批評是效益主義者，違反社會福利服務個別化價值觀和重視每個人之權益的倫理守則。管理者需要以從不同服務單位的面向看所服務的對象群及機構未來走向，因此，管理者可應用管理的概念，客觀評量後，使機構評估較為適當及有效地輸送服務，對增進服務對象的福祉是有幫助的。

二、誤解二：管理是管理階層的事情

實務工作者常說「管理是高階主管的工作」，認為它們只是在追求效率、不了解服務對象的需求，以及要求填列龐雜的報表及紀錄，干擾專業服務，所以常對管理抱持懷疑和敵對。其實，管理應該是在支援專業服務，而非管制直接服務資源的運用。且每個人在各面向工作都需要管理，例如：個案管理、團隊管理，只是管理的形式和管理階層不太一樣。所以，管理是社福機構各層面中每個人的工作。一個成功的社福機構是每個人都是管理者。

三、誤解三：管理不提供服務給服務對象，所以不是社會福利服務

這種說法普遍存在許多提供直接服務的社會工作者身上。但是社會福利服務方法中常分為直接與間接兩類。其中社會工作管理是間接服務方法中的一種。事實上，每項專業服務與管理是不可分割的，甚至主導資源、分配而影響服務提供之品質。其實，社會福利服務管理者決定社會資源的分配，因此，管理者的重要職責是增進服務輸送之經濟效率。管理者若不具備管理知能，將導致任意決策，而影響專業服務之輸送。

四、誤解四：管理是操縱別人的工作

管理是一種積極主動而非消極被動的作為，它運用各種方法去建構有助於完善服務輸送的資源，以排除或減低不利於有效服務輸送的情境。當社會工作者扮演著管理者的角色，即意欲要創立和維持一個適宜的內部工作環境，以促進有效率的服務輸送。但是有效管理工作的完成，必須讓社福機構中每個人願意同心協力，為達成社福機構目標而努力，所以優秀管理者的才能，是需同時具備管理知能與人性化的技巧，才能做好管理工作。

駁斥社會工作專業對管理的誤解

誤解一：
管理以效率為優先，將傷害社會福利服務之價值基礎。

誤解二：
管理是管理階層的事情。

誤解三：
管理不提供服務給服務對象，所以不是社會福利服務。

誤解四：
管理是操縱別人的工作。

社會工作管理者應有的認知

01 組織的管理工作是每個員工的職責

■ 組織管理不應該是高階管理者的職責，也應讓員工參與各層級的管理決策。
■ 管理是每位社會工作者的職責。若臨床社工缺乏參與管理的理念，或高階管理者未能賦予參與機構決策的機會，當遭遇問題時，將衝擊到組織成員之間的合作關係，對組織的發展產生負面影響。

02 組織的管理和服務是相互影響的

■ 管理的良窳與否，將影響到服務輸送的效力。
■ 例如：中階主管對督導的管理方式會影響其工作滿意度，督導的滿意度將影響臨床社工的服務態度，再影響到個案的服務品質。

03 好的管理須兼具概念性、技術性、人群關係與政治性等技巧

■ 社工管理者從事的各種工作，往往牽涉到複雜的技術與動態的人性過程，為適切扮演自身的角色，一位好的社工管理者必須要兼具概念性、技術性、人群關係與政治性的技巧。
■ 隨著社會工作機構的擴大化、多元化和複雜化，不再只是高層管理者應具備技巧，所有管理層級或員工皆應具備。

04 最佳的直接服務者並不必然是成功的管理者

■ 將表現卓著的社工員拔擢為督導或更高階的管理者是否為必然的？這可能是好的抉擇，但並不必然。
■ 過去，最成功的督導或中階管理者晉遷至組織中較高的職位，若機構主管出缺時，最佳的那位會被拔擢為機構主管，這種情形可能會順利地運作，也可能會出現科層組織中的「彼得原理」（Peter Principle）。

041

Unit 1-21
社會工作管理的倫理困境與因應

倫理困境／倫理兩難（ethical dilemma）是指一種情境，立基於某特定專業基本價值之上的專業義務與責任彼此相衝突，而社工必要要決定與其專業義務及責任相關的價值當中，哪些是比較重要的。社會工作者在面對有限的資源及內、外部的壓力時，可能出現以下四種面臨倫理困境，說明如下：

1.管理者對員工在提供服務監督上的兩難：這種狀況特別容易發生在提供直接服務的機構或方案。可能遭遇的兩難包括：(1)隱密性的問題；(2)界線問題；(3)專業父權主義。

2.管理者在組織經營和管理決策上的兩難：這些現象包括方案設計、行政政策、組織設計、管理決定和方案發展上的兩難。社會服務組織可能出現的議題包括：(1)方案設計和目標：如決定案主資格之指標選擇；(2)稀少和有限資源的配置：要如何公平公正地發展配置資源的準則和程序；(3)詐欺或不誠實的實務：如侵占資金、誇大方案績效；(4)人事議題：員工的僱用和解聘。

3.管理者與員工和同事關係上的兩難：若管理者得知組織的醜聞，或員工或同事從事違反倫理的行為，則必須面臨採取適當措施的決定，是否要知會董（理）事長或通知媒體有關組織的犯行，以及是否要將同事或員工違反倫理的行為告知長官、專業團體或核發執照的單位。

4.管理者與外部組織或團隊之間的兩難：在契約化的服務模式下，社會服務專業或組織之間可能存在著既競爭又合作的夥伴關係，然而，若真的面臨到競爭，要如何兼顧合作與夥伴；又當跨專業團隊若有不同的主張，要如何在保有專業自主性的前提下，與其他專業合作。這些涉及到部門間或專業間的互動，可能會讓管理者陷入夥伴與競逐的兩難中。

Gellerman、Frankel、Ladenson及Reamer等學者，提出五個面向，做為社會工作管理者面臨倫理困境的指導原則，說明如下：

1.對自己負責：包括真誠的舉止，追求知識與個人的成長，以公平和正當的方式維護自己的利益。

2.對專業發展和才能負責：為自己行動的結果負責，發展和維繫個人的才能，與其他專業建立合作的關係，認知自己的需求和期待，並負責地以專業角色的表現予以應對。

3.對個案和重要他人負責：為案主系統與其利害關係人之長期福祉而服務，誠實、負責且公開的表現，建立彼此協議之公平契約。

4.對專業負責：對其他實務工作者和專家之專業發展有所貢獻，促進專業知識和技巧的分享，以及與其他專業協力合作。

5.對社會負責：對自己為個案系統或較大系統所做的推薦結果負責，了解多元種族和多元文化的差異及意涵，以及促進正義和給予他人福祉。

Skidmore提出的社會工管理者應具備的知識

 必須了解機構的目的、政策、服務和資源。

 必須具備人類行為動態的基本知識

 必須對社區資源有全面性的了解

 必須了解機構所使用的社會工作方法

 必須具備管理的原則、過程和技巧之知識。

 必須熟悉社會工作相關的專業組織

 要能通曉組織理論方面之知識

 要能熟悉評估過程和技巧之知識

社會工作管理者應具備的技巧（能力）

01 改革
能夠預測外部環境的趨勢，並發展替代和創新的策略予以回應

02 外展
能夠經營關係、開發網絡、促進組織間的關係、發展夥伴關係與整合服務輸送體系

03 公關與行銷
能夠讓機構的服務獲得利害關係人的肯定與支持，包括政府、理監事會、服務使用者（顧客）、民眾或捐款者

04 治理
能夠提升組織的願景和使命，信守組織的價值、資產和目的，以及對利害關係人負責

05 溝通
能夠以書面和口語進行交流，做正式報告，善用科技以維持內外部利害關係人持續取得訊息

06 倡導
能夠以遊說、聲明以及與官方和社區領導者培養關係，來表達個人或團體的利益

07 方案評估和管理
能夠對方案的需求、品質、效率與效能進行評估及管理

08 財務管理
能夠執行預算的擬訂、募款與相關的會計作業

Unit 1-22
社會工作專業主義面臨的挑戰

圖解社會工作管理

新管理主義對於專業主義的嚴厲批判，他們認為專業者在資源的使用上是浪費的，他們應受制於管理和市場的原理，且呼籲給予使用者更多的參與和權力，並引進市場力量進入社會服務專業領域。此外，要求採取3Es（經濟〔economy〕、效率〔efficiency〕、效能〔effectiveness〕）的精神，強調去專業化的趨勢（de-professionalizing tendency），已展現於許多社會工作者被指派為照顧經理（care manager）。以社會照顧為例，在這股新管理主義的趨勢下，專業者已遭遇到如下的挑戰（黃源協，2013）：

1. 傳統專業角色的界線受到變遷的照顧脈絡所挑戰：朝向民間、志願和社區服務的轉移，已澈底地重新界定專業者的權力，當專業者被迫要習得新技術，以及更富彈性地擴張其所關注的範圍時，新綜融性角色隨之開展；同時，他們也失去了其專業特有的支持和督導結構。隨著傳統角色界線的瓦解，專業者必須要能在多／跨專業團隊中商定出新角色。特別是專業者被迫必須擔任管理者—管理照顧、管理團隊、管理預算，這使得專業者處於一種再專業化（re-professionalizing）的情境中。

2. 專業角色權威受到技術組合之稀釋作用的挑戰：在專業服務的組織裡，後福特的工作組織模式意味著引進「技術組合」的模式，以較廉價的勞力或次資格（less-qualified）的助手，取代較高資格的員工（專業者）。這種策略可能對所有專業團體造成潛在的威脅，此乃因為他們冒著讓技術助手加入而被稀釋的危險，例如：護理執業者擔負某些醫療角色，照護助手則負起某些護理人員的責任。這些以往由專家所擔負的照護過程，已被分類為可依據例行之協議或程序來執行。

3. 專業責信受到新社會政黨的挑戰：一系列的政策已造成對專業權力的侵蝕和攻擊，要求使用契約或績效測量的新改革，已彰顯出意圖減少專業的技巧以及增強管理的控制，代表著一種對專業信任的減少，專業自我規範（self-regulation）似乎正被一套專業法定規範（status-regulation）的模式所取代。

4. 專業決策受到新式充權的大眾所挑戰：充權為當代福利服務輸送的重要策略，它讓接受服務者有更多的選擇、發言權和決定權，以培養和授予為其本身爭取權益的權力。因此，服務使用者做為一個個體或集體的成員，其意見漸受重視。這種發展趨勢也使得傳統專業者的決策模式，面臨到相當的挑戰。

在一個後現代的社會裡，專業主義的傳統定義已漸被視為過時，此乃因為它未能回應當代社會、經濟、教育和政治的因素，這些因素正在加速專業地位的新概念及改變分工的特質。這意味著社會工作已不能再忽視其所處的環境脈絡，否則將可能陷入專業主義的烏托邦，甚至形成一種自滿的「自閉式專業」（autistic professionalism）。

效率與效能之比較

效率（efficiency）	比較項目	效能（effectiveness）
運用資源的能力	意義	目標達成度
方法或手段（means）	本質	目的（ends）
資源使用效率高、資源浪費率低	績效表現	目標達成率高
$\dfrac{產出}{投入}$	操作性定義	$\dfrac{實際產出}{期望產出}$

新管理主義興起反映在社會服務提供的四個面向

01
朝向購買者和供給者的分離，以及民間、志願和社區部門的興起，改變了福利服務的輸送。

02
當國家成為規範者而非提供者，菁英專業者遭到攻擊，且被宣稱一種商業的管理觀點將會更有效率。同時，自由市場關於營利、生產效率、成本效益、物符所值的想法，取代了傳統服務的觀念，且不斷將壓力加諸專業者身上，要他們展出現價值。

03
因專業者和管理者之間界線的模糊，專業內的團結已進一步遭到侵蝕。

04
隨著使用者權益獲得重視，以及使用者團體的擴張，消費者被鼓勵不應僅是一位服務的被動接受者，而應對自己的需求有更多的發言權。

Unit 1-23
社會工作管理的趨勢

新管理主義、最佳價值的出現，對於社會工作管理產生了相當大的衝擊，連帶地，也使社會工作界重新檢視社會工作脈絡與本質的轉變，進而思考如何重構社會工作專業，以邁向真正的專業。茲說明如下（黃源協、莊俐昕，2020）：

一、社會工作脈絡與本質的轉變

隨著新管理主義的實踐，以及最佳價值體制的出現，如何能夠創造出一個兼具經濟、效率、效能、品質與公平正義的服務輸送體系，是社會服務輸送體系的基本原則。社會工作者在福利服務市場裡，所執行的不再只是傳統的社會工作，尚須具有管理和財務的才能，以及規劃、執行、調查和評估的專業技巧。另外，最佳價值的出現，被期待要能以夥伴和團隊的運作追求並展現服務品質和績效，且要能從傳統專業主義之由上而下的途徑，轉向夥伴關係途徑，社會工作管理者所需的技巧有必要隨之調整。

隨著不同觀點的轉移，社會工作管理者的角色逐漸從傳統的科層行政角色，轉變為強調準市場的策略、績效管理的角色，再轉化為網絡、團隊與協力等觸媒者的角色。在此脈絡下，「有能力去完成職場上所要求之工作到達某種標準」的「才能」（competence）已成為社會工作的新焦點。將「才能」的概念運用於社會工作上即是所謂的「社會工作才能」（social work competence）。換言之，「社會工作才能」強調社會工作者能實踐其所習得的知識、價值和技能，且其結果要能展現出服務的績效與責信。

二、社會工作專業的重構：邁向真正的專業

這種強調與傳統社會工作迥異的社會工作才能，將可能對社會工作者的專業認同造成強烈衝擊，且他們也必須重新調整過去根深蒂固的工作邏輯。當外在環境似乎隱藏著一股反專業化或去專業化的現實壓力時，我們要倡導的專業，並非是頑固地強調傳統的專業主義，而是要試圖去建構一套將管理相關知能納入社會工作之專業重構（professional reconstruction），以培養出兼具管理知能的社工專業者。

在此環境脈絡下，社會工作者亦必須熟悉並具備管理的知能，因應之道為專業教育應該突破傳統的領域，將社會工作管理視為培訓專業社工所不可或缺的學科。

另社會服務的領導者也應以主動積極的態度，將其機構導向學習型的組織，並透過與外部機構建立起夥伴關係，以期藉由不斷地學習管理相關知能，並結合外部資源來實踐社工專業使命與社會責信，以重建並贏得個案、社會大眾、管理者與政府對社工專業的信任與信心，進而能夠讓社會工作從「自閉式專業」，邁向一種Thompson所稱之具備責信、夥伴和充權等特性的「真正的專業」（authentic professionalism）。

圖解社會工作管理

Parrott提出的社會工作脈絡與本質的轉變

比較項目	1970～1980年代	1980年代以後
社會工作過程	■社會工作是助人的技巧 ■社會工作是普遍主義的 ■社會工作是案主中心的	➤社會工作是管理實務的 ➤社會工作是選擇性的 ➤社會工作是消費者取向的
社會服務組織	■整合的社會服務部門 ■主要供給者 ■規範自己的服務	➤照護混合經濟 ➤轉變為監督者 ➤監督／規範混合經濟
組織原則	■大量供給 ■機構為基礎的服務 ■在地方政府內 ■對公民權的普遍支持	➤個別化的照護包裏 ➤社區為基礎的服務 ➤在地方的混合經濟 ➤消費者充權
福利的角色	■公共福利服務的供給 ■發展社區服務權	➤照護混合經濟的使能 ➤發展對自己／家庭和社區的責任
服務輸送	■政府 ■家庭為補充者 ■志願／私人部門（極小化）	➤市場和準市場 ➤家庭為服務供給的中心 ➤志願／私人部門（極大化）

William提出的社會工作管理觀點與管理技能

管理觀點	主要特性	管理技能
公共行政	■規則和程序 ■法定職權 ■階級與科層 ■傳統公共服務價值的應用 ■政治與行政之間明確區隔	■專門技術 ■指揮和控制 ■專業主義
新公共管理	■導入民間的商業和創業紀律 ■強調效率、物符所值、品質、可衡量性的績效 ■顧客為主 ■分散化	■策略管理 ■有關財務規劃、績效管理和人力資源管理的私部門技能
公共治理	■正視議題、組織和公民之間的相互依賴 ■政府角色的虛化 ■網絡和協力的成長	■網絡與協力管理技能 ■團隊工作 ■利害關係人的參與 ■強調個人關係 ■公共目的和複雜性管理

Unit 1-24
管理的多元性議題

社會服務組織的服務對象，涉及到多元的對象，包括不同的文化、種族、性別等，因此，在服務過程中經常面臨挑戰。在社會服務組織的管理上，管理者應加強對機構員工的多元文化能力的提升，才能滿足多元文化案主的不同需求。

Thomas 在構思組織多元化上，提出三個層次，說明如下：

1. 肯定行動（affirmative action）： Thomas 認為肯定行動應該僅被視為是改變的第一個層次。雖然肯定行動對於讓少數族群及女性進入基本層級職位（entry-level）有很大的貢獻，但是他認為應朝更進步及建設性的管理方法邁進。

2. 重視差異（valuing differences）： Thomas 建議，當組織已準備要超越肯定行動第一層次時，就可朝更高的層次前進，他稱這第二個層次是重視差異。使用這種觀點的組織，會藉由文化與性別議題的相互了解，重視人和人際的成長。某些技巧，例如員工發展、訓練和團體討論都可促進相互尊重和學習的氣氛，以欣賞和重視差異，而不會將差異視為低劣。

3. 管理多元（managing diversity）： 此層次為最高的層次，Thomas 稱之為管理多元。採納此種觀點的組織檢視整體的文化和其核心價值，並試問他們自己是否已達到最大生產力。組織是否允許員工之間所代表的多元性，在達成組織的目標上發揮最大的效益？若沒有，組織的所有面向都必須重新檢視，以確保員工盡其所能地還用其能力和智慧，包括多元觀點帶給組織的豐富性。

此外，社會服務組織的員工，應具有文化能力。文化能力，包括知識、技巧及價值三個層面的概念指標：1. 知識：對於少數族群之多元性、歷史、文化及現今處境的了解；2. 技巧：須具備一般的社會工作技巧及文化敏感度的技巧；3. 價值：自我覺察、謙虛學習、珍惜多樣性及傳統、尊重與開放的態度以及社會正義感。Cross 提出的文化能力光譜（如右頁圖解），他把文化能力描述為在尊重和欣賞個人及文化差異的前提下，沿著一個連續體運動。文化能力的交叉模型提供了個人和機構一個評估文化能力的架構。

Thomas 指出，文化能力和組織的管理是同等的重要。當僱用不同族群的員工為組織多元化的達成策略時，卻又將他們排除於重要的決策角色，那麼機會就會失去，且方案也會隨著時間而喪失其關聯性。同樣的基本論點，也可用在和性別有關的思考中。當社會服務組織邁向一個多元化的新時代，必須確保由那些可以顯示其擁有文化和性別能力的人們來設計及管理方案與服務。在方案設計、工作設計，以及品質及效率測量等議題的討論中，應該出現多元文化的對話，以使機構更豐富並持續維持它的相關性與活動力。

Cross的文化能力光譜

文化能力 光譜類別	說明
文化摧毀 （Cultural Destructiveness）	這是連續體最消極的一面。此階段的個人在文化能力上，包括：(1)將文化視為問題；(2)相信如果文化或人口可以被壓制或破壞，人們會過著更好的生活；(3)相信人們應該更像「主流」；(4)假定一種文化是優越的，應根除「較少」的文化。
文化無能 （Cultural Incapacity)	此階段的個人在文化能力上，包括：(1)缺乏文化意識和技能；(2)可能是在同質的社會中長大的，被教導以某些方式行事，從不質疑所學的內容；(3)相信優勢群體的種族優勢，並假設對他人的家長式態度；(4)維持刻板印象。
文化盲點 （Cultural Blindness)	此階段的個人在文化能力上，包括：(1)根據自己的文化看待他人，並聲稱所有人完全相同；(2)相信文化沒有區別（我們都是一樣的）；(3)相信無論任何種族都應被平等對待。
文化初始能力 （Cultural Pre-Competence)	此階段的個人在文化能力上，包括：(1)意識到存在文化差異並開始教育自己和他人對這些差異的看法；(2)意識到他們在多元環境互動中之不足；(3)可能會為自己的努力感到自滿。
基本文化能力 （Basic Cultural Competence)	此階段的個人在文化能力上，包括：(1)接受，欣賞和適應文化差異；(2)重視多樣性並接受和尊重差異；(3)接受自己的文化相對於其他文化的影響；(4)了解不同文化管理所具有動態性差異；(5)有意願研究跨文化間的互動（溝通，解決問題等）。
精通文化能力 （Advanced Cultural Competence)	此階段的個人文化能力，包括：(1)超越接受，欣賞和容納文化差異，並開始積極教育文化程度較低的人士；(2)尋找有關多元文化的知識，並發展在不同環境中互動的技能，並在多文化背景下與他人互動。

第一章　社會工作管理的入門

049

Thomas的組織多元三個層次

肯定行動	重視差異	管理多元
焦點是帶領需保護階級的人群進入勞動市場。	焦點是達到更多對自己以外的族群，及性別觀點的了解與尊重。	焦點是運用機構中所有員工的才能與能力。
經由對徵選與留用實務的關注來實現。	經由員工的發展、工作坊，以及增進族群、性別間的內部溝通來實現。	經由管理者了解在增進組織生產力中族群、性別及多元的觀點，扮演積極的角色來實現。

第 2 章

社會工作管理的理論

章節體系架構

Unit 2-1
管理理論思潮的演進

　　本書分二個單元就管理相關理論思潮的演進進行導論，以建立對管理理論思潮的基本觀念，各理論的詳細內容，將於後續單元分單元論述。了解管理思潮的演進，就能更加深入探究理論建構的根本與實務應用的適切性。主要的管理思潮可分為三個階段，包括古典管理理論時期（1900-1930年）、修正理論時期（1930-1960年）、新進理論時期（1960-1980年代），以及當代理論時期（1980年以後）。茲將各階段說明如下（牛涵錚、江永松，2019）：

一、古典管理理論時期（1900-1930年代）

　　在古典管理理論時期，主要學派以科學管理學派、行政管理學派／管理程序學派，以及科層管理學派／官僚管理學派等三大之派為主，說明如下：

（一）科學管理學派

　　二十紀初期，機器大量生產的迫切問題為如何提高生產效率，泰勒（Frederick Winslow Taylor）觀察實務上的經營與運作，使用科學的方法與技術以定義工作的最佳方法，提高工廠作業的生產效率。泰勒於1911年出版《科學管理的原則》（*Principles of Scientific Management*）一書，集結並討論使用「科學管理的方法完成工作」，被稱為科學管理之父。為了解工人的無效率，他以科學方法尋求完成每一項工作的最佳方法，並提出「科學化管理」的原則，希望透過專業分工，將每個人的工作細分至簡單動作，並重複簡單動作以提升生產效率。提升生產效率即為科學管理學派普遍的管理目標。

（二）行政管理學派／管理程序學派

　　1. 二十一世紀初期，工業管理系統逐漸形成，企業組織開始區分生產、銷售、工程、會計等各種不同的功能部門，如何有效的管理成為組織管理者迫切的需求。科學管理理論致力於如何提高工作的生產力，同時也有學者從管理程序與組織結構著手，以探討組織管理的效率。行政管理學派與科層學派即為二十世紀組織管理理論興起時的兩個主要管理學派。

　　2. 行政管理學派的代表人物是法國工業家費堯（Henri Fayol），亦被稱為管理程序學派之父。費堯在1916年出版的《一般與工業管理》（*General and Industrial Management*）一書中，定義管理的五大功能為：規劃（planning）、組織（organizing）、命令（command）、協調（coordination）與控制（control）為管理者執行有效管理之五大要素，以提升整體組織管理績效。

（三）科層管理學派／官僚管理學派

　　科層學派的代表人物韋伯（Max Weber）是德國的社會學家，以層級關係描述組織的活動，組織成員各依其在組織的層級地位，依法取得某種職權，憑此職權以指揮、命令下屬，因而形成一種層級式結構，稱為科層組織或官僚組織（bureaucracy）。科層組織的主要特性包括建立完整的法規制度、科層層級體系、專業分工、依法取才、依法報酬、升遷、獎懲等，對於現代組織理論影響深遠。

052

管理理論思潮的演進

年代	1900-1930年代	1930-1960年代	1960-1980年代	1980年代~
主要理論特色	視人力為機械	關心個人感受 數量決策模式	系統思維 動態管理思維	品質與競爭優勢 學習與創新
管理學派	科學管理 行政管理 科層學派	管理科學學派 行為科學學派	管理的系統觀點 管理的權變觀點	當代管理思想

管理理論的分期

1900年代起　 理性系統模式（rational system）：
科學管理學派（scientific management system）
核心主張：
■ 確立目標
■ 正式化
■ 階層化
■ 法制化

1930年代起　 自然系統模式（natural system）：
人際關係學派（human relation system）
核心主張：
■ 重視員工心理需求
■ 角色衝突
■ 分析員工關係
■ 組織氣氛

1960年代起　 開放系統模式（open system）：
權變觀點／情境理論觀點（contingency approach）
核心主張：
■ 情境
■ 權變
■ 策略目標
■ 彈性應變

Unit 2-2
管理理論思潮的演進（續）

　　本單元接續前一單元，說明管理相關理論的思潮導論進行說明如下：

二、修正理論時期（1930-1960年代）

　　在古典理論時期，以科學方法分析工作以增加工作率能效率的論點之後，延伸出行為科學學派、管理科學學派等研究，說明如下：

（一）行為科學學派

　　行為學派揚棄傳統理論時期「將人視為機器」的看法，研究領域集中於員工工作時的心理想法，以及所表現之活動或行為，注重組織成員行為及非正式組織的研究。例如：霍桑實驗（Hawthorne Experiments），目的是為了解工作場合與員工工作表現與產出之關係。

（二）管理科學學派

　　管理科學為主要以強調計量為主，故又稱為計量學派。管理科學學派的內涵，認為可透過管理問題或情境，運用數學模式或電腦程式以解決問題或提出對策。然而，就社會工作領域而言，服務對象為「人」，但社會工作的服務對象，並非如商品般可以特定程式管理即可產出績效。

三、新近理論時期（1960-1980年代）

　　1960年代以後，管理思潮進入以組織系統研究為主的系統管理觀點，以及強調視情境的不同採用不同管理作法之管理的權變觀點，說明如下：

（一）管理的系統觀點

　　當一個系統通常指的是一獨立的整體，不會被外在環境影響或不會與外在環境互動，稱為封閉系統（closed system）。在真實的世界中，任何系統整體必然會與外在環境產生程度不等的互動與互為影響，此種

與外在環境進行動態互動之系統，即是開放系統（open system）。就組織而言，現代化組織必然是個開放系統，必須與顧客、供應商、競爭者互動。一個組織管理系統包括「投入」（Input）、「轉換過程」（Process）、「產出」（Output）、「回饋」（Feedback）等程序，又稱為「IPOF系統觀點」。

（二）管理的權變觀點

　　企業面臨環境的高度不確定性與動態變化，管理者需要思考的是以更多不同的角度來審思可行的管理方案，亦即考量包括不同組織的經營特性差異與環境的變化，採用不同的管理方法與技術，稱為「權變觀點」（contingency perspective）的管理。

四、當代理論時期（1980年代以後）

　　進入1980年代以後，當代管理思想將焦點移轉至品質、創新與競爭優勢上，主要管理思想與論點包括下述幾項：

　　（一）強調持續改善的「全面品質管理」。

　　（二）策略大師麥可‧波特（Michael Porter）所提出的「競爭策略」與「競爭優勢」。

　　（三）卡普蘭（Kaplan）與諾頓（Norton）所提出由績效評估制度轉化為策略管理機制的「平衡計分卡」。

　　（四）現代管理大師彼得杜拉克（Peter Drucker）的巨著《創新與創業精神》。

　　（五）彼得‧聖吉（Peter Senge）的《第五項修練：學習型組織的藝術與實務》。

　　（六）克里斯汀生（Christensen）於1997年的《創新的兩難》，所提出創造產業變革的「破壞式創新」。

　　（七）跨界合作的創新、重新界定企業競爭疆界的「開放式創新」。

開放系統觀點下的組織管理系統

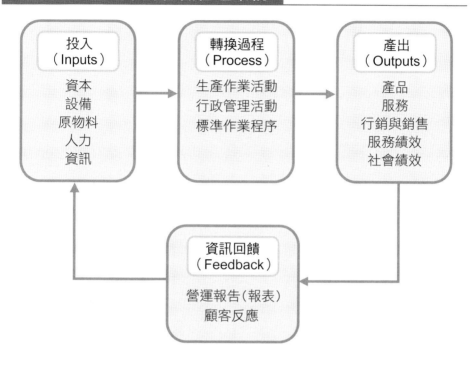

管理理論的三個重要人物

泰勒
（Taylor）

- 行政管理學派代表人物
- 科學管理之父
- 觀察實務上的經營與運作，使用科學方法與技術以定義最佳方法，提高工廠作業的生產效率，並提出「科學化管理」的原則。

費堯
（Fayol）

- 行政管理學派代表人物
- 以其豐富實務經驗而著重於組織管理層面，發展出關於管理者工作與良好管理者的要件之一般性理論。
- 主張以廣泛的觀點研究組織問題，並提出14項工作管理原則，做為一般性的管理原則。

韋伯
（Weber）

- 科層學派代表人物
- 主張以一種層級關係建立的組織，組織成員各依其所在的層級位置，依法取得某種職權，並憑此職權發號施令，形成一種層級式結構，稱為科層組織或官僚組織。

Unit 2-3
古典管理理論：科學管理學派

古典管理理論是管理學科最早的理論基礎，此觀點的倡導者是依組織目的和正式結構來思考組織。古典管理理論有三大主要的支派，包括科學管理（scientific management）、行政管理（administrative management）及科層管理（bureaucratic management）。本單元將先說明科學管理（scientific management）如下，其餘則於後續單元陸續說明之：

泰勒（Frederick Winslow Taylor）為科學管理學派（亦稱為泰勒主義）的創始者及首要代表人物，被尊稱為「科學管理之父」。科學管理學派又稱為效率主義，其意涵有二：其一，其認為管理應採取科學的方法，設定合乎邏輯的標準；其二，為透過科學管理，可以提高效率，增加收益。

泰勒假定經濟是工人工作動機的首要考量，真正想獲取的是經濟的安全。工人的行動也是理性的，偏好簡易的工作，且工作時需要指引和督導。泰勒認為，管理者抱持著經濟與理性的信念，科學管理學派深信：要提升工人的產量須仰仗獎勵的方法，例如：增產獎金、論件或單位計酬等，這些方法將可提供工人財務上的誘因，並願意投入更多的時間和努力以增進生產。科學管理的基本假設，即是將人視為一種「經濟人」（economic man），任何一位具有理性及經濟動機者，都會想要以更多的生產來增加組織利潤及個人收入。

科學管理觀點認為，員工要的是簡易工作和財務報酬，因此非常強調員工的甄選及細密的分工，手藝工作者僅從事簡單的工作，管理者需專注於思考和決策。

若員工皆從事特定的工作，便可因工作簡化、熟練而增加生產量。泰勒在1911年出版的鉅著《科學管理的原則》（Principle of Scientific Management）即指出提升組織員工效率的四項原則，包括：

1.動作科學化原則（principle of scientific movement）：對每一個工作細節發展一套科學標準，取代傳統的經驗法則。

2.甄選科學化原則（principle of scientific worker selection）：應以科學化的方法篩選、訓練、教育及培育員工，以取代之前員工可自行選擇他們的工作並自我訓練。

3.合作及和諧原則（principle of cooperation and harmony）：員工之間必須誠心誠意互相合作，才能產生團隊精神；而雇主與員工間亦應採取和諧共利的立場，才能獲得真正提高效率及生產力的成果。

4.最大效率與成功原則（principle of greatest efficiency and prosperity）：對於任何工作，管理階層與工人幾乎均有相等的分工和責任。凡是宜由管理階層承擔的部分（如規劃與控制作業），應由管理階層負責，而不應像過去，讓工人承擔所有的工作與責任。如此，才能發展組織內每個人的潛力與專長，以發揮最大效率。

科學管理觀點主要係建構在科學研究之上，每一件細微的事皆可成為實驗的主題所發展出的定律為：節省金錢。泰勒是第一個將工作拿來研究的人，他的科學管理觀點，對當今組織行為的探究有其重要的貢獻。

泰勒的研究方法：碼錶和「時間與動作」

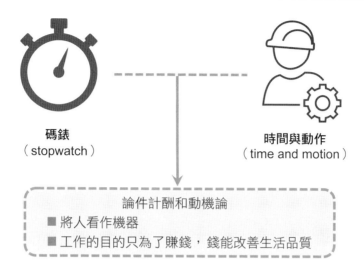

碼錶
（stopwatch）

時間與動作
（time and motion）

論件計酬和動機論
- 將人看作機器
- 工作的目的只為了賺錢，錢能改善生活品質

對科學管理學派的批評

CRITICAL THINKING

Problem　Thinking　Reasoning　Analyzing　Evaluating　Problem Solving　Decision Making　Solution

1 強調刪減不必要的工作人力，並且相信持續增加的生產力必定帶來同等的報酬。然而，雖然他研究的是組織階層底部的工人，但卻沒有將這種由下而上的態度，延伸到管理的管控上，他將生產重擔放在工人身上，以便組織獲利，但卻未賦予工人高過機器的地位。

2 研究的方法沒有為想像和創新保留空間，工人不被當作人看，當然也就無法創新或改變自己工作的模式。

3 工人日復一日做例行的動作，可能造成長期身心傷害且缺乏敏感度。

4 視工作為可替換的零件，被批評為一種對工人的貶抑。

Unit 2-4
古典管理理論：行政管理學派

古典管理理論是管理學科最早設定的理論基礎，此觀點的倡導者是依組織目的和正式結構來思考組織。古典管理理論有三大主要的支派，包括科學管理（scientific management）、行政管理（administrative management）及科層管理（bureaucratic management）。本單元說明古典管理理論的行政管理（administrative management）如下：

行政管理學派（Administrative Management school）的創始者與代表人物是法國工業家費堯（Henri Fayol），亦稱為「管理程序學派之父」、「現代經營管理之父」。

行政管理學派著重於以整體組織的觀點來探討管理，發展出一套一般性理論來說明管理者之工作及有效的管理者應具備的要素，並為現代的組織理論與管理奠定了基本架構，又稱為管理程序學派。此派將重點放在企業組織方法上，以增加企業的整理效率，其所研究的是「一般行政管理理論」，亦即涉及管理功能（function）、程序（process）、運作（operation）等方面的理論。

相較於科學管理處理的是個別員工的績效，行政管理係基於大型組織管理上的需要，將焦點置於整個組織的管理及管理者的行動。此學派認為機構並不能自己管理自己，如果政策要能夠一致地落實，資源要做到公平分配，溝通與協調需要仔細設計和促進。

費堯根據本身的實務經驗，是首位歸納了5種管理功能（規劃、組織、指揮、協調與控制列為管理職能）及14種管理原則（如右頁）的人物，以做為實務的指南。

費堯在1916年著有《一般與工業管理》一書，他將企業活動分為六類：

（一）技術類（生產）。

（二）商務類（買賣及交流）。

（三）財務類（尋找資本、有效使用資本）。

（四）保全類（財產及人員保障）。

（五）會計類（包括統計）。

（六）管理類（包括規劃〔planning〕、組織〔organization〕、命令〔command〕、協調〔coordination〕、控制〔control〕等五要素）。

基本上，科學管理與管理程序學派上是互補的，適當的人事及其他的資源管理是組織成功的關鍵因素；兩者都將科學方法應用到管理領域，其主要的不同在於研究方向，科學管理強調作業活動的管理，而管理程序強調組織的管理。

此外，批評者認為，事實上，沒有最佳的組織特性（例如：理想的控制人數管控範圍），或是適合所有組織的行政原則。且費堯的14項管理原則，被批評者視為過於僵化，真實世界中的管理者未必會照著做。在某些情境下，若要遵守某一原則，便可能要犧牲另一原則，且在動態的經營環境中，如果必須遵循一定的原則或次序，也將因過於僵化而難以因應詭譎多變的環境，進而失去機動性。其實，影響組織的因素，在於結構、任務、技術、管理、員工與環境之間的相互配合度，

費堯的14項管理原則

NO	原則	說明
1	分工原則 （division of work）	個人與群體間應有適當比例的工作任務劃分，透過專精來提高效率。費堯認為分工是用組織人力資源的最佳方式。
2	職權原則 （authority）	管理者在某一職位上擁有下達命令的職權，同時也須擔負相當的職責，或稱為權責相當原則。
3	紀律原則 (discipline)	員工應服從與尊重組織的規定，管理者應讓員工了解組織規定，違反規定則需要適當的處罰。
4	指揮統一原則 (unity of comman)	每個員工只接受一位上司命令，或稱命令統一原則。
5	目標統一原則 （unity of direction）	組織應該只有一個一致的目標，引導管理員工的行動計畫。
6	個人利益服從共同利益原則 （subordination of individual interests to the general interest）	組織整體利益優於個人、群體利益。
7	獎酬公平原則 （remuneration）	對員工的付出必須給予合理的報酬。
8	集權原則 （centralisation）	下屬參與決策的程度；決策權愈集中於管理當局為偏向集權；決策權愈分散至部屬，則為偏向分權，二者只是集權化比例不同。
9	指揮鏈原則 （scalar chain）	由最高領導者到最基層員工之間，有一明確的指揮鏈，且正式溝通依循指揮鏈進行。
10	秩序原則 （order）	組織內每一位成員與每一件物料，在適當的時間置於適當的位置。
11	公平原則 （equity）	管理者應和善且公平地對待每一位下屬。
12	職位安定原則 （stability of tenure of personnel）	管理當局應做完善的人事規劃，職位出缺時可立即找到遞補人選。
13	主動原則 （initiative）	讓員工參與決策制定與執行，以激勵其對組織的努力與付出。
14	團隊精神 （esprit de corps）	團隊運作與合作，可促進組織的和諧與團結。

059

Unit 2-5
古典管理理論：科層管理學派

古典管理理論是管理學科最早設定的理論基礎，此觀點的倡導者是依組織目的和正式結構來思考組織。古典管理理論有三大主要的支派，包括科學管理（scientific management）、行政管理（administrative management）及科層管理（bureaucratic management）。本單元說明古典管理理論的科層管理（bureaucratic management）如下：

「科層組織／官僚組織」（bureaucracy）由韋伯（Weber）首先提出，是指將職務與工作量分成更小的單位，組織權力和責任也有明顯的界限，根據技術與專業資格來僱用和考評人員，並規定成員履行職務的責任，然後依據組織規章獎懲來晉升，亦制度化薪資和退職金，保證成員在組織中的安全，並過一個科層組織生涯。科層組織對韋伯來說，就是一種理性化的過程，韋伯也將科層組織視為是一個「理想類型」來研究。

理想的科層組織，包括以下之特徵：

1. 以規則為依據，樹立規章制度的權威性： 在科層制中，職員間活動與關係都由明確的規則所管理，依據組織規則，每位職員都了解別人對他的要求，以及如何實現這些要求。各種規則可以使複雜的科層制并然有序，並在可以預期的情況下，有效運行。

2. 體制層級化： 組織的層級是由職務或職位所組織而成的，而非由人員所組成。每一職務都具有特殊的任務、職責、特權與薪資等級。權威視職務而定，而非

視擔任該職務的人而定。層級的結構通常是呈現金字塔型，成員都努力往金字塔上層移動，他的階級與權威也隨之增加；且擔任某一職務的人，不但必須對直屬上司負責，也必須對部下的行動負責。

3. 用人唯才的原則： 職位的授予是根據能力與專長資格，例如：經由考試、學位、技術檢定或其他標準，並按工作性質與時間來計酬。科層制的職務中的人員，會將其在組織的工作職務視為是個人的一項「事業」（career）。

4. 專職與分工的建立： 專業化分工原則，把工作分成更小的部分，並讓某一些人專精於某一部分。專職的建立必須以專業資格來甄選及任用成員，每一位成員都負有特定的任務與專職。

5. 有明確升遷辦法： 在科層組織裡，一定有其升遷辦法，依據個人工作績效表現和資歷的年限，給予獎勵或加薪。

6. 建立文件檔案： 在科層組織裡，所有的行政方針、決策及規則皆應有文字紀錄，而且都必須建立文件檔案。因為有效的行政必須依賴統一的規則，有了文字紀錄，對條文的解釋方能有根據。

7. 非私人性： 科層組織裡，一方面在人事與資源必須按照組織之需要而分發遣配，他人不可霸占，公為私用、假公濟私。其次，公私事務區分清楚、明確，以減少不必要的私務干擾。最後，組織成員的辦事精神與原則是無人情化的，對事不對人。

科層結構

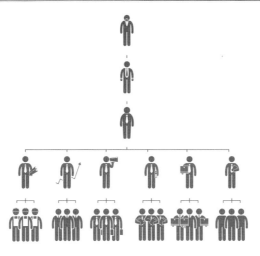

■韋伯將科層組織結構看作是辦公室或職位的階層,而不是個人的階層。

■每一個辦公室/職位都有明確的職責,因此擔任此職位的人必須具備與此職位相稱的技能。

■科層體制的基礎結構,可被描繪為一組組的角色,在此結構中的每一個人都占據結構中的一個空位,這個位置是相對於科層組織中的其他位置而存在。

■科層組織結構的設計,基本上是呈金字塔狀。組織的領導在金字塔的頂端,中間為管理者,最下層為第一線員工和助理。

■一般來說,組織愈大,金字塔的階層愈高,這也就是何以組織「縮編」通常會裁撤整個層級,或位於中間層級的管理者。

061

科層組織運作可產生之三種功能

01

可以達到最大的效果(effectiveness),完成某一特殊的目標。

02

能以最小成本完成最多的事項,並達到最高的效率(officiency)。

03

經由勞工、原料供應與市場等管理,可以控制不確定性。

Unit 2-6
古典管理學派：科層管理學派（續）

本單元接續前一單元說明古典管理理論的科層管理（bureaucratic management）。前一單元所述科層組織的諸多特徵，亦可稱之為科層組織的優點，然而，學者亦指出科層組織的諸多弊端與缺陷（缺點），說明如下：

1. 形式主義問題： 又稱為「儀式主義」。正如墨頓（Merton）所言：當人們重視程序規章時，可能會忘了當初建立那些程序規章的目的。當員工被要求按規定行事，不能逾越，就是扮演好自己的角色，往往會不顧規章所欲尋求的目標，使工作變得沒有彈性。

2. 彼得原則的問題： 所謂彼得原則（Peter Principle）就是：「在任何一個階層組織裡的每一個職員，都很容易晉升到難以勝任的工作水準。」按照彼得原則的觀點，組織所完成的每一件事都須具有某種效率，而這些事卻是由許多無能力的人做成的，於是科層組織將變得無效率。

3. 組織過度分化與特殊化，容易發生踢皮球現象： 由於科層組織分工過細與特殊化，使得組織內部每一個單位都有其各自負責的職掌，與其他部門是各自獨立且不相互衝突的。然而，這種分化與特殊性，若是某一任務或事務不明確屬於哪一部門負責時，彼此間就會開始推諉，反而降低辦事效率。

4. 缺乏人情味，產生疏離感： 由於科層組織的過分強調規章，分工過細、過分追求效率與成果，也以規章限制成員的活動，每個人的職責明確劃分，以致忽略了成員在組織裡應該有的地位與成就需求，讓成員變成整個組織的一個機械結構的部分而已，產生沒有生命意義的價值，失掉了個人獨立自主的創造性與人格性，產生「疏離感」（alienation）。

5. 帕金森定律的問題： 雖然韋伯強調科層組織是一種有效達成目標的手段，但卻很容易造成浪費。帕金森定律（Parkinson's Law）指出，科層組織出現「利用工作完成後的剩餘時間去製造新的工作」。他強調組織希望增加部屬，彼此為對方製造工作，結果可能造成冗員充斥。

6. 保護不稱職者的問題： 雖然韋伯一直強調科層組織一方面鼓勵員工充分發揮才能，一方面淘汰無用或不稱職者，但事實上，可能並不盡然，一般公司對於能力不足的員工，通常都不會予以降級或解僱，甚至表示懷疑，有時還會設立一個組織來保護那些能力較差的員工，以贏得員工的忠誠，因為士氣低落與人員流動不但對組織具有造成分裂的危險性，而且代價也很大。

7. 科層結構擴張之問題： 科層組織的理想幾乎擴展到社會組織的每個層面，在現代社會中，初級團體常包含在正式組織的廣大範圍內，這是因為科層組織的規模及範圍有增加的趨勢，促使組織也有擴展之勢。因此，科層組織瀰漫在社會生活的各個面向，這會導致組織的瓦解。

LIMITED

科層組織難以因應多變的社會和個人環境：

社會工作須經常面對多變鉅視環境（如政治、經濟和社會），以及個案特殊需求之微視環境的挑戰。然而，科層組織適用於例行性、穩定和不變的任務此一特性，將難以彈性回應外部環境的變化和個案的特殊需求。

科層組織易使社會工作陷入科層／專業主義的窠臼：

科層體制下的詳盡規則，使得社會工作者依專業所做的判斷，不必然見容於組織所設定的既定規則，這種「科層—專業」的兩難，將可能使社會工作者陷入依規章行事之「街頭官僚」（street-level bureaucrats）的處境，難以展現其專業的自主性和裁量權。

僵化的觀點難以回應潛在競逐的利害關係人：

社會工作的脈絡涉及到許多不同的利害關係人，如各級政府、NPO、捐款人、個案、個案團體及社會大眾。利害關係人對社會工作的期待和訴求往往是多元的，有時甚至是衝突的，僵化的科層組織實不易做彈性的回應。

科層組織有礙網絡與專業團隊的運作：

網絡與專業團隊是當前社會工作實務重要的運作模式，若僵化的正式規則未能因應環境而適時調整，將不利於網絡和團隊的運作，甚至因無法達成社會的期待，而不利於組織的責信。

Unit 2-7
古典管理理論：面臨的理論限制

古典管理理論以科學的方法，提出許多的管理技巧、方法和觀點，對當代組織的經營管理有重要的貢獻。但是，古典管理學派亦存在著諸多的限制，其主要的限制或缺失，說明如下（黃源協、莊俐昕，2020）：

一、強調「機械」的效率，輕忽「人性」的尊嚴

古典管理理論派強調作業的方法或技術的修正（如工人的動作、組織規則等），欲藉以提高生產量及降低成本，以追求或提升服務或生產效率。然而，過程中忽略工人的意願，甚至將工人視同機器，這種忽略人是情感動物之「重機械、輕人性」的作法易於招致不滿和抗拒。

二、偏重「靜態」的制度，輕忽「動態」的人類行為

古典管理理論關注的是組織的結構如何分工和建立工作標準，且重視法令規章和層級節制，卻忽略組織係由人所組成，也是人所創造的，這種觀點過於強調靜態的「制度」，卻忽略動態的「人類行為」（例如：人際關係、心理狀態、工作士氣），其結果將不利於服務的成效。

三、侷限於「封閉系統」的穩定，輕忽「開放系統」的動態

古典管理理論傾向於視組織為一個獨立的完整體，卻忽略了任何組織絕不可能遺世獨立，它可能會影響組織的「外部環境」，同時也會受到「內部環境」的影響。這種學派將組織視為是一種「內部系統」，卻輕忽外部「開放系統」的動態及其複雜性的影響，其結果可能導致因缺乏對整體環境脈絡的思考，而增加運作上的障礙或阻力。

四、假設人性是「好逸惡勞」，輕忽人性有「積極進取」的動能

古典管理理論普遍認為人性是好逸惡勞，且是為錢而工作的「經濟人」或「理性人」，因此主張以威脅利誘做為獎懲手段；然而，人也可能是具備追求身心靈滿足的「積極進取者」。因而，若僅靠威脅利誘將難以滿足員工的慾望，也難以約制員工的行為，甚至影響組織的存續。

五、重視「本位主義」，輕忽「普遍性的原理原則」

古典管理理論認為，大多數組織成員僅就其本身所服務的組織及自身的專業知識為基礎，以研究組織的問題，但卻可能因視野有限或過度主觀而影響到活動的成果。甚至所提出的理論或原則，只是適用於解釋部分情形，而無法成為放諸四海皆準之普遍性原理原則。

綜合言之，古典管理理論主要係以理性基礎來思考提升工作效率的方法，但其問題為忽略了將人視為機械化及未考慮人的需求問題，尤其在面對複雜多變的社會工作領域之實務工作，有其運用上的限制。

古典管理理論的總結

古典管理理論

假設前提	代表人物	學派	範疇	管理目標
經濟人假設 →	泰勒 費堯 韋伯	科學管理 行政管理 科層管理	個體效率 企業組織效率 社會組織效率	效率 最大化

古典管理理論的基本原則與缺點

理論基本原則

- 為組織配備合適人員

- 一個最高的主管或一個人管理的原則

- 統一指揮原則

- 專業人員和一般人員並用原則

- 工作部門化原則

- 授權原則

- 職權相符原則

- 控制幅度原則

理論之缺點

- 對人性沒有深入的研究

- 僅把管理當作客觀存在的事實,但是沒有把管理對象以系統的方式加以認識

- 所研究的內容在生產部門,以提高生產效率為管理目標,缺乏對消費者、市場的研究

- 對企業的外部環境考慮較少

Unit 2-8
行為科學理論

066

　　研究人類行為產生的原因及人的行為動機和發展變化規律，目的在有效地實現組織目標。研究個人與個人、個人與群體，群體與群體的關係，目的在於創造一個良好的工作環境，使人的能力能得到充分發揮。

　　古典管理理論以理性人和經濟人看待管理，其論述看似相當完美。然而，古典理論也存在著一些共同的問題，例如：忽略了團體規範加諸個人行為的力量，人與人之間的個別差異（尤其是動機方面），以及非正式團體在組織中的影響力。亦即，古典管理理論忽略了人類行為的複雜性。因為，泰勒的管理思想建立於人是理性的經濟人，因此管理核心是指導人們按科學理性的思維進行管理。但實際上，人的思想與行為不完全是理性的，而是由本性所支配。所以，行為管理學派認為唯有透過理解人的本性，才可以了解人的行為，才能有效解決當時的勞資衝突。

　　由於古典管理理論之科學管理所倡導的經濟刺激和物質激勵，出現了效用遞減的現象，使得管理學者們不得不思考科學管理以外不利於企業效率的影響因素，行為科學理論彌補了科學管理的不足。

　　科學管理理論強調嚴格管理，認為管得嚴才能產出效率。行為科學理論強調人的行為，認為從人的行為本質激發動力，才能提高效率。行為科學的研究包括：人的本性需要、行為動機、人際關係等，研究對象包括個體、團體、組織的行為，其目的也是提高效率，實現組織的目標。行為科學理論認為人性是複雜的，因此從所有可能的角度來研究人的行為及管理的議題，形成了不同的觀點與學派，雖然觀點不同，但是都是以人道主義的看法來探索管理問題。

　　行為科學理論主要研究個體行為、團體行為和社福機構行為，重視研究人的心理與行為對高效率實現社福機構目標的影響作用。行為科學的主要成果，包括梅耶（Elton Mayo）的霍桑研究，而提出了人群關係理論（曾華源、白倩如主編，2017）。人群關係學派的興起，是從「行為科學理論」的行為管理觀點切入，提供了組織與其成員關係的另一種論述。不同於泰勒假設「人如果工作有效率，則他便會快樂」，人群關係學派假設「人若是快樂，則其工作便會有效率」，因其將注意力轉移至工作的情境與員工態度及行為，即屬於行為管理，相關的理論包括馬斯洛（Maslow）的需求層級（Maslow's hierarchy of needs）理論，以及馬格里柯（McGegor）的X理論、Y理論，及延伸而來的大內（Ouchi）的Z理論等均是著名的理論。

行為科學理論的貢獻

1 行為科學是觀察、組織與再現人類行為的方法,提供人類了解人類行為。

2 行為科學是一門科學,具有永恆性,不受時、空的限制。

3 行為科學對於企業的人力資源管理有莫大的貢獻。

行為科學理論的缺點

01 過於強調人,忽視了經濟、技術。

02 對人和制度、人和組織結合的問題探討不多。

03 對企業發展的環境考慮不多,沒有站在策略觀點來看管理問題。

04 行為科學家認為人類行為是複雜的系統,但是在研究時,又將系統間的關係「孤立」起來,因此,在探討與解釋「複雜」的人類行為時,無法提供普遍性的涵蓋法則。

Unit 2-9
人群關係理學派：Maslow 需求層級理論

馬斯洛（Maslow）提出需求階層理論（Hierarchy of Needs Theory），說明人類需求五個種類，包括生理的需求、安全的需求、愛與歸屬的需求、自尊的需求、自我實現的需求。根據馬斯洛的需求階層論，最基本的需求為生理的需求，當由生理的需求滿足後，才會感覺到有安全的需求；當安全的需求滿足後，才會有歸屬感及愛的需求，以此類推。茲將需求階層論，說明如下：

一、生理的需求（physiological needs）

生理的需求，也稱級別最低、最急迫的需求，如：食物、水、空氣、睡眠。未滿足生理需求的特徵：什麼都不想，只想讓自己活下去，思考能力、道德觀，明顯變得脆弱。例如：當一個人極需食物時，會不擇手段地搶奪食物。

二、安全的需求（safety needs）

安全的需求，同樣屬於較低層的需求，包括對人身、生活、免遭痛苦、威脅或疾病、與自身安全感有關的事情。缺乏安全感的特徵是：對自己身邊的事物感到威脅，覺得這世界是不公平或是危險的。

三、愛與歸屬的需求（Love and belonging needs）

歸屬與愛的需求，屬於較高層的需求，如：對友誼、愛情及隸屬關係的需求。缺乏社交需求的特徵：因為沒有感受到身邊人的關懷，而認為自己活在這世界上沒有價值。例如：一個沒有受到父母關懷的青少年，認為自己在家庭中沒有價值，所以在學校交朋友，無視道德觀和理性地積極地尋找朋友或是同類。

四、自尊的的需求（esteem needs）

尊嚴需求，屬於較高層的需求，如：成就、名聲、地位和晉升機會等。尊嚴需求既包括對成就或自我價值的個人感覺，也包括他人對自己的認可與尊重。無法滿足尊嚴需求的特徵；變得很愛面子，或是很積極地用行動來讓別人認同自己，也很容易被虛榮所吸引。例如：利用暴力來證明自己的強悍。

五、自我實現的需求（need for self-actualization）

自我實現需求，是最高層的需求，包括針對於真善美至高人生境界獲得的需求，因此前面四項需求都能滿足，最高層次的需求方能相繼產生，是一種衍生性需求，如：自我實現、發揮潛能等。缺乏自我實現需求的特徵是：覺得自己的生活被空虛感給推動著，要自己去做一些身為一個「人」應該在這世上做的事，此需求有讓他能更充實自己的事物，尤其是讓一個人深刻體驗到自己沒有白活在這世界上的事物。此層次的人往往認為價值觀、道德觀，勝過金錢、愛人。例如：一個真心為了幫助他人而捐款的人。

馬斯洛的需求階層理論，是從心理需求層面出發，以人的需求做為管理思考的基礎。但這些需求的層級並未有明顯的界限，也有可能發生重疊的情形，造成部分滿足，或是部分未被滿足的情況，以致造成需求判斷的不易。

Maslow需求層級理論

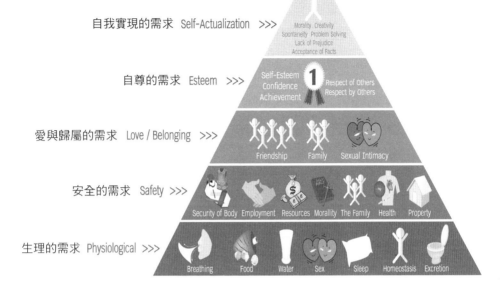

自我實現的需求 Self-Actualization >>>

自尊的需求 Esteem >>>

愛與歸屬的需求 Love / Belonging >>>

安全的需求 Safety >>>

生理的需求 Physiological >>>

需求項目	內容
生理的需求	包括食物、水、氧氣、休息等。
安全的需求	包括保障、穩定,免除恐懼、焦慮、威脅及混亂。我們需要社會法律結構及有限的幫助來滿足這些需求。
愛與歸屬的需求	包括朋友、家人及愛人所給的親近與關愛。
自尊的需求	包括自我尊重、尊重他人、成就、受到注意及賞識。
自我實現的需求	包括感受到個人潛能完全發揮,並執行符合本身能力的工作,這是努力創造及學習的結果。

Unit 2-10
人群關係理論：Mayo 霍桑實驗研究

有關人群關係理論（human relations theory）背後的故事，應從梅耶（Elton Mayo）的霍桑實驗（Hawthorne study）說起，梅耶也被視為是人群關係理論概念及原則的創始者（孫建忠等譯，Peter M. Kettner 著，2005）。

梅耶的「霍桑實驗」，研究涉及若干工作條件與工人生產效率的關係。霍桑實驗是在研究各種情形下各群人的態度與反應，整個研究計畫包括四個主要階段：1.工廠照明試驗；2.繼電器裝配實驗室研究；3.全面性員工面談計畫；4.接線板接線工作室觀察研究等。

在第一階段工廠照明試驗的結果，梅耶發現當照明度增強時，生產效率也隨之增加，但把照明度減弱，甚至像月光的強度一般，生產效率也不見得降低。因而使得研究者認為，除了實際外在環境因素的影響外，必定有其他的因素會影響工人們的生產效率。在二階段的繼電器裝配實驗室研究中，研究者發現如工作環境、工作時間、休息時間等條件變差時，產量並非如科學管理理論所聲稱的會降低。所以，研究者提出一個假設的推論，女工工作態度的改善和產量的提高，最可能是因為社會情況和督導方法改變的緣故。

第三階段實驗進行「全面性員工會談」，研究發現員工的工作績效與他們在組織中被自己和他人所認定的地位和身分有關。第四個階段接線板接線工作室的觀察，發現工人間非正式群體所設定的標準，常和管理者所規定的不一致，甚至是提高工作獎金也無法改變。

綜整霍桑實驗的研究發現，隨著燈光的強度增加，工人的產出量也增加，但令研究者感到驚訝的是，當產出量明顯達到某一高峰之後，若降低照明的強度，他們發現燈光的強度雖然按階段順序減弱，但是工人的產出量仍繼續增加。工人對參與實驗的覺察和一種自然而起的心理作用，顯然是引發動機促進生產力的重要因素。員工的工作績效非僅取決於工資的高低和工作環境的好壞而已，更重要的是管理者的作風及公司對待他們的方式，員工希望公司視他們為有價值、獨立的個人。此一研究結果自此之後被稱為霍桑效應（Hawthorne effect），顯示社會和人際影響是生產力較強的預測因素。

這使得早先所假設的照明度對績效有影響顯得不具決定性，甚至關聯性不大，反而是研究進行時的各種實驗處理對生產效率都有促進作用，後續研究證實受試者對於新的實驗處理會產生正向反應，即行為的改變是由於環境改變（研究者的出現），而非由於實驗變項操弄造成。亦即，工人生產力的提高，是因為工人感受到自己受到研究者的關注，而不是因為照明強度的變化。此研究開啟管理理論研究的新方向，更重視組織中人性因素對生產力的影響，並產生激勵、領導、組織行為的管理議題。

霍桑實驗研究與人群關係理論

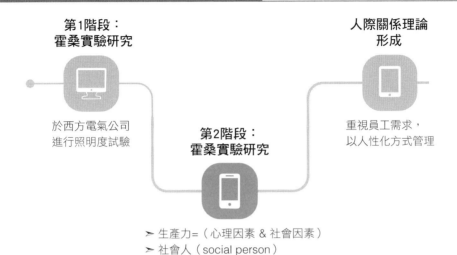

第1階段：
霍桑實驗研究

人際關係理論
形成

於西方電氣公司
進行照明度試驗

第2階段：
霍桑實驗研究

重視員工需求，
以人性化方式管理

➤ 生產力＝（心理因素 & 社會因素）
➤ 社會人（social person）
➤ 提出人際關係理論

科學管理學派與人群關係理論之比較

科學管理學派	學派（理論）	人群關係理論
泰勒（Taylor）	代表人物	梅耶（Mayo）
■物理條件：標準化原理 ■經濟誘因：論件計酬制	生產力條件	■心理因素：個別訪談研究 ■社會因素：團體規範影響力
管理工作— 以生產為中心（生產效率導向）	管理者	管理工作— 以人為中心（社會人的觀點）
主要動力— 經濟層面（金錢的刺激）	工作者	主要動力— 心理層面（社會歸屬感）
■研究勞動與工作效率間的關係。 ■制定精確、高效率的工作方法。 ■實行分工、責任化的制度。 ■獎懲原則有一定程度上的意義。	管理意涵	■研究人工作的主要動力來自於社會和心理需求的滿足。比起經濟誘因的控制，人更容易受團體力量的影響。 ■除了傳統管理職能，應重視人際關係。 ■管理者應扮演員工與企業主間的橋梁。

Unit 2-11
人群關係理論：McGegor X 理論、Y 理論

馬格里柯（Douglas McGregor）在其標竿論文〈企業的人性面〉〈The Human Side of Enterprise）界定了兩個看待員工和激勵的不向方式，他稱這兩個觀點為 X 理論（Theory X）與 Y 理論（Theory Y）。馬格里柯批評既有的管理理論及哲學，認為它們未覺察到人性因素。茲將馬格里柯的 X 理論、Y 理論說明如下：

一、X 理論

（一）馬格里柯提出人性消極的 X 理論，認為員工是懶惰、沒有自我主動工作的意願與能力，以及只能對組織或團隊問題的解決提供些許的貢獻。根據馬格里柯的 X 理論主張，管理者對員工採取悲觀的看法。

（二）X 理論的基本假設：

1. 員工天生厭惡工作，並儘量逃避工作。

2. 由於員工厭惡工作，必須對其進行控制。

3. 員工喜歡逃避責任，並盡可能尋求正式的指導。

4. 大多數員工認為工作安全保障最重要，不具有進取心。

（三）X 理論組織管理的特性為：機械式組織結構、細密的分工、詳細的規章制度、狹窄的控制幅度及嚴密的監督等，這些人性的假設及管理的特性與官僚式組織之實際運作頗為類似。

（四）基本上，X 理論反映出管理者對員工的不信任感，認為要讓組織目標與工作順利達成，只好依賴制訂嚴格的紀律、採取強制、監督與懲罰等措施，但是馬格里柯認為在 X 理論的組織氣候中，如果管理者只是把員工當作技術工具般的操作，將會限制 X 理論在實務上應用成功機會。

二、Y 理論

（一）馬格里柯同時提出 Y 理論，改變了管理思維與實務的途徑。他指出管理者角色應協助部屬啟發其潛能，以代替對其控制與指揮。Y 理論對人性持著樂觀的看法，主張員工懶惰不是與生俱來的、員工具有自我的方向與自我控制的能力，以及員工具有提供創意與建議改善組織績效的能力。因此，在實務管理上，像是組織提供獎勵與機會，可以實現員工參與決策及目標設定等工作。

（二）Y 理論基本假設：

1. 員工把工作視同休息或娛樂般自然的事。

2. 員工如果對工作做出承諾，他會自我實現與自我控制。

3. 一般員工都會主動學習接受及承擔責任。

4. 每個人普遍都具有創造性決策能力。

（三）Y 理論之組織管理的特性為：有機式組織結構、授權、控制幅度大、參與管理、自我控制及工作豐富化等。

（四）馬格里柯認為 Y 理論主張像是參與管理、授權、工作擴大化及績效評價等作法，可以應用在實務管理上；但他認為如果實務執行還是抱著 X 理論管理心態，只是想把員工當作技術工具操縱，成功的機會將受到限制。而其最核心的問題應在於管理者或員工的態度與自我實現等屬性，如果管理者持著員工是懶惰或不值得信任的態度，在員工認知上他的工作很少被激勵參與，員工自然主動配合意願不高；如果管理者認為員工是值得信賴及期盼努力完成工作的，管理者必定願意創造合適環境，激勵員工達成個人或組織的目標。

圖解社會工作管理

X理論、Y理論的命題

 理論的命題

- **組織中管理的角色**：管理負責組織生產企業的元素——金錢、原料、設備、人——以經濟目的為依歸。
- **對員工的管理角色**：關於人，這是指引他們工作，激勵他們、管控他們行動，以及修正他們行為的過程，以迎合組織的需求。
- **激發員工的表現**：如果缺乏管理積極的介入，人們將會淪為被動，甚至是對抗組織的需求。因此他們必須被勸服、獎勵、處罰、管控，以至他們的行動必須被指導，這就是管理的任務。常總結為：管理就是藉由其他人完成事情。

 理論的命題

- **組織中管理的角色**：管理負責組織生產企業的元素——金錢、原料、設備、人——以經濟目的為依歸。
- **員工的承諾**：人的本質並非是天生被動或抗拒組織的需求。他們之所以會如此乃導因於組織的經驗。
- **員工的激勵與能力**：動機、發展的潛力、承擔責任的能力、達成組織目標的行為都會在人們身上呈現出來。管理並不是把這些東西放置在那裡，管理的責任是要使人們認識及發展這些人類的特性。
- **新管理角色**：管理的基本任務就是要安排組織的狀況與運作的方式，因而人們在達成自己最好的目標時，也能集中心力於組織標的達成。

X理論、Y理論的比較

X理論	比較項目	Y理論
人性本惡（負向的）	人性假設	人性本善（正向的）
不喜歡工作	工作態度	樂於工作
經濟報酬	工作動機	追求成就感
盡可能逃避責任	責任心	學習承擔責任
被動	解決問題	積極主動
嚴密監控	管理方式	自我管理
重視組織（組織＞員工）	理論取向	重視員工（組織＜員工）

Unit 2-12
人群關係理論：Oichi Z 理論

威廉‧大內（William Ouchi）於1981年出版了《Z理論——美國企業界怎樣迎接日本的挑戰》（Z Theory）一書，被稱為Z理論，依據Z理論所建構的組織文化，稱為Z型組織（Type Z Organization）。大內將由領導者個人決策、員工處於被動服從地位的企業稱為A型組織，其認為當時研究的大部分美國機構都是A型組織，而大內稱日本的管理方式（企業）為J型組織（如右頁圖表）。在組織模式的每個重要方面，日本與美國都是對立的，於是大內提出了「Z型組織」，認為Z型組織符合美國文化，又可學習日本管理方式的長處。A型組織的運作近乎是X理論的信奉者。相對而言，Z理論強調要以平等主義建立組織上、下層級之間的信任關係，以團體的凝聚力與向心力，讓員工得到對未來的安全感與歸屬感，因此主張以坦白、開放、溝通做為基本原則來實行民主管理。

大內不僅指出了A型和J型組織的各種特點，且分析了美國和日本各自不同的文化傳統，以致其典型組織分別為A型和J型，這樣，就明確了解日本的管理經驗不能簡單地照搬到美國使用。為此，他提出了Z型組織的觀念，認為美國公司借鏡日本經驗就要向Z型組織轉化，Z型組織符合美國文化，又可學習日本管理方式的長處，比如在Z型組織中，決策可能是集體做出的，但是最終要由一個人對這個決定負責，而這與典型的日本公司（即J型組織）作法是不同的，在日本沒有一個單獨的個人對某種特殊事情擔負責任，而是一組雇員對一組任務負有共同責任。

大內認為組織的成功能產生工作的高效率。發展的關鍵是創造出一種組織環境或氣氛，使其有高生產率和發展。Z理論之意義是「密切配合工作的組織與人員」，強調組織適當型式，應隨著工作的性質與有關人員的特殊需要來決定。依據Z理論所建構的Z型組織文化，具有以下的項特徵：

1.長期僱用：使員工有安全感並效命於組織。

2.緩慢與按部就班的升遷率：與J型組織有所不同的緩慢升遷；公司經由多功能角色的歷練，使員工擴大工作經驗與增進不同的生涯路線。

3.參與共識的決策：需要合作與團體工作才能有效，透過公開地溝通與相互增強的方式取得價值的共識。

4.團體的決定人人負責：培養信任與相互支持的氣氛與價值，同時也要強調團體的忠誠。

5.全局取向：強調全人的觀點而非個人的工作角色，符合平等主義的精神，所有員工平等合作以完成共同的目標，而非依賴正式的層級關係。

簡言之，Z理論是X理論和Y理論的補充與延伸，提倡在管理員工時，應依據企業的實際狀況，靈活掌握制度與人性、管制與自覺之間的關係，因地制宜地實施最符合企業和員工利益的管理方法。

A型、J型組織

日本公司（J型組織）	美國組織（A型組織）
終身僱用	短期僱用
緩慢的考核和升遷	快速的考核和升遷
非專業化的生涯路徑	專業化的生涯路徑
內隱的控制機制	外顯的控制機制
集體決策	個人決策
集體負責	個人負責
整體考量	局部考量

A理論、J理論、Z理論的管理實務

A理論（A型組織）	J理論（J型組織）	Z理論（Z型組織）
短期僱用	終身僱用	長期僱用
專精化的生涯路徑	非專精化的生涯路徑	中度專精化的生涯路徑
重個人的決策	重共識的決策	重共識的決策
個人的責任	集體的責任	個人的責任
經常的績效考核	較少的績效考核	較少的績效考核
外顯的、正式的考核	內隱的、非正式的考核	內隱的、非正式的考核，但有正式標準的考核
快速升遷	緩慢升遷	緩慢升遷
對員工的關心是有限的	對員工的關心是全面的	對員工的關心是全面的

資料來源：修改自溫金豐（2019）。

Unit 2-13
組織環境觀點：系統理論

1960年代的研究者開始注意到組織環境觀點（organizational environment perspective）強調外部環境對組織影響，尤其是資源的取得和利用。不同於古典管理理論強調的是「只有組織、沒有員工」（organizations without people），以及人群關係理論強調「只有員工、沒有組織」（people without organizations），兩者皆視組織的運作是在一種「封閉」的內部環境狀態下進行，組織環境觀點認為組織應是開放的，是會受外部環境間的影響，其中以系統理論（system theory）與權變理論（contingency theory）最具代表性。本單元先說明系統理論，權變理論於次一單元說明之。

所謂系統，即指一組互有關聯和互賴的元素所組合而成的整體，可區分為兩個基本型態：

1. 封閉系統（closed systems）：系統既不受到環境的影響，也不與它發生關聯；泰勒對人和組織所持的機械觀點，本質上即是一種封閉系統的觀點。

2. 開放系統（open systems）：指一種動態的體系，與環境互有關聯並對之產生反應。

系統理論（system theory）關切的是關係、結構與互賴性的問題，更甚於關切物體不變的屬性，視組織就是一個有生命的系統，包括輸入、轉化、回饋，透過修正過程維持組織的穩定。此外，James Thompson認為了解組織的一個關鍵因素，就是環境的不確定性。此組織為了生存，必須要建構本身的能力以回應環境的改變。Thompson建構每一個組織中有三個不同的系統：

1. 第一個層次是技術核心：是由那些在組織中為組織建立目的而工作的部門所組成，這些部門的人通常為直線工作人員（line workers），以生產產品或提供服務而言，他們服務於「第一線」，這是組織存在的核心理由。在人群服務機構中，他們就是社會工作者。

2. 第二個層次是管理系統：包括那些管理技術核心工作的結構與過程。通常指的是那些擔任第一線督導或方案管理職位的人，他們承擔管理內部組織工作的最大責任。

3. 第三個層次是制度系統：這個層次包括處理組織之間的互動，及組織和環境之間互動的結構與過程。在體系中擔任這個職位的人可能是執行長、行政主管、公共關係主管或是遊說者等。

綜合而言，系統理論的主要貢獻有二：

1. 有助了解組織的效率與效能：運用系統的概念──輸入、轉化、輸出及成果，方案及服務可以被界定、執行、追蹤、監督及評估。若沒有這些分析工具，組織和系統可能對於滿足責信的期待有相當的困難。系統模式已經成功運用於人群服務的方案規劃和績效測量。

2. 系統理論發展及維持與組織環境關鍵元素的關係：系統理論是關於組織與環境之間關係的重要性。組織需要和環境中的一些元素維持主動、持續的關係，以確保它們的關聯和生存，了解系統理論的相關概念，對一個組織的成功，甚是生存都是關鍵的元素。

系統理論：系統輸入與輸出之回饋圈

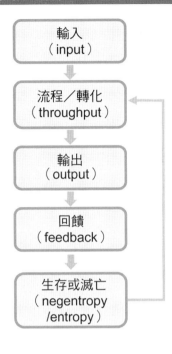

輸入
（input）

↓

流程／轉化
（throughput）

↓

輸出
（output）

↓

回饋
（feedback）

↓

生存或滅亡
（negentropy
/entropy）

系統觀點基於介入或改變，包括：
- **輸入**（input）：即資源進入系統。
- **流程／轉化**（throughout）：資源如何在系統內被運用。
- **產出**（output）：系統如何影響其外在環境。
- **回饋**（feedback）：經由與外在環境互動後所回收的資源和資訊。
- **生存**（negentropy）：即系統可以獲得維持生存所需的資源而持續運作。
- **滅亡**（entropy）：即系統無法獲得生存所必要資源而終止運作。

Thompson的組織運作架構

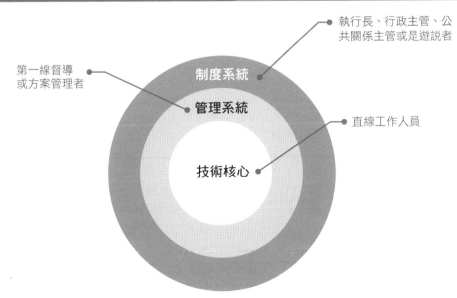

執行長、行政主管、公共關係主管或是遊說者

第一線督導或方案管理者

制度系統

管理系統

直線工作人員

技術核心

Unit **2-14**
組織環境觀點：權變理論

　　本單元說明組織環境觀點（organizational environment perspective）的權變理論（contingency theory）如下：

　　在開放系統中，以權變理論（contingency theory）最能充分代表其中心思想。無論是古典管理理論或人群關係理論，皆傾向假定有一種最佳且可放諸四海而皆準的管理方式。然而，實務上的經驗卻顯示，並沒有一種可適用於所有情況的最佳管理方式，管理方式的適用與否須視其所處的情境而定。因此，權變理論有時亦被稱為情境理論（situational theory），因此，權變理論是最能代表開放系統中，對於強調外部環境的理論。

　　權變理論的定義，簡單來說，就是在不同的環境、不同策略下的作法，會產生不同的結果，組織沒有「最好」的策略，只有「最適合」的策略。權變理論的基本觀念在於：組織的生存與發展是一個內部整合與外部適應的過程，包括組織成員間與單位間的協調整合以完成任務，以及對外部環境的了解與因應。權變理論認為，管理並沒有普遍的法則或單純的原則，正確的管理技巧應視其所處的環境而定。

　　權變理論的基本主張，包括如下：

　　1. 整個組織的運作，是在「開放系統」之中。

　　2. 行政者必須檢視組織中的人、事、地、物與環境的需求及限制，做出「適當」的回應，而不是預設立場。

　　3. 每個組織都是獨一無二的，一個策略在組織中大有功效，但不見得適用於其他組織。

　　4. 不同的領導方式，應用於不同的情境中，世上無絕對的最佳策略，好壞是相對的。

　　從以上權變理論的基本主張可知，權變管理是各項管理理論的統合，它告訴管理者，每一個組織都是獨一無二的，並沒有一種適用於所有情境之「最佳方式」或正確的決定，不同的情境要有不同的決定和管理行為。管理者的工作在於促進組織次體系（如環境或人際關係）的功能及交互關係，並確保對組織生存有助益的組織環境彼此之間的關係。因此，權變管理會在某一種情境主張採用科學管理，另一種情境則主張採用行為管理，其所採行的理論或方法之基礎，則為各特定情境之特徵，因此又可稱之為情境管理（situational management）。

　　權變理論對於人群服務管理的貢獻，就是承認沒有唯一的組織結構與設計方式。在特定型態的機構，有些部門或單位以機械型的設計，能很好及有效率地運作，然而，其他部門或單位若採取有機型模式，亦可達到最大的生產力。權變理論終止了原先所秉持，認為有一種最佳方法來建構及設計組織的觀念。在回答「何種結構與設計對一個組織最好？」的問題時，正確的答案是「視情況而定」。因而，現代管理研究者及顧問面臨的挑戰是如何回答「視何種情況而定」這個問題。這個答案應該是視使命、目標與功能，以及現有技術是否有能力生產產品及服務，以滿足組織和環境的期待而定。

權變理論的假設

權變理論
的假設

1 世上沒有所謂的組織最佳策略。

2 兩個不同形式的組織方法，不會造成相同的效率。

3 最好的組織策略，必須依環境而變動。

權變理論的特性

1 **多樣性：**
外部環境持續不斷地在變化，具有多樣性。

2 **差異性：**
環境既然多樣，組織就必須建立相對應的子系統。

3 **適應性：**
組織依環境所建立的子系統，必須能夠適應當時的外部環境。

4 **整合性：**
由於組織這個了系統與社會整個大系統之間會有所落差，因此必須進行整合性的管理。

Unit 2-15
組織學習觀點：知識管理

　　由於社會環境的不斷變動，組織經營上面臨諸多的挑戰，因此組織必須持續的學習，才不至於被環境所淘汰，因此，管理學者注意到組織學習對組織的重要性，提出了組織學習的觀點，以利組織因應環境的變化，其中以知識管理（knowledge）、學習型組織（learning organization）為二項重要組織學習議題。本單元先說明知識管理，學習型組織，則於次一單元說明之。

　　善用知識，就能發揮組織的影響力，特別是在這個資訊便捷的時代，可藉由知識的力量，擴張組織的影響力。知識管理是「知識的3K」的其中一環，「知識的3K」是由知識管理（knowledge management, KM）、知識社群（knowledge community, KC）與知識型企業（knowledge business, KB）所組成。1.知識管理：是組織確認自己所擁有的知識，並加以整理、轉移和管理，以便有效地利用知識，獲取競爭優勢的過程；2.知識社群：是指根據具體目標創造新知識、分享新知識、運用新知識，並對此抱持高度熱情的一群人；3.知識型企業：是指將知識與學習內化到產品、過程與服務的企業。人們可以把知識的價值應用到傳統產業與服務業上，包括社會工作。

　　「知識管理」是指組織中建構一個知識系統，讓組織中的資訊與知識可以透過獲取、創造、分享、整合、記錄、存取、更新等過程，達到不斷創新及累積，建構

組織的智慧資本，將有助於企業在面對市場的快速變遷時，做出正確的決策。知識管理是組織內正式加以規範的流程，經由規範的流程先推斷所擁有的何種訊息、能夠有益他人，然後設法使組織上下方便獲得該訊息。知識管理的實踐步驟，包括：1.創建資料庫；2.在各部門之間建立訊息溝通網絡；3.建立正式的流程，保證項目執行過程中所獲得的經驗能夠傳遞給執行相似任務的同事。

　　知識可以區分為外顯知識（explicit knowledge）與內隱知識（tacit knowledge）兩種：1.外顯知識：係指可以用語言或文字直接表達出來，很容易以書面資料的形式交流和共用的。例如：客戶的資料、公司內部的操作手冊、維修手冊及訓練手冊等。2.內隱知識：係指無法用語言或文字直接表達出來的知識，是存在於員工個人腦海裡的主觀見解、直覺或預感，若員工不說出，別人便無從獲知。例如：要如何讓顧客滿意、如何讓顧客購買，以及如何維修機器等一些小「訣竅」。

　　日本學者野中郁次郎（Ikujiro Nonaka）提出外顯知識與內隱知識相互轉換的SECI模型（詳右頁圖解），讓組織的外顯知識與內隱知識可在部門間轉換。若組織能透過SECI模型將個人有價值的經驗、知識及技能，轉化為組織共同分享的智慧，將可促成個人與組織的成長，進而提升個人及組織的競爭優勢。

Ikujiro Nonaka提出的外顯知識與內隱知識相互轉換的SECI模型

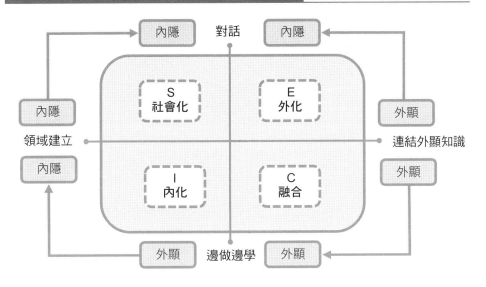

社會化（socialization）：
係指將內隱知識轉換為內隱知識（tacit to tacit），這必須針對共同主題展開談話和討論，藉由共同經驗來產生新的內隱知識。例如：藉由溝通協力展開的「訣竅」。

S

外化（externalization）：
係指將內隱知識轉化為外顯知識（tacit to explicit），亦即把內隱知識表達出來成為顯性知識的過程。例如：新進人員透過觀察資深同事的工作方式，學習資深同事的經驗和技巧，並將知識和技巧融合書寫成書面形式的資料。

E

內化
（internalization）：
係指將外顯知識轉換成內隱知識（explicit to tacit），亦即把外顯知識吸收、消化後，產生內隱知識。例如：透過閱讀公司內部大量文件、檔案、手冊、會議紀錄來豐富自己的知識，再經過思考、改良、創新後，成為一種新的內隱知識。

I

C

融合
（combination）：
係指將外顯知識轉換為外顯知識（explicit to explicit），亦即外顯知識轉化成更複雜、更系統化的外顯知識之過程。例如：從許多不同來源蒐集外顯知識，經過整理和學習後產生新的知識，並集結成書面形式。

Unit 2-16
組織學習觀點：學習型組織

本單元說明組織學習的觀點中的學習型組織（learning organization）如下：

學習型組織由彼得‧聖吉（Peter M. Senge）於《第五項修練：學習型組織的藝術與實務》中提出。學習型組織是將「組織」視為一個有機體，重視組織與外在整體的動態關係，認為組織是具有生命力、學習力及創造力的自我組織系統。彼得‧聖吉視為形塑學習型組織的一個過程，透過五項修練的學習策略來促使組織集體學習，並不斷地追求卓越，以朝組織的共同願景邁進。簡述如下：

一、自我超越（Personal Mastery）

「自我超越」的修練是希望能夠學習到客觀的觀察現實，突破極限來追求自我實現，而不是一味把工作視為不得不做的事情。自我超越的修練必須是員工在組織的目標下，培養組織成員自我挑戰的胸懷，確認擬達成的目標並全力以赴。

二、改善心智模式（Improving Mental Models）

「心智模式」是指根深蒂固於心中，影響個人了解事情情況及如何採取行動的成見或印象。企業若無法掌握市場的契機和推行組織變革，很可能是因為與企業中固有之強而有力的心智模式相牴觸。傳統科層組織的信條，強調管理、組織與控制；而學習型組織的信念，則是願景、價值觀及心智模式；唯有鼓勵組織成員有多樣化的觀點和意見，才能在意見交流或行動實踐的過程中，激發團體智慧凝聚共識。

三、建立共同願景（Building Shared Vision）

「建立共同願景」是一種由下而上的組織溝通過程，而且願景的建立有其進階的指標，是一項永無止境的任務。組織欲建立共同願景的修練，可從鼓勵個人願景，進而塑造出整體的圖像、不斷地分享及融匯彼此的願景、將願景融入企業理念中等等來逐漸達成。

四、團隊學習（Team Learning）

「團隊學習」是發展團隊成員整體搭配與實現共同目標能力的過程。它是建立在發展「共同願景」和「自我超越」的修練上。建立團隊學習的關鍵在於組織成員間的「深度匯談」和「討論」的能力，此種對話強調以同中求異的原則來探索真理，透過對話能讓組織成員正視自己思維的屏障，進而面對事實，並學會欣賞不同的意見，發展更高層的共識。

五、系統思考（Systems Thinking）

「系統思考」修練的精義在於心靈的轉換，亦即觀察環狀因果的互動關係，而非線段式的因果關係。為解決組織的問題，應摒除僵化、片段的思考方式，並以整體性的視野，觀察事件發生的環狀因素和互動關係，以及組織問題的一連串變化過程，而非片段的個別事件，避免為了立即解決問題，而忽略了問題的整體性。系統思考是學習型組織五項修練的基石，它是整合其他各項修練成一體的重心，探究各項修練間的互動，並強化其他每一項修練。同時，「系統思考」也需要有「自我超越」、「改善心智模式」、「建立共同願景」、「團隊學習」等四項核心修練來發揮它的潛力。

傳統型組織與學習型組織之比較表

傳統型組織	比較項目	學習型組織
穩定 可預測 區域性、本土性 僵固的文化 只有競爭	基本環境	快速 不可預測 全球化 彈性的文化 競爭、合作、共同創造
依循過去的經驗判斷 程序導向	經營方式	依當下發生的情況判斷 市場導向
標準化、低成本 注重效率	經營優勢	適應顧客的獨特需求 注重創造力
遵循慣例 服從命令 避免風險 持續一貫 遵守程序 避免衝突	員工 必備條件	因應例外 解決問題、改善措施 不規避風險 富創造力 與他人合作 自衝突中學習

Peter M. Senge的「第五項修練」：學習五項修練的方式

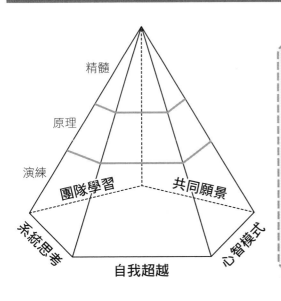

- Peter M. Senge五項修練的學習就像一座三層樓的五角尖塔，其中每一項均可由三個不同層次，包括演練、原理、精髓：
  - ➤ 演練：具體的練習。
  - ➤ 原理：原理代表演練背後的理論。
  - ➤ 精髓：修練的精髓是指修練純熟的個人或群體，所自然體驗到的境界。
- 未來最成功的團隊，將會是學習型組織。因為，唯一能長久依靠的，就是比你的競爭對手學習更快。

第 **3** 章

社會工作的規劃與決策

●●●●●●●●●●●●●●●●●●●●●● 章節體系架構 ▼

●●●●●●●●●●●●●●●●●●●●●●

Unit 3-1
規劃的意涵

規劃（planning）是管理的第一個功能活動，包括定義組織目標、建立達成此目標之整體策略，以及發展一組方案以整合及協調組織工作。茲將規劃之意涵，及與計畫（plan）之差異，說明如下：

一、規劃（planning）的意涵

規劃是為了達成組織的整體目標，因而發展各種策略與行動方案之過程。規劃為管理功能之首，若問組織為何要進行規劃，就如同問組織為何要管理，組織因為有目標需要達成，故需要妥善管理有限資源。規劃是一種分析與選擇的過程，它係組織針對未來所要完成的工作，配合未來環境的評估分析來設定工作目標，並擬訂與擇定用來達成目標的活動。

Field指出，規劃是構思一種所期待之未來情境，發展和安排資源以實現這種狀態之有效方法的過程。Robbins指出，規劃是訂定目標、建立達成目標的策略，並發展一套有系統的計畫，以整合並協調組織的活動。規劃不僅重視目的（要完成什麼？），也重視達成目的之方法（如何完成？）。因此，規劃是針對目標或問題，透過思考過程，並整理、分析所蒐集的資料，而訂出方案。組織面對有限資源，透過規劃進行資源配置的協調，可避免產生負面排擠效應。

二、規劃（planning）與計畫（plan）

規劃（planning）與計畫（plan）兩者的意涵不同。規劃是一種過程，而計畫則是規劃的結果。所以，規劃是擬定未來各種可行方案的一種程序，計畫則是規劃過程形成書面文字的成果；計畫是指完成某項目的的具體藍圖，在藍圖中明確說明計畫執行過程中的資源分配、時程安排、任務與其他活動。

計畫是規劃的產物，通常以計畫書來表示，亦即，計畫是為了達成目標、從事資源配置、安排進度及行動的藍圖。因而，計畫是被設計來將我們由目前所處的情境，帶到所期待之未來情境。好的計畫書必須要有好的規劃活動做為基礎。亦即，規劃是一種動態程序，是一連串資料蒐集並透過邏輯思考分析的過程，計畫是規劃所產生的結果。當計畫執行時，如內、外環境有所改變，管理者須再度投入規劃工作，修正計畫。

以組織之運作加以說明，組織是由上、下層級關係所建構起來的系統，組織的目標也有長期、短期之分，因此規劃過程所形成的各種不同之計畫也有層級的分別，形成了一個計畫的體系。而在建立各式計畫之前，組織也因為建立了描述組織的中心功能與目的之經營使命，讓組織的運作有一個方向可遵循，而據以形成各種策略計畫與行動方案，故計畫體系亦可說是在組織經營使命指導下的行動方針。且在計畫體系中，愈往高層級的愈偏向抽象的策略性計畫，愈往低層級的愈偏向具體的作業性計畫。例如：規定與程序，是最基層使用的具體計畫，目的在要求增進例行工作的作業效率，即為計畫之應用。

規劃的意涵

計畫 ← 執行 ← 規劃 → 核心 → 目標

規劃形式的三項要件

01 機構性要件
指規劃由誰來進行

02 流程要件
指規劃經由哪些過程來進行

03 工具要件
指規劃藉由哪些技巧來進行

規劃與計畫的比較

規劃（planning）	比較項目	計畫（plan）
設立目標，擬定達成目標的過程	意義	規劃程序中採行的行動方案
動態思考過程	性質	靜態之方案
前（因）	順序	後（果）
SWOT、策略選擇	內容	時程、進度、預算、執行細節
規劃為思考過程 預測為前提 決策是核心	重點	是規劃的產物 控制是手段 效率是重點

Unit 3-2
規劃的重要性

規劃是社會工作管理必要功能之一。好的規劃能使工作的進行有明確的方向與目標供依循，否則可能使工作陷於混沌，不僅造成資源的浪費，且無法完成組織的目標。茲將規劃的重要性說明如下（黃源協，2013；黃源協、莊俐昕，2020）：

一、規劃可提供組織方向與目標，增進成功的機會

規劃提供方向與目標，組織若有適切的規劃，員工在知道組織未來發展方向與目標下，較易與他人配合，且會以團隊運作方式來追求組織目標的實現。反之，若組織缺乏規劃，各部門之間的權責不清，且缺乏明確的工作指引，彼此的工作便可能出現重疊或衝突的現象，這將使得組織缺乏效率而降低成功的機會。社會服務機構的人力和物力資源往往是較有限的，若機構的運作或服務方案皆能夠經過審慎的規劃，將會讓執行過程更具效率，進而增進服務績效或方案成功的機會。

二、規劃可增進管理者適應環境的變遷，降低不確定的風險

規劃可使管理者預測並察覺未來環境可能的變遷，及其可能對組織帶來的衝擊，進而預先發展出適當的因應對策，以降低組織可能遭遇的風險，一個組織若不從事規劃，所注意到的很可能僅是例行性的事務，而忽略環境改變可能帶來的衝擊，進而嚴重削弱組織及管理者因應變遷的能力。社會工作所面對的環境經常是充滿不確定和多變的，尤其是政治、經濟和政府政策的變異。做為一位社會工作管理者，必須要有規劃的能力來因應環境的變遷，以降低因環境的不確定性。因而，規劃不僅可藉由挑戰以激勵服務的發展，也具有風險管理的功能。

三、規劃可使組織成員重視組織整體目標，減少資源重疊與浪費

規劃讓組織各部門或成員皆可以組織的目標為前提，深切了解自己在組織中的價值和意義，並讓員工能夠信任組織，對組織有信心，進而激發員工的士氣與團隊合作精神，以將工作焦點宣於組織目標。反之，若缺乏或規劃不當，可能會摧毀組織成員彼此之間的信任、信心及團隊士氣，進而因缺乏統整或各行其是，而造成浪費與工作重複之無效率現象，甚至因相互矛盾或衝突，而阻礙了組織目標的達成。

四、規劃有助於組織其他功能的發揮，並建立做為控制之用的目標

規劃是管理功能之首，若無良好的規劃為基礎，其他功能將難以發揮。規劃與控制的關聯尤為緊密，若無規劃或提供績效評估的標準，控制將失去依據。Field即指出，規劃可提供績效管理一個基礎，也可協助其他管理的過程，例如：預算管理和員工發展。然而，規劃並不是在啟動控制後即停止，規劃是一種持續的過程，若執行偏離了規劃所設定的目標或方向，便須適時提出修正或再規劃，有效的規劃將可做為績效評估或責信的依據。

規劃的特性

01 首要性或優越性（primacy）

規劃比其他管理功能較有聯繫性，其規劃功能也較其他功能先出現優越性。規劃的首要性包括優先選擇目標與策略，規劃之後才能進行組織、決策領導、人事管理、溝通與協調、財務管理、督導與諮詢、公共關係、控制、評鑑等的其他活動。

02 理性（rationality）

規劃在本質上，乃是一種理性的運作過程，如其對目標及策略的選擇都是基於一種客觀事實與評估後才決定。

03 時間性（timing）

任何規劃均以時間做為一主要條件或基礎，這就是其強調時間因素之重要性的原因。規劃時必須規定，何時應該完成？哪些工作應先，或稍後或加速或延後完成？其選擇是否恰當？往往決定了一項規劃之價值。

04 繼續性（continuity）

規劃是一種繼續不斷進行的程序，雖然在某一階段中，規劃的結果可表現為某種計畫，但在管理中，規劃功能是不斷繼續向前，不像計畫只做為實際行動依循的方案而已。

規劃對績效的影響

01 使成員了解為何而戰

02 降低不確定性對組織的衝擊

03 可減少資源重置與浪費

04 可以提供所要達到的控制標準

Unit 3-3
規劃的類型

　　規劃的類型，常見的分類包括策略性規劃、戰術性規劃、作業性規劃、權變性規劃。本單元先說明策略性規劃，其餘類型於次一單元說明之：

一、策略性規劃（strategic planning）

　　策略性規劃是高階管理者依據組織內外在環境綜合判斷，擬定組織目標、達成之策略及方法，以提升組織績效；亦即，戰略性規劃係組織全面性的、長期性的計畫，其主要目的在於實現組織願景，達成主要目標。

　　依據戰略性規劃所擬定的策略行動計畫（strategic action plans），所著重的是將組織各功能（如行銷、財務、人力資源），及單位的各種行動整合起來，以使這些行動能夠支援整個組織的策略，高階管理層級者必須負責策略行動計畫的擬訂，且是以整個組織為考量，故範圍較廣。

　　有效的策略行動計畫必須具備幾項要件，包括：1.前瞻性（proactivity）：係指對於未來採取長期觀點的程度，以及將組織引領到正確方向的程度；2.相符性（congruency）：係指符合組織特性、外部環境的程度；3.綜效性（synergy），係指整合組織各個次單位，以更能達成組織目標的程度。

　　Dalbey認為非營利組織執行策略性規劃，將會有下列的效益：1.強迫組織在日常作業外思考並關注組織的長遠方向；2.策略規劃有助組織成員建立組織未來的共同遠景，如果組織缺乏共同遠景，進行策略規劃將是消除歧見的起點；3.策略規劃有助預測組織未來可能遭遇的狀況，讓組織可以提早決定回應的方案；4.策略規劃有助組織思考如何尋找潛在資金來源，增加組織取得資金的機會。

　　雖然策略性規劃已被非營利組織所運用，但是仍面臨一些阻力或障礙如下：

　　1.規劃能力不足：管理者規劃能力受到個人過去的訓練與經驗的影響頗大，唯因規劃是一種對未來的活動預先做安排，沒有人能保證規劃的方案一定成功。

　　2.規劃程序不當：有些管理者很少接觸規劃程序，甚至對規劃程序完全不了解，特別是一些新手，因而往往發生規劃程序不當的現象。

　　3.管理者推動規劃的意志力不足：規劃關係到機構未來的發展，若管理者沒有進行規劃的決心或承諾，抑或缺乏遠見，凡是僅依眼前的情事做判斷，將有礙於規劃推動。

　　4.資訊使用的不當：資訊是有效規劃所不可或缺的，特別是在瞬息萬變的時代裡。若管理者不當使用資訊，將可能嚴重影響到規劃的結果。

　　5.僅重視可控制的變項：變項中可能存在著許多關鍵性因子，然有些管理者只注意到某些其本身可控制範圍內的事項，或有意選擇一些有利的變項，而忽略了其他外在或不利的因素，對於規劃潛存著相當大的威脅。

　　6.重視近程而忽略遠程目標：缺乏前瞻性的管理者往往將其眼光侷限於短期問題的解決，而忽略了長期的利益。

　　7.重視局部而忽略整體：機構整體目標的達成需要各部門之間的配合，然而因為專業主義的作祟可能使得機構的規劃缺乏整體性的觀念。

策略性規劃與傳統規劃之比較

策略性規劃	傳統規劃
強調動態與變遷取向（動態）	強調穩定取向（靜態）
採取使命信念	採取傳統信念
以未來的願景做為現在的決策藍圖	以現在的基礎做為未來的決策藍圖
積極地因應情境的變化	被動地反應情境變化
面對不確定的外在環境也可採取行動	面對不確定的外在環境便無法行動
聚焦於外在環境	聚焦於內在環境
強調創新性與創造性	依賴不斷的嘗試與檢測
是一種連續性、持續性的過程	是一種階段性的過程
對時間的要求是彈性及全程的	對時間的要求是僵硬的
強調選擇性與品質	強調事實與數量
可進行資源配置	無法分配資源
效能（effectiveness）取向	效率（efficiency）取向

策略性規劃的過程

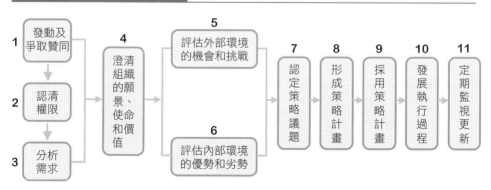

資料來源：林勝義著（2017）。

Unit 3-4
規劃的類型（續）

圖解社會工作管理

092

本單元接續說明規劃的三種類型，包括戰術性規劃、作業性規劃、權變性規劃如下：

二、戰術性規劃（tactical planning）

戰術性規劃亦稱為功能性規劃（functional planning）。戰術性規劃係針對策略行動計畫的某些特定部分，明訂必須執行什麼活動，何時必須完成什麼活動，以及各單位或部門所需要的資源。亦即，戰術性規劃是組織中的特定部門在執行策略性計畫時，所訂定的明確戰術、時程與投入資源等。戰術性規劃一般是由高階與中階主管參與，是為了達成及配合策略性計畫為考量，是在現有或已確定的資源或服務規模下，決定未來一至二年之間相關部門的行動及參與的內容。

依據戰術性規劃所擬訂的戰術行動計畫（tactical action plans）主要考量的是如何完成事情，而不是決定做什麼，因此，計畫是否有效的評估標準，係根據其對於達成組織之策略性目標的貢獻程度。例如：為了達成公司20%的投資報酬率及10%的市場成長率，行銷部門必須訂出銷售一百萬台的產品，製造部門不良率下降到3%以下。

戰術行動計畫中主要有兩個重要的項目：1.分工（division of labor），即透過將工作職責指派給工作者，管理者可以確信工作者能否勝任單位、部門計畫的實踐，進而支援策略行動計畫的實現；2.預算（budgeting），即透過控制及分配資金，預算可以提供組織策略方向的相關訊息，澄清每個計畫書對策略目標的貢獻，以及創造一個監督機制，以檢視計畫書所說明對

策略目標的貢獻是否真的實現。

三、作業性規劃（operational planning）

作業性規劃係針對某一特定作業，明訂其資源、方法、時間表、品質管理等議題的計畫。依據作業性規劃所擬定的作業行動計畫（operational actions plans）主要著重於如何實踐戰術行動計畫，達成作業目標。作業性規劃通常是由中階和基層管理者所擬定，目的是在配合及支援戰術性計畫，所規劃的時程比戰術行動計畫還短（≦1年），涵蓋的範圍較狹窄，且只處理較少的活動。例如：每一個銷售人員分配銷售量配額。

作業行動計畫有兩種基本類型：1.單一用途計畫（single-use plan）：係用於未來不太可能再發生的情境之一種行動方針，最常見的型式為方案（program）與專案（project）；2.準則計畫（standing plan）：係用於未來一段時間內會定期發生的活動之一種行動方針，常見的準則計畫類型包括政策（policy）、標準作業程序（standard operating procedure, SOP）及規則與規定（rule and regulation）等三種類型。

四、權變性規劃（contingency planning）

權變性規劃係指若某項欲進行的行動計畫遭到意外干擾或執行不順利時，其所擬訂的權變行動計畫（contingency action plans）之不同行動方案可逕行取代之。隨著組織所面臨的經營環境趨於複雜且不確定，很少管理者能夠精準地預測未來環境的變化，因此，權變性規劃對大多數的組織而言愈來愈重要。

權變規劃切入圖

持續規劃的過程

行動 切入點 **1**	行動 切入點 **2**	行動 切入點 **3**	行動 切入點 **4**
擬定計畫，並考慮情境事件。	執行計畫，並正式確認情境事件。	確立情境事件的指標，並就每個可能的情境事件，擬定權變計畫。	順利完成原始計畫或權變計畫。

監視情境事件指標，
並在必要時執行權變計畫

權變規劃四個行動切入點（action point）：
- **行動切入點1**：為擬訂基本計畫，包括策略性、戰術性及作業性計畫等。在擬訂這些計畫的過程中，管理者通常會考量到不同的情境事件，且要將各種不同的情境納入考量，並對每一項行動方案提出反思：「但要是……該怎辦？」。
- **行動切入點2**：計畫已被選擇並付諸執行，最重要的情境事件亦被確定，只有那些最有可能發生或其影響會對組織產生最大衝擊的事件，才被運用於權變規劃的過程中。
- **行動切入點3**：組織確立指標或信號，並藉以顯示某一情境事件是否會發生，若發生則必須執行權變行動計畫。
- **行動切入點4**：主要是順利執行原來的計畫或權變性計畫。

規劃類型與管理人員層級對應

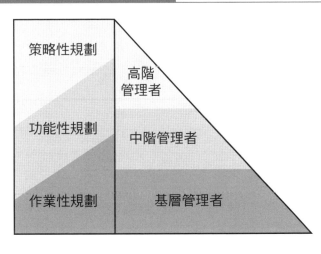

Unit 3-5
計畫的類型

規劃是一種動態程序，是一連串資料蒐集並透過邏輯思考分析的過程，計畫（plans）是規劃所產生的結果。計畫是記載目標將如何達成的文件，通常包括：各項資源的分派、時程表及其他完成目標的必要行動。當計畫執行時，如內、外環境有所改變，管理者須再度投入規劃工作，修正計畫。

對於計畫類型的有諸多分類，最常見的分類方式係以計畫廣度、時間幅度、明確性、重複性等四項指標加以分類，茲說明如下：

一、廣度

（一）**策略性計畫**：係指涵蓋組織整體各個部門，係為建立組織全面性目標與一套整合各部門活動的計畫。亦即，是應用於整個組織、建立組織全面性的目標，與探尋組織在所處環境中定位的計畫。

（二）**功能性計畫**：為界定為了達成戰術目標所採取的行動步驟，為各功能部門的計畫，例如行銷計畫、生產計畫、財務計畫與人事計畫等。

（三）**作業性計畫**：為達成作業目標及支援組織戰術計畫所採取的特定行動，明確說明組織將如何達到全面性目標的計畫。亦即，係指實際執行的作業細節。

二、時間幅度

（一）**長期計畫**：係指計畫達五年以上。

（二）**中期計畫**：係指計畫為一年到五年，受到長期計畫的限制，在長期計畫的約束。

（三）**短期計畫**：係指計畫為一年以內或一個營業週期內，受到長期與中期計畫的約束。

三、明確性

（一）**特定性計畫**：又稱細部計畫，指計畫的內容詳盡地列出明確的目標，以及達成目標的各個步驟與程序，因而部屬僅需依照指示去執行即可。特定性計畫定義清楚而不需要多作解釋，它有明確的特定目標，而沒有任何模糊或易誤解之處。特定性計畫優於方向性計畫。

（二）**方向性計畫**：僅列出所要達成的目標，以及少許執行上的原則，留給部屬有較大的彈性空間在執行的細節上。

四、重複性

（一）**經常性的計畫**：係針對組織中經常發生的事務，發展出標準化的處理方法，包括政策、程序、規則。1.政策：係指一般性的指導原則，用以指引規劃或執行的方向，做為處理問題的參考準則；2.程序：包含了多個相關的步驟，可以用來管理組織中經常發生的例行事務；3.規則：是指在每一個程序或步驟是否可以或不可以做的決策準則。

（二）**專案性計畫**：係指對非經常發生的事務，無法累積經驗及發展標準化的處理方法，通常針對任務組成專案小組。專案計畫有一定的投入與所期望的產出、有明確的目標與任務、時間範圍，在專案結束後便終止發展計畫的整個過程，會受到三種權變因素影響，影響到規劃的進行，包括：組織的層級、環境的不確定性，以及未來承諾投入時間的長短。

計畫的類型

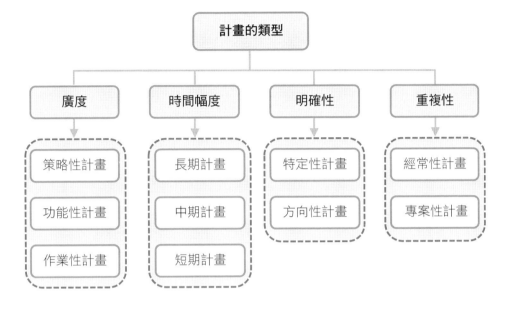

計畫的類型

| 廣度 | 時間幅度 | 明確性 | 重複性 |

- 廣度：策略性計畫、功能性計畫、作業性計畫
- 時間幅度：長期計畫、中期計畫、短期計畫
- 明確性：特定性計畫、方向性計畫
- 重複性：經常性計畫、專案性計畫

計畫的類型

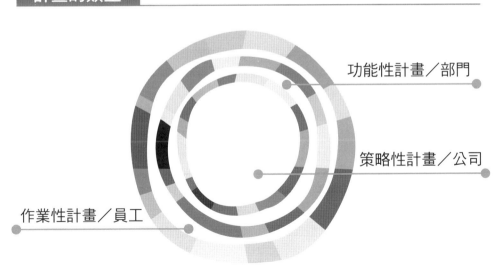

功能性計畫／部門

策略性計畫／公司

作業性計畫／員工

Unit **3-6**
規劃的程序

　　規劃是在經營使命與組織目標的指導下，一個持續不斷循環的程序。規劃的循環程序說明如下：

　　1. 確認績效目標：在著手方案規劃之前，須確認組織目前的整體目標，以及規劃團隊被要求達成的特定目標與績效標準。

　　2. 外部環境分析：績效標準確認後，必須分析與預測外部環境的目前與未來可能機會與威脅，以判斷可利用的正面機會與必須避免之負面威脅。

　　3. 內部資源評估：評估組織可掌握的具優勢之資源與能力，以利用有利的環境機會；或評估組織未掌握的優勢資源與表現較差的活動，以思加以改善之道或規避環境威脅。

　　4. 發展可行方案：評估組織本身資源條件的優勢（Strength）與劣勢（Weakness），以及進行外部環境分析、找出環境的機會（Opportunity）與威脅（Threat），此二步驟合稱為 SWOT 分析；而 SWOT 分析後即可綜合判斷，發展各種可行方案。

　　5. 選擇最適方案：當各種可行方案被提出後，即可同時設定各方案評分的標準，進行方案的評估，找出足以發揮優勢、隱藏劣勢、利用機會、規避威脅的最適方案，亦即評估的總分數最高的方案。

　　6. 方案執行與評估：方案選定後，即著手執行該方案，並在方案執行完畢後進行效果的檢討與評估。

　　7. 方案續行或修正：對於效果卓著的方案，即可由主管批示續行該方案；針對不夠完善的規劃方案或績效不佳的結果，則需進行修正程序。

　　在規劃的程序上，基本程序包括建立經營使命、設定組織目標。建立經營使命，是組織所欲達成的社會或經濟目的，亦即組織的產品與服務、企業活動所期望對社會的貢獻，或對組織本身的經濟價值之貢獻；設定組織目標，則是組織設定在一定期間內所希望達到的境界或組織整體目標，表現為長期與中期的策略目標，做為後續行動方案規劃與改善的基準。

　　在基本程序建立基本目標後，循環程序則持續不斷修正規劃內容，以因應環境變化或提升績效。當規劃的執行的結果未能達成預期標準，則須重新進行目標確認、環境分析、方案發展與分析等過程，提出修正的方案，亦即進行規劃程序的循環與回饋過程。因此，規劃的循環程序即形成一個持續進行的迴圈，以不斷進行方案規劃以及規劃的修正，以改善規劃並提升績效。

　　此外，學者史坦納（Steiner）在1969年提出一整體規劃模式，將組織中各類型的計畫及影響程度整合在一個系統之中，亦即整體規劃之系統。史坦納將企業的經營使命、高階主管價值觀，與企業內外在環境評估的SWOT分析，三者視為規劃的基礎，亦即進行主要的企業策略規劃活動之前的準備工作。依據史坦納的模式，將整體規劃可分為三大部分：規劃的基礎、規劃的主體、規劃的實施及檢討。史坦納之整體規劃模式，主要強調在各種相關的規劃活動之間，形成一相互調整之整合機制。唯有透過各活動間之合作、協調，才能獲致規劃之最佳表現。

完整的規劃程序

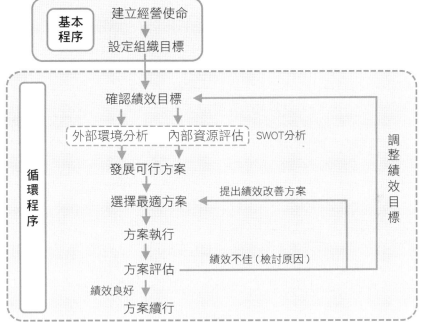

資料來源：牛涵錚、江永淞（2019）。

整體的規劃程序（Steiner 提出）

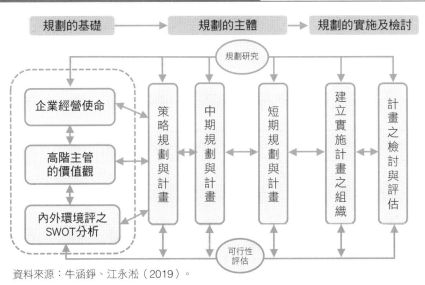

資料來源：牛涵錚、江永淞（2019）。

Unit 3-7
規劃面臨的障礙與因應

圖解社會工作管理

098

規劃過程中的各個階段皆可能遭遇到各種阻力或障礙，規劃過程中常見的障礙及其因應方式說明如下（黃源協、莊俐昕，2020）：

1.規劃能力不足 vs.降低員工流動率、強化在職訓練：管理者的規劃能力受個人過去之訓練與經驗的影響甚大。為提升機構成員的規劃能力，除應儘量減少員工的流動率外，也可透過在職訓練來彌補。

2.規劃程序不當 vs.強化員工訓練、參與管理：為降低規劃程序不當的機會，組織除了可以透過訓練以加強員工的規劃能力外，亦可針對過去相關規劃案進行檢討，以避免重蹈覆轍。另外，規劃若是從組織高層強制而下，將造成計畫難以被接受，甚或遭到抗拒，這種障礙可藉由參與管理的方式予以排除。

3.管理者對規劃缺乏決心與承諾 vs.激發管理者對規劃的興趣：管理者可能因缺乏規劃的決心、承諾或遠見，凡事僅依眼前的情況做判斷，導致難以因應快速變遷的社會需求。為激勵管理者對規劃的重視與決心，可藉由各種機會讓管理者接近經由規劃而成功的案例，進而激發管理者對規劃的興趣，並願意嘗試以規劃來展現實現組織目標的決心。

4.資訊使用不當 vs.適時且正確掌握資訊：最新與正確完整的資訊，是有效規劃不可或缺的要件，特別是在瞬息萬變的時代裡。若管理者使用不當的資訊，將可能嚴重影響到規劃的結果。正確掌握各種相關訊息，如相關法令的制定或修改、福利人口群的需求、可用的人力、物力、財力等，對社會福利的規劃及其成敗具有關鍵性的影響。

5.僅重視可控制的變項 vs.使用腦力激盪、彈性原則：有些管理者僅注意到可控制範圍內的事項，或刻意選擇有利的變項，而忽略潛在不利的因素。為避免潛在的風險或危機，規劃過程中應能夠透過腦力激盪或集思廣益的方式，盡可能掌握各種可能的影響變項，以讓規劃者能夠掌握未來的情勢。另外，若計畫涵蓋的時間愈長，則規劃應更具彈性，以因應一些較難以掌控的潛在威脅。

6.重視近程而忽略遠程目標 vs.納入前瞻性的績效考核：若依時間區分，規劃所針對的目標可分為近程、中程和遠程目標，最終目的則在於實現組織的使命。然而，缺乏前瞻性的管理者，往往將其眼光侷限於短期問題的解決，而忽略了長期利益。為避免這種阻力或障礙，機構對於管理者或其員工的績效考核，不能僅以短期的績效為基礎，亦應將員工能否前瞻且妥適地設計未來納入考量。

7.重視局部而忽略整體 vs.善用溝通、協調：機構整體目標的達成需要各部門之間的配合，然而，實際運作上卻可能因專業主義或本位主義的作祟，而讓機構的規劃缺乏整體性。為避免這些問題的產生，規劃過程須強調以達成整體目標為基本方針，且涉及到相關部門的事項，亦能經由溝通、協調達成一致的行動。

規劃的障礙與因應

障礙因素 - - - - - - - ➤ 因應方式

 能力不足 - - - - - ➤ ■降低員工流動率
■教育訓練

 規劃程序不當 - - - - ➤ ■強化員工訓練
■參與管理

 缺乏決心與承諾 - - - ➤ 激發對管理的興趣

 資訊使用不當 - - - - ➤ 掌握正確資訊

 僅重視可控制
的變項 - - - - ➤ ■腦力激盪
■彈性原則

 僅重視進程目標 - - - ➤ 前瞻性績效考核

 忽略組織整體目標 - - - ➤ ■溝通
■協調

Unit 3-8
策略性規劃

Montana 與 Chamov 提出三個層次的規劃，包括：策略性規劃（strategic planning）、長期性規劃（long-range planning）和操作性規劃（operational planning）。茲先說明這三種規劃之內涵如下：

一、策略性規劃（strategic planning）

策略性規劃採取最長期的觀點，並且嘗試指出組織理想上在五年或更久時間的走向。亦即，策略性規劃嘗試運用現有的資料以預期未來的需求和資源，且是一個建立願景的過程。利害關係人之間的研究及腦力激盪，可以轉化為明確的協議，使得組織可以保持方向，且能與變化的問題及需求相關聯。

二、長期性規劃（long-range planning）

長期性規劃係檢視達成策略性規劃期待所必須採取的行動。執行和完成的時間架構通常是一至五年之間，並且詳細說明執行的細節，如目標、標的與活動。茲將長期性規劃的目的、標的、活動，說明如下：

（一）目的（goals）

代表著對預期結果廣泛的期望。例如：一個婦女家庭暴力庇護中心的長期組織目標，可能是「至少使50%受到家庭暴力的受害婦女，可以在接下來的三年之間達到一個獨立和安全的狀態」。

（二）目標（objectives）

目標是指欲達成狀態較為具體明確的陳述。接著應該詳細說明短期的過程，例如獲得產權、進行裝設、研訂方案及服務，以及僱用員工。

（三）活動（activities）

接著成為必須要執行的特定任務，包括時間的設定，以達到長期的標的。活動的執行必須受到嚴密的監督，這樣才可以成功達到標的。

三、操作性規劃（operational planning）

將操作性規劃以人群服務的專有名詞稱之，即為方案規劃（program planning）。方案規劃包括對社會或社區問題的分析，以及對方案所有因素的詳細規劃。

進一步說明，策略性規劃是一種足以產生決策及行動的紀律性努力，在法定職權規範下，用以形成與指引活動的方向與性質。策略性規劃的理論基礎，係源自於權變學派。此派觀點強調當組織面對複雜的動態環境時，絕不能閉門造車，反而必須直接面對環境的變化，採取「知己知彼」、「有所制宜」的策略，從而調整組織的結構、人力、作業方式與產品、競合關係等，甚至主動創造出有利於組織的優勢環境。

策略性規劃為發展有效策略決策與行動計畫的過程。亦即，策略性規劃的程序，包括：在組織目標的指導下，透過內部、外部環境的分析，擬定因應環境情勢、達到組織目標的策略與行動方案。因此，在策略規劃的過程，會形成組織不同層級的策略，高階策略指導低階、基層策略方案的執行；而基層策略方案的有效執行才能達成中階、高階策略目標，而形成策略方案的體系。

策略性規劃與長期性規劃之比較

策略性規劃	比較項目	長期性規劃
視未來是不可預期的	預期性	視未來是可預期的
視規劃為一種持續性的過程	過程性	視規劃為一種週期性的過程
期待新的趨勢、新的變化和新的驚奇	趨勢性	假設目前的趨勢會持續下去
對於未來，考慮一連串的可能性，並強調評估現階段組織環境	未來性	假設最有可能的未來情況，強調回顧推算，列出年復一年為達成目標所應完成的事項

規劃與策略性規劃之比較：案例思考

策略性規劃	比較項目	長期性規劃
什麼是我們目前的目標、標的、方案與服務？我們應該要擴展或是縮減現有的規模或範圍？	基本問題	我們應該要重視什麼樣的方案和服務，以達到策略性規劃的期待？是否要增加新的方案和服務？
通常五年或五年以上	時間架構	一至五年之間
廣泛的自我探索、建立圖表以描繪目前的運作。環境掃描以決定社區未來可能的問題和需求。舉行一系列的團體討論，包括：董（理）事會成員、行政人員、管理人員、員工代表、社區領袖與案主等。考慮運用管理顧問的可能性。	過程	對策略性規劃有了解的高階管理代表的參與；與方案相關的管理者、督導、員工及案主也應該參與。對方案和服務現況資料與資訊，以及預估的社區問題與需求均應被檢視。
評估有關外部和內部環境的變項。包括：優勢、劣勢、威脅與機會。	分析	方案與服務的規模及範圍的增加或縮減所帶來的衝擊，應該根據其對案主、社區、員工和組織的影響仔細地分析。
完成已達成協議的簡要報告，包括：對現有使命、目標、方案和服務的再評估，以及對未來方向的建議。	報告	撰寫的指引至少應該包括以下幾項： 1. 對擴或減少的方案與服務做正確描述。 2. 改變所帶來的財務意涵；必要的話，包括新經費的來源。 3. 對於標的人口及可能轉介資源的描述。 4. 所需增加的人員及其他必要資源。 5. 所需增加的硬體設備。 6. 監測與評估進展的計畫。

Unit 3-9
策略管理

策略（strategy）是決定組織長期績效的計畫方案，亦即為了達成組織的基本目標，所進行對組織重大資源的配置與部署，故策略是影響組織成敗很重要的指導方針，必須進行適切的策略管理。

策略性管理（strategic management）可定義為，組織藉由維持與創造組織目標、環境及資源等三項因素，以發展出策略的一種管理程序，包含三個部分：1.訂定組織整體目標；2.擬定達成目標的手段與方法；3.確實執行策略，以確保目標達成。策略管理是決定組織長期績效之管理決策與行動之集合，涵蓋所有基本之管理功能，亦即策略管理包含策略的規劃、執行與控制等過程，且控制過程後也須回饋到策略規劃的修正，以形成策略管理循環之完整流程。茲將策略管理之步驟分二個單元說明如下：

一、步驟一：確認組織當前的使命與目的

確認組織的經營使命、基本目標與目前的策略，是做為策略發展與管理的基礎。為了發展組織的策略，組織成員必須先確認組織當前的使命、目的和策略。每個組織皆會界定其目的，並回答「我們當前的任務是什麼？」之使命宣言，包括組織的目的、任務、價值。1.組織的目的是指，組織為何要存在？組織試圖要實現的是什麼？2.組織的任務，是指組織為達成目的所使用的主要方法或活動；3.組織的價值，是指引導員工達成組織目的之原則或信念。

二、步驟二：檢視外部環境

檢視外部環境，評估與確認環境所帶給組織可利用的「機會」與可能面臨的「威脅」。機會（opportunities）是外部環境因素中的正面趨勢，而威脅（threats）則是外部環境因素中的負面趨勢。每一個組織的管理者必須要分析其所處的環境；亦即，這些組織必須要分析其外部重要利害關係人的意見、需求和態度，包括顧客、贊助者、決策者、規範者、夥伴和社區領袖。外部環境的檢視可藉由環境掃描（environmental scanning）和競爭性情報（competitive intelligence）來協助完成。環境掃描係指檢閱大量的資訊以發現趨勢，並創造出一套情節以預期和詮釋環境的變遷。競爭性情報探尋有關競爭者的基本訊息：他們是誰？他們做的是什麼？他們所做的對我們將會有什麼影響？這些情報將有助於預測競爭者的行動，使我們不是被動地對競爭者的行動做回應。

三、步驟三：確認機會與威脅

緊接著，找出組織的資源與能力以確認組織的「優勢」與「弱勢」。優勢（strength）是組織可以有效執行的活動（能力表現較強之處），或組織所擁有之特殊資源；弱勢（weakness）是組織表現較差的活動（能力較弱之處），或組織需要但卻未擁有的必要資源。在分析了解組織所處的環境後，評估環境給予組織可利用的機會及可能的威脅。同樣的外部環境，對一個組織可能是一種機會，但對另一組織卻可能是威脅，這主要是因組織彼此之間的替代性或競爭性，或者是資源的轉移。

策略管理的程序

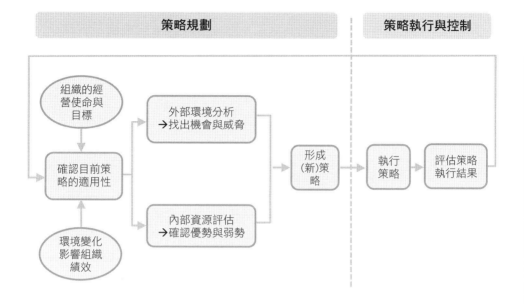

策略管理的主要步驟

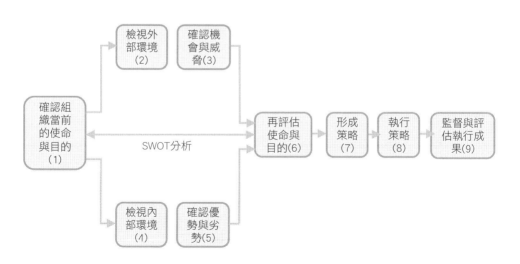

**Unit 3-10
策略管理（續）**

本單元接續說明策略管理之步驟如下：

四、步驟四：檢視內都環境

從內部分析可以發掘組織所擁有的某些能力或資源是很卓越或獨特時，則稱之為組織的核心競爭能力（core competence）或核心能力，核心能力是指可以創造組織主要價值的資源與能力。因此，在檢視並確認外部環境之後，接著即是要檢視並評估組織的內部環境。當組織從事內部環境分析時，必須評估本身是否具備核心能力，核心能力是指相對於競爭對手，組織比較具備競爭力的部分，包括有形與無形的資源及能力。

五、步驟五：確認優勢與劣勢

檢視並評估組織內部環境，以促使組織察覺到，任何組織無論規模大小或勢力強弱，皆可能有表現不錯的部分，這即為組織的優勢，這些優勢中若有可決定組織競爭優勢之獨特技能或資源，即為組織的核心能力。管理者除分析組織內部的優、劣勢外，也要能了解這些優、劣勢可能對組織造成何種影響，並做為後續策略形成的參考。

六、步驟六：再評估組織的使命與目的

在分析組織的外部環境並確認其機會和威脅，以及分析組織內部資源及確認其優、劣勢後，接著即是要綜合內、外部分析的結果，評估組織的機會，這種綜合性的考量稱為SWOT分析，綜合考量組織的優勢（strengths）、劣勢（weaknesses）、機會（opportunities）及威脅（threats），以確認組織可利用的策略活動範圍。

七、步驟七：形成策略

形成策略是指建立組織不同層級的策略，包括高階主管的總體策略、中階主管的事業策略、基層主管的功能策略。完成SWOT分析後，管理者就可開始擬定適當的策略，這些策略應該要能：1.善用組織的優勢和外部環境的機會；2.緩衝或保護組織免於受到威脅；以及3.改正組織的致命弱點。包括四種主要的策略可供選擇：進攻策略、補強策略、轉型策略、防禦策略。

八、步驟八：執行策略

執行策略是指將策略決策化為行動，透過策略所延伸的行動方案之執行以達成策略目標。經策略規劃所形成的策略，若未能妥適地付諸執行，是不可能會成功的。一個成功的策略必須要有高階管理者的領導，高階主管必須能激發組織中階和低階主管執行該計畫之動力與士氣。

九、步驟九：監督與評估結果

評估策略執行的結果，是指衡量組織所執行的實際策略績效並與績效標準比較，根據績效差距提出策略的修正與調整方案，回饋至策略規劃的程序，做為未來策略規劃調整的基礎。亦即，策略規劃往往會隨著環境變化而持續不斷地進行。

策略管理程序始於策略的形成，而初始策略形成常來自於組織的經營使命與基本目標所指導，再隨著環境的變化進行策略的修正。或者依策略執行後的結果評估是否需要修正策略，或以彈性策略（strategy flexibility），以提升策略的可行性，達成組織目標與創造組織績效。

104

策略管理的四個意義（Bozeman & Staaussman提出）

策略管理的四個意義（Bozeman & Staaussman提出）
- 1. 關注長期趨勢
- 2. 將目的與目標整合成一貫的層級體系
- 3. 必須重視組織全體的策略規劃
- 4. 強調外部觀點，亦即不僅適應環境，而且要預期與影響環境的變遷

組織的核心競爭能力

01 組織資源

組織所具備的有價值的資產，如財務資源、先進製程設備、專業技術、人力資源（專業技能員工、經驗豐富的管理者）等。

02 組織能力

組織所執行績效卓越的技能，如行銷、生產與製造、研發、資訊系統運用能力、人力資源管理能力等。

Unit 3-11
SWOT 分析

106

SWOT 矩陣概念源自 1969 年由史塔納（Steiner）等學者提出 SWOT 的概念，後續在 1982 年由美國舊金山大學教授 Heinz Weihrich 提出具實務性結構分析，成為早期 SWOT 矩陣的雛型。SWOT 即為優勢（Strengths）、劣勢（Weaknesses）、機會（Opportunities）和威脅（Threats）分析等四個英文字縮寫。

SWOT 主要是透過分析企業在產業內所具備的內部優勢（Strengths）與劣勢（Weaknesses），以及所面臨的外部環境機會（Opportunities）與威脅（Threats），以基於企業自身的實力，對比競爭對手，並分析企業外部環境變化影響可能對企業帶來的機會與企業面臨的挑戰，進而制定企業最佳戰略的方法。茲將 SWOT 分析之內涵，說明如下：

一、優勢與劣勢分析（SW）

優劣勢分析主要是著眼於企業自身的實力及其與競爭對手的比較，而機會和威脅分析將注意力放在外部環境的變化及對企業的可能影響上，但是，外部環境的同一變化給具有不同資源和能力的企業帶來的機會與威脅卻可能完全不同，因此，兩者之間又有緊密的聯繫。

競爭優勢是指一個企業超越其競爭對手、實現企業目標的能力，企業的主要目標包括盈利、增長、市場占有率等。當兩個企業處在同一市場或者說它們都有能力向同一顧客群體提供產品和服務時，如果其中一個企業有更高的盈利率、更快的增長速度或更高的市場占有率，則企業比另外一個企業更具有競爭優勢。

競爭優勢可以是一個企業或它的產品有別於其競爭對手的任何優越的東西，它可以是產品質量、可靠性、適用性、風格和形象，以及服務的及時、態度的熱情等。雖然競爭優勢實際上指的是一個企業比其競爭對手有較強的綜合優勢，但是明確了解企業究竟在哪一個方面具有優勢，則更具有意義。如果一個企業在某一方面或幾個方面的優勢正是該行業企業應具備的關鍵成功因素，該企業的綜合競爭優勢就強。

二、機會與威脅分析（OT）

機會與威脅分析主要著眼於企業外部環境帶來的機會和威脅。外部環境發展趨勢分為兩大類：一類表示環境威脅，另一類表示環境機會。

環境威脅的是環境中不利的發展趨勢所形成的挑戰，如果不採取果斷的戰略行為，這種不利趨勢將導致公司的競爭地位受到削弱。企業外部的不利因素包括：新產品替代、銷售商拖延結款、競爭對手結盟、市場成長放緩、供應商討價還價能力增強等，影響企業目前的競爭地位。

環境機會是指企業面臨的外部環境中對企業發展有利的因素，是對公司行為富有吸引力的領域，在這一領域中發展壯大的企業將擁有競爭優勢。外部機會如政策支持、技術進步、供應商良好關係、銀行信貸支持等。

SWOT 矩陣是同時考量產業內外在環境與企業內在競爭條件，運用企業內部的優勢與劣勢與外部的機會與威脅因素，相互搭配討論出企業策略，建立長期競爭優勢，維持企業永續經營。

SWOT分析矩陣

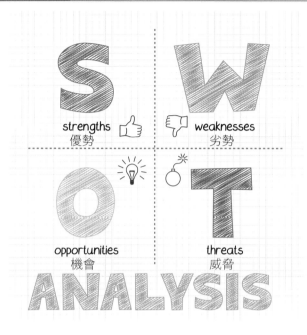

SWOT分析矩陣形成策略

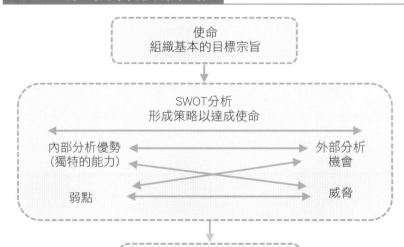

使命
組織基本的目標宗旨

SWOT分析
形成策略以達成使命

內部分析優勢
(獨特的能力)

外部分析
機會

弱點

威脅

好的策略,能達成使命,且:
1.善用機會與威脅
2.化解威脅
3.趨避弱點

資料來源:方世榮(2000)。

Unit 3-12
SWOT 分析（續）

本單元接續前一單元，更進一步說明 SWOT分析。在應用SWOT分析上。有四種主要的策略可供選擇，包括：進攻、補強、轉型及防禦等四項策略，說明如下：

一、SO：進攻策略（又稱Max-Max策略）

是充分發揮公司內部優勢抓住環境機會，發展企業核心策略。利用存在的外在機會，配合組織的優勢，積極創造利基，亦即「進攻策略」，使優勢與機會達到最大化效果。因而，組織可試圖選擇成長策略，透過直接擴張、發展新產品／服務、改善品質、合併或各種組合方式，以達到其成長的目標。

此策略應用在企業擁有內部優勢並享有外部機會時，意味著企業應該運用自身內部優勢，再妥善結合外部機會，把握時機趁勝追擊，尋求更多的發展。

二、ST：補強策略

是面臨外部環境威脅，公司具備某些優勢，故要利用公司優勢，以迴避或減輕外部威脅的衝擊，視為守株待兔策略。組織雖擁有優勢條件，但卻受限於外在環境的威脅，使其優勢難以發揮。此時可採取「補強策略」，利用本身的有利條件以排除外在環境的衝擊或障礙，甚至將威脅轉變為機會。此策略應用在當環境所提供機會，然而企業內部並未具備足夠的優勢條件時，此時企業應調整改善自身內部之劣勢，並尋求更多資源，期使內部劣勢得以轉為優勢，從而迎合外部之機會，即可持續發展。

三、WO：轉型策略

是存在某外部機會，但公司內部有些劣勢妨礙企業策略執行，故要用外部資源來彌補公司內部劣勢，發展策略聯盟反轉企業劣勢。組織應充分把握外在的機會，以轉變或降低組織的劣勢型態，此策略即為「轉型策略」；亦即，利用外部機會來改善本身的劣勢。此策略應用在當外部環境對企業造成威脅，即使企業內部保有優勢條件，此時內部優勢並無法得到充分發揮。對此，企業可採取多角化策略，並克服外部環境之威脅，方能發揮出企業之優勢。

四、WT：防禦策略

是面對外部威脅，同時公司劣勢無法提升為優勢，公司要減少內部劣勢的影響，同時回避外部環境衝擊。組織一方面處於弱勢條件，一方面又遇到若干不利其發展的威脅，此時便應該採取「防禦策略」，也就是先維持現況之穩定策略，或減少經營規模，不使情勢繼續惡化，以將外部威脅與內部劣勢降至最低。此策略應用在當企業同時面對內部的劣勢以及外部環境所帶來的威脅時，企業面臨著嚴峻的挑戰，若難以處理的話，可能得面臨縮減規模或合併之狀況。

經由上述內容可知，藉由SWOT分析方法能使企業更清楚明白自身內部之優劣勢，並掌握外部環境之機會與威脅，在更加了解自身所處之產業定位之後，可以充分提升自身優勢與掌握外部機會，並改善劣勢與提出因應威脅之策略，使企業能永續經營及不斷成長。

SWOT分析圖

內部環境

* 組織有什麼優勢？
* 我們有哪些地方做得不錯？
* 我們有什麼資源和技能？

* 組織有什麼缺點？
* 我們有哪些地方需要改善？
* 我們缺乏什麼資源和技能？

外部環境

* 有什麼機會與我們的價值、使命和願景是一致的？
* 我們可能會遇到什麼機會？

* 有什麼可能挑戰或阻礙我們的期待？
* 我們需要留意哪些潛在的變化或風險？

SWOT策略矩陣

	機會（O）	威脅（T）
優勢（S）	 **SO進攻策略** 趁著有利於組織的市場趨勢，積極進攻以維持企業優勢。	 **ST補強策略** 因環境因素不利於組織，故利用組織優勢以迴避或減輕外部威脅。
劣勢（W）	 **WO轉型策略** 出現有利的市場趨勢，但礙於組織資源條件處於弱勢，故須強化組織資源，以利用市場機會。	 **WT補強策略** 環境因素不利於組織，且組織資源條件又處於弱勢，只能盡力規避風險。

Unit 3-13
PDCA 管理循環

圖解社會工作管理

PDCA（Plan-Do-Check-Act的簡稱）是一套循環式的流程方法，經常用於品質管理。係指規劃（Plan）、執行（Do）、檢查（Check）、改善（Act）。此一流程方法由美國學者愛德華茲·戴明（William Edwards Deming）提出，因此也稱為「戴明循環」（Deming Cycle）或「戴明輪」（Deming Wheel）。

PDCA是「計畫實施法的循環式作法」。也就是把某件事情計畫好之後予以施行，然後檢討施行的結果，並根據檢討的結果擬定下一個計畫，按照這樣的順序進行品質管理，並且循環不止地進行下去的科學程序。PDCA管理循環階段（步驟）說明如下：

1. Plan（計畫階段）：藉由市場調查、用戶訪問等，了解客戶對產品品質的要求，確定品質政策、品質目標和品質計畫等。它包括現狀調查、原因分析、確定要因和制定計畫等四個步驟。

2. Do（執行階段）：要具體實施前一階段所制定的工作內容。如根據品質標準進行產品設計、試製、試驗等，其中包括計畫執行前的人員培訓。執行階段只有一個步驟：執行工作計畫。

3. Check（檢查階段）：主要是在計畫執行過程中或執行後，檢查執行情況，看是否符合計畫的預期結果。該階段也只有一個步驟：工作成果檢查。

4. Action（處理階段）：乃是根據檢查結果，採取因應措施。為了使品質要求符合標準，維持良好的績效，需把成功的經驗盡可能納入規範，進行標準化，並設計下一個階段之PDCA管理循環。處理階段包括兩個步驟：品質維持方法和制定下一個工作的計畫。

此外，PDCA管理循環的四個特點，說明如下[1]：

1. 周而復始：PDCA管理循環的四個過程，不是運轉一次就結束，而是周而復始地進行。一個循環結束了，解決了一部分問題，可能還有問題沒有解決，或者又出現了新的問題，可再進行下一個PDCA循環，依此類推，周而復始。

2. 大環帶小環：如果把整個企業的工作做為一個大的PDCA循環，那麼各個部門、小組還有各自小的PDCA循環，這就像一個行星輪系一樣，大環帶動小環，各層級構成一個運轉的體系。

3. 階梯式上升：PDCA循環不是停留在一個水準上的循環，PDCA不斷解決問題的過程，是企業逐步上升的過程。PDCA循環不是在同一水準上循環，每循環一次，就解決一部分問題，取得一部分成果，工作就前進一步，品質就往上提升一步。到了下一次循環，又有了新的目標和內容，更上一層樓。有長期改善軌跡的企業，可以讓改善效果維持，且不斷地進行改善。如果企業強調PDCA的重要性，並且分享好改善的給企業中的每個部門，整個企業的成效就會提高。

4. 統計的工具：此循環應用科學統計的觀念和處理方法，做為推動工作計畫、發現並解決問題的工具。

PDCA管理循環

PDCA管理循環

P — PLAN
- 決定目的
- 決定方法

D — DO
- 教育訓練
- 對策實施

C — CHECK
- 核對原因
- 結果考核

A — ACT
- 採取對策
- 確認效果

Unit 3-14
Porter 的五力分析

麥可‧波特（Michael Porter）在1980年出版的《競爭策略》一書，該書中提出策略分析模式，稱為五力分析（five-forces analysis），藉以分析影響產業吸引力與獲利力的五種因素，並透過分析此五種因素，以決定組織的競爭策略。波特認為競爭優勢是指組織有效運用資源，以獲取比競爭對手更高的績效。競爭分析的五力模式（Five Forces Models）為廣泛地用來發展策略的方針。波特認為組織的競爭分析要素可透過下列五種力量（波特競爭五力分析模式）的結合來運作，茲將五力分析內容說明如下：

一、供應者的議價力

假使供應者規模大、獨家供應或原物料供應上具差異性，或已建立高度的轉換成本（顧客轉換供應來源的難度高），則供應者的議價力大。在幾種情況易使供應商握有更大的議價力量，包括：1.供應市場由少數幾家大型供應商主宰；2.供應商產品的特殊性，或更改供應商時須花上較高的轉換成本；3.供應商的品牌具高知名度。

二、購買者的議價力

假使購買者規模大、購買者有替代產品可用，或購買者的轉換成本低（購買者可輕易轉換購買品牌，快速適應新品牌）則購買者的議價力大。易使購買者握有更大的議價力量，包括：1.購買者採購量很大；2.產品的價值占購買者相當高的成本比例；3.價格要素重於品質要素；4.產品易被替代；5.購買者轉向別人進貨的轉換成本並不高。

三、潛在進入者的威脅

假使產業進入障礙高（例如：資金大、技術層次高），則潛在進入者的威脅相對較小。具有威脅力之潛在新進入者，將改變原市場的總供應量，進而威脅原有產業的獲利程度。潛在進入者的威脅程度會依進入障礙的難易與預期現有競爭者的反應而定。

四、替代品的威脅

假使替代品替代性高、替代品價格低等，替代品的威脅大。當原產品或服務的事物無法滿足消費者或購買者時，替代品的威脅力便會存在。若原產品或服務的價格太高，購買者就會改採替代品，因此將會限制產品的價格空間，進而影響利潤。替代產品的威脅力將會增加的情況，包括：1.當替代品價格或品質有不斷改變與改良的趨勢時，原產品或服務易被淘汰掉；2.當替代品能提供給購買者或消費者較高的利益或價值時；3.購買替代品所需的轉換成本並不高時。

五、產業內的競爭

產業競爭結構零散或集中、產業是否高度成長、產業的退出障礙等，都會影響產業競爭者是否續留產業中，維持競爭態勢。競爭者之間的敵對通常是五種競爭力量中最強的，而敵對強度會隨著競爭者的數目、規模及產能、因需求下降而產生的削價行為等狀況而增加。在幾種情況下，現有競爭者間的競爭會更加激烈，包括：1.競爭者數目很多且其規模與競爭力相近；2.產業成長速度緩慢，而其中部分競爭者有意企圖擴大；3.產品或服務的差異性小，或是購買者改向他人採購來降低成本。

Porter的五力分析模型

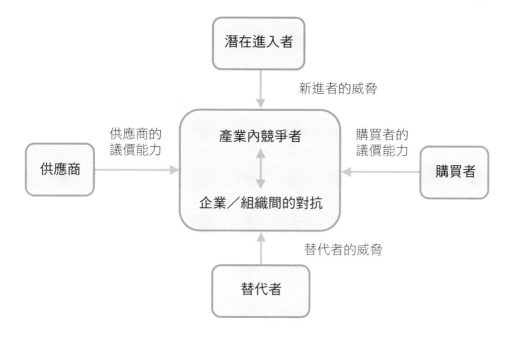

Porter提出的組織可採行之競爭策略

一般性競爭策略 類型	策略意義
成本領導策略	取得維持整體的成本領導地位,並控制產品價格接近產業平均水準,具有防禦能力,易獲得高市場占有率等優勢條件。
差異化策略	於消費者普遍重視的某些領域中,設法具有獨特性與區隔。獨特性與區隔化的定位,以取得較佳的產品利潤。
集中化策略	選擇較窄的競爭範圍專精深耕,依所選擇的產業區塊,擬定適當的策略。

Unit 3-15
決策的基本概念

決策（decision）為待解決問題的重要決定，簡單之定義為：從二個以上的替代方案（alternatives）中進行分析選擇的程序，可從以下幾個面向對決策進行定義：

從解決問題的面向：決策又可完整定義為：針對某一特定問題擬定解決此問題之各種方案，並從這些方案中選擇出一個最適方案之程序。

從提出各種解決方案的過程面向：進行決策過程亦即在進行規劃過程。

從管理角度面向：決策程序從規劃開始，但在執行決策方案以後，決策結果的評估與修正以做為下次決策的參考，則又回到規劃的過程。

組織常需要進行許多決策過程，分析數個替代方案並選擇出問題解決方案。典型的決策程序主要包括下列八個步驟（牛涵錚、江永淞，2019）：

一、問題確認

當現實與理想之間的出現差距，形成待解決之「問題」。亦即，決策過程始於問題的出現，決策起因於現實與理想之間產生差距。然而，並非每一個問題都有迫切解決的需要，只有當問題出現以下特徵：理想與現實之間的差距值得注意、有採取行動之壓力、有資源且有能力足以解決此問題，此時問題才被確認為需要進入決策程序。

二、確立決策準則

定義與決策攸關的標準或重要影響因素，稱為決策準則（decision criteria），做為分析判斷解決方案的考量重點。

三、分配準則權重

對於各項待分析的決策準則，則依重要性程度，給予不同權重值的分配。例如：三個因素（決策準則），依其重要性分配的權重值分別為：0.4、0.35、0.25（三個值合計為1），以做為後續依各方案在各因素的受評分數乘上權重值後相加，以計算加權總分。

四、發展替代方案

提出足以解決問題的數個待選擇之方案，稱為替代方案（alternatives）。

五、分析替代方案

尋求專家給予各個替代方案評分。

六、選定最適方案

如前述第三步驟分配準則權重所述，依各方案在各因素的評分之加權總分做為評定依據，加權總分最高者即為最適方案。

七、執行最適方案

將決策方案傳達給執行者（通常是組織較低層級管理者或員工）了解，並取得執行者對該決策方案之投入承諾。

八、評估決策效能

依最適方案執行結果是否已解決問題，問題已解決代表目標已達成，顯示最適方案具有決策效能。亦即，決策效能的評估就在於評估問題被該決策方案所解決的程度，問題解決了代表決策具有效能；若問題未解決，則代表決策方案可能需要修正。這個觀念與管理效能的概念一樣，都與目標達成度有關。

典型的決策程序

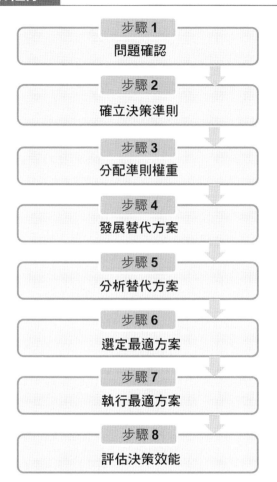

步驟 **1**
問題確認

步驟 **2**
確立決策準則

步驟 **3**
分配準則權重

步驟 **4**
發展替代方案

步驟 **5**
分析替代方案

步驟 **6**
選定最適方案

步驟 **7**
執行最適方案

步驟 **8**
評估決策效能

決策評估標準關係圖

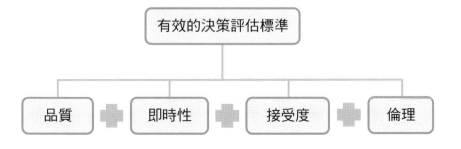

有效的決策評估標準

品質　即時性　接受度　倫理

Unit **3-16**
決策的類型

對於決策的類型分類，各學者的分類不一，常見的分類方式，從決策的理性程度、問題的性質、參與決策人數的多寡等面向加以區分，茲先說明決策的理性程度、問題的性質的決策類型如下，另參與決策人數的多寡的決策面向，於次一單元說明之：

一、依理性的程度區分：直覺的、判斷的及問題解決的決策

（一）直覺式決策（intuitive policy making）

直覺的決策係指個體基於過去豐富經驗、長久累積的判斷能力，進行潛意識決策之程序，亦即直覺式決策未經過複雜的理性決策程序而來。直覺的決策，指情感勝於理性的決策，其所做的決策是依其所認為是對的或是最佳的，且與預感（hunches）或內心感覺（gut feeling）有關。

（二）判斷式決策（judgmental policy making）

係指依據知識和經驗而做的例行性決策。當一位主管對其日常工作已經相當熟悉，且已充分掌握訊息，便能適時做出決策。

（三）問題解決式決策（problem-solving policy making）

係指一種基於理性的研究及分析後所做的決策，過程中要有充分的資訊和時間進行研究和分析，這種基於理性過程的決策方式，適用於處理複雜性的問題。

二、依問題的性質區分：程式的與非程式的決策

（一）程式化決策／例行性決策（programmed decision）

係指運用於處理結構性問題的決策，是可用例行性方式處理的一種重複性決策，此乃由於其所欲處理的問題是明確、簡單且經常碰到的，這些問題稱為結構化問題（structured problems），或高度結構化問題，且管理階層經常會制定標準作業程序來解決此類重複發生的問題。因為此種問題解決程序為預先制定，故此類決策稱為預設化決策、程式化決策或例行性決策。例如：機器何時需要定期維修、面對顧客的退換貨處理程序等，都屬於預設性決策。

程式化決策通常較為單純，也比較依賴過去的解決辦法，只要界定了結構化的問題，它的解決方法往往是很清楚的。在多數情形下，程式化決策就是循例辦理的決策，因此，組織會發展出標準作業程序、規定及政策等三類機制。

（二）非程式化決策／非例行性決策（non-programmed decision）

係指用於處理非結構性問題的決策，它是較獨特且罕見的。對於中、高階層級的管理者，需要處理的常是組織整體議題或產品、市場相關的策略性議題，多屬於非例行性或組織管理的問題，因為有不常發生、每次面對新的困難點，且無既定模式可解的複雜特性，故這些問題稱為非結構化問題（unstructured problems），或低度結構化問題。因為此種問題待解決的難處為多面向的、層出不窮的，無法以單一、預先制定的解決程序來處理，故此類決策稱為非預設性決策、非程式化決策或非例行性決策。例如：企業欲導入新的資訊系統、進入新市場的開發計畫等，都屬於非預設性決策。雖然非程式化決策僅占10%，卻不容忽視，因為這類決策多數都涉及重大的資源分配，對組織績效有關鍵性影響。

程式化決策與非程式化決策之比較

程式化決策 （預設性決策、例行性決策）	決策類型	非程式化決策 （非預設性決策、非例行性決策）
多為低階管理者所制定	組織層級	多為高階或中階管理者制定
結構化問題，例如：例行作業	處理問題	非結構化問題，例如：策略規劃
資訊多、易取得	資訊質量	資訊少、不完整、不易取得
清楚明確	目標	模糊、不明確
較短期	時間影響	多為較長期的決策
重複發生、經常性處理的例行性事務	決策頻率	不常發生或新事件，非經常性制定之決策
依既定的程序、規則，或政策加以處理	解決方式	依豐富經驗判斷或採創意性作法
機器維修時點的選擇	企業實例	新產品、新市場開發決策

問題類型、決策類型與組織層級關係圖

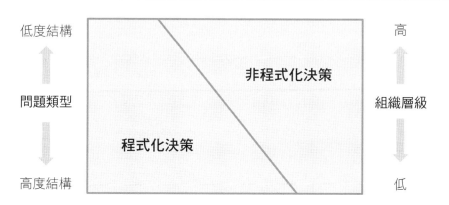

資料來源：黃源協、莊俐昕（2020）。

Unit **3-17**
決策的類型（續）

本單元接續前一單元說明依參與決策人數的多寡區分的決策類型如下：

一、個體決策

（一）個體決策，就是以某個人的身分所做的決策，不需與其他人討論。當問題簡單，或問題具時效性，或過往經驗使問題已經有了固定的解決程序，即可採用個體決策。

（二）個體決策的優缺點

1.優點：個人決策的最大優點在於決策迅速、富有時效性。而且個人決策不需與他人討論，因此意見不易受到干擾，較容易按照原計畫進行，在責任劃分上也較為明確，不易推託諉過的情形。

2.缺點：個人決策無法集思廣益，成員也無互相討論的機會，容易因個人主觀影響決策結果，造成決策的偏頗。

（三）個體決策的陷阱

1.選擇性知覺（selective perception）：是指當外來刺激模糊難辨，此時個人知覺受到本身態度、興趣、背景與經驗影響，往往遠勝於刺激本身。

2.月暈效應（hallo effect）：又稱「暈輪效應」，一個人若有一正向特質，觀察者便會假設他有其他正向特質；如果一個人有一負面特質，觀察者亦會假設他有其他負面特質。

3.對比效果（contrast effect）：個體在決策時，都有出現自己的參考點，參考點的好壞影響了我們對一件事物的認知，此時對比效果就會產生。

4.投射作用（projection）：由於現實是自己創造出來的，因此人們通常用最熟悉的自己來想像其他人而做出決策。

二、團體決策

（一）團體決策，也稱為「群體決策」，係指組織的決策方式，由管理者或決策者制定外，為因應團隊作業的整合性服務之輸送模式，或採取參與管理模式，常採用群體共同的智慧以制定「決策」，以達到組織解決問題的目標。

（二）團體決策的優點

1.提供較完整的訊息；2.產生較多的替代方案；3.增加方案的接受性；4.增加正當性；5.提升組織士氣。

（三）團體決策之缺點

1.較花費時間：團體決策比個體決策需要花更多時間來做決策。與個體決策不同的是，團體需要額外的時間來組織、協調和社會化。團體愈大，做決策所需的時間便愈多。團體成員需要時間彼此了解並建立關係，而他們也需要管理不完美的溝通過程，如此才能對彼此的構想有充分的了解，且更需要協調決策過程中的角色及遊戲規則。

2.少數壟斷：團體的成員並非每人皆居於同等地位，他們在組織中的層級、對相關問題的知識和經驗、成員間的影響力、表達技巧等也不同，這使得少數人會運用其優勢支配團體中的其他人，而讓少數支配對最後決定有相當大的影響。

3.從眾壓力：團體中，社會順從的壓力可能導致所謂「團體迷思」或「團體盲從」（group thinking）的現象，而使得團體成員抑制其異議或不受歡迎的觀點，以取得表面上共識的假民主。

4.責任模糊：誰將為最後結果負責的問題。在團體決策中，成員之間的責任被淡化了。

Robbins與Coulter整理的12種常犯的決策偏差與錯誤

決策偏誤類型	說明
1.過度自信（over confidence）	自認為已掌握全貌或具有解決能力，而簡化事情的狀況，卻可能產生過度自信的偏誤，終致陷入無法解決問題的困境。
2.立即滿足（immediate gratification）	重視短期效益，只求立即解決當前問題，卻可能在未來發現有更大的難題。
3.先入為主（anchoring effect）	或稱定錨效應，指的是過度依賴初期資訊，難以接受後來的事實證據，拒絕做較正確的判斷。
4.選擇性認知（selective perception）	以偏狹的觀點分析事情，選擇性地以其所注意到的資訊、認知的觀點來提出解決方案。
5.確認偏誤（confirmation bias）	或稱肯證偏誤，是指決策者只蒐集有利資訊來佐證自己之前的決策，對於不利於過去決策的反對資訊則抱持懷疑態度或拒絕接受。
6.框架偏誤（framing bias）	僅以某些少面向的看法來凸顯問題，而排除其他面向的觀點。
7.接近性偏誤（availability bias）	或稱現成偏差、近期效應，是指根據新近發生、印象最深刻的事件做決策。前端長時間的努力耕耘，可能就因為近期的小失誤，而受到不好的評價，就屬於接近性偏誤。
8.代表性偏誤（representation bias）	或稱再現偏誤，是指決策者以某事件與過去另一事件相似的程度，以為該事件屬於過去事件的重現，來判斷該事件應有的處理方式。事實上，決策者可能並未確認事情全貌。
9.隨機偏誤（randomness bias）	偶一隨機發生的事件，卻欲找出問題的緣由。事實上，偶然機遇下出現的狀況可能不值得大費周章找出根源。
10.沉沒成本（sunk cost）	沒有著眼於未來正確的規劃，卻只是惋惜過去決策的結果，而影響現在應調整的決策方向。
11.自利偏差（self-serving bias）	決策者常將成功歸於自己，失敗歸咎於外在因素或他人。
12.後見之明偏誤（hindsight bias）	事後才吹噓自己早已料到結果，亦即我們常說的放馬後砲、事後諸葛等。

Unit 3-18
團體決策技術

在團體決策中，常會使用不同的團體決策的技術，以做出決策。茲將相關的團體決策技術，說明如下：

一、互動團體（interacting groups）技術

此種形式是團體成員面對面的互動討論，依賴口語與非口語互動來彼此溝通。但是此種決策技術面臨團體迷思的問題，這種互動團體在討論的過程中，常會抑制成員不同的意見，施予從眾壓力。

二、腦力激盪術（brain storming）

腦力激盪術最主要的目的，就是為了克服互動團體中的從眾力，以及對創意方案的阻礙。它充分利用意見產生的過程，亦即，這項方法是鼓勵團員儘量表示意見，提出各種替代方案，而且對這些意見或方案，不可以有任何的批評。過程中不允許任何批評，彼此的意見均記錄下來，以待稍後再討論與分析。

三、名義團體技術（nominal group technique）

在決策過程中，名義團體技術對於問題的討論及人際間的溝通都有所限制，因此稱為「名義的」。和傳統的委員會議一樣，所有成員都必須親自出席，但在運作的時候，是彼此獨立的。名義團體技術與互動團體技術相比，最主要的優點在於：允許團體召開正式的會議，又不會限制其獨立的想法。

名義團體技術包含四項步驟：

1.任何討論進行之前，每位成員針對問題各自以書面寫下意見。

2.沉默片刻之後，再由每位成員輪流向大家報告自己的意見，並分別記錄在會議紀錄簿或黑板上。所有意見尚未記錄完畢之前，不允許任何討論。

3.接著，團體開始討論與評估各項意見。

4.每個成員以獨立的方式私下將各項意見排列出一個順序。之後找出總排名最高的意見，即為最終的決策。

四、德菲技術法（Delphi technique）

德菲技術法類似前述的名義團體法，但較為複雜和費時，參與的團體成員彼此無須碰面。德菲技術法是一種不需要電腦輔助，但是可以透過問卷的方式，對多位專家進行意見來回、反覆的蒐集過程。這種過程必須反覆不斷進行，直到成員之間的意見趨於一致，再無需要改變或修正之處為止。

五、電子會議（electronic meeting）

稱為電腦輔助團體或電子會議。首先，團體成員桌面上除了電腦外，並沒有其他工具。之後，欲討論的議題會呈現給每一參與者，參與者議題後再將其想法輸入電腦裡。此時，個人的意見及每個意見加總的票數，會出現在特定的大螢幕上。電子會議主要的優點在於不記名、誠實公正及快速，參與者能夠以不記名的方式加入任何訊息，並且透過電子技術立即傳達到大螢幕上。

上述幾種團體決策技術都有其優缺點。所以在選擇時，應該視使用者強調的重點，以及成本利潤考量為何，才能做出最佳的決策。

不同團體決策技術之比較

效能的評估準則	互動團體	腦力激盪	名義團體	電子會議
意見的數目與品質	低	適中	高	高
社會壓力	高	低	適中	低
金錢成本	低	低	低	高
速度	適中	適中	適中	適中
任務導向	低	高	高	高
人際衝突的可能性	高	低	適中	低
接受最終的決策	高	不適用	適中	適中
發展團體凝聚力	高	高	適中	低

德菲技術法的實施步驟

1. 確定研究問題
2. 決定問卷的施測方式
3. 選擇回答問卷的成員
4. 編製第一輪問卷
5. 進行（郵寄）問卷調查
6. 回收問卷與催促寄回問卷
7. 分析第一輪問卷
8. 編製第二輪問卷
9. 分析第二輪問卷
10. 編製第三輪問卷
11. 分析第三輪問卷及撰寫結果報告

Unit 3-19
決策的模式：理性決策模式

122

在決策的模式中，可區分為理性決策、有限理性決策、漸進決策、垃圾桶決策等模式。本單元先說明理性決策模式，其餘模式於後續單元說明之。

理性決策係指決策者在特定的模式限制下進行一致性、價值最大化的選擇，屬於管理科學學派的觀點。理性決策的過程中，決策者可能有依循組織所訂定的規則按部就班地檢視、分析、比較後才做成決策，我們可以稱之為「程式化決策」（programmed decision making）；如果因為所遇見的情境或事件的特殊性，無法依據現有規範或程序進行分析比較，決策者自由心證或直覺的判斷，這種過程可稱之為「非程式化決策」（non-programmed decision rnaking）。

理性決策模式認為一個理性模式應包含六種過程，在此過程中，強調人類是理性的動物，是本著經濟利益最大化的方式在做決定，在蒐集完善資訊後，才會做出最妥當的決定。六項過程如下：

1. 問題應當明確界定：建立一個目標的多方面層次，並就每一個層次的目標可達成的過程加以衡量。

2. 解決問題所涉及的目標及價值是可確立的：說明了在所有決定的過程中，是能夠尋找到其價值及目標的，並非憑空捏造。

3. 決定所發生之問題的事實和資料是可找尋的：問題之所在，必有相對之資料可佐證，只要用心去尋找社會中的資源，便能找到最佳的對應資訊。

4. 人可以找到所有解決方案：透過各種理性思維分析，加上資料完善的比對，得以尋找出最佳方案。

5. 所有方案皆有優劣，應當找出所有面向後，加以排序：將利益及成本乘上或然率之結果，必能排出優先之順序。

6. 決定者必選最優先之方案：在面對所有考慮之後，決策者應當選取最優先之方案。

依古典經濟學的理性決策假設，每一位經濟個體都在進行價值最大化的決策，然而，現實世界因為許多干擾因素，而使得個體難以真正達成理性決策，理性決策模式的限制包括如下：

1. 個人的資訊處理能力有限，故實際上個體均無法取得完全知識。

2. 資訊蒐集採便利性方式蒐集，當然無法取得完全資訊。

3. 立場改變了，或因知覺差異，而無法中肯地做出最適決策。

4. 注意力不集中或分心，而無法做出最適決策。

5. 問題與解決方案的混淆，當個體以為已提出解決方案，但卻可能只是圍繞在問題的解釋上，而非可解決問題的方案。

6. 過早判定決策情境，容易產生決策偏誤。

7. 承諾升高（commitment escalation）：儘管過去之決策被證實是錯誤的，卻仍投入更多資源去執行過去之決策。

8. 沉沒成本（sunk cost）：過去決策所投入的心力與資源會影響現行決策的考量，可能覺得已投入許多資源而不願放棄，喪失追求最適解決方案的機會。

理性決策模式的假設

古典經濟學對理性決策的假設

01
理性經濟人對於有關的環境因素具有完全知識或完全資訊。

02
理性經濟人能依照某種計量的致用尺度對決策標的物進行偏好排序。

03
理性經濟人會選擇使其獲得最大效用的方案。

管理學對理性決策的假設

01
問題明確、目標明確、所有替代方案和其結果都是已知的狀態。

02
偏好明確、偏好穩定,亦即對某方案的偏好程度不因時間而變。

03
沒有時間和成本的限制,且追求極大化報酬或稱為「最適解」(optimal solution)。

Unit 3-20
決策的模式：有限理性決策

124

本單元說明決策模式中的有限理性決策模式（bounded rationality model）如下：

有限理性（bounded rationality）為賽蒙（Herbert Simon）於1966年所提出，基於個體處理資訊能力有限，無法獲得完全資訊與完全知識，因此簡化決策模式所表現的理性行為。

決策雖依循「理性程序」進行，但因決策者無法擁有「完全知識」，只能就所知範圍內的方案加以考慮，所以現實中無法達成完全理性的結果。在有限理性觀點下，決策過程可以遵循完全理性的決策分析過程（亦即在簡化的模式限制下追求價值最大化選擇），然而因為現實條件的限制，無法求得真正客觀上的最適解（optimal solution），只能求得個體主觀滿意的可接受解或滿意解（satisfactory solution）。故有限理性決策又稱為「滿意決策」，且是現實世界大部分決策的取向。因此，有限理性之觀點亦採「決策過程建立在理性基礎，決策結果卻屬於非完全理性」來說明。

有限理性決策的特徵，包括以下幾項：

1. 決策者的能力是有限的：理性決策的前提是決策者必須具備相關條件的完備知識，並有能力進行必要的計算。事實上，人不可能考慮到所有決策的真實價值、相關知識及所有資訊，然而決策者處在極為複雜的現實環境中，無力進行周密的計算，根本無法做出完全合乎理性的決定。

2. 決策者所具備之資訊不完全：在現實社會中，決策者的決策行為都是在備選方案的不完全資訊下完成的，也就是許多決策行為都存在著大量的不確定因素，且決策者對備選方案及目標的達成，都是在不甚明瞭事實的情況下所做的決策。

3. 決策者傾向將問題及情境簡化：決策者在決策的過程中，為了快速了解事實的真相，並提出合理的解決方法，往往傾向將問題情境加以簡化，用一個相對較小的問題空間替代一個較大的真實問題空間，使其在某種意義上近似於實際。但決策者以相關環境的資訊，按照現實情況為決策者所希望的水準之依據，與其實際情況並非一致。

4. 決策者易受過去知識或經驗的影響：決策者的行為會受到先入為主的影響，亦即決策者在決策的過程中，很容易根據自己本身過去的知識經驗、習慣等做判斷，而影響到選擇過程。因此，決策者所取得的資訊是有選擇性的，有些因素會因為決策者的偏好或過去的經驗受到重視，有些則被忽略。

5. 決策者的行為會受到所得資訊先後次序的影響：決策者根據資訊做決策，然而由於搜尋資料的時間有一定的時效性，且會受到所得資訊的實質性和先後秩序性的影響，雖然決策者會因為不同的目的而設定不同的搜尋策略，但所搜尋到的資訊並非全然客觀，因此決策者的行為會受到所得資訊先後次序的影響。

有限理性決策模式之假設

有限理性之假設

個體對環境訊息的處理常受到環境不確定、資訊不完全、問題不明確、個人有限的經驗、社會價值觀改變等因素影響,而使得個體資訊處理能力受到限制,無法做出完全理性的決策。

完全理性決策與有限理性決策模式之比較

Decision Making

完全理性決策模式	比較項目	有限理性決策模式
清楚且明確	問題明確度	模糊不清
掌握所有方案及與結果有關的訊息	資訊掌握度	掌握方向及與結果有關的訊息能力有限
客觀且理性	決策模式	較主觀,易受到個人經驗影響
最佳決策	決策結果	滿意決策

Unit **3-21**
決策的模式：漸進決策模式

本單元說明決策模式中的漸進決策模式（incremental decision-making model）如下：

漸進決策模式，最初稱為漸進主義（incrementalism），係由林布隆（Charles Lindblom）對理性決策模式做出批判後，所提出的解決方法。漸進決策模式，是指決策者在做決策時，著重在從現有政策或現況去找尋漸進的代替性政策。此種決策途徑較著重於短期目標，且無法適用於重大、基本的決策情況。

林布隆認為，許多方案的決策，著重從過去已有方案或計畫去尋找漸進性的替代方案，而不對現狀做大幅度的變動。方案的決策乃根據過去的經驗，經由漸進變遷的過程，而獲致共同一致的決定。換言之，新政策或計畫只是對過去的政策或計畫漸進的修正而已。由於此種途徑只對現狀作枝微末節的修改，也稱為「枝節途徑」（branch approach）。儘管此種決策模式受到許多人的批評，認為太過於保守，會導致社會的不公正，及不能應用重大的決策情況，但就實際情況而論，仍有做決策的適用情況。

漸進決策模式的理論要點，包括以下幾項：

1. 應同時考慮目標與手段的選擇，必要時，可以修改目標以迎合手段。

2. 只是尋找與現行方案不同的替選方案，而不找尋全盤改變的替選方案。

3. 僅考慮少數可代替現狀的替選方案，而不考慮所有可能達成目標的方案。

4. 對每一替選方案僅考慮少數幾項後果，而不考慮所有可能的後果。

5. 對每一個問題不斷重新界定，並尋找解決方案，而非問題一經決定即不再變動。

6. 強調無最佳或最正確的方案，只有比較符合實際需要的方案，即為「漸進調適的藝術」。

採用漸進決策模式的技術上的原因，包括以下幾項：

1. 決策者並沒有足夠的時間、智慧或經費，用以調查所有的政策方案；且在那麼多不同的政治、社會、經濟和文化價值交互攸關的情境下，實在無法預估每一項政策方案的成果與效益。

2. 決策者接受以往方案的理由，在於全新或不同的方案後果，處在未知的狀態之下，因他們一貫的哲學是：在新計畫的後果不能預測時，固守已知的方案乃為上上之策。

3. 現行的方案可能已投下鉅額的資本，因而排除了任何根本上的變革；因之，實際的決策情況，並非審慎地考慮全部的政策方案，而只檢討不致造成自然、經濟、組織與行政失調的方案而已。

4. 漸進主義是政治上的權宜之計，通常在方案制訂過程中，爭論中的項目，若只限於增刪預算，或修正現行計畫，決策者較易達成協議；反之，在重大的政策變更之際，引起極大損益的方案決定之時，容易引發決策者間的衝突。

綜合言之，漸進決策模式所指涉的內涵與過程，簡化了決策者的決策過程，化約了價值問題，縮減了全部決策過程的複雜性，問題之解決，只在於邊際的比較，決策者抉擇於邊際，並不全盤考慮每一項計畫或每一方案。

漸進決策模型

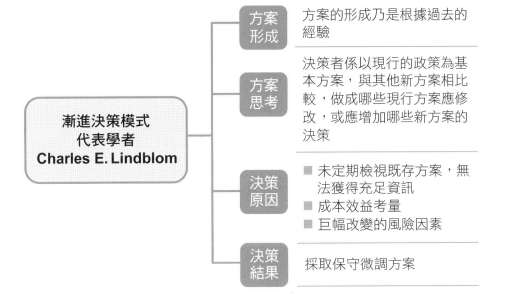

漸進決策模式
代表學者
Charles E. Lindblom

方案形成
方案的形成乃是根據過去的經驗

方案思考
決策者係以現行的政策為基本方案,與其他新方案相比較,做成哪些現行方案應修改,或應增加哪些新方案的決策

決策原因
- 未定期檢視既存方案,無法獲得充足資訊
- 成本效益考量
- 巨幅改變的風險因素

決策結果
採取保守微調方案

漸進決策模式:案例說明

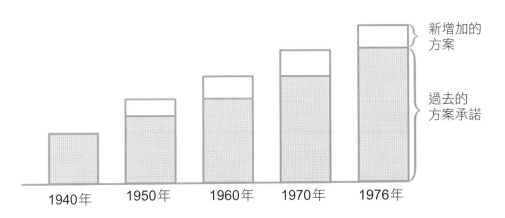

新增加的方案

過去的方案承諾

1940年　1950年　1960年　1970年　1976年

資料來源:林水波、張世賢(2006)。

Unit 3-22
決策的模式：垃圾桶決策模式

本單元說明決策模式中的垃圾桶策模式（garbage-can decision-making model）如下：

垃圾桶決策模式最先是由柯漢（Cohen）、馬曲（March）與奧森（Olson）等三人於1972年在《行政科學季刊》（*Administrative Science Quarterly*）所發表的〈組織選擇的垃圾桶決策模式〉（A Garbage Can Model of Organizational Choice）一文中所提出。

垃圾桶決策模式主要是反對理性決策模式的直線式思考路線，從決策過程的反功能面來探討公共政策，因此又稱為「反階段論」。垃圾桶決策模式，認為組織基本上是處於「組織化的無秩序」（organization anarchy），人們通常無法明確界定自己的偏好、組織內的成員對組織的真正運作過程並不通盤了解、組織在做決策的過程中，參與者常常並非同一群人，因此組織的決策通常並非經由理性計算，而是由問題、解決問題的方案、參與者及選擇機會此四項所匯聚而成的垃圾桶。簡而言之，決策的形成是機會所造成的。

所謂的「組織化的無秩序」，係指機關組織或決策情境（decision situation）中都具有三種共同特性：

一、目標模糊（problematic preferences）

由於人的理性是有限的，同時又是自我為中心的，這些限制促使機關組織很少會做出理性的決策來，所以決策的行為常常是不明確，而選擇的優先排列也常常是不一致的，或是不按牌理的。若再把決策的空間與時間的因素也併入考量，則會使得機關組織對於決策的選擇更不明確。也就是說，決策參與者對於問題和目標的偏好根本無法明確界定，因而呈現不一致的現象。

二、手段或方法的不確定（unclear technology）

組織為了生存，因而必須做出許多必要的決策，然而其決策程序所需要的各種管理與作業技術太過複雜，常常無法讓組織參與者全面了解整體的決策過程，僅能片面地掌握其所從事的工作性質與內容，至於其何以要從事這些工作，其工作如何與組織的整體工作相互配合，則無法全面認識，僅能以嘗試錯誤方式，從經驗中學習處理事務的技巧。然而，造成此原因，主要是因為方法與目的之間缺乏明確的聯繫，而方法與目的之間的不聯繫，乃是由於資訊或知識與行動之間缺乏聯繫，或是聯繫不緊密所導致而成。因此，決策的方法或技術，常常是以一種嘗試與錯誤的程序，或是憑藉過去經驗來進行，並非靠理性的方法。

三、參與決策人員的流動性（fluid participation）

組織參與者進入或離開決策過程往往是無法預測的，不同部門的行動者於不同時間，對不同的決策議題都會有不同程度的參與；即使同一決策議題，參與者介入的程度也會因時而異、因地而異。然而這些因素使得組織界限非常不明確，同時也不停地在變動，因此決策者與參與者對任何政策，都不能透過理性的計算來完成目標。

圖解社會工作管理

影響垃圾桶決策模式的四項因素

1 **問題（problems）：**
人不管在組織內或組織外，所有關心的事皆為問題。

2 **解決方案（solutions）：**
解決方案為某個人的產物，也許被產生時並不知道其為解決方案，而是當問題被清楚認知了，或是問題已被解決，才知其為解決方案，即是尋求解決問題的答案。

3 **參與者（participants）：**
組織中的所有人皆為參與者，可進入組織，亦可離開組織。

4 **抉擇機會（choice opportunities）：**
當組織被預期會產生某行為（此行為有可能為一決策）時，會有特殊事件（occasions）的發生，而此特殊事件則有可能為抉擇機會，也就是指參與者期望解決方案可配合問題，因而做出決策之情況。

垃圾桶決策模式的優點

01
解釋組織何以經常是沒有效率的？何以無法推動許多的改革？

02
此模式為機會、人類的創意與抉擇容納了更多的空間，呈現出相當開放的決策體系。因此，方案過程是一個開放的藝術活動，而非科學活動而已。

03
此模式彌補了漸進主義者無法解釋「非漸進式方案」的缺失，其解釋力更廣闊。

第 **4** 章

社會工作的領導與激勵

•••••••••••••••••••••••••••• 章節體系架構 ▼

Unit 4-1
領導的意涵

何謂「領導」（leadership），有許多的學者提出相關的定義，說明如下：

1. Richards & Engle：領導是關於建構願景、價值與創造環境，使任務完成。

2. Rost：領導是介於領導者與追隨者間，為了達成共有目的改變所產生的交互關係。包括：領導者的特質、行為、影響、互動交流的模式、角色關係及管理層級的職位。

3. Blake & Mouton：領導是一種管理行為，而此項行為可以提供員工生產力、鼓勵創新、解決問題，使員工在工作過程中達到滿足。

4. Greenleaf：領導是擁有高瞻遠矚的看法，重視團隊力量，並與部屬取得共識，達成目標的能力。

5. Hogan & Curphy：領導涉及說服其他人，先將自己關切一段時間的事務擱置在一旁，而為了追求共同的目的而努力。這個共同目的對於一個團體的責任和福利是相當重要的。因此，領導者所關切的是建立具有凝聚力和目的導向的團隊。

6. Weinbach：領導是一個人以個人的能力去影響、激勵，使組織的成員能貢獻於提高組織的效能，進而成功地達到目的。

7. Northouse：領導是一種過程，憑藉著個人而影響一個個別的團體去達成共同的目的。通常，在一個組織的環境之中，適合於使用「部屬」一詞來描述領導的對象，而不使用「追隨者」。如果使用追隨者，表示領導者可在任何職位、角色進行領導，但是在一個官僚的階層體系（bureaucratic hierarchy），就不能這樣做。

綜合言之，領導是指領導者能夠影響部屬趨向目標達成的過程。而領導者（leader）是指影響他人且具有管理職權。雖然管理者（manager）和領導者（leader）意義相近，但卻是不同的詞彙。管理者是指那些與他人共事且透過他人，藉由協調工作活動與分配以達成組織目標的人。管理者在經營與管理時，必須產生成果並處理錯綜複雜的事務，且承擔行政上的責任；而領導者則被認為應該要能控制該情況，並主導創造遠景與策略、處理政策改變，同時致力於工作上的人際關係。

領導者在建立組織理念、任務、使命和目標，並按組織外在特性訂定策略、推動任務達成；管理者則依領導者任務願景，執行組織策略及組織目標。因此，區別其差異如下：

1. 管理是促進穩定與作業的進行，重視內部平衡；領導是促進調適、適應變遷事宜，有回應外部的意味。

2. 管理者依據法定權力，維持組織達成目標；領導者要有宏觀視野，引領他人尋求確定目標。

3. 管理是在處理當前的事，領導則是帶領組織邁向未來。

4. 管理主要指規劃、組織、協調、領導和控制他人行為，關注的是維持組織運作之整體議題；領導則是關係到誘發、因應和協助適應變遷，關注的是不穩定情境下之組織的未來方向。

5. 管理在於控制與解決問題，領導在於激勵與鼓舞士氣。

管理與領導之差異

管理	比較項目	領導
協調組織資源配置，集合眾人之力達成目標	定義	影響他人趨向目標達成
具正式職權	職權關係	不一定具正式職權（例如：因為高度專業技能、特質而影響他人）
■管理的重點在於建立制度 ■管理者是問題解決方案的決策者	焦點	■領導的重點是人心的影響，是對部屬心理層面影響力的發揮 ■領導者是提出問題並完成使命的實踐者
包括規劃、組織、領導、控制等四大功能，追求穩定與績效控制	功能程序	領導者是管理程序四大功能之一，透過提出願景與激勵，使部屬目標趨向與組織一致

資料來源：張仁家主編（2018）。

管理者與領導者之差異

管理者
- ■管理
- ■是複製品
- ■專注於系統及結構
- ■仰賴控制
- ■目光短淺
- ■問「如何」及「何時」
- ■仿效
- ■安於現況
- ■把事做對

領導者
- ■激勵
- ■是原創者
- ■著重於人
- ■鼓勵信任
- ■目光長遠
- ■問「什麼」及「為什麼」
- ■創始
- ■勇於挑戰
- ■做對的事

Unit 4-2
領導的基礎：權力

Warren Bennis 與 Burt Nanus 認為「管理者是將事情做對，而領導者則是做對的事情」。因此，領導者需能指明未來的路並吸引人們發揮長才，而管理者則需確保組織每天都有良好的管理及系統運作，並促進員工完成他們的工作。

領導的基礎來自於權力（power），權力是人際互動的社會關係。權力結構是動態的，當權力轉移，權力結構會發生本質上的變化，而領導是透過權力的取得、維持與運用為基礎以達成目標。綜合諸多學者的觀點，領導者的權力基礎，包括以下幾種類型：

134

一、法定權（legitimate power）

即由組織層級所賦予的權力，此權力是由擔當組織所賦予的某項職位者所擁有的；法定權即是職權（authority）。例如：一位主管經由正式任命，具領導下屬之法定權，也就是正式組織結構內所稱之職權。如企業的總經理，被賦予法定的權力。主管有權影響部屬，而部屬有義務接受，但不具備合法權力領導者，其能產生的領導效果將是非常有限。

二、獎賞權（reward power）

即擁有給予或拒絕給予某些獎賞的權力，領導者擁有的獎賞包括加薪、獎金、晉升、嘉獎、認同及有利工作的指派等。獎賞權具有對下屬獎酬的權力，使領導者或管理者具有影響力。對部屬的成就有給予獎酬的能力，就可能產生正向增強行為。若領導者所掌握的獎賞數目愈多，員工覺得獎賞愈重要，則領導者的影響力將更大。

三、懲罰權／強制權（coercive power）

即領導者可以使用懲罰或剝奪部屬權力的方式，來懲罰部屬的行為，這種帶有強制性的權力，是一種強迫別人服從的權力。懲罰權對下屬具有懲罰的權力，以避免組織遭受痛苦或損失。例如：口頭或書面懲戒、調職、解僱或減薪。若領導者對其部屬握有較大的懲罰權時，其影響力將會增加。部屬若無法順從主管的要求，即可能遭到處罰，因而減少非適當行為的產生。

四、專家權（expert power）

即領導者因擁有讓員工尊敬和信任的特殊能力、技能或專業知識，而影響員工並讓員工服從的權力。亦即，專家權係來自於個人具有專家的權威性。領導者或管理者具有特殊才能，使工作順利達成，將使追隨者更崇拜，更願意追隨。

五、參考權（referent power）

領導者具有某些吸引人的特質，部屬可能因為佩服或尊重其特質而受影響，即奠基於認同、仿效、忠誠或愛戴；亦即，領導者具有某些有形或無形的吸引特質，員工或追隨者可能因佩服或尊重這些特質而受其影響。

六、訊息或守門人權（information/ gatekeeper power）

即擁有的資訊愈多、愈重要，且擁有此資訊的人愈少，則具有此項資訊的個人權力愈大；抑或因能夠接近組織較有權力者，而掌握更多影響他人的機會或訊息。

權力與領導之比較

權力	比較項目	領導
影響他人的能力	本質	（管理）功能、程序
影響行動者執行某行為	目的	與組織目標一致
使他人順從	特性	達成組織目標、獲取效能
是否發生影響及影響程度的大小	焦點	趨向目標達成

有效能領導者的要件

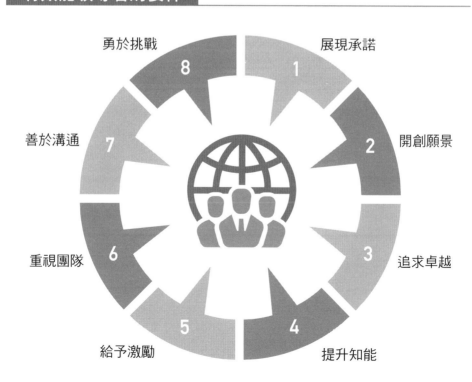

勇於挑戰 8
展現承諾 1
善於溝通 7
開創願景 2
重視團隊 6
追求卓越 3
給予激勵 5
提升知能 4

Unit **4-3**

領導理論：領導特質論

領導理論依時間演進，可劃分為幾個階段：1.第一階段：領導的特質論；2.第二階段：領導的行為論，重點在強調有效領導者所表現的行為；3.第三階段為領導的權變理論，強調領導者與其所領導之人、事、情境之間的互動關係；4.第四階段：新型領導理論。本單元先說明領導特質論，其餘理論於後續單元陸續說明之。

特質論認為成功的領導效能，乃因領導者擁有某些個人特質使然，對於成功領導者的特質，學者提出的見解，說明如下：

一、Davis 指出四種人格特質和成功的領導有所關聯：

（一）智力：領導者智力略高於平均智力。

（二）成熟度與寬容性：領導者具有處理極端問題的能力。

（三）內在激勵與成就感：領導者有強烈完成任務的內在驅力。

（四）重視人際關係：領導者重視人際關係的建立和培養。

二、Robbins 與 Coulter 提出七個有效領導者的特質

（一）內驅力（drive）：主動積極、旺盛的精力與企圖心，能堅持到底。

（二）領導慾（desire to lead）：亦即領導者具有領導眾人的動機。

（三）誠實和正直（honesty and integrity）：待人誠信、一致，能被信任。

（四）自信（self-confidence）：領導者對自己的能力具有自信，才能領導他人。

（五）智力（intelligence）：領導者具有高度的認知能力。

（六）任務相關知識（job-relevant knowledge）：領導者具有高度的專業知識或企業相關知識。

（七）外向（extraversion）：活力、合群、強烈自信、不沉默、不與人群疏離。

事實上，特質論受到相當多的學者批判，主要理由如下：

1. 特質論有時也被視為偉人理論（great man theory），代表具有偉人般的人格屬性者，才是具有領導者特質。然而領導特質論只考慮到領導者的面向，且各理論所探討的因素不盡相同且不盡齊全，彼此間亦常互相矛盾。例如：高智力且外向者，不一定具有旺盛的領導慾。

2. 特質論雖可說明具備某些人格特質的確可增加領導者成功的機率，惟不具唯一性。且此理論具有忽略員工需求、員工互動關係、外在情境，未能界定各種特質間相關的重要性，未能區分因果關係等缺失。因為領導力太過於複雜，我們不可能找到一份適用於每一種情況的通用特質名單。研究也顯示，不同的勝任力結合也可能同樣成功。換言之，有兩套不同勝任力的人可能是同樣優秀的領導者。

3. 某些人格特質可能只影響我們對某人是領導者的感知，而非個人是否為組織的成功創造差異。展現正直、自信及其他特質的人被稱為領導者，因為他們符合我們對有效領導者的刻板印象。或者我們也可能看到一個成功人士，便說這個人是領導者，然後將自信及其他我們認為偉大領導者必有、無法從外表觀察出來的特質歸諸於他。因此，特質論無法受到廣泛學者的接受與支持，並開始轉向行為模式理論。

領導理論之演進

時期	領導理論研究取向	核心主題	相關的重要領導理論
1940年代	特質取向	領導能力是天生的	領導特質論
1940-1960年代	行為取向	領導效能與領導行為關聯性	領導行為論： 1. Lewin的領導風格 2. 俄亥俄學派兩構面領導理論 3. 管理格局理論
1960-1980年代	權變取向	領導受情境因素影響	領導權變理論： 1. Fiedler 領導權變模式 2. Hersey-Blanchard情境領導理論 3. House 路徑一目標理論
1980年代起	新型領導取向	領導具有願景	1.魅力型領導 2.交易型─轉換型領導

領導理論的行為模式

領導理論派別	強調的行為模式	代表人物
1.領導特質論	領導者的過人特質，如：能力、成就、責任、參與、情境。	R. M. Stogdill（1974）
2.領導行為論	民主式、權威式、放任式。	K. Likert（1967）
	任務取向、關係取向。	R. Likert（1967）
	體制層面、體恤層面。	The Ohio State Studies（1940）
3.權變理論（情境論）		
途徑─目標理論	指示性、支持性、參與性、成就性。	Robert J. House（1971）
情境領導理論	告知型、推銷型、參與型 、授權型。	P. Hersey & K. H. Blanchard（1977）
權變理論	工作取向、 關係取向。	F. E. Fielder（1976）
4.新型領導理論		
交易型領導	酬賞激發績效、懲罰不良表現。	Hollander (1978)
轉換型領導	微觀以人際互動影響。鉅觀以權力改變組織，強調組織結構及文化。	Yukl (1994)
魅力型領導	激勵、激發共鳴、英雄崇拜、人際影響。	Weber (1974)

資料來源：曾華源、白倩如主編（2017）。

Unit 4-4
領導理論：領導行為論～ Lewin 的領導風格研究

圖解社會工作管理

138

由於早期對於領導係以特質論為方向進行研究，但並無法獲得普遍的支持，因此，自1940年代後期至1960年代，研究者即將研究方向移轉把焦點放在領導者所表現的行為上，以了解領導者的行為中，是否具也有某些獨特性。

領導的行為論，基本假設為領導可以透過後天培養，並且認為領導者是創造出來而非天生的，強調應從領導者外顯行為，研究領導者的實際行為或領導方式與組織效能的關係。

領導行為論包括三個重要的理論，分別為Lewin的領導風格、俄亥俄學派兩構面領導理論、管理格局理論。茲將領導行為論的三種理論，分為三個單元說明，本單元先說明Lewin的領導風格。

對於領導風格的研究，Kurt Lewin依據權力分配和決策過程將領導分為三種領導型態，包括如下：

一、獨裁式（authoritarian）領導

獨裁式領導是由領導者決定，下屬依指示行事，沒有參與討論或提供意見的機會，領導者與部屬之間只有單向溝通。其領導風格是指導式的、強勢且控制著彼此的關係。此風格的領導者，傾向使用法令及規範來處理工作環境中的問題。

這種領導風格決策迅速，很適合用於部屬素質及工作意願低落時，但是，由於部屬長期受到壓迫，容易失去創意及工作熱誠。

二、民主式（democratic）領導

民主式領導是指領導者對工作成果進度之查核，處理的方式較為彈性，使部屬有發揮才能的機會。對員工的評量及功過獎懲，以客觀明確的標準為依據，不以主管的好惡為準。其領導風格是表現出協同合作、回應的，及在關係中有互動的型態，而且不會像獨裁風格那般強調法令與規範。

民主式領導者採取充分授權、信任部屬，以激勵代替處罰。此種領導方式增加員工的參與感，提升其自信心，而且有集思廣益之效，政策推行時也較為容易。但過於講求民主，容易導致效率低落，而且最後決策往往不是最佳決策，而只是各方妥協下的產物。

三、放任式（laissez faire）領導

放任式領導是指領導者僅負責供應其所需之資料條件及資訊，或偶爾表示意見，而不主動干涉；領導者給予員工決策自主權，領導者不參與其事。此類型的領導風格特色是「不作為的領導」，領導者放棄職位所賦予的職權與責任，而這種風格經常導致混亂。

本類型的領導，即所謂的「無為而治」。團體的決策多由部屬自行決定，領導者反而處於被動地位，當部屬有所要求時，才行使其領導權力。放任式領導可以培養員工的自主性，訓練部屬獨當一面，但主管也可能因為缺乏對事務通盤的了解，使員工產生本位主義。

Lewin認為每位領導者在面對部屬時，會採用這三種風格中的一種，具體的情境特性並不重要，因為領導者的風格不會隨著情況而有所改變。

Lewin的領導風格研究

獨裁式領導
（authoritarian）
 1
領導者以集權方式，制定各種政策性決定與精細的工作方法，員工參與程度幾乎為零。

民主式領導
（democratic）
 2
領導者與部屬共同參與制定決策，亦即主管授權員工參與決定工作執行方法與目標，並使用績效回饋的方式做為指導員工的機會。

放任式領導
（laissez faire）
 3
領導者賦予部屬完全決策自由，下屬可以依自己決定的方式完成工作。

研究結果

獨裁式領導	民主式領導	放任式領導
在短期間內工作效率較高，但成員的工作滿足較低。	與工作效率和成員的工作滿足呈現高度正相關，但決策的過程較費時。	與工作效率呈現負相關，成員的工作滿足亦低，但最能發揮成員的最大才能。

Unit **4-5**
領導理論：領導行為論～
俄亥俄學派兩構面領導理論

　　本單元接續說明領導行為論的三個理論（Lewin的領導風格、俄亥俄學派兩構面領導理論、管理格局理論）之俄亥俄學派的兩構面領導理論如下：

　　俄亥俄學派的兩構面領導理論（亦稱為雙層面領導模式），針對特定的領導行為進行測量，可利用「體制」（initiating structure）與「關懷」（consideration）兩構面來加以說明如下：

一、體制／定規（initiating structure）構面

　　體制構面的領導行為，是指領導者著重於針對組織的管理功能明確界定部屬的工作關係、角色及系統的組織，同時也在組織、溝通及完成事情的方法上，建立起明確的模式。此構面的領導者，對部屬的地位、角色、工作任務、工作方式和工作關係等，都訂定有些規章和程序，且將之結構化。Wrightsman以簡明的四點來說明此一構面的領導行為，即：1.明確界定領導者與部屬間的關係；2.努力建立明確的組織型式；3.用心建立意見溝通管道；4.訂定工作程序的方法。

二、體恤／關懷（consideration）構面

　　體恤構面的領導行為，指領導者發自內心的關心、重視與了解部屬的感受、需要與福利，並建立培養出友善、溫暖、愉悅、互相尊重與信任的工作關係。此構面領導者，信任並尊重部屬，且重視其感受與需求，關心其地位、福利、舒適感和工作滿足感。高度體恤部屬的領導者會幫助部屬解決個人問題，友善且易親近，且對部屬一視同仁。

　　上述的兩個構面，以體恤為縱座標，體制為橫座標，構成四種領導型態的象限，形成一個領導行為座標，二種構面的不同程度之組合即構成不同的領導行為（領導型態）。依此二構面高低程度，形成四種領導行為（如右頁圖解），說明如下：

　　1. 第一種領導型態是「低體制高體恤」型：領導者對成員的體恤勝於對工作的要求。研究顯示：若領導者能維持一定程度的體制型領導行為，成員亦能勉強達成組織工作目標，否則，對工作目標的達成將受到影響。

　　2. 第二種領導型態是「高體制高體恤」型：領導者不僅重視工作的完成，也很關心成員的需要。亦即，領導者關心工作及成員感受與需要。

　　3. 第三種領導型態是「高體制低體恤」型：領導者對工作最關心，但對成員則採嚴屬態度。亦即，領導者只重視工作目標的達成，卻很少有體恤成員的行為出現。

　　4. 第四種領導型態是「低體制低體恤」型：領導者既不強調工作上的績效，亦不體恤成員的需求。因此，容易導致成員士氣低落、不滿足，生產力低。

　　研究結果發現：高體制、高體恤之生產力最高。然而，四種領導行為的效果隨部門而異，部門特性不同可能影響有效的領導型態。例如：生產部門需要制定許多規定與程序以提高生產力，故生產部門需要高體制、低體恤的領導型態；行銷部門倚賴創意，績效會與體制呈負相關，而可能與體恤成正相關。

俄亥俄學派的兩構面領導理論

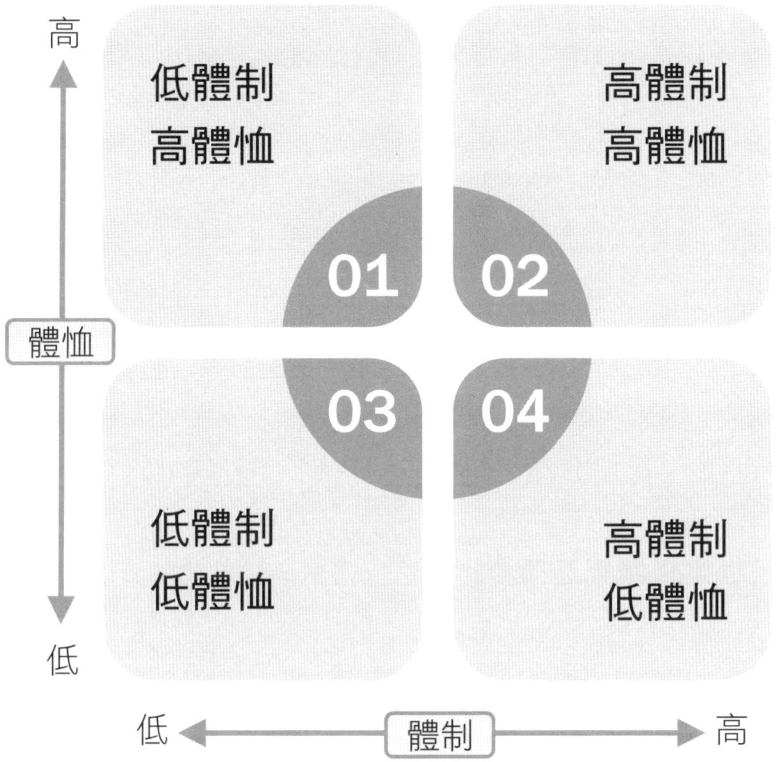

高

體恤

低

低 ← 體制 → 高

低體制 高體恤 **01**	高體制 高體恤 **02**
低體制 低體恤 **03**	高體制 低體恤 **04**

141

研究結果

01
高體制、高體恤的領導,部屬工作績效高,工作滿足感也高。

02
低體恤、高體制的領導,部屬的抱怨、曠職和離職比率偏高。

03
高體恤、低體制的領導,部屬工作績效偏低,但工作滿足感較高。

Unit **4-6**
領導理論：領導行為論～
管理格局理論

本單元接續說明領導行為論的三個理論（Lewin的領導風格、俄亥俄學派的兩構面領導理論、管理格局理論）之管理格局領導理論。管理格局（managerial grid）理論（亦稱為「管理方格」、「領導方格」），係引申自俄亥俄學派的兩構面領導理論、密西根大學兩構面領導行為研究（張仁家主編，2018）。本書於前一單元已說明俄亥俄學派的兩構面領導理論，本單元先就密西根大學兩構面領導行為研究加以說明，再說明管理格局理論，俾利邏輯觀念之建立。

一、密西根大學兩構面領導行為研究

密西根大學的研究的包括「員工導向（employee oriented）和「生產導向」（production-oriented）等兩個領導行為構面。員工導向的領導者較注重人際關係，他們會試圖了解部屬的需求，並接受成員間的個別差異。相反地，生產導向的領導者，比較傾向強調工作的技術或作業層面，主要關心的是團體任務的達成，而團體成員只是達成目標的工具而已。員工導向和生產導向兩構面，與俄亥俄州立大學的研究類似，員工導向近似「體恤」，生產導向近似「體制」。

二、管理格局理論

德州大學的布雷克（Blake）與莫頓（Mouton）提出了管理方格（managerial grid）理論（牛涵錚、江永淞，2019）。此乃根據「關心員工（concern for people）和關心生產（concern for production）」，也就是以俄亥俄州立大學的「體恤」和「體制」構面，或者是密西根大學的「員工導向」和「生產導向」構面為基礎所建構出的領導風格（如右頁圖解）。

依布雷克和莫頓的研究發現，在座標（9,9）位置的領導方格中，管理者的績效最好；反之，座標（9,1）（權威型）或（1,9）（放任型）績效較差。採取中庸之道的管理〔座標（5.5）〕，對員工及生產的關切程度，差不多相當。這種領導者嘗試在關心員工與關心生產之間取得平衡，並避免偏向任何一方。強調工作導向管理〔座標（9,1）〕是極度關心生產、非常漠視員工的型態。此類型的領導者希望透過嚴密的控制，以便能有效率地完成工作。強調權威服從的管理者，相當重視經營組織的效率。

鄉村俱樂部型管理〔座標（1,9）〕，非常關心人員而幾乎不重視生產，努力避免衝突且尋求被他人所喜愛。此類型領導者的目標是，以良好的人際關係來讓員工感到快樂，此點重要性甚至比任務本身還重要。

團隊管理〔座標（9,9）〕被認為是理想的角色，同時關切員工與生產，而且對兩者都有高度的熱忱。這種領導者通常想要激勵員工，以達到高水準的成果。領導風格是較彈性的，對變革採取回應式的風格，明白改變是必要的 。無為而治管理〔座標（1,1）〕指的多半就是，自由放任式的領導者。這一類的領導者既不關心人員也不重視生產，不願表達立場，也不想涉入任何衝突，他們只求安穩過日，不願多付出心力。

管理格局理論

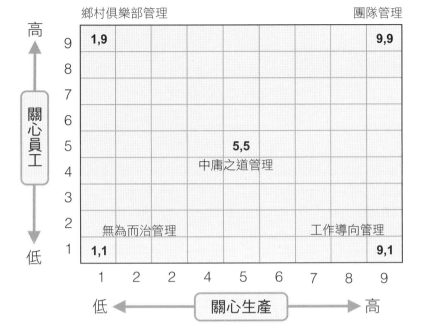

- ■（1,1）型―無為而治管理：對於生產與人員的關心程度皆很低。領導者做最少的領導行為，對部屬僅維持基本工作要求，屬於放任式管理。
- ■（9,1）型―工作導向管理：關心生產程度高，領導者對部屬高度要求達成任務。但領導者關心員工感受的程度低，疏於人員需求的滿足，又稱為威權型領導。
- ■（1,9）型―鄉村俱樂部型管理：關心員工程度高，較不關心生產。領導者重視友誼與關係，領導風格係以創造舒適、安全的工作氣氛為主。
- ■（5,5）型―中庸之道的管理：對於生產與員工的關心程度，維持在平衡「滿意的士氣水準」與「員工的休息需求」的程度，又稱為組織型領導。
- ■（9,9）型―團隊管理：對於生產與員工均非常重視，藉由溝通、群體合作達成組織目標，領導者認為工作的績效來自於高組織承諾的員工。Blake & Mouton的管理格局理論之研究結論指出，（9.9）團隊管理為最有效的領導方式。亦即關心工作程度愈高，且關心員工程度愈高的領導型態，其展現的領導效能愈高，員工愈能發揮高度的生產力與工作績效。

Unit **4-7**
領導理論：領導權變理論～
Fiedler 領導權變模式

1960 年代後期，許多研究者在研究領導者行為時，發現領導行為的過程中，常受到一些情境因素的影響。因此，領導行為的研究開始轉向對領導情境因素的探討，認為領導行為應隨著追隨者特性，在不同情境下進行調整，其重點在設法找出獨立的情境因素，並歸納其對領導效能的影響。

領導的權變理論，亦稱為情境理論，權變理論的基本想法是：領導風格要發揮效能，必須切合於合適的情境。權變理論包括三個重要的理論，分別為 1. Fiedler 權變模式；2. Hersey-Blanchard 情境理論；3. House 路徑─目標理論。茲將領導的權變理論分為三個單元說明，本單元先說明 Fiedler 權變模式。

費德勒（Fiedler）提出領導權變模式（contingency model），認為團體績效有賴於領導者的風格，以及情境給予領導者之控制權或影響力之間的適當配合。費德勒認為可以將領導者分成任務取向或關係取向（relationship orientation），區分標準是依領導者如何滿足自己主要需求而定。任務取向的領導者，主要透過將工作完成來獲得滿足；關係取向的領導者，則從發展良好、舒適的人際關係中獲得滿足。因此，這兩種領導者的效率，皆取決於他們對所處情況的有利程度來決定。

費德勒領導權變模式，假定領導者所處情況的有利程度，可以用三個因素來決定：

1. 領導者的職力（強、弱）：領導者本身的職位使其獲得屬員順從及接受領導的程度。

2. 任務結構性（高、低）：工作性質是否清晰明確而例行化，可加以規劃；亦或是模糊而多變，解決方法不明確。

3. 領導者與部屬間的關係（好、壞）：領導者被部屬接受與尊敬的程度，包括上下之間人際關係的品質，與領導者具有的非正式權威的程度。

根據此三個情境變數，領導者可視情境是否有利，採取工作激勵或關係激勵的領導方式。研究發現，在最有利和最不利的領導情境變數下，以工作激勵的領導方式，有較高的組織績效；而在中度有利的領導情境變數下，以關係激勵的領導方式，組織績效較高。費德勒認為領導者的領導風格（任務導向與關係導向），配合領導者可控制和影響情境因素的程度，將表現出不同的領導效能（群體績效）。費德勒認為，並無一種領導型態可以放諸四海皆準，領導型態必須與情境密切配合才有效，領導者必須適應情境採取不同的領導方式。

然而，對於費德勒之領導權變模式亦有許多批評，包括權變因素內容相當複雜，評估不易、難以界定。且費德勒認為一個人的領導方式乃受其人格特質影響，而此種人格特質是逐漸累積而形成（是固定的），故無法任意地隨情境而調整領導風格，但可視領導型態的不同，調整情境使之有效。費德勒關於領導者無法改變領導風格以適應情境的假設，批評者亦認為與實際情形不符，主張有效領導者應該要能改變其領導風格。

Fiedler領導權變模式

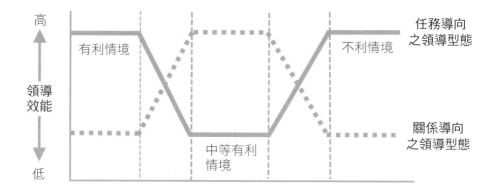

情境因素	有利情境			中等有利情境			不利情境	
情境類型	I	II	III	IV	V	VI	VII	VIII
領導者與部屬關係	好	好	好	好	壞	壞	壞	壞
任務結構性	高	高	低	低	高	高	低	低
領導者權力	強	弱	弱	弱	強	弱	強	弱

研究結果

- 在最有利情境下，亦即領導者與部屬關係好、任務結構性高、領導者權力強的情境下，領導者採「任務導向」領導型態之領導效能較高。
- 在最不利情境下，亦即領導者與部屬關係壞、任務結構性低、領導者權力弱的情境下，領導者採「任務導向」領導型態之領導效能也會較高。
- 在中間有利情境下，則採「關係導向」領導型態，可獲得較高之領導效能。

Unit 4-8
領導理論：領導權變理論～
Hersey-Blanchard 情境領導理論

　　本單元接續說明權變理論類型之一的 Hersey-Blanchard 情境領導理論。赫賽（Paul Hersey）和布蘭查（Ken Blanchard）的情境領導理論（situational leadership theoy, SLT）是一種權變理論，但它的焦點在被領導者身上。能否達成成功的領導，取決於是否選擇對的領導風格。赫賽和布蘭查主張應視被領導者的準備度而定。

　　情境理論基本上視領導者與被領導者之間的關係，如同父母與子女之間一樣。當小孩長大變得更為成熟及有責任感時，父母親就應該放鬆控制。赫賽和布蘭查找出四種特定的領導行為：從高指導到高放任（詳右頁圖解）。情境領導理論使用 Fiedler 之任務和關係行為兩面向區分高低，並將之與其所述的四種準備程度組合而成四種領導風格。此理論認為領導者應視「任務行為」、「關係行為」及「部屬成熟度」（Readiness，R）採用適當的領導型式，由於四種領導型式正巧形成一個週期，因此這理論又稱為「週期領導理論」（life-cycle theory of leadership）。茲說明四種領導風格如下：

　　1. 告知式（高任務－低關係、R1）： 由領導者界定工作角色，並告知員工做什麼（what）、如何做（how）、何時做（when），以及在哪裡做（where），其所強調的是指導性行為；亦即，當部屬處於 R1（無能力且無意願）情境時，領導者必須使用告知式領導風格，給予清楚與具體的方向。

　　2. 推銷式（高任務－高關係、R2）： 領導者提供指導性行為和支持性行為；亦即，當部屬處於 R2（無能力但有意願）情境時，領導者必須使用推銷式領導風格，以展現出高度任務導向，來彌補部屬在能力上的不足；同時也要能夠善用高度的關係導向，來使部屬對領導者的想法能「買單」（buy into）。

　　3. 參與式（低任務－高關係、R3）： 領導者與被領導者共同做決定，領導者主要的角色是協調和溝通；亦即，當部屬處於 R3（有能力但無意願）情境時，領導者必須使用參與式領導風格來獲得部屬的支持。

　　4. 授權式（低任務－低關係、R4）： 領導者很少給予指導與支持；亦即，當部屬處於 R4（有能力且有意願）情境時，領導者不需要做太多，應該使用授權式的領導風格。

　　綜合言之，最有效的領導行為，得視被領導者的能力與激勵程度而定。所以，情境理論認為若個體既「無能力」又「無意願」執行任務，那麼領導者必須給予明確且特定的指引；若個體雖然「能力不足」但「有意願」執行任務，那麼領導者必須一方面展現高任務導向，以彌補其能力不足，一方面展現高關係導向，以試著收買人心；若個體「有能力」但「缺乏意願」從事領導者要求的任務，那麼領導者必須使用支持性和參與式風格最能解決問題；若個體「有能力又有意願」從事工作任務，領導者就無須做太多事情。

Hersey-Blanchard情境領導理論

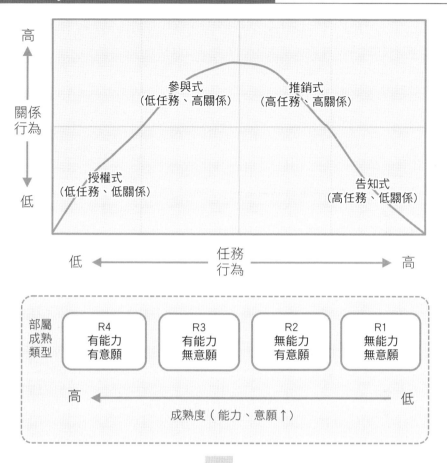

研究結果

- ■ **無能力且無意願（R1）**：個人既無能力，又無意願為工作負責，且不能勝任工作，也缺乏信心。
- ■ **無能力但有意願（R2）**：個人能力不足，但卻願意從事所交付的任務，雖有動機但卻缺乏適當的技能。
- ■ **有能力但無意願（R3）**：個人有能力，但缺乏意願去執行所交付的任務。
- ■ **有能力且有意願（R4）**：個人有能力，且有意願執行所交付的任務。

Unit 4-9
領導理論：領導權變理論～
House 路徑─目標理論

本單元接續說明權變理論類型之一的House路徑─目標理論。豪斯（House）之路徑─目標模式（path-goal model）是以領導者可執行的領導行為為基礎，考慮部屬與環境情境因素，辨認出在特定情境下適當的領導行為。路徑目標理論的假設是，領導者會去改變自己的行為與風格，以配合部屬與工作環境的特性。House的路徑─目標領導理論，著重領導者幫助部屬在完成工作中減除障礙，增進滿足感，領導風格與情境因素的配合以激發組織效能。

路徑─目標領導理論假設的三變數：原因變數（causal variables）、中介變數（moderator variables）、結果變數（outcome variables）。原因變數係指領導行為；中介變數指環境情境因素、部屬情境因素；結果變數為部屬的工作滿足感（如右頁圖解）。

豪斯之路徑─目標模式係以設立達成任務的獎酬為「目標」，協助下屬辨認獲取獎酬的方法為「路徑」，例如：部屬技能不足則給予指導，部屬技能充足則給予支持，這是一種領導者對部屬提供的協助。豪斯認為領導者的主要工作是幫助其部屬達成其目標，同時提供必要的指導和支援，以確保他們的目標可以和組織目標相配合。故此理論強調有效的領導者必須了解部屬的需要，並根據工作目標、內容等因素幫助部屬排除障礙，澄清可以達成目標的路徑。因此，有效的領導者須能指出達成目標的路徑，並減少路徑中的障礙，協助部屬達成目標。故領導者並不是只有清楚定義途徑，而是協助部屬辨認途徑如何順利通過。

豪斯將領導行為分為四種領導風格，包括：

1. 指導式：明確指導部屬工作內容、技術與方法。

2. 支持式：關心部屬的需求與內心感受。

3. 參與式：決策前徵詢部屬意見，允許部屬參與決策制定。

4. 成就導向：領導者設定具有挑戰性目標，激勵部屬追求最佳工作表現。

此外，豪斯將情境因素區分為環境情境因素、部屬情境因素等二個層面。領導者在選擇適合的領導行為風格時，一定要同時了解這兩個層面。說明如下：

1. 環境情境因素：包括任務結構化程度、正式職權系統、工作團隊。

2. 部屬情境因素：包括部屬的內外控特質、部屬的經驗與能力。內控特質指的是部屬能夠自我控制、積極任事、願意承擔責任；外控特質則是被動的需要制度與規定的外部控制，才能完成工作。

綜合言之，如果部屬是在無規則的情況下工作，同時任務又不明確，他們就會希望接受領導者的指導；反之，如果部屬是在有規則的情況下工作，任務已經很明確，領導者就必須減少對部屬的指揮及監督。豪斯亦指出，模糊或不明確的情境，可能使人遭遇挫折，此時以採取指導性、工具性使部屬獲得滿足的領導方式較為恰當；至於在例行、明確的情境下，則採取支持性與參與性的領導方式較為有效。

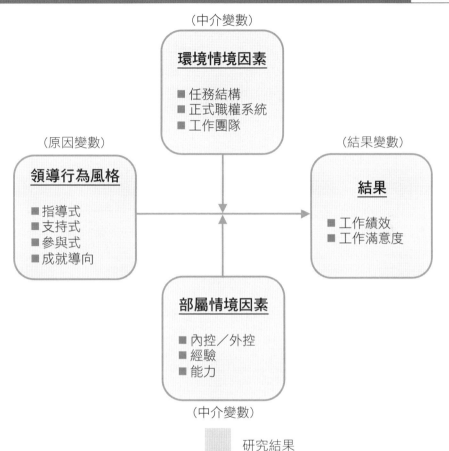

研究結果

■ 任務結構模糊（結構性低）→指導式帶來工作滿意。
■ 任務結構性高→支持式帶來績效與工作滿意。
■ 部屬高認知能力與豐富經驗→指導式領導是多餘的。
■ 正式職權關係愈明顯與愈官僚化→支持式領導應增加，指導式領導應減少。
■ 工作團隊內部衝突→透過指導式領導，解決衝突，帶來員工滿意。
■ 內控→參與式領導帶來員工滿意。
■ 外控→指導式領導帶來員工滿意。
■ 任務結構不明確，成就導向型之領導行為，會增加部屬對「努力可獲得績效」的期望。

Unit **4-10**
領導理論：當代領導理論～
魅力型領導理論

當代領導理論包括魅力型領導理論、交易型領導理論、轉換型領導理論等幾個重要理論。本單元先說明魅力領導理論，其餘理論於後續單元說明之。

魅力型領導理論（charismatic leadership theory）是歸因理論的擴充，此一理論是指被領導者在看到特定行為時，會將之歸因為英雄式或非凡型的領導。早期的領導特質論將領導完全指向領導者本身的特質，雖然這種說法無法令人滿意，但在某種程度上這種觀點的確指出了領導的獨特性。後來學者結合特質論與歸因理論，發展出魅力型領導理論，與傳統特質論不同的是，此種領導理論認為部屬對領導特質的歸因，才是領導的決定因素。

魅力型領導理論認為追隨者看到領導者的特定行為時，會將之歸因為英雄型或卓越型的領導。其研究重點在於藉由追隨者的角度，區分魅力型領導者與缺乏魅力的領導者，根據其研究結果魅力型領導者通常有下列幾項特質：自信、堅持理想、表達力佳、行為異於常人等。這類型的領導者通常能善用其天賦與獨特的人格特質，透過溝通能力及形象塑造影響其追隨者。

魅力型領導者對部屬的影響，主要在於個人認同（personal identification）與內化（internalization），經由部屬對領導者行為之認同，使其在情感上或心理上依賴領導者，並將領導者之信念轉化為部屬的

內在激勵因子（intrinsic motivation），進而影響其工作態度及行為，展現出高度。House 也指出魅力型領導者能激發部屬的任務相關的動機，當部屬面對具有挑戰性的工作時，領導者能激發部屬的成就動機（achievement motivation）。

魅力型領導者如何實際影響部屬呢？其過程包括4個步驟：

1. 描繪動人的願景：由領導者描繪出動人的願景（vision），願景乃是如何達成目標的長期策略。這些願景提供部屬一種連續的感覺，可以連結組織現在和美好的未來。

2. 提出願景聲明：願景如果沒有伴隨著願景聲明，則願景不算完整。願景聲明（vision statement）是組織願景或使命的正式且明確之陳述。魅力型領導者能利用願景聲明，讓跟隨者銘記核心目標。一旦願景與願景聲明被建立，領導者即可溝通高度的績效預期，並對部屬達成這些目標深具信心，這可以增加部屬的自尊與自信。

3. 傳達與建立新價值觀：領導者透過文字與行動，傳達新價值觀，並藉由其行為來設定一些榜樣，讓部屬模仿。

4. 引導部屬情緒：魅力領導者致力於引導情緒，並從事非傳統行為，以展現對於願景的勇氣與信念。在魅力領導中，具有情緒感染的氛圍，藉此使跟隨者「染上」其領導者所傳達的情緒。

魅力型領導者的主要特質

特質	說明
願景與清楚表達願景	他們有一個願景,亦即一個理想化的目標,使未來比現況更好。而且,他們能以他人可以了解的方式闡述願景的重要性。
個人風險	魅力型領導者願意承擔高個人風險,付出昂貴代價以自我犧牲而成就願景。
對部屬需求的敏感性	擁有知覺他人的能力,亦會回應他人的需求與情感。
非傳統行為	會從事被認為是新穎、反對規範的行為。

資料來源:J. A. Conger & N. Kanungo(1998)。

魅力型領導的形成架構

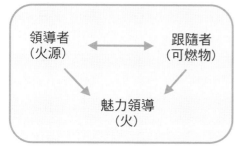

魅力領導並非單一作用因素所能誘發的現象,而是各種因素聯合作用的產物。以「火之生成」作比喻來說明魅力領導的現象。火是由火源、可燃物和助燃物(氧氣)三者合力而形成,則魅力領導亦是經由具有魅力特質的領導者(火源)、易受影響的跟隨者(可燃物)和有助於魅力領導的環境(氧氣)這三者聯合促成。

有利於魅力型領導的相關因素

項目	相關因素
領導者行為和特質	■ 特質:善於表達、自信、雄辯、樂觀和高能量、自我決斷、洞察力、堅持自己、有利社會主張、具社會影響的需求、道德信念、對權力運用的道德性關注。 ■ 行為:創新願景、非傳統行事、印象管理、自我犧牲和個人冒險、角色典型示範、對跟隨者展現自信、提升團隊認同、重要決策的權力分享、環境掃描和分析。
跟隨者特質和行為	特質:依賴、臣服、低度自信、對未來有高度不確定感。 行為:對領導者接受度高、與領導者目標價值一致、模仿領導者行為。
情境因素	危機、依賴度高的跟隨者、高控制的任務結構、不確定的環境、領導者與跟隨者高度同質性、領導者高度的職位權力。

Unit **4-11**
領導理論：當代領導理論～
交易型領導理論

Burns 將領導風格區分為交易型領導（transactional leadership）、轉換型領導（transformational leadership）。本單元說明當代領導理論中的交易型領導的概念。

交易領導係指領導者運用各種交易的策略，來激勵組織成員，促使其付出努力，以達成組織目標。交易型領導者（transactional leaders）以酬賞來激發並獎勵績效，以斥責來懲罰錯誤和不良表現，以期能激發部屬的動機。換言之，交易型領導者偏向傳統的領導方式，他們藉由澄清部屬的角色和對工作績效的要求，以引導部屬努力的方向，並激勵部屬追隨。

交易型領導理論的背後理念，是屬於貢獻滿足平衡理論，由於領導者能夠使部屬相信貢獻和報償是公平、合理的，所以領導者才擁有影響力；而部屬對於領導者的順服及忠誠，亦是建立於交換互惠的基礎上。在交易型領導，領導者和部屬間有一種收受（give-and-take）的關係，領導者藉由角色釐清及工作任務的要求，以引導及激勵部屬超越自我的利益而以組織利益為前提。無論如何，賞罰仍是決定領導權威的重要因素。Bass 描繪交易領導者的特徵為：權宜的獎賞、積極的例外管理、消極的例外管理及放任主義。

交易型領導之特徵，說明如下：

一、權變（權宜）獎賞（contingent reward）

領導者依據部屬達成目標的程度給予適當獎酬與避免使用處罰，雙方之間是正向增強的交互作用，以增加部屬的工作誘因，當部屬完成領導者的期望目標，便可獲得適當獎酬。領導者可經由不同權變

報酬的交易過程，有效地運用組織內部資源，透過獎酬提供，能使員工感受到激勵的作用，進而促使更好的工作表現。

二、例外管理（management by exception）

當部屬行為不符合標準時，領導者會加以糾正、批評、負向反饋或處罰。例外管理分為兩項因素「主動（積極的）例外管理」與「被動例外管理」。說明如下：

1. 主動（積極的）例外管理：領導者以主動監控的管理方式，隨時主動觀察部屬行為表現，如有偏差行為會立即採取修正措施，來確保目標能有效達成。

2. 被動（消極的）例外管理：領導者採用消極的管理方式，係指當成員未能達到預定目標或發生錯誤時，領導者才會採取處罰或其他修正行為，以矯正實際與預期目標的落差。領導者平時不會干預部屬之行為，只有在部屬發生偏差行為時才會主動介入管理。

三、自由放任管理

只有當員工工作表現出現問題，領導者儘量避免干預與決策。

Gellis 指出，交易型領導有其優缺點，若管理者因員工達成所設定的目標而予以酬賞，交易型模式將對員工有正向的影響；反之，若管理者的督導是著重於員工的錯誤、延誤之消極處理方式，該模式將可能引發員工的反彈。Bryant 也指出，因交易型領導著重的是目標的達成，以及現有的政策和程序，他們往往會疏忽對創造力和創新的酬賞。

交易型領導之定義

提出年代	學者	定義
1978	Burns	交易型領導是屬於較傳統的領導概念，強調基本與外在的需求滿足，領導者與員工之間的關係建立在契約上，目的在維持組織的安定性。
1985	Bass	交易型領導強調監控及修正員工行為，是一種重視結果導向的計利型領導方式。領導者的焦點在於確認並釐清部屬的角色與責任，為部屬設定目標，當部屬完成領導者所預期的工作，便給予適當報酬與獎賞，藉此來激勵目標的達成，與領導者之間維持良好關係。
1990	Sergiovanni	領導者與部屬之間為各自利益與目的交換彼此需求，本質上屬於以物易物的領導型態，在此種領導方式之下，領導者和部屬間之關係是基於經濟、心理的價值做交換。
1990	Podsakoff, Mackenzie, Moorman, and Fetter	領導者提供組織成員誘因，釐清部屬工作角色所能獲得的獎懲，引發部屬的工作動機，給予部屬充分的信心並獲得需求滿足的領導型態。
1993	Bass and Avolio	交易型領導主要建立在經濟交換基礎上，基於工作要求與實質交換，運用獎懲、協議、實質互惠等方式來促使部屬努力達成目標，領導者便會給予部屬獎勵與報酬。
2008	Bass and Avolio	透過明定賞罰，澄清組織的期待與需求，以提升員工知覺的程序公平與自發性正向行為。

153

交易型領導之特徵

權變獎賞	訂有努力即獎賞的合約，對良好績效予以獎賞，並表彰其成就。
例外管理（主動）	注視、尋找偏離規則和標準的活動，並採取修正措施。
例外管理（被動）	只有在不符標準時才介入。
放任管理	放棄責任，避免做決策。

Unit 4-12
領導理論：當代領導理論～轉換型領導理論

本單元接續說明 Burns 所提出轉換型領導（Transformational Leadership）的概念。轉換型領導研究的焦點，置於如何透過領導的作用，以轉變組織原有的價值觀念、組織文化、人際關係及行為模式，故稱為轉換型領導。他認為轉換型領導是一種過程，領導者企圖在過程中影響部屬的價值觀或動機，領導者除激發部屬達到交易性的目標外，也喚起部屬高層次自我實現的需求，而非立即性的自我利益。

諸多學者對於轉化型領導的見解，說明如下：

1. Burns（1978）：轉化型領導是藉由領導者和成員共同成長來提升雙方道德和動機的層次，並達成目標。在此過程中，領導者必須不斷地成長才能透過更高的理想和道德，如自由、公平、和平等來提升成員的共識，使成員超越自我達到更高的層次。

2. Bennis & Nanus（1985）：轉化型領導者善於運用權力和情境等有利因素，激發成員新的意願和能力，使得組織在面臨環境變遷時，能調整運作的方式，為組織發掘出潛在改變的機會，以適應環境的變遷。

3. Roberts（1993）：轉型領導提供一種願景，並給予一種意義來詮釋願景。轉化型領導能刺激部屬，使部屬對未來產生希望，並相信世界是有知識、能被了解、可管理的。轉化型領導採用合作方式，授權給那些參與此過程的人，使他們有希望、樂觀和活力，並重新確認任務和願景。

轉換型領導包含四個特徵，說明如下：

1. 理想化影響（charisma or idealized influence）：意指領導者給予部屬願景、任務意識、尊重、信任、自信、個人認同，使部屬額外付出努力。

2. 智能激發（intellectual stimulation）：意指領導者激勵部屬創造力，使其用更多邏輯性的洞察力來解決問題，讓部屬不用在領導者的促進下，成為更有效率的問題解決者。

3. 個別化關懷（individualized consideration）：意指注意部屬的需求和能力，並提供意見、回饋，使部屬對他們的個人發展有更大的責任，對工作有更大的挑戰。

4. 鼓舞動機（inspirational motivation）：意指領導者給予部屬鼓勵的話語，增加樂觀和熱情，及溝通可達到的願景，以刺激部屬能力去完成更高層次的工作表現及發展。

交易型領導是領導者與部屬之間透過可觀察的利益交換，而非透過自發性動機（如：信任、承諾、尊重），進而促使部屬順利完成領導者指定的任務。轉換型領導可以說是結合魅力型領導及交易型領導，促進組織變革更新的一種領導理論。其係基於價值觀念的認同，人際間對於信任、尊重、承諾等所為的情感性交易，是一種由內而外產生的領導關係，由於領導者精神感召，部屬能戮力與共。所以轉換型領導的重點不再只是透過領導的工具達成組織目標，而是從價值面、關懷面、文化面及社會面來討論領導的現象，此時，領導不再只是一種管理的技術，而是一種哲學觀念的實踐。轉換型領導者是藉由智能激發、鼓舞部屬，使得部屬超越自己的利益，以達更高的目的、任務或願景。

交易型領導與轉換型領導之比較

比較項目	交易型領導	轉換型領導
理論基礎	偏X理論、古典管理學派	偏Y、Z理論、人群關係學派
組織結構	機械式結構	有機式結構
理念傾向	偏傳統領導、體制／任務領導方式	偏自我領導、體恤／關係及魅力／願景領導方式
執行過程	重視目標的達成及現有的政策與程序	憑著個人魅力／願景激發部屬的努力，以達成組織／團體的目標
激勵方式	權變獎賞，以酬賞獎勵績效，以斥責懲罰未達標準者。	經由知識啟發、灌輸使命感、激勵學習、鼓勵創新思考，以帶領部屬個人成長。
領導結果	■ 可能引起員工的反彈，且忽略掉對員工創造力與創新的酬賞。 ■ 個人利益置於組織利益之上（個人利益為優先）。	■ 員工有較高的生產力、滿意度和忠誠度，較容易獲得員工的信任。 ■ 組織利益置於個人利益之上（組織利益為優先）。

資料來源：黃源協、莊俐昕（2020）。

魅力型、交易型領導與轉換型領導之比較

類型	定義	領導行為	領導型態
魅力型領導	具有熱情與自信的領導者，且其個性與行為深深影響他人在某方面之行為表現。	常表現異於常人的行為，或非常專注於某項技能的研究，且極力鼓吹其願景，願意承擔達成願景的風險。	獨特魅力
交易型領導	澄清角色及任務要求，基於對任務的知覺，從事激勵、領導。	管理者須讓部屬了解各自的任務目標與行動，若達成目標，管理者將給予部屬獎勵，形成一種交易關係。	交易關係
轉換型領導	建立在交易型領導的基礎之上，進而激勵部屬，並且能夠對部屬發揮意義深遠而非凡之影響力。	管理者先讓部屬了解任務內涵，並進一步激勵部屬，使其能夠超越個人私利，以組織目標為優先。	心智激勵

Unit 4-13
領導理論：當代領導理論～
第五級領導

「第五級領導」（level 5 leadership）一詞，是美國學者Collins於所著作的《從A到A+：向上提升，或向下沉淪？企業從優秀邁向卓越的奧祕》（Good to Great: Why Some Companies Make the Leap...and Others Don't）一書中，提出的領導模式。

Collins總結出第五級領導的兩個面向，包括「專業的堅持」、「謙虛的個性」兩大面向，說明如下：

一、專業的堅持

專業的堅持是任何事情均以組織的前途為考量，並非滿足自己物質與經濟方面的需求；做任何決定之前，深思熟慮的思索足以為組織持續聚焦的專業營利項目，以求長期耕耘該專業領域，集中火力把本業做好、做大，不因貪求壯大企業規模，卻讓專業領域的焦點受到經濟環境的壓力而模糊掉，堅持克服困難以能持續保持經營績效為目標；萬一在過程中遭遇困難，也能勇於面對問題，不逃避責任，將缺失改進好、把方向調整好，當機立斷改變企業經營策略，而非矇著眼睛盲目地做下去，直到出現不可收拾的殘局。條列如下：

（一）創造非凡的績效，促成企業從優秀邁向卓越。

（二）無論遇到多大的困難，都不屈不撓，堅持到底，盡一切努力，追求長期最佳績效。

（三）以建立持久不墜的卓越組織為目標，絕不妥協。

（四）遇到橫逆時，不指責別人或怪罪運氣不好，反而反躬自省，承擔起所有責任。

二、謙虛的個性

謙虛的個性是指具有第五級領導風格的領導人，在談論企業的良好績效及獲利時，從來不曾談到自己的貢獻與功勞，反而會認為是主管和員工成就了一切，甚至回答出「如果換成是組織裡其他人擔任我的職務，會有許多人表現比我好」的言辭。這些謙遜的言行，並非矯揉造作，而是第五級領導人的個性使然，他們天生不喜歡讓鎂光燈投射在自己身上，也不會刻意營造自己是企業靈魂人物的角色，他們在組織中建立成員的高標準，創造出高績效，藉著績效帶來的成就與經濟滿足，提振組織成員的士氣；在平時即培養主管或幹部的專業及領導能力，不僅認為自己掌權太久對組織而言是件壞事，還主動交棒給同樣能幹的接班人，處處以企業成功為念的個性，讓企業經營能夠再創高峰。條列如下：

（一）謙沖為懷，不愛出風頭，從不自吹自擂。

（二）冷靜沉著而堅定；主要透過追求高標準來激勵員工，而非藉領袖魅力，來鼓舞員工。

（三）一切雄心壯志都是為了組織，而非自己：選擇接班人時，著眼於組織在世代交替後會再創高峰。

（四）在順境中，會把組織的成就歸功於其他同事、外在因素和幸運。

綜合言之，第五級領導是植基於領導者的專業能力之上，領導者在追求組織的成長茁壯與卓越績效之過程中，運用堅持的毅力、萬事皆以組織利益為目標的精神，輔以要求員工高標準的表現；成功之時，榮耀全體，絕不居功自恃；失敗之時，反求諸己，承擔責任。

第五級領導

第五級

第五級領導人
藉由謙虛的個性和專業的堅持，
建立起超持久的卓越績效。

第四級

有效能的領導者
激發下屬熱情追求清楚而動人
的願景和更高的績效標準。

第三級

勝任愉快的經理人
能讓組織人力和資源，有效率和有
效能地追求預先設定的目標。

第二級

有所貢獻的團隊成員
有所貢獻個人能力，努力合作達成團
隊目標，並且在團體中與他人合作。

第一級

有高度才幹的個人
能運用個人才華、知識、技能和良好
的工作習慣，產生有建設性的貢獻。

資料來源：齊若蘭譯、Jim Collins 著（2002）。

第四級領導人與第五級領導人之特質差異

第五級領導人

先找對人
先找對人進入組織，組成卓
越的經營團隊。

再決定要做什麼
適合的人才各就其位後，再
找出邁向卓越的最佳途徑。

專業、謙虛

第四級領導人

先決定要做什麼
先擬定願景，決定組織發展
方向和藍圖。

然後再找人
找一群能幹的助手來實現願景。

眾星拱月

Unit **4-14**
激勵的意涵

激勵（motivation）是指會激起個人熱情，且堅持地去從事某種行動的內在或外在力量。激勵可區分為兩種類型：

1. 內部激勵（intrinsic motivation）：係指與工作者及工作本身有直接的關係，且常是自發的。例如：成就感、挑戰感、因完成工作而感到有自信心等。

2. 外部激勵（extrinsic motivation）：係指與工作環境有關的外在因素，通常是由外人加諸當事者的激勵。例如：報酬、福利及不同模式的督導。

激勵主要包括三個關鍵因素：

1. 投入（energy）：係指員工的驅力和努力的強度，一位受到激勵的員工會全力投入工作；然而，投入必須同時考量到強度和方向，高度努力並不代表就會有好的工作的績效，除非努力能夠被引導到有利於組織的方向。

2. 方向（direction）：係指員工努力追求的目標和組織的目標是相同的。

3. 持續（persistence）：係指要能夠讓員工堅持且努力不懈地達成組織的目標。

從管理理論觀點，組織成員被激勵的原因可能有三種：

1. 組織成員可能因為某種需求能夠被滿足，亦即追求需求內容本身的滿足，而誘發某種行為的動機，被稱為內容理論觀點，說明驅使個人行為的因素到底是什麼，或者說，有哪些因素可以促發個人的行為。例如：Maslow需求層級理論、Herzbrg激勵—保健雙因子理論、Alderfer ERG理論、McClelland需求理論。

2. 組織成員可能因為某種資源分配的

程序能夠受到滿足，亦即因為感到某種激勵程序的公正公平，而引發需求滿足的行為動機，稱為程序理論觀點，討論的是：個人的行為如何開始？如何被引導？如何持續或中斷？也就是激勵的行為是如何完成的。例如：Adams公平理論、Vroom期望理論、Locke目標設定理論

3. 組織成員可能因為某種行為的結果而感到被激勵，願意再重複此行為以獲得想要的行為結果，被稱為增強理論觀點，由行為學習的觀點來說明如何使員工表現出適當的、符合組織預期的行為。例如：Skinner增強理論。

將激勵理論運用到管理上，就是管理者在領導及管理員工時，能夠針對員工個人的需求及目標，設置一個適當的工作環境、條件及待遇，來誘發員工強烈的工作意願，激發個人潛力，以達成組織目標。凡是能驅使個人行為的事或物，都可以稱為激勵因素（motivations），包含了獎勵與懲罰，這就是激勵理論中所謂的「紅蘿蔔與棍子」（Carrot and Stick）。有效而良好的激勵因素應包括三要素，並藉由三者交互作用及應用方式來達到激勵員工的效果：

1. 個體需求：每個員工在工作能力、工作態度、需求及價值觀等都有其個別的差異，因此，組織應該針對不同人而提供不同的激勵因素。

2. 工作本身：在工作設計上應注意工作的條件及如何配合個人的需要。

3. 工作環境：個人與團體或組織成員的關係及其他工作的環境都會影響個人在工作上的表現。

圖解社會工作管理

激勵的定義

提出學者	年代	定義
Lofland	1992	強調自我激勵為一內部想像力,將負面激勵轉化為正面感受產生正面力量。
Herzberg	1992	認為激勵乃是一種內在力量,亦即是自我振作、自我控制和自我滿足,不受外在環境限制。
Rue & Byars	1992	所謂激勵是一因果關係,需要動機目的之實現。
Robbins	1992	激勵是一種刺激引發的內在狀況;也是種中介變數,無法直接觀測的內在歷程;它是個體與環境互動的結果,常因人、因情境而異。在滿足個人需求下,為組織目標之達成而更加努力工作之意願。
Griffin	1996	認為激勵可視之為引發個人某些行為的一連串驅力來源。

激勵表現與需求滿足的過程

未被滿足需求　→　緊張壓力　→　降低緊張的驅動力　→　搜尋滿足需求的方式　→　需求被滿足　→　壓力降低

當個體產生被激勵的行為作用,激勵表現為一種需求滿足的過程。當個體有未被滿足的需求時就會產生緊張、壓力,個體因此產生降低緊張的驅動力,驅使個體主動搜尋可降低緊張、滿足需求的行為或行動。

Unit 4-15
激勵理論：內容理論觀點～
Maslow 需求層級理論

內容理論觀點的激勵理論，主要探討引發激勵效果的實質內容，而引發激勵效果的實質內容，則集中在個體追求的實質需求或工作內容本身。包括：Maslow 需求層級理論、Herzberg 激勵—保健雙因子理論、Alderfer ERG 理論、McClelland 三需求理論。本單元先說明 Maslow 需求層級理論，其餘理論於後續單元說明之。

馬斯洛（Maslow）的需求層級理論（need hierarchy theory），是古典的激勵理論。馬斯洛認為激發組織成員的行為，就是要使他們能適當地滿足一些內在的需要。需求層級理論主張人的行為動機是由具體的需求所引發，而各種具體需求處於一種累進的層級關係，低層次需求獲得相當滿足後，隱含著被激勵後，高層次的需求即會出現。至於引發行為動機的需求，馬斯洛認為人類五種層次的需求，依需求的低到高，依序為：

1. 生理的需求：亦可稱為生理驅力（physiological drives），為人類行為動機的起點，本需求以維持生存為首項要務，包括對食、衣、住等需求。人的最基本需求，如飢餓、口渴、性、蔽體及身體上的需求等。組織中滿足日常生活中的生理需求即是。

2. 安全的需求：希望身體和心理上，得免於危險、威脅與恐懼，像是追求安全、躲避危險的需求亦即保障身心不受到傷害的需求。組織應保障員工的工作不受剝奪與威脅，使他們能毫無憂慮恐懼地在組織裡工作。當生理需求滿足後，進一步得以生存的需求動機。

3. 愛與歸屬的需求：亦可稱為社會需求，為希望他人肯定、接納、被愛的成員關係，包含親情、友情、愛情、歸屬、與人交往、歸屬感、接納、友情等需求。人皆盼望得到別人的接受、友誼和情誼，也都盼望別人能接受其所付出的友誼和情誼。

4. 自尊的需求：希望獲得他人敬重，是一種自尊心的表現，此一需求包含「內在尊重（如：成就感）」與「外在尊重（如：身分地位）」兩部分。通常包括外在的尊重，如身分地位、認同、受到他人的尊重；以及內在的尊重，如自尊心、自主權、成就感等需求。一方面自己感到自己的重要性，另一方面更需要他人的認可。

5. 自我實現的需求：適才適所，即個體皆可做他期望之事，如發揮個人的創造力、持續地自我成長，是指一種自我成長、實踐，發揮自我潛能，並創造事物的需求。接受挑戰，希望能控制結局，僅以達成目標做為激勵，而不一定要以達成目標後所能獲得的報償為激勵。

這些需求的排列由低而高循序漸進，且每一需求只有低層次的需求已獲得合理滿足之後，才會變得活躍或刺激。因此，組織為了使員工發揮最高的工作績效，就必須滿足他們的這些需要。

Maslow需求層級理論

MASLOW'S HIERARCHY OF NEEDS

| Physiological | Safety | Love or Belonging | Esteem | Self - actualization |
| 生理的需求 | 安全的需求 | 愛與歸屬的需求 | 自尊的需求 | 自我實現需求 |

自我實現需求 (2%)	訓練、晉升、成長、創造的機會
自尊的需求 (30%)	認可、地位、增加的責任
愛與歸屬的需求 (43%)	工作團體、委託人和同事上司
安全的需求 (15%)	安全的工作場所、額外的福利、工作穩定
生理的需求 (10%)	溫暖、空氣、薪資

資料來源：林勝義（2017）。

■ 美國史丹佛研究所的研究人員發現，一個人在特定時刻的行為，通常由他當時最強烈的需求所決定。因此，他們在Maslow的五個層次上，訂出一定的比率，以便組織管理者理解哪些是人們最重要的需求。

■ 這種需求層次的取向，有助於組織管理者在運用時，依其部屬的需求層次，提供適當的激勵，使領導變得更加有效。然而，各有所好，同一個人在不同的時間點，也可能有不同的需求，組織管理者必須敏銳覺察，不同部屬在不同時間點的需求層次，適時提供適當的激勵，才會有效。

Unit 4-16
激勵理論：內容理論觀點～Herzberg 激勵—保健雙因子理論

圖解社會工作管理

162

本單元說明內容理論觀點的激勵理論之一的 Herzberg 激勵—保健雙因子理論（Two Factors Theory）。此理論是由赫茲伯格（Herzberg）於 1959 年所提出的，他經由研究發現，讓員工感覺工作滿足或不滿足的因素是不相同的。赫茲伯格認為人類的動機與滿足感是由兩組因素來控制的，一組是較趨內向的，與個人本身有關的，稱之為激勵因素（motivators），另一組使個人不滿足的因素屬於較外向的，是來自外界的，稱之為保健因素（hygiene factor），說明如下：

一、激勵因素（Motivating Factor）

這種因素稱之「激勵因子」，又稱為內在因子（intrinsic factor），有了這些因素之後會使員工感到滿足，但缺乏這些因素，亦不會讓員工覺得不滿足。亦即，此類因子能夠增加工作滿足的因素，因此存在時會增加滿足感，不存在時亦不會造成不滿。另外，赫茲伯格發現凡與職位本身有關之因素，如工作上的成就感、受到賞識、肯負責任、進步、成長、升遷等，對職位本身皆有「正面效果」，它能使產量增加，工作效率提高，因此，稱其為激勵因素，又因其能帶來職位上的滿足，亦稱為滿足因素。

二、保健因素（Hygiene Factor）

保健因素多半與工作本身無關，而是與工作環境有關，包括公司政策及行政、技術監督、與上司人際關係、與下屬人際關係、薪資、工作保障、工作環境等等，又稱外在因子（extrinsic factors），這

些因素不能促使員工賣力工作，只能使他們維持對工作的最起碼努力，而這些因素若能提供給員工，則員工不一定會滿足，若不提供給員工，則員工必定會不滿足。亦即，此類因子能夠消除不滿的因素，因此不存在時會產生不滿，但存在時亦無法增加滿足感。工作上有許多這樣的保健因素，如果欠缺或不滿意，將造成員工的不滿，例如：金錢報酬、工作地位、工作保障、工作環境、督導方式、公司政策、人際關係等即屬此類。但此類因素本身並沒有激勵作用，只能預防組織成員的不滿而已，這些因素並不能使員工的產量增加，或是提高工作效率，但卻可以防止因工作自限產量所造成的績效損失，即防止「負面激勵」的狀況發生。惟長期握有激勵因子的情況下，此一激勵因子將轉變為保健因子。

Herzberg 激勵—保健雙因子理論認為，影響工作滿足和工作不滿足的因素是分開的。而工作滿足的反面不是工作不滿足，而是無工作滿足（no satisfaction），如員工不滿足薪水、工作條件及行政管理等，改善這些條件，並不表示員工便會有很大的滿足感，而只能預防員工的不滿足；相同地，工作不滿足的反面不是工作滿足，而是無工作不滿足。激勵保健理論認為避免員工不滿足的因素與促使員工滿足，的因素是不同的二組因素，所以員工「無」不滿足，不會提高員工的生產力，只有重視員工的滿足的因素才能激勵員工，因此赫茲伯格建議組織管理者應把重點放在激勵因素上。

Herzberg激勵—保健雙因子理論

激勵因子	比較項目	保健因子
造成工作滿意的因素，與工作內在因素有關。	意義	與工作不滿意的因素有關，與工作外在因素有關。
■工作本身 ■成就感 ■認同感 ■責任感 ■升遷發展機會 ■成長	內涵	■監督方法（上司） ■公司政策／制度 ■與上司關係、同事關係、部屬關係 ■工作環境 ■薪資福利 ■個人生活 ■地位、安全

雙因子理論的管理意涵在說明，薪資、工作環境之類的保健因子只是防止員工產生工作不滿意的方法。但真正要讓員工感到工作滿意、激發工作動機，必須提供與工作相關的激勵因子，例如：獎勵、表揚、暢通的升遷管道等，才能真正提升工作績效。

（足夠）　**保健因子**　（不足）

　　沒有不滿意　　　不滿意

當保健因子不足時，員工將會明顯感到「不滿意」。然而當提供足夠的保健因子時，員工也只是「沒有不滿意」，但無法真正感到工作滿意。

（足夠）　**激勵因子**　（不足）

　　滿意　　　　　沒有滿意

當激勵因子不足時，員工將會明顯感到「沒有滿意」，但也不會感到不滿意。當提供足夠的激勵因子時，員工才會真正對工作感到滿意。

Unit 4-17
激勵理論：內容理論觀點～ Alderfer ERG 理論

圖解社會工作管理

164

本單元說明內容理論觀點的激勵理論之一的Alderfer ERG理論（ERG Theory）。Alderfer將Maslow的需求層級理論加以修訂，目的是為了讓理論能更契合實證的現狀，此修訂後的需求理論稱為ERG理論。對於人類的需求行為，Alderfer所提出的ERG理論，將之簡化成三種類別如下：

一、E：生存需求（Existence Needs）

即所有各式各樣的生理及物質的慾望，可與Maslow的生理需求及安全需求相比。包括物質的需求和生理的需求的組成。在企業管理上，生存需求可用於說明使企業能滿足員工物質生活，免於遭受危機的一種需求。通常指組織在基本營運上，為獲取利益應有的考量，而大範圍的生存需求可包含提供員工精神面的滿足，如福利、設施等。

二、R：關係需求（Relatedness Needs）

此一需要類別與Maslow的社會與尊重需求相似，可包含安全感、歸屬面需求、和別人尊重等需求。安全感較偏向於人性面的互信等；歸屬的需求是指希望獲得他人接納而成為團體的成員；而歸屬面需求是指擴大領域追求組織性的成果，如藉著加入團體獲得更多的機會或能力。對於別人尊重的需求，指受到他人的尊重，例如：有聲望、地位、優越感、重視及讚美等，此種需求會使人覺得自己在世上有存在的價值。在組織管理上，關係需求展現在安全感上，可包含對內部員工及外部顧客的關心。

三、G：成長需求（Growth Needs）

是有關人的發展與自我實現，即一個人努力以求工作上有創造性的，或個人成長方面的一切需求，這類需求之滿足得自個人所從事需充分應用其能力，且需發展能力之任務。此一需求類別與Maslow的自我實現需求與尊重需求相似。Alderfer的成長需求，包括尊嚴的需求和自我實現的需求。尊嚴的需求偏向自我格局的展現，例如：追求能力、求知、成就、支配力、自信、獨立及勝任感等；自我實現需求主要在於個人成就感的展現，包含展現個體的目標與個性，並發揮自己的潛能、協助他人的成長等。在組織管理上，成長需求展現在追求尊嚴或成就感上的需求，可包含提升自我能力、追求更高成就等。

ERG理論與需求層級理論最大不同在於，需求理論強調先後順序，而ERG理論則不具先後關係，可同時追求多種需求。ERG理論重點在於，各層次需求愈不滿足，則追求之慾望愈強；而較低層次滿足愈多，則較高層次的需求愈強；較高層次滿足愈少，則較低層次的需求會愈強。Alderfer認為個體在發展的過程中，不僅有「滿足—進展」的方式，並且加入了「挫折—退縮」的因素，明白說明了在高層次的需求仍沒有滿足或遭到挫折時，則個體會對較低層次的需求更加重視，並認為各種需求同時具有激勵作用。ERG理論較符合我們對於個別差異的認識，也同時提供了更可行的激勵方式。

ERG理論的「滿足—漸近」、「挫折—退縮」歷程圖

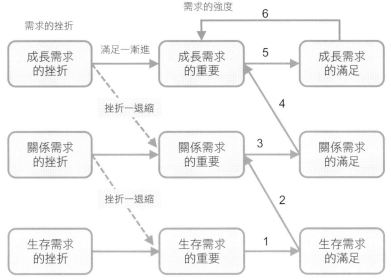

資料來源：Aldefer, C. P.（1969）。

- ERG理論的需求層級的累進與轉換，除了向上提升、追求高層次需求的「滿足—漸近」（satisfaction-progress）程序外，亦有退而求其次的、向下層級的「挫折—退縮」（frustration-regression）程序。
- 各層次的需求獲得滿足後，則追求更高層級的慾望愈強，稱為需求層級的「滿足—漸近」程序。
- 各層次的需求未獲滿足，追求的慾望愈強；或者高層次需求較不滿足，則低層次需求愈強。此稱為需求層級的「挫折—退縮」程序。

ERG理論與Maslow需求層級理論之比較

ERG理論	Maslow需求層級理論	
成長需求	自我實現的需求	高層次需求
關係需求	愛與歸屬的需求、自尊的需求	↕
生存需求	生理需求、安全需求	低層次需求

ERG理論與Maslow需求層級理論最大的不同，在於ERG理論強調個體追求需求層級的轉換除了「滿足—漸近」程序，也有「挫折—退縮」程序。需求層級理論則只強調低層次需求獲得充分滿足後，會往上追求高層次需求之「滿足—漸近」程序。

Unit 4-18
激勵理論：內容理論觀點～
McClelland 三需求理論

圖解社會工作管理

166

本單元說明內容理論觀點的激勵理論之一的 McClelland 三需求理論（three-needs theory）。麥克里蘭（McClelland）提出三需求理論，又可稱為「學習需要理論」（Learned Need Theory），三種需求說明如下：

一、成就需求（Need for Achievement）

即超越別人，達到某種標準，企圖成功的驅動力。相當於需求層級理論之「自我實現」。成就需求也可以表示為想要超越別人，想要成就某種目標及追求成功的慾望。高成就需求可以單獨負起職責、解決問題，可以馬上知道績效的回饋，知道自己是否進步，以及訂定難度適中的目標。

二、權力需求（Need for Power）

即追求影響力慾望，想依某方式使人聽命的需求。相當於需求層級理論之「尊重需求」。重視權力需求的人喜歡發號司令、影響別人，喜歡具有競爭性及階級區別的場合，而且對於是否能握有影響力及地位的重視程度，遠高於自我表現的要求。

三、歸屬需求（Need for Affiliation）

即一種讓別人喜歡和接受的慾望，在於追求友善而親密的人際關係。相當於需求層級理論之「社會需求」。高歸屬需求者追求友誼，喜歡合作融洽的氣氛，不喜競爭，並且希望維持與人相互了解的人際關係。

有關 McClelland 三需求理論的要義及發現，包括如下：

1. 高成就需求的人避免承擔自認非常困難或非常簡單的任務。

2. 高階層需求的人喜歡有個人責任、回饋和適度風險性的工作。若一工作均有此三特徵，則高成就需求的人就會受到強烈的激勵作用。

3. 高成就需求的人未必是個好管理者，特別是在大組織裡。

4. 權力需求、歸屬感需求和管理好壞有密切關係。最佳的管理者人是高權力需求與低歸屬感需求的人。

5. 員工可以加以訓練，使其成就感的需求增加。

三需求理論與需求層級理論最大不同之處在於，需求層級理論強調先後順序，而三需求理論強調比例問題。麥克里蘭在研究中發現，每個人或多或少都有上述三種需求，不過個人的組成比重並不相同，且這三種需求並無層級關係，並且員工可以利用訓練的方式，使其成就感的需求增加。亦即，如果某項工作需要高度成就需求的人，組織可選擇這種人才或是藉由訓練來培訓這種人才。

麥克里蘭的研究發現，組織啟用了具有高成就動機需要的部屬，會使得組織變為高成就的組織，有時候是把部屬安插在具有高度競爭性的職位，才會使組織激發出高成就的行為。部屬可以透過訓練的方式，使成就感的需求上升，使部屬原本需求可以得到發揮。換句話說，管理者可以藉由此理論架構，徵求高成就需求的人來擔任工作，或是激勵部屬士氣。

McClelland三需求理論圖

個體A的需求結構

個體B的需求結構

McClelland三需求理論,認為需求無層級可言,且個體同時追求三種需求,只是隨著個體不同,每個人對三種需求有不同的需求結構比例。

需求理論之比較

比較項目	Maslow 需求層級理論	Alderfer ERG理論	McClelland 三需求理論
需求類別	■生理需求 ■安全的需求 ■愛與歸屬的需求 ■自尊的需求 ■自我實現的需求	■成長需求 ■關係需求 ■生存需求	■成就需求 ■權力需求 ■歸屬需求
主要論點	需求有階層,大多數是依層級而上的。	並非依照層級而上,當產生挫折時,會有退縮現象,退而求其次。	同時具有三種需求,每種需求的高低強弱,可做為人員職務的調配參考。

Unit **4-19**
激勵理論：程序理論觀點～ Adams 公平理論

程序理論觀點的激勵理論，主要在探討個體行為如何被激發、引導、維持與停滯之過程。程序理論以行為為中心，著重研究從人的動機產生到最終採取行動的心理過程，試圖詮釋員工如何選擇工作行為及其選擇過程。相關的理論包括：Adams 公平理論、Vroom 期望理論、Locke 目標設定理論。本單元先說明 Adams 公平理論，其餘理論於後續單元說明之。

亞當斯（Adams）提出公平理論（equity theory），他主張個人不只關心自己努力所得的絕對報酬，同時也會關心自己所得的絕對報酬與他人所得報酬之間的關係。他們會在乎自己的投入（inputs）與結果（報酬所得）（outcomes）間的關係，同時也會在乎別人投入與結果間的關係，並且會以自己的投入／結果的比率與其他相關人投入／結果的比率加以比較。

如果投入／結果比率相等，則人們會感到很滿足並保持現狀；如果比率不相等，人們會產生認知失調現象，人們會在投入或產出上做任何可能的調整，以期使比率趨於相等，維持認知一致。由上可知，公平理論乃指個人就投入與報酬間做公平性的比較，會影響其工作滿足感及表現。人們不僅關心自己的努力得到多少的報酬，也關切自己和他人之間的比較關係。

當人們認為這兩個比率出現不均衡時，他們會感到壓力，而這壓力提供了激勵的基礎。探討「個體投入與所得報酬」與「比較標的之投入與所得報酬」的比較，維持「平衡性—公平性」。比較標的包含他人（others）、系統（system）及自我（self），其內容如下：

1. 他人（others）：指組織中與個體從事工作相類似者，或個體的親朋好友。

2. 系統（system）：指組織的政策、制度；如：薪資政策、升遷制度。

3. 自我（self）：指個體本身投入與所得報酬的比例與以往經驗相比。

個人常衡量自己投入和獲得的報酬應維持平衡，不但衡量自己的情況，更進一步社會比較，比較自己與別人投入和報酬。管理者必須設法消除不公平和緊張，以達到激勵效果。另外，依 Adams 的觀點，當員工發現組織不公正時，會有以下幾種反應，包括：

1. 改變本身投入與努力：例如：增加更多的投入，以期獲得更多產出回報。當員工有如此正面思考時，則出現正面的激勵誘因。

2. 改變本身的產出：例如：提高工作績效，或爭取更多獎金報酬，如此亦屬於正面的激勵誘因。

3. 改變自我「投入產出比」的認知，或對他人「投入產出比」的認知：可以蒐集資訊改變自己的認知，例如：他人「投入產出比」高於我，可能是因為別人有自己不知道的額外付出。

4. 選擇不同的比較參考點：確認選擇的參考對象是否為與自己工作最相似的其他人。若離職或轉換工作，亦屬於對轉換不同比較參考點之作法。

綜合言之，本理論著重於研究工作報酬分配的合理性、工作公平性及對部屬們工作積極性的影響。

Adams公平理論

 公平理論認為個人會以環境中其他人之狀況進行比較，再產生其行為。

 公平理論假設員工了解其個人工作能力和努力，以及可以得到之產生（薪水、升遷）。

 公平理論員工會以努力和產出之比率關係，與其他同事和產出比率進行比較。

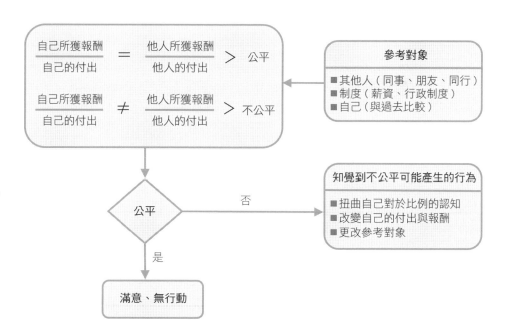

Unit **4-20**
激勵理論：程序理論觀點～
Vroom 期望理論

本單元說明程序理論觀點的激勵理論之一的 Vroom 期望理論（Expectancy Theory）。期望理論係由弗魯姆（Vroom）於 1964 年提出，由認知理論（Congnitive Theory）與決策理論（Decision Theory）所整合而成。認為人們的行為乃是一種理性的、有意識的選擇；且從各種可供選擇的決策方案之中，加以評估，並選擇其中一種最理想的行為付諸行動。選擇該項行為的原因，就是因為可以帶來良好的結果，因此期望理論認為行為乃是一種理性的決策思考程序。

期望理論認為個體是理智的，於行為發生前，必先估算行為後所獲之獎酬，以及獎酬對個體的吸引力，方決定是否努力完成該目標。期望理論其假設前提為人是理性而經濟的（rational-economic）。期望理論乃奠基於下列三項期望：

1. 努力－績效關聯性（Effort to Perform Expectancy）：投入努力後，達成高績效之預期；又稱為預期性（Expectancy）。亦即，「努力－績效」的聯結是否確實。員工還會考慮自身能夠達成組織所訂目標的機會有多大，即使獎酬具有很強的吸引力，但若目標過於嚴苛，員工評估後認為達成可能性太小，則整體的期望強度亦將隨之降低。

2. 績效－報酬關聯性（Performance to Outcome Expectancy）：達成高績效後，導致獲得某種報酬之預期；又稱為工具性（Instrumentality）。亦即，「績效－報酬」的聯結是否確實。即使組織提供了員工所需的報酬，員工並不一定就有努力工

作的動機；另一個決定因素是員工必須要知道，何種績效表現才可以獲得想要的報酬。就此點而言，客觀、明確的績效評估標準才具有引導作用。

3. 吸引力（Outcomes and Valences）：獲得某種報酬，對個體本身的重要性；又稱為價值性（Valence）。亦即，報酬是否具有吸引力，能否滿足個體的目標。組織所提供的報酬，諸如薪資、升遷、福利、工作保障、關懷、信任等是否能滿足員工的需求，若組織提供的報酬不符員工所需，則員工的期望強度將減弱。

期望理論的最大特點在強調動機與報酬之間的關係，並認為增進生產力最好的方法，與其試著去改變個人，不如來調整整個組織的報酬系統，反而會有更大的成效，也因此使得組織中的領導階層重視激勵及獎勵制度。因此對組織而言，單只是提供具吸引力的誘因，並不足以保證員工的努力意願，上述的三項聯結可說缺一不可，任何一個聯結的中斷均將導致員工期望水準的降低，而使激勵績效大打折扣。

綜合言之，期望理論的管理意涵強調以下三個重點：

1. 重視員工認知：員工對績效、報酬和個人目標滿足的「認知」，會決定員工的努力，而非客觀的結果。

2. 期望影響行為：管理者必須讓員工了解公司所支持的「績效與報酬的正向關聯性」，才能激勵部屬努力追求目標。

3. 適當激勵方案：管理者必須知道員工為什麼認為某些結果具有吸引力或沒有吸引力，以設計、提供適當的獎勵方案。

Vroom期望理論

Vroom認為驅使一個人產生行為力量
取決的二項因素

01
個人對特定
結果之評價

02
達成該項任
務之機率

符號式

MF＝Σ（E × V）
MF 表示激勵之力量
E 表示期望機率
V 表示價值之偏好

係以期望與價值（E × V）兩者乘
積所得數值之高低，來決定激勵作
用或行為吸引力之強弱。當成員預
期行為結果實現之機率愈高，並且
行為結果有價值，則激勵作用就會
更大，反之則小。

171

Vroom期望理論之簡化模型

| 個體努力 | 個體績效 | 組織獎酬 | 個體目標 |

個體努力—個體
績效的連結
（期望）

個體績效—組織
報酬的連結
（工具）

組織報酬與個體
目標的關聯性
（價值）

Unit **4-21**
激勵理論：程序理論觀點～
Locke 目標設定理論

本單元說明程序理論觀點的激勵理論之一的Locke目標設定理論（goal-setting theory）。洛克（Locke）於1968年提出目標設定理論，說明目標與工作績效之間的關係，該理論認為為員工設定合適的目標，讓他們願意全力以赴，就可以達到激勵的效果，因目標本身就具有激勵作用。目標能把人的需要轉變為動機，使人們的行為朝著一定的方向努力，而這種使需要轉化為動機，再由動機支配行動以達成目標的過程就是目標激勵。

洛克認為具挑戰性之目標是激勵的來源，故於目標設定的過程中，應重視目標的困難程度（difficulty）、明確程度（specificity）、可接受度（acceptance），以及承諾程度（commitment），亦表示該理論主張目標本身就是良好的激勵因子。強調目標應由員工自行設定，讓員工自行將工作目標與個人需求結合在一起。而設定明確、困難度高的目標，有助於員工不斷突破績效，亦即認為明確且富挑戰性的目標，較能提升工作績效。目標理論的四個因素說明如下：

1. 目標的困難程度（difficulty）：目標設定應該具備有較高難度，太過容易就能實現的目標，會讓部屬缺乏挑戰性，所以激勵效果不明顯。當然，難度高不可攀的目標，也會使部屬產生退卻，導致負面激勵作用。所以，目標設定應控制在有較大難度，又不會超出部屬能力水平上。

2. 目標的明確程度（specificity）：目標設定應該具有明確性、具體性，類似模糊性、抽象性等不明確目標，會使部屬的激勵效果不明顯。能夠透過觀察和衡量的具體目標設定，可以讓部屬確定努力方向，並了解自我的差距在哪，如此才有更好的激勵效果。

3. 目標的可接受度（acceptance）：組織設定的目標能夠讓部屬接受，並與個人目標整合為一，激勵的效能才能具體發揮。所以，讓部屬們參與組織目標設定，遠比由主管將目標設定方向扔在部屬身上，較能提升目標的可接受度，讓部屬把目標實現視為理所當然，才能引誘提高目標的激勵作用。

4. 目標的承諾程度（commitment）：目標會激發一個人對目標的接受和承諾的範圍。承諾（commitment）是目標效果的一個重要的仲裁者，它也直接鏈結著努力度和持續度。而承諾目標是指一個人下定決心去達成目標，不在乎目標的來源是被指定的、共同參加設定的或是自我設定的目標。簡單來說，目標承諾意指個人努力去達成目標的意願。

目標設定理論將目標設定過程視為有效的激勵程序時，目標本身亦成為一個具激勵的動因。因此，對員工而言，具激勵效果的好目標之特性應包括：

1. 可衡量的（measurable）：目標具有可量化衡量的、明確的標準。

2. 可達成的（achievable）：目標是員工能力可及的。

3. 有報酬的（rewardable）：因為達成目標有報酬，員工就會有投入動機。

4. 可承諾的（committable）：員工願意接受的目標。

Locke目標設定理論

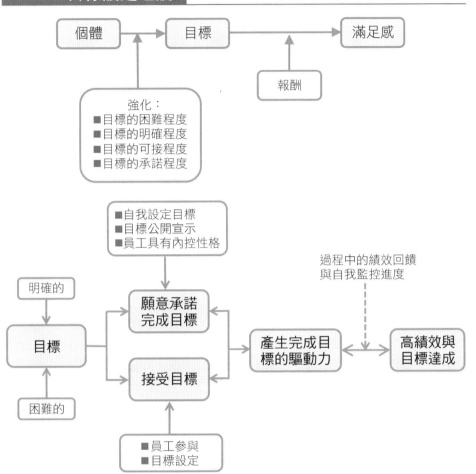

```
┌──────┐      ┌──────┐                    ┌──────┐
│ 個體 │─────▶│ 目標 │───────────────────▶│滿足感│
└──────┘      └──────┘                    └──────┘
    ▲                      ▲
    │                  ┌──────┐
    │                  │ 報酬 │
    │                  └──────┘
```

強化：
■目標的困難程度
■目標的明確程度
■目標的可接程度
■目標的承諾程度

■自我設定目標
■目標公開宣示
■員工具有內控性格

過程中的績效回饋
與自我監控進度

明確的

目標

困難的

願意承諾
完成目標

接受目標

產生完成目
標的驅動力

高績效與
目標達成

■員工參與
■目標設定

目標設定理論主要內涵：
■特定且明確的目標，讓員工易於遵循，能有效促進績效的提升。
■被員工接受的具挑戰性之困難目標，也會比易達成的目標，更能激發員工
潛能達成更高績效。
■讓員工「參與目標設定」，員工較會願意承諾完成目標，通常會有較好的
績效。但是當員工沒有決策能力與意願時，直接指派任務反而會有績效。
■當員工具有高度自我效能（self-efficacy），就具有能把事情做好的自信
心，更能努力達成自我設定的目標。
■提供員工績效回饋，讓員工知道目標達成度的資訊，也對績效高低有重大
影響。

Unit 4-22
激勵理論：行為學習觀點～
Skinner 增強理論

　　激勵理論中的行為學習觀點，以Skinner增強理論（reinforcement theory）最為受到討論。Skinner認為可藉著增強來制約行為。由於他只注意外在環境事件、刺激對行為的影響，而不需要考慮到行為者內在的認知情形，故稱為外在途徑。增強理論闡釋個人所採取的行為重複受行為結果所影響，亦即個人常會受到行為結果的激勵而重複該行為，這種「行為被行為的結果所制約」的影響，也稱為操作制約（operant conditioning）。

　　增強理論主要係以學習理論為依據，它的重點在探討工作人員被激發的行為如何可以長久維持。其研究的基礎有三項基本的因素：

　　1. 它相信人是被動的、可以利用各種方式激勵其行為增加其產出。摒棄那些假設人都會主動地自行發動行為的解釋。

　　2. 增強理論也摒棄那些行為以人的「需要」、「壓力」或「目標」為基礎的解釋，因為它認為這些方面不可觀察且難以測量。它所注意的焦點是行為的本身，因為那是可觀察及測量的。

　　3. 增強理論認為，人們在行為上相當持續的改變，係來自增強的行為或經驗。換言之，經過適當增強，希望行為的表現可能性即可增加，而不希望行為的表現可能性即可減少。

　　增強理論之特質，主要在獎勵期望行為，也就是應用行為強化理論，採取獎懲手段，對人的行為進行定向控制和改變，採取正增強（獎勵）使原行為不斷地重複出現；對於不需要的行為，則採取負增強（懲罰），使其削弱或消失，故增強理論又

稱為行為修正理論。

　　增強物（reinforcers）可說是某種行為之後立即伴隨的反應，以增加該行為重複機率。以「增強物為令個體感到愉悅的或不愉悅的行為結果」而言，增強物包括以下類型：

一、正增強

　　能使個體重複組織所期望的特定行為之作法。例如：組織宣布員工整個月全勤就會有全勤獎金，即是期望透過此政策宣示激勵員工都能全勤。

二、負增強

　　能使個體不重複組織所不期望的特定行為（負面的行為）之作法。例如：公司宣布員工累計三次遲到就會被扣薪；當遲到第一次時即會受到警戒，即是負增強，員工會警惕自己不要再遲到（表現負面的行為）了。

三、懲罰

　　使個體減少組織所不期望表現的特定行為之實際行為修正的作法。例如：已累計遲到三次，真的被扣錢了，稱為懲罰。

四、消滅

　　為使組織成員不再表現組織不期望發生的行為之實際行為修正的作法。例如：抽離該情境（調離原職、解僱）阻斷員工負面行為的發生；又或當主管不希望員工提供與會議無關，甚至干擾議程的問題，主管可以對這些員工的舉手不予理會，很快地，員工可能就不想再繼續發言了。

正增強、負增強、懲罰與消除

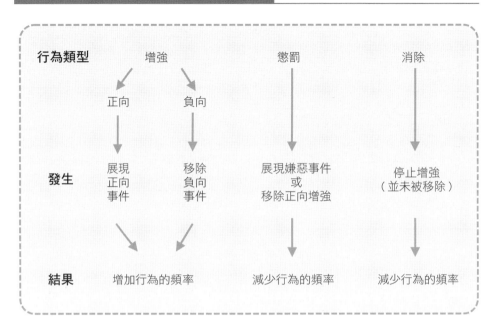

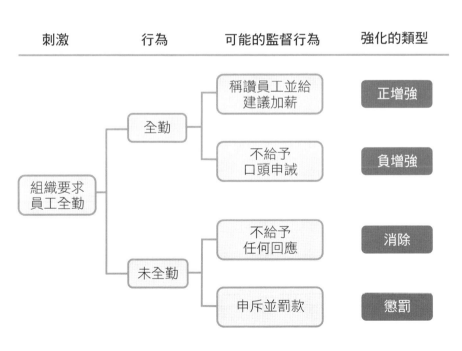

第 **5** 章

非營利組織與社會企業

章節體系架構 ▽

Unit 5-1
非營利組織的基本概念

非營利組織（non-profit organization），是人群服務組織的一種，此名詞源於美國國內稅法（the internal Revenue Service, IRs）的法條。對於那些為公共利益而工作的團體給予免稅的鼓勵，這些團體統稱為非營利組織。臺灣的學者在討論非營利組織時，一般是以 IRs 的法規所列的宗教、慈善機構及社會福利機構為主。

非營利組織包括非營利部門（non-profit sector）、慈善部門（charitable sector）、志願部門（voluntary sector）、非政府組織（non-governmental organizations, NGOs）、社區部門（associational sector）、經濟社會連合會（economic social company）、獨立部門（independent sector）、免稅部門（tax-exempt sector）、第三部門（third party）等。

依據《社會工作辭典》的界定，「非營利組織」的建立是為實現一些特定的社會目的，而不是為了金錢報酬。在學術上這個名詞包含政府部門，但一般人是用來指私人、志願性的社會機構和營利的獨占性機構。他們的財源收入有各種來源，包括直接從案主、第三部門、公共捐款、慈善捐款、政府補助和免稅而來。

綜合多數學者專家所提出的非營利組織判定標準，可從以下幾個層面來檢視（劉麗雯，2003）：

1. 組織成立的宗旨與目標：就組織成立的宗旨與目標而言，所謂的非營利組織係以公共利益為其目標，並以公眾服務為職志者。

2. 組織的屬性與所有權隸屬：誠如「第三部門」或「獨立部門」等稱謂用語所意涵的，它並非隸屬於政府部門單位，又不能為政府官員所把持控管，而是屬於私人性質的組織，且無任何個人擁有組織所有權，其組織成員原則上係以志願人員的參與為主。

3. 組織的財務來源以及其利潤歸屬：非營利組織的經費財務來源，主要應是接受捐贈而非販售商品所得而來，當然其捐贈的來源除了大眾的捐款外，也有可能是來自於政府或企業捐贈。非營利組織雖不以營利為目的，但是有時候仍因歲末盈餘、活動或執業利潤所得，或是經由組織財產的孳息與經營而有利潤所得；而它與其他類型組織的差異處，是其利潤不得分配給內部人員，必須再回歸至與機構宗旨相符的相關任務運用。

4. 組織的管理運作機制：非營利組織本身應具備某種程度的制度化，而不是非正式或由群眾臨時組合而成的團體。並且組織內部必須有一套自我管理的程序機制，不能受制於外部團體，此管理機制亦應排除自我利益的獲取。

5. 組織的法制基礎：非營利組織應具備有法令的特別定位與免稅或減稅規定。以美國為例，凡符合國內稅收服務條款規定，給與減免聯邦所得稅優惠的組織，皆涵蓋在廣義的非營利組織界定中。而民眾或機關團體對所謂的非營利組織之捐助款項，也同樣享有免稅優惠的合法地位。

Wolf提出的非營利組織五項特質

01 有服務大眾的宗旨

02 不以營利為目的的組織結構

03 有一個不致令任何個人利己營私的管理制度

04 本身具有合法免稅地位

05 具有可以提供捐助人減（免稅）的合法地位

公部門、私部門、第三部門的組織特性之比較

比較項目	公部門（政府）	私部門（企業）	第三部門（非營利組織）
哲學基礎	公正	營利	慈善
服務之基礎	權利	付費服務	贈與
財源	稅收為主	顧客與團體所支付的費用	捐贈、收費或補助
決策機制	依法行政	由所有者或管理者決定	由領導者選擇和決定
決策權威之來源	立法機關	所有者或董事會	理事長
向誰負責	選民	所有者（老闆）	支持者、贊助者
服務範圍	廣博的	只限於付費者	有限的
行政架構	大型的官僚架構	官僚結構或其他特許的運作層級	小型組織
服務行政模式	一致的	變化的	變化的
組織與方案規模	大	小至中	小

資料來源：王明鳳、黃誌坤（2018）。

Unit 5-2
非營利組織的特色

非營利組織不同於政府部門、企業，非營利組織具有以下之特色：

1.正式的結構：它是合法的組織，具有某種程度的制度化。由於它並非臨時或非正式民眾的結合體，故要得到政府所制定法律的合法承認，方具有法人團體的資格，可以用組織之名訂定契約和保管財務。

2.私人的組織：必須是民間性質的組織，以便與政府機構有所區隔，雖然它不屬於政府部門，但可接受政府的支援及管理。

3.非利益分配：組織本身可以生產利潤，但必須將組織的利潤運用在機構宗旨限定的任務或機構的工作上，而不是分配給組織會員，即不以賺取個人利益為目的，乃在於追求公共利益、社會公益。

4.自主性的管理：非營利組織要能夠自我管理或自我治理，即有一套內部治理程序，不受外力干涉和外界影響。

5.志願性的組成：組織人員乃是志願性參與，大量運用志工，像是董監事們在某種程度也算是志工的一種。

6.公益利益的屬性：非營利組織所提供的服務應具有公共利益的性質，並以服務大眾為職志，它的運作不是靠「利潤動機」的驅使，乃是靠「使命」的凝聚力和引導。

7.稅賦優惠：組織不用繳稅或在法律上享有稅賦的優惠，捐助者或贊助者的捐款可納入免稅或減稅的優惠範圍。

我國對非營利組織的分類，依照法源的基礎，可分為以下二類：

1.社團法人：社團法人的特徵為係結合「社員」的組織，組織本身與組成人員（社員）明確分離，團體與社員均保持其獨立的主體性。團體的行為由組織為之，組織的行為就是團體的行為。社員透過參與團體意思的形成，並且監督組織的行為。組織的財產及負債均歸屬於組織，社員除應分擔的出資外，不負任何責任。社員團體的財產利益，僅有社員權的行使，及社團存續時得利用團體的設備。

我國《人民團體法》將人民團體分為職業團體、社會團體、政治團體等三種類型。「社團法人」係屬於「社會團體」，依《人民團體法》對「社會團體」的定義，係以推展文化、學術、醫療、衛生、宗教、慈善、體育、聯誼、社會服務或其他以公益為目的，由個人或團體組成之團體。

2.財團法人：財團法人的特徵為係集合「財產」的組織，為達成一定目的而加以管理運用。亦即，財團法人需有一定的捐助財產，按照捐助章程規定，設立財產管理（董事），依特定目的忠實管理該特定財產，以維護不特定人的公益並確保受益人的權益，在固定目的與組織下，維持財產的繼續不變，不會因為人事變遷而影響財產的存在與目的事業之經營。

依我國《財團法人法》對「財團法人」的定義，係指以從事公益為目的，由捐助人捐助一定財產，經主管機關許可，並向法院登記之私法人。

NPO NON PROFIT ORGANIZATION

比較項目	社團法人	財團法人
成立基礎	以人員組成為主	以財產（金錢）組成為主
設立方式	兩個以上的自然人或法人的共同發起	一個自然人或法人或依遺囑，即可捐助一筆財產而設立
特色	團體與社員均具有獨立的自主性	無社員組成，無自主性，必須設立管理人
治理結購	偏向外控	偏向內控
內部組織	社員大會為最高決策機關，平時由社員所選的理監事代為處理	由管理者依捐助章程做財產管理的決策與執行
組織章程之變更	均由社員大會決議	捐助設立者制定捐助章程，若有不周到時，得聲請法院為必要之處分
解散事由	共同事由： 1.違反設立許可條件，主管機關撤銷之。 2.破產（董事會向法院聲請之）。 3.其目的或行為違反法律或公序良俗，法院得因主管機關、檢察官或利害關係人之請求而宣告解散。	
	得由社員決議解散，或社團事務未依章程進行，法院得因主管機關、檢察官或利害關係人之請求而宣告解散。	因情勢變更致目的不能達到時，主管機關得斟酌捐助人之意思，變更其目的、組織或解散之。

資料來源：王明鳳、黃誌坤（2018）。

Unit 5-3
非營利組織的運作：CORPS

學者司徒達賢對於非營利組織的走向與發展提出一個概念性的架構──「CORPS」做為管理上基本操作程序。所謂「CORPS」意指「結合人力資源（participants）、財力資源（resources），經由某一些有組織的活動（operations），創造某些有價值的服務（services），以服務社會中的某些人（clients）」。其意涵及運作模式如下：

1. 服務對象（C）： 每個非營利組織在使命的指引下，都有各自的服務對象，也就是他們提供服務的目標顧客。非營利組織的服務對象就是對非營利組織服務的需求者，可能是某些特定對象，也可能是廣大的社會大眾。

2. 業務運作（O）： 非營利組織的服務必須經過計畫才能夠執行，因此必須有一規劃與執行組織使命、理念、策略、政策的行動方針，根據組織使命，與環境的變化，為組織的服務對象執行或提供各種服務項目，以更符合需求者的需要。

3. 資源（R）： 非營利組織需要財力與物力資源才能提供服務，而這些資源可能是由社會大眾提供，也可能是由某些特定團體支持，但無論資源的獲得方式為何，非營利組織的存在都必須仰賴資源的不虞匱乏。

4. 人力資源（P）： 包括員工與志工。員工是組織內支薪的正式員工，負責組織的正常運作。志工為不支薪的志願工作者，多基於對組織使命或理念的認同，而參與非營利組織的運作與服務。

5. 服務（S）： 非營利組織最終的目的是提供必要的服務給需要的對象，而服務更是組織使命的具體表現，由於環境的變動，因此組織的服務需視環境而調整，以使得組織的使命更能切合實際的需要。

此外，司徒達賢在《管理學的新世界》中提出「管理矩陣」，包括六大管理元素，提供了一個完整而靈活的分析架構，說明如下：

1. 目標與價值前提： 目標與價值最重要的作用，是建立參與者對組織的認同，指導他們決策與行動的方向，以確保資源或能力的投入。

2. 環境認知與事實前提： 所有內外在環境都是管理者認知的一部分。例如：本組織所屬的領域將如何發展？未來市場潛力有多大？員工心中有什麼打算？

3. 決策與行動： 管理工作必須經由管理者的決策與行動才能發生作用。更重要的是，決策之後採取了什麼具體的行動來配合。

4. 創價流程： 組織內外所有目標、產生、決策等，都應以組織的創價流程及管理者所負責的流程為依歸，而資源與知能也應經由創價流程產生貢獻。

5. 能力與知識： 包括專業的能力與知識、管理方面的能力與知識，兩者是相輔相成的，管理工作才可發展成果。

6. 有形與無形資源： 組織若希望成長並獲得更多方面的協助，過去所建立的無形資源也是獲取有形資源的關鍵；唯有兩種型態的資源交互使用，才能達到管理工作的整合。

非營利組織的運作：CORPS

- C：clients 服務之對象。
- O：operations 創造價值之業務運作，含規劃與組織。
- R：resources 財力與物力資源，含資源提供者。
- P：participants 參與者，含專職人員與志工。
- S：services 所創造或提供之服務。

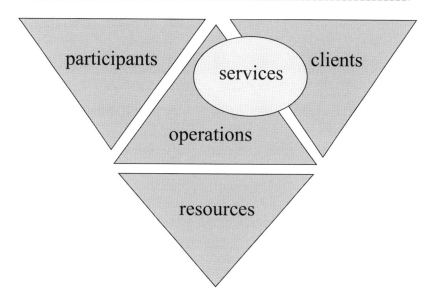

好的NPO應具有的條件

01
滿意度：
C、P、R各方面對組織的各種運作，以及彼此之間，都感到滿意。

02
平衡度：
「CORPS」五者間能維持一定平衡水準，不致造成發展瓶頸，也不會形成資源閒置。

03
轉換度：
C、P、R三者之間有某種程度與形式的轉換，使得他們之間可以互相交流，並經由交流而對本組織產生更高的凝聚力。

Unit 5-4
非營利組織與政府、企業之互動

圖解社會工作管理

184

非營利組織、政府、企業三個部門在社會脈絡下存有微妙的互動關係，彼此之間並非是對立的關係。從三個部門本身的社會角色功能，和與其他部門之間的關係來看，非營利組織與政府間的互動本質，和企業與政府間的互動本質，實有相當程度的相似性。最大的差異，是來自財務的輸送方向，而且就非營利組織而言，與企業的互動，亦常建立在財務資金上。換言之，非營利組織往往是企業公益捐助的對象。

Walch 提出三個分配部門（allocative sectors）的概念，認為國家（政府）、市場（企業）、慈善（非營利組織）之間彼此是相互關聯的。企業的市場會創造出國家稅收，及為慈善組織帶來可能的捐贈收入。國家透過稅制、政策、法律來規範商業市場的機制與慈善組織，國家扮演重要的角色，制訂政策規定慈善組織的免稅地位與捐款的減稅優惠，這樣的規定為非營利組織帶來資源。國家對非營利組織資源使用的限制，為要求該等組織建立「責信」，因而鼓勵企業市場對非營組織有所公信力要求。

非營利組織必須以「責信」為基礎，是所有非營利組織都要面對的重要議題，除了對捐款者、案主的責信外，責信更會影響非營利組織與政府、企業之互動。所謂的「責信」（accountability），Day 與 Klein 認為「責信」的基本涵義是「能夠被大家所接受的個別行為，以及公認行為者可以為其行為辯護方式的共識」。Caiden 認為「責信」就是行為主體與對自己職權負責，接受外界的批評，並有報告、解釋、說明、反應、坦承的義務與公開帳目。Rochester 分析責信的力量源自下列三種權力關係：

1. 結構責信：就是組織治理權力的要求，由明確的組織上下階層關係構成的責信基礎。像是非營利組織內部下屬與其主管間的行政要求，所共同建構出的組織責信度，但是可能只僅限於組織內部行政管理上的監管。

2. 委託責信：就是授權者與代理人間的責任關係。非營利組織中，捐款人捐助即如同是在委託組織提供服務，這樣的委託關係也是責信的來源之一。

3. 社區責信：社區權力是非正式的制度約束，由對社區歸屬感所帶來的自覺性的責任意識，是回應責信要求的基礎。

整體而言，非營利組織、政府、企業三部門建構起影響人類社會與生活的三角，三者在社會脈絡中，各具有不同的角色功能，相互互補與運作，以整體國家與社會而言，具有共同追求的目標與願景，包括如下：

1. 需求滿足：最基本的目標就是滿足社會與人民的需求，三個部門同樣有義務共同擔負起這樣的責任，為社會、人民的福祉而努力。

2. 社會和諧：政府追求社會和諧，獲得人民信賴，以鞏固國家的合法地位；企業追求社會和諧，有更好的投資、工作環境；非營利組織追求社會和諧，因為這是非營利組織的公共使命，讓每個人都有更好的生活環境。

3. 國家發展：非營利組織、政府、企業等三個部門共同努力的結果，是帶來國家長治久安、穩定的發展，有助於各部門的永續經營，與保障人民的最佳利益。

非營利組織、政府、企業之互動內容

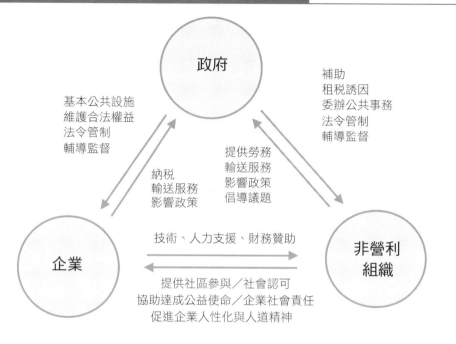

非營利組織、政府、企業門的角色功能及共同願景

Unit 5-5
非營利組織與政府的互動

186

非營利組織在運作中，與政府的互動過程所產生的關係，Girdon 提出之關係模式，根據經費與服務輸送的提供做為區分之面向，而發展出四種關係模式如下：

1.政府支配模式：在模式中，政府在公共服務的輸送與財源上都占有支配的角色。基本上，政府是主要的資源來源，也是服務的提供者，而政府則是向人民徵稅，並僱用公務人員來維持這些服務。

2.非營利組織支配模式：在此模式中，非營利組織既是財源提供者，也是服務的生產者。但此種模式不常見，也較不被接受。

3.二元模式：此種模式是上述兩種模式的中間型，即政府與非營利組織兩者都各自提供財源和服務，兩者也各自進行自己的活動，形成一種平行關係，彼此活動並不重疊，也互不相干。非營利組織在此種模式中，可以扮演兩種角色，一是針對政府無法顧及的人或事進行服務活動；二是補充政府所做之不足。

4.合作模式：政府與非營利組織是相互合作，而非各自為政或彼此敵視。一般而言，政府是財源的提供者，而非營利組織是實際的服務執行者。當然，兩者角色互換也是可行的，此種模式依據裁量權範圍的不同，又可分為二種情況：

(1)非營利組織純粹只是做為政府的執行單位，僅擁有一小部分的裁量權，基本上，政府握有絕對的主控權和決定權，在合作關係上居賣方的地位。

(2)非營利組織擁有相當的裁量權，不論是計畫的規劃或執行，非營利組織都與政府站在平等的地位，這種合作關係稱之為夥伴關係。

此外，再從其他面向分析政府與非營利組織互動的關係，包括以下幾項：

1.財政的（Fiscal）→資源的（Resource）互動：因為兩部門之間，不僅有金錢及實物上的交易，在人力、資訊（包括技術、議題等）也有相當程度的交流。例如：政府對於非營利組織在補助費、服務費間接提供協助。

2.管制的（Regulatory）→規範的互動：管制一詞是指政府方面干涉非營利組織的活動。例如：政府對非營利組織的服務標準、資格的設定、執照的發給等，而使用規範的互動則較為中肯，可以現出雙向的互動型態，因為當非營利組織對政府的規範有所異議時，也會運用各種手段，使政府在政策上有所改變，而非只有政府單方面地規範非營利組織。

3.服務輸送（Service Delivery）→供給（Provison）的互動：包括雙方訊息的交換、轉介、諮詢、協調與規劃、合營等。但資訊方面應屬於第一類資源互動的一部分，此類應著重在實際財貨與服務的提供上，因此使用「供給」一詞較為適當。

4.政治的（Political）→目的的互動：非營利組織會希望政府的行動符合自己的期望，而採取遊說、倡導、道德勸說等行為。但卻忽略政府也有可能採用道德勸說等手段，使非營利組織的作為符合自己的期望，因此為了表達這種雙向的互動，應以目的之互動較為適當。

Girdon提出之政府與非營利組織之關係模式

提供者 ＼ 功能	政府支配模式	非營利組織支配模式	二元模式	合作模式
經費提供者	政府	非營利組織	政府與非營利組織	政府
服務提供者	政府	非營利組織	政府與非營利組織	非營利組織

- 政府支配與非營利組織支配模式強調任一方之主導功能，雙方互動關係薄弱。
- 二元模式強調的是政府與非營利組織各自提供服務，既不互相干涉，且在經費上也無交集。
- 合作模式，顧名思義，乃指雙方各司其職，由政府出資、提供經費，非營利組織則負責提供實際服務。

Najam提出之政府與非營利組織之4C關係模式

手段 ＼ 目標	類似	差異
類似	合作 （cooperation）	競逐 （co-optation）
差異	互補 （complementary）	衝突 （confrontation）

4C模式是從目標與手段兩個面向來觀察非營利組織與政府的互動。這兩個面向交會的結果會產生：兩者用相似的手段追求相似目標；兩者用相似的手段追求不相同的目標；兩者追求相似的目標，但偏好用不同手段來達成；兩者偏好用不同的手段，且追求的是不同的目標等四種情形，其所呈現的互動結果分別是「合作」（cooperation）、「競逐」（co-optation）、「互補」（complementary）、「衝突」（confrontation）。

Unit 5-6
非營利組織在社會福利領域的角色功能

從非營利組織的特質、目標和實際運作功效中，歸納出非營利組織的角色功能，說明如下：

一、開拓與創新的角色功能

創新是非營利組織永續經營的主要動力，非營利組織因具有功能自發性，並能從實際的行動引導社會革新，所以具有開拓與創新的角色功能。由於傳統非營利組織的角色功能，以消極的收容、救濟或醫療為主，然而非營利組織（尤其以社福型非營利組織）常可根據或透過組織本身實際參與的行動經驗，來察覺到相關問題之根源，進一步就其所關注之焦點予以突破，以改善增進服務品質或提出新的策略等，即為開拓與創新的角色功能。

二、改革與倡導的社會功能

非營利組織運用所累積的聲譽和資源展開遊說與群眾動員，促成社會政策法規的制定或修正，並扮演監督政府與批評者的角色以促成社會變遷，即具有改革與倡導的社會功能。由於組織的特殊性，社福型非營利組織在「影響立法與政策」、「促使政府改善服務的供給」、「獲取政府資金挹注」以及「為案主爭取特殊利益」等面向上皆可以發揮改革與倡導的社會功能。例如：勵馨基金會推動「反雛妓運動」與「立法倡導」工作，並結合終止童妓協會、婦女救援基金會與善牧基金會等四個同質性的非營利組織，以策略聯盟方式共同組成「兒少聯盟」來推動立法，可謂臺灣社福型非營利組織扮演改革倡導角色最成功之範例。

三、價值維護的角色功能

非營利組織提倡社會更新與向上發展的意識形態或價值理念，進而以教育或實踐行動推動社會變遷，促進人類道德與生活品質的提升，此即承襲價值維護的角色功能。價值維護是指非營利組織透過實際之運作，以激勵民眾對社會事務的關懷，有助於各種正面價值觀之維護，甚或被期待去保護或推展某些社會價值；例如：成立中途之家，提供不幸少女溫馨的家庭關懷。

四、服務提供的角色功能

非營利組織可以彌補政府資源有限，無法充分保障社會中的所有民眾，並提供多元之服務之缺陷，尤其在社會服務、教育文化與醫療衛生等項目上皆發揮極大的功能。例如：勵馨基金會設立中途之家，提供不幸少女收容、安置的服務，並協助遭受婚姻暴力之婦女等，即是扮演最直接的服務供給角色。非營利組織提供服務的功能，包括：1.傳統領域以貧窮救援為主軸的對於貧窮者的服務；2.對於風險社區與高風險家庭提供服務；3.福利服務民營化的主要提供者。

五、社會教育的角色功能

社會教育功能實為前面四項的總和，透過議題倡導或付諸輿論傳媒等方式，促成社會改革，使推廣建立的價值概念能深入大眾的心裡，藉以教育並喚醒大眾對於特定議題之重視，此即為社會教育角色功能的意義所在。

非營利組織普遍存在的經營管理問題

NON PROFIT

1

目標訂定的問題：

非營利組織不以營利為目的，因而缺乏像利潤這樣具體而單一的標準，可資應用於訂定目標。

2

成本衡量及控制問題：

由於非營利組織並非追求利潤，若計較成本，可能影響組織的精神及服務品質。另一方面，其經費來源多為捐款，有別於營利組織需要自己賺取並盡可能減低成本支出，所以非營利組織對於成本衡量及管控問題，幾乎不加重視。

3

財政短缺和資源匱乏問題：

在眾多服務機構的競爭下，非營利組織可能出現財務短缺，資金缺乏的狀況，加上如果服務成本不斷高漲，管理者必須採取有效的措施，對各種服務做出明智的抉擇和籌募組織所需的費用，這都是不易解決的問題。

4

工作人員之激勵問題：

在非營利組織因運作具彈性，而缺乏利潤績效衡量標準，包括產品生產目標的多重，以及手工複雜化，品質亦無法評估績效，如何給予工作人員進行SOP規範及財務獎酬？非營利組織經費與資源有限，無法給予員工優渥的薪資及勞工福利制度，甚至無報酬或薪資報酬低，就很難吸引到優秀的人才加入組織。

Unit 5-7
非營利組織董事會的功能

圖解社會工作管理

190

非營利機構的董事會位於組織結構的頂端。茲將非營利機構的董事會的的功能（角色職能），說明如下：

1. 決定組織的任務與目的：董事會的一個重要功能是清楚地界定組織賴以維繫的核心任務、組織要成就的主要目標為何，以及制訂運作的程序，並定時檢討組織的規程及方案的內容是否與組織的基本目標相容。

2. 方案發展：董事會參與組織的年度方案設計，決定長程計畫的基本走向，並督導方案的發展與執行。

3. 預算與財務監督：董事會審核與批准預算，以及執行適當的財務管制措施，例如：監督會計與審計作業的流程。

4. 募款：董事會成員或直接捐助經費給組織，或致力於尋找財源，或為組織建立良好的社會資源網絡，使組織有充裕的經費來開辦活動。

5. 甄選與解聘行政主管：組織領導品質的好壞繫於董事會能否選任優秀的行政主管，如執行長或總幹事，並且應定期評鑑行政主管的工作績效，以了解其長處和弱點，做為續聘與否的依據。

6. 做為與社區溝通聯繫的橋梁：董事需代表組織與外界建立良好的溝通管道，盡力提高組織的公眾形象，並為組織宣揚及辯護。

此外，非營利組織在政府福利服務民營化的過程中，參與政府購買服務契約的福利服務輸送，在此過程中，非營利組織的董事會，扮演的角色包括如下：

1. 促成者：在政府購買服務契約的過程中，董事會可以發揮促成者的角色，參與方案申請書的準備過程；董事可私下或公開會見政府機構人員，尋求政府人員對該組織申請方案的支持。

2. 政治倡議者：此角色的發揮，可以維繫與擴張已獲得的資源和利益，且適用於續約或終止合約的時機。董事會可個別私下或公開地尋求民意代表對續約的支持，或由董事會以組織的名義公開活動，尋求服務對象的支持，向政府機關施予續約的壓力。

3. 緩衝者：政府購買服務契約過程中對非營利組織的影響，最常被詬病的就是組織自主性受到破壞。因為契約內的標準化過程，往往會減少組織針對服務對象需求的回應功能。董事會在此擔任政府與組織間的緩衝，在彈性的灰色範圍內進行溝通或談判，必要時則協助行政部門開發其他替代政府經費的財源，減少對政府的依賴關係與受到的影響。

4. 價值的維護者

政府透過購買服務契約，形成公私（非營利）部門的夥伴關係，卻也可能造成彼此之間的價值衝突。在價值維護者的角色，董事會可能的任務包括：協助行政部門評估委託方案與組織本身的宗旨是否相符；設定組織本身組織發展的長短程目標，和執行的先後順序；優先滿足組織所服務的社區與案主的需求；隨時宣示與提醒行政部門組織創始時所珍惜的價值與使命。

董事會與執行長的治理模式

董事會在治理角色上之行動層次

<table>
<tr><td rowspan="2">執行長
在治理角
色上之行
動層次</td><td>分享式
治理
1</td><td>行政主導式
治理
2</td></tr>
<tr><td>3
董事會主導式
治理</td><td>4
放任無為式
治理</td></tr>
</table>

- 分享式治理：董事會與執行長均表現出高度的參與度，雙方均有意願尋求良好的溝通管道並建立共識。
- 行政主導式治理：執行長高度參與治理活動的角色，但董事會卻相當低調不太管事，故呈現由執行長支配治理的模式。
- 董事會主導式治理：與行政主導式治理相反，董事會高度參與組織的治理，執行長卻低度參與。
- 放任無為式治理：無論董事長或是執行長對於組織的治理均是持消極的態度，放任組織自生自滅，雙方均是掛名而已。

社會福利基金會組織架構案例：董事會

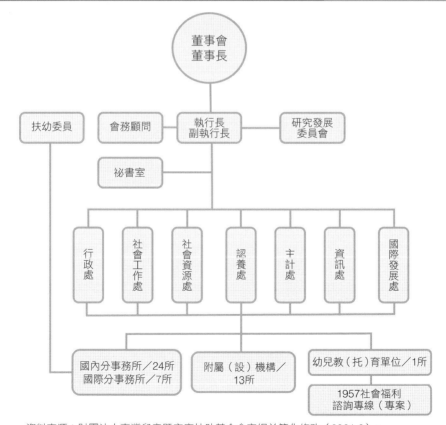

資料來源：財團法人臺灣兒童暨家庭扶助基金會官網並簡化修改（2021.2）。

Unit 5-8
非營利組織與企業的跨界合作

圖解社會工作管理

192

　　非營利組織可以透過與企業的跨界合作，以獲取資源提供更好的服務；相對地，企業亦可透過與非營利組織的合作，提升企業形象。促成非營利組織、企業兩者之間的合作，其各有不同的誘因，說明如下：

　　1. 對企業的誘因：企業可以從與非營利組織進行合作時，提升形象與改善名聲、提升員工的道德或倫理觀念、塑造團隊合作與關懷社會的企業文化、有助於招募員工並降低員工離職率、提升消費者購買意願與股東購股意願、提升企業長期價值等。

　　2. 對非營利組織的誘因：非營利組織可以從與企業進行合作時，獲得額外的財務資源、產品與服務、知名度、營運活動之支援、科技與專業知識及新的觀點與展望。透過與好名聲的企業進行合作，是一種讓非營利組織為獲得社會認可的方法之一。

　　非營利組織與企業進行跨界合作，常見的包括：慈善捐助、企業基金會、許可協議、贊助、以交易為基礎的贊助、參與型贊助、合資等七種模式（蕭新煌等主編，2017），本單元先說明慈善捐助、企業基金會等二種模式，其餘五種模式於次一單元說明之。

一、企業的慈善捐助

　　此模式是指企業對非營利組織進行金錢或非金錢單方向的捐助時，是「片段」與「非正式」的。亦即，在此種模式下，企業不用允諾一定要投入多少企業資源，有些企業則是分配一筆資金做為慈善預算，以獲得稅賦的減免，或者是讓員工擔任當地非營利組織的有償或無償的志工。此種合作關係能支援非營利組織的使命，但對於企業本身而言，亦可以建立良好的公共關係、提升商譽與品牌知名度。然而，企業也該考量到風險，亦即當非營利組織產生醜聞時，可能會使企業的名譽受損。員工也可能會抱怨企業的慈善捐助，特別是當企業遭遇不景氣而不對員工調高薪資時；當企業股價下跌時，股東也可能會對企業的慈善捐助產生不滿。

　　對非營利組織而言，主要從此合作關係獲取資金。而且當非營利組織宣稱從大型企業獲得大筆捐款時，還可能提名望，而有利於其日後的募款能力。但相較於企業，非營利組織承受的潛在風險更大。當所合作的企業夥伴發生醜聞時，非營利組織的名譽必然受損，會使其募款能力下降，而威脅到組織的生存。此外，合作的企業夥伴突然停止或減少對非營利組織捐款，是非營利組織必須面對的另一種潛在風險。

二、企業基金會

　　企業基金會係指企業雖然進行慈善捐助，但還多去另行創造一個非營利組織，透過該實體來管理企業的慈善目標。就贊助型基金會而言（如福特基金），其會先行審查與評估各非營利組織所提交之企劃案，再撥款給那些能創造較高價值的非營利組織。對於企業本身而言，其當然也會希望這些善舉能可讓目標市場的消費者或員工所知悉，以間接地提升企業的財務績效。

企業社會責任（corporate social responsibility, CSR）

CSR CORPORATE SOCIAL RESPONSIBILITY

根據企業永續發展世界議事會（World Business Council for Sustainable Development, WBCSD）於1998年對CSR之定義：「企業社會責任是指企業透過符合道德的行為和促進經濟發展，對當地社區與社會做出貢獻」。此議題包括：人權、員工權利、環境保護、社區參與和報表揭露的透明度等。

跨界合作面臨的困難

01
事前缺乏合作夥伴的資訊與機制

- 非營利組織與企業相互尋求合作時，面臨資訊不足，無法有適當的資訊去尋找與自己合作的夥伴。
- 即使找到合作夥伴後，也沒有經驗發展進一步的合作關係。

02
合作行為帶給雙方與社會的利益或價值不易評估

- 合作產生的社會影響力或社會利益，並不容易像企業的股票價格一樣容易數量化，亦即無法取得社會利益的市場價格資訊，加上相似的合作行為並不多，而沒有比較的基礎。
- 合作夥伴可能較偏向那些容易取得市場價格資訊但社會價值不高的合作關係，導致合作的短視（alliance myopia）。

Unit **5-9**
非營利組織與企業的跨界合作（續）

本單元接續說明非營利組織與企業進行跨界的合作模式：慈善捐助、企業基金會、許可協議、贊助、以交易為基礎的贊助、參與型贊助、合資等七中模式中的許可協議、贊助、以交易為基礎的贊助、參與型贊助、合資等五種模式如下：

三、許可協議

此種方式是非營利組織允許企業使用其名字或標誌運用於企業產品上，企業並給予非營利組織一筆固定比例的費用或權利金。企業主要是為了增加知名度，提升產品銷售量。對非營利組織而言，此模式雖然能使該組織增加收入，但也讓其暴露在高風險中，因意味著非營利組織要為產品背書，如果產品品質不好或甚至危害消費者的健康，將會使非營利組織的名譽被破壞，募款減少，也須面對企業終止合作的風險。

四、贊助

此種方式與之前提到的許可協議相反，是因為企業認為非營利組織某項活動很有意義，所以支付費用贊助，同時又能讓企業得以在該活動的廣告中列名，以提升企業形象。例如：企業贊助運動文化活動。然而，在這種贊助的合作模式中，非營利組織為了保護自己的公共形象，通常有權要求企業不得為了推銷企業形象而不當地宣傳該贊助行為。

五、以交易為基礎的贊助

此種方式是企業捐助現金、食物或設備給非營利組織，而此捐助金額係依據企業銷售額一定比例來提撥，所以當企業銷售額愈高時，捐助金額便會愈高（但捐助金額有一定上限）。同時，企業會對此合作模式進行宣傳，消費者可能因此提升對企業產品的購買量，非營利組織能得到更多捐助與更高的知名度，企業形象與公共關係也可能改善。因此，此種模式被稱為以交易為基礎的贊助，或稱為善因行銷（但捐助金額有一定上限）。

六、參與型贊助

此種方式係指企業除了出資贊助非營利組織的活動外，企業還會投入專業能力與資源於該活動的細節，非營利組織也會共同對該活動進行廣告宣傳，也能共同提升彼此的知名度。對企業而言，此項活動通常與企業本業有關，有助於企業吸引潛在的目標顧客。例如：女性雜誌透過參與型贊助防治婦女乳癌的活動時，除了有正面的社會貢獻外，也可能因此吸引到潛在的女性顧客。

七、合資

此種方式係指企業與非營利組織共同創立一非營利實體以促成某種共同贊同之目標。例如：企業與非營利環保團體共同組成環保的政策倡議組織，教育社會大眾有關環境保護的知識，制訂環保標準，或共同遊說政府制訂有關環境保護的法規。從而，企業可以不用像過去一樣視環保團體為引發對立或衝突的敵人，而是轉而與這些團體（甚至與那些之前大力抨擊企業環保作法的團體）合作，反而可能得到更好的結果，此種合作的趨勢在製造商與環保團體之間尤為明顯。

強化與管理跨界合作關係的方式

1 ── 合作夥伴彼此的策略、任務與價值必須要契合，否則容易發生衝突

2 ── 合作夥伴必須清楚表明希望對方能夠負責哪些事項並負起責信

3 ── 合作必須能激發利人利己的價值並有共同願景

4 ── 合作夥伴自合作得到的利益不能過於懸殊

5 ── 合作夥伴必須在合作的過程中持續學習與成長

6 ── 不要有過多的合作夥伴以免讓努力無法專注

7 ── 合作夥伴的從業人員之間必須建立良好的情感維繫與互信

8 ── 合作夥伴的從業人員可以透過績效評估與目標管理加以激勵彼此的投入

Unit 5-10
社會企業的基本概念

經濟合作暨發展組織（Organization for Economic Cooperation and Development, OECD）所出版的《社會企業》（*Social Enterprises*）中提出，社會企業是「指任何能產生公共利益的私人活動，有助於改善社會問題，以達到特定經濟與社會目標，特別是社會排除與失業現象，而非以追求利潤極大化為目的」，並歸納社會企業具備11項特質：1.可採取不同的合法組織型態（例如合作社或社團）；2.富含企業精神的組織；3.有利潤不得分配之限制，但重新投入企業的社會目標不在此限；4.強調利害關係人而非股東，重視民主參與及企業化組織；5.兼具經濟及社會目標；6.主張經濟及社會創新；7.參與市場法則運作；8.具備經濟持續性能力；9.高度的財源自主性；10.強調回應未經滿足的社會需求；11.勞力密集的活動。

EMES歐洲研究網絡（EMES European Research Network）則嘗試從寬廣無邊範圍中尋找理論定位，建立社會企業理想型指標（ideal type）。檢視EMES 社會企業定義，共具備社會面、經濟面與治理面三大層面：

1. 社會面：社會企業是(1) 具備公共利益目標組織；(2)由公民發起之行動；以及(3)有限分配利潤。

2. 經濟面：社會企業需(1)持續生產與財貨銷售；(2)具備風險特質；以及(3)擁有最少支薪員工。

3. 治理面：社會企業擁有(1)高度自主性；(2)決策權非依持股決定特質；與(3)民主參與本質。

因此，EMES將社會企業定為：「社會企業是不以營利為目的之私有性質的組織，其所提供的財貨或服務直接與他們明示的目的有緊密的關聯性，而此目的即是要關照社區利益。一般而言，他們依靠一個集體的動能，將各類利益關係人納入到治理結構裡，同時高度珍視組織運作的自主性，以及承受活動時所帶來的經濟風險。」

國內學者對於社會企業的看法，認為相較於傳統營利組織與非營利組織的二分法方式，社會企業具有跨部門的雙重特質，既有非營利組織公益使命的屬性，又有營利組織以本身的財貨和服務賺取組織運作資源之特性，尤其是後者的商業性活動，被視為是判別該組織是否為社會企業的重要指標。詳言之，社會企業是致力於「社會財」（social goods），並以獲取利潤追求永續經營的組織，其經費來源除了有非營利組織的傳統經費來源外，還包括商業的營利收入（從政府部門撥款者與私人營利部門的消費者獲得經費）以及商業的活動。在臺灣，社會企業的相關概念尚在建構中，一般常與非營利組織的企業化或事業化混合使用。非營利組織的企業化或事業化僅能視為社會企業的一種類型，社會企業的經營主體不一定是非營利組織，也可以是企業，重要的是，無論何者皆須以企業或商業手法來完成公益或社會性目的。

社會企業光譜

比較項目	純慈善性質 ◄──────► 純商業性質		
動機、方法、目標	■訴諸善心 ■使命導向 ■社會價值	■二者兼具 ■使命與市場導向並重 ■社會與經濟價值並重	■訴諸個人利益 ■市場導向 ■經濟價值
主要利害關係人 — 受益人	免付費	補助價格，或服務對象或全免服務	依市場收費
主要利害關係人 — 資金	捐款與補助	資金成本低於市價，或捐款市場與成本比照市場行情兼具	市場價格的資金
主要利害關係人 — 員工薪資	志工	低於市場行情的工資，同時有志工與支全薪的員工	依市場價格給薪
主要利害關係人 — 供應商	捐贈物品	特殊折扣或物品捐贈與全額捐贈都有	依市場收費

組織型態	非營利組織	具商業行為非營利組織	社會企業	傳統企業行使企業社會責任	傳統企業
使命	追求社會利益、社會影響力極大化	追求社會利益、社會影響力極大化	追求社會利益與經濟利益、社會影響力優先	追求經濟利益、財務利潤優先	追求經濟利益、財務利潤極大化
營運模式	透過募集捐款及申請補助，實現社會目的	透過募集捐款、申請補助及販賣商品服務，實現社會目的	一般商業行為，透過販賣商品服務，實現社會目的；或商品服務本身具有社會價值	一般商業行為，實現經濟目的，並且捐贈營收一定比例予慈善組織	一般商業行為，實現經濟目的
特色	依賴捐款補助	依賴捐款補助	自給自足、永續發展	自給自足、永續發展	自給自足、永續發展

Unit 5-11
社會企業的類型

有關社會企業的類型，學者有不同的分類，本單元將先說明介紹國內學者官有垣的分類；次一單元說明國外學者 Alter 的分類。國內學者官有垣根據我國社會企業的運作現況，將其區分為五種類型（官有垣，2012），說明如下：

1. 積極就業促進型（work integration or affirmative business）：此類型的社會企業積極關切被社會排除的弱勢團體，特別是身心障礙者，希望藉由提供工作機會，將這些長期失業與弱勢者整合入勞動市場。例如：喜憨兒的烘焙屋與餐廳，提供職業訓練或就業機會。雖然這類組織在社會企業的經營上已具備商業取向，但仍相當程度依賴政府的直接或間接支援。

2. 地方社區發展型（local community development organization）：此類型的社會企業是由社區草根性非營利組織經營。目的是希望改變過去政府回應社區發展問題係採取由上到下的經費注入模式，卻未能發揮很好的效果，所以試圖由底層社區著手，鼓勵社區居民參與各項事務。這類型的組織有些是自行設立社會企業，有些則是扮演觸媒、催化與資源整合角色，藉由與地方居民或外來的專業人力共同努力，來協助居民發展當地的產業與服務。

3. 服務提供與產品銷售型（social enterprises providing social services and products）：這類型的社會企業是指非營利組織提供付費服務，或是販售組織所生產或代售的產品。但不論何者，這些服務或產品均與組織本身的使命有密切關聯。例如：陽光基金會販售的壓力衣、荒野保護協會販售自然生態卡等。一方面除可增加組織的營收外，另一方面還可以藉由這些產品來推廣組織形象。

4. 公益創投的獨立企業型（venture capital business created for the benefits of NPOs）：這類型的社會企業是指由一家或數家企業組織，甚至是非營利組織，投資設立具有發展潛力的公司。創投公司除了出資協助成立新公司外，也提供必要的管理支援，並監督新公司的發展。此種社會企業如有營運獲利，出資者與企業以雙方約定的回饋金、利潤分配、公積金等貨幣或非貨幣方式回饋出資者指定的公益性社團。因此，嚴格來說，此種社會企業是一種營利公司，其營運目標就是要產生利潤，使之能重新分配給一家或數家非營利組織。值得注意的是，此類型的社會企業與前述一般非營利組織附設的庇護工場不同，企業本身並不屬於非營利組織的一部分，對社會使命的影響是間接的。

5. 社會合作社（social cooperatives）：以合作社型式成立的社會企業由來已久。合作社的主要特性，在於強調組織內部的利益關係人透過組織共同追求集體利益，利益關係人被鼓勵積極參與組織事務，進而從中可以獲得利益。因此，此類型的社會企業之發展，對於利益關係人的權益有頗大的影響。在臺灣較顯著的案例是「主婦聯盟消費合作社」。

傳統營利組織與社會企業之重要區辨因素

區辨要素 組織類型	社會／環境議題與 組織目標的關係	與供應商、員工及 顧客的關係	與市場、競爭者及 產業機構的互動
傳統營利組織	只有當組織有餘裕的資源和利潤時才會處理社會／環境問題；為強烈的商業導向。	與供應商、員工及顧客主要是功能和交換關係；成本要素是主要考量。	產業活動是為傳統產品及服務創造市場、保護競爭利益，且為自利動機改變產業規則。
社會企業	商業模式的建立是為了處理社會／環境議題；組織的商業利潤、資源是次要的。	與供應商、員工及顧客的關係是基於共同利益以及持續的結果；成本也會考量。	產業活動是為混合性產品及服務創造市場，與傳統組織為競合關係，且是同時為了服務公司及他們營運所在的社會與環境情況來改變產業規則。

社會企業理念的面向、目標及作法

理念面向	各面向欲達成目標	作法
社會企業共同願景	同時追求社會及經濟目標，來達成社會改變目的。	■ 持續性生產／販售財貨或勞務。 ■ 有明確利於社區的目標。 ■ 經濟利潤從屬於社會／環境目標。 ■ 願意長時間投入、等待。 ■ 追求自主且持續性的成長，並傾向限制成長速度。
對社會及生態系統的看法	將利害關係人及環境中資源與自身視為一整體系統考量。	■ 與供應商和社區基於共同利益、持續結果發展密切的關係。 ■ 以正向領導引導員工共同參與決策，投入社會改變目標。 ■ 能與顧客分享產品背後的價值，與顧客建立互利關係。 ■ 向環境中的資源學習而非僅有使用價值。
對於競爭的看法	超越輸贏、擴大使命及理念的影響力。	■ 積極與市場、競爭者及產業組織互動。 ■ 對營運過程及方法保持相對高的透明度。 ■ 吸引產業的組織模仿、複製。
對於永續的看法	非減緩不永續，而是要達成更具持續性的改變。	■ 追求社會利潤。 ■ 經濟利潤追求資本完全回收而非極大化。

Unit **5-12**
社會企業的類型（續）

圖解社會工作管理

200

本單元說明國外學者 Alter 對於社會企業的分類。對於社會企業運作型態，以 Alter 所提出的類型化最具代表性（國家發展委員會，2013）Alter 認為社會企業依運作可分成基礎運作模式、合併模式與增強模式，其中合併模式與增強模式係從基礎運作模式中演化而來，茲就各模式說明如下。

一、基礎運作模式（fundamental models）（共分成9種次模式）

1.社會企業家支持模式：係指社會企業為資助或投資方，協助自僱者、一般企業或非營利組織資金與專業上的協助。例如：活水社會企業公司。

2.市場中介模式：係指社會企業介於市場與弱勢者中介，協助弱勢者能於市場中銷售產品財貨。例如：農夫市集。

3.就業模式：係指社會企業提供培訓與就業環境，協助弱勢者與身心障礙者就業。例如：綠天使社會企業公司。

4.服務收費模式：係指藉由一般市場販售其產品或服務達成社會目標，較常見於醫院、學校或博物館等。

5.低收入客戶模式：係指社會企業針對低收入的客戶提供產品或服務，滿足無力負擔或遭一般市場排除者之需求。例如：無障礙科技發展協會。

6.合作社模式：係指合作社以商業運作達成社會目標。例如：主婦聯盟生活消費合作社。

7.市場聯繫模式：通常指具備研究或市場開發能力之社會企業，透過所得資訊媒合市場與弱勢單位。例如：彭婉如家事媒合。

8.服務津貼補助模式：係指社會企業用商業收益達成社會目標，通常是非營利組織或庇護工場。

9.組織支持模式：較傾向企業社會責任途徑，係指營利單位之盈餘用於達成社會目標。例如：里仁。

二、合併模式（combining models）

通常社會企業採此模式，目的係為方便企業運作或增加社會方案，或透過進入新市場與創業增加獲利，甚至是藉由服務群體擴大增進社會影響力。分類如下：

1.複合型模式：複合型運作模式係指社會企業為求靈活與彈性操作，擁有兩種以上營運模式，主要目標是增加獲利與擴大社會影響力。例如：大誌雜誌採取公司與基金會雙軌方式營運。

2.混合型模式：混合型模式通常有一母組織，型態多為非營利組織，為求拓展業務或社會目標，另增設其他社會企業，形成複雜網絡型態。例如：勝利身心障礙潛能發展中心。

三、增強模式

增強模式係指藉由某種合作方式，減少社會企業化過程中障礙，強化社會企業營運。分類如下：

1.特許模式：特許模式係指某一組織將成熟的「社會企業」提供或販售給其他非營利組織，非營利組織支付費用後，可藉複製商業模式直接進入市場。

2.私部門夥伴模式：私部門夥伴關係指營利企業與非營利組織策略聯盟，形成互惠互利夥伴關係，社會企業即為此模式中產生的實體。例如：育成蕃薯藤。

社會企業基礎運作模式

模式	作法	商業型態	適用組織
社會企業家支持模式	提供自僱者或公司業務或金融服務，使他們有能力於市場上銷售產品與服務。	■ 供給方：金融機構、管理諮詢、專業服務（會計、法律或市場分析）、科技業與製造業等。 ■ 接受方：小額信貸機構、中小型企業和企業發展方案。	
市場中介模式	主是提供業務服務給弱勢自僱者或公司，使其能在市場上銷售產品。功能類似社會企業家支持模式，差別在於市場中介模式重視弱勢者與市場兩端的聯繫。	市場供應型合作社、公平貿易、農業與手工業。	市場取向機構、消費類產品公司或加工食品與農產品。
就業模式	創造有利的環境（提供技能訓練、過渡住所、身、心復健）僱用身心障礙者、遊民、失業青年、更生人販售服務或產品。	直接於市場上販售所生產之服務與產品。	景觀公司、自助餐、書店、二手店、郵寄、麵包店、木工、機械等。
服務收費模式	直接販售產品與服務，對象包含個人、企業或社區等一般大眾。收入部分用於支付業務成本，盈餘則用在支持其他社會方案。	服務收費模式直接於市場上販售所生產之服務與產品。	服務收費模式組織型態如學校、醫院、博物館或診所等。
低收入客戶模式	主要是提供弱勢者需要的產品、服務或生活必需設施（如水電）。	低收入客戶模式有特定對象，故必須採取高度創意，降低成本提升營運效率。	低收入客戶模式多使用於低收入社會或發展中國家。
合作社模式	透過社員服務，如市場訊息、技術援助、推廣服務、集體談判權、大量採購與產品服務等，販售生產之產品。	可分成社員市場與外部市場。產品多為農業產品，如茶葉、咖啡、乳製品、蔬果等。	合作社。
市場連繫模式	提供訊息與研究服務給客戶和市場，連接兩端。營收通常用於補貼作物改良、畜牧業和農業貸款。	類似經紀人。	服務對象為農民、合作社、工會、生產者團體，小型農業企業和食品加工。
服務津貼補助模式	共享成本、資產、業務、收入和經常方案。於市場上販售產品與服務，營收用於支持社會方案。	直接於市場上販售所生產之服務與產品。產品包含設備、房產與土地等；服務包含諮詢、方法顧問與關係品牌。	通常為非營利組織。
組織支持模式	透過產品與服務的販售創造營利，營利則用於支持其他組織之社會方案。	跨部門合作。	營利組織。

資料來源：修改自國家發展委員會（2013）。

第 **6** 章

社會工作的組織管理

章節體系架構 ▼

Unit 6-1
組織的基本概念

　　組織（organization）為實現某些特定目的所建構的特定形式之人員配置。每一個組織的建立都來自於「具有明確的目標」、一個「系統化的結構」，以及「一群成員」，促使組織據以運作、發展及成長。組織的特性，主要包括以下之內容：

　　1. 特定目標（goals）：組織所欲達成的主要特定目的稱之為組織目標。組織目標則再細分至各個部門的特定目的，乃至於細分到每個員工的工作目標。每一個組織都有不同的目標，這些目標大多是以一個目的或一組目的來表示。目標代表組織所要追求達成的境界或努力的方向，是一個組織存在的理由，也是結合組織成員的主要力量。

　　2. 組織結構（structure）：組織結構以「層級」「部門」為經緯，而層級多寡及部門繁簡等，則因組織規模不同而異，這就是組織結構的差異。所有的組織都發展出一套系統化的結構來釐清並限制其成員的行為，例如：制定各種政策。

　　3. 成員組成（people）：組織由群體所組成，群體亦由個別成員所組成。組織目標的達成，均為所有員工群策群力、共同合作的展現。每一個組織都是由若干人員所組成，雖然其人數少者僅兩三人，多者達數萬人。若無人員，則不可能有任何組織。

　　一個成功的組織，會有組織的目標目標、使命與哲學，組織的成員可以獲得對組織使命和願景的了解。

　　Brody 對使命（mission）的陳述為：一個好的使命陳述應該是崇高的、令人鼓舞的、簡明的，且可以容易了解與記得，也應該反映組織的基本目的，並且應該指出組織對其服務的對象想要達到的目的為何。使命提供願景的基礎。使命的界定必須簡潔而偉大，不必過於具體，但需要有抽象性的陳述做為引領目標訂定的依據。使命具有引導組織發展的功能，不應經常改變。人群服務機構使命的陳述，應該以機構對所服務人群所期待達到的理想成果來陳述。例如：一個收養機構或許會陳述，其使命是使每一個接受服務的孩子，可以在充滿愛與照顧的收養家庭中，實現他或她的所有潛能。

　　願景（vision）指的是組織長期的希望和抱負，通常涉及一個明確的價值基礎。理想上，它應該是由全體員工與相關利益團體一起發展，並為他們所共同承認和支持。願景是對未來組織發展的期望，一個較具體而生動的圖像。領導者透過願景的聲稱，讓員工願意為共同的願景付出心力。因此，組織領導者在上任時多會聲明組織的願景，此願景必須是具體而有時間性地描繪未來可能的狀態。一個組織的願景必須是積極正向的。使命是組織存續的核心理由，願景則闡述了組織階段性將達成的圖像。

組織平台圖

產品與服務

目標

文化

願景

使命

信念

資料來源：孫建忠等譯、Peter M. Kettner著（2005）。

■ **信念（beliefs）**
信條、哲學的基礎、激勵組織行動的價值。

■ **使命（mission）**
對於一般及世界目標的歷史與哲學陳述；期待對誰做什麼。

■ **願景（vision）**
對未來理想的一個明確，但通常帶有情感的觀點；組織的主要目標或成就。

■ **文化（culture）**
價值與態度的描述，說明組織如何追求及實現它的願景。

■ **目標（goals）**
廣泛的標的，藉以推動生產方向與策略規劃（長期與短期計畫、策略及戰術的設計都是為了目標的實現）。

■ **產品（products）與服務（service）**
達致願景所提供的產品與服務。

Unit 6-2
組織環境

組織環境（organizational environment）係指環繞在某一組織周圍的一組潛在的影響力，能夠左右組織運作的方式與取得稀少資源的方法。組織環境可分為內部環境與外部環境，說明如下：

一、內部環境

係指組織內部的實體工作環境（如：人、事、物）和文化等組成或交織的情況。例如：組成分子、規則程序、組織氣候（文化）及員工互動關係等；

二、外部環境

外部環境可區分為一般環境、任務環境：

（一）**一般環境**（general environment）：又稱為總體環境（macro environment），指的是涵蓋影響層面可能擴及所有組織的環境因素。一般環境指由那些足以形塑任務環境，以及影響所有組織在特定環境中獲取資源能力的各種影響力。包括：政治面、經濟面、社會文化面、科技面、法規面、人口統計變數等。

（二）**任務環境**（task/specific environment）：亦稱特定環境，係指由組織外部利害關係團體，各自具有影響力所組合而成的環境，能夠直接影響組織獲取所需資源的能力。包括：顧客、供應商、競爭者、社會與政治團體。

此外，在組織內、外部環境中，會受到組織的管理決策所影響的團體或個人，以及同時會影響組織決策的團體或個人，即是所謂組織的利害關係人（stakeholder）。亦即利害關係人會受組織之管理決策與行動所影響，相對地，他們也會影響組織的管理決策、任務執行與績效水準。組織管理者應妥善管理與利害關係人之間的關係，可採取的步驟如下：

1. 先釐清組織所面對的利害關係人有哪些？

2. 管理者必須了解利害關係人所在意的是什麼，例如：服務品質、財務狀況。

3. 了解每一位利害關係人對組織決策及行動的影響程度，包括管理者的規劃、組織、領導、控制等活動皆須考量利害關係人的影響。

4. 決定如何管理利害關係人、與各利害關係人打交道，而這取決於利害關係人對組織的重要程度，以及環境的不確定性。當利害關係人對組織的重要程度以及環境的不確定性皆很高時，或許將利害關係人納入夥伴是個決策的選擇。

組織環境與組織結構之間的關係取決於環境的不確定性。一般而言，不確定性可以從三個指標看出：

1. 環境資源豐富性：係指環境中可用於支持組織成長與穩定營運之資源多寡，例如：經濟景氣佳帶動捐款意願的提升、政府預算的增加、服務據點多。

2. 環境變動性：係指環境隨著時間產生不規則或難以預測變化的程度，例如：人口結構的變化、經濟景氣循環、科技發展速度。

3. 環境複雜性：係指組織在決策過程中必須納入考量之環境種類多寡與異質性的程度，例如：人口結構、區域經濟發展、族群。

當一個組織的外在資源愈稀少、環境愈不穩定或環境愈複雜時，組織愈需要彈性回應環境的需求；反之，組織可以較漸進的方式回應環境的變化。

206

一般環境的影響因素

影響因素	說明
政治面	主要為政治局勢、政府對企業的態度,或是跨國企業所面臨當地地主國的政治穩定度。政治情勢的變化,往往影響政府的產業政策或行政措施,而導致一般企業被迫調整管理制度與作法。
經濟面	區域經濟指標的變動及全球經濟情況的波動,皆會影響營運決策。
社會文化面	當社會主流價值觀、風俗習慣、消費者喜好改變時,管理者也要跟著改變產品的生產與行銷或服務流程等。
科技面	科技層面屬於變動最快的一般環境,而科技的日新月異可能不斷地發展出新的產品知識與技術,造成創新產品不斷被研發。科技的進步也會造成組織結構、管理作法的改變。
法規面	包括政府法律與相關法令的規範與變動。例如:勞工法令、最低薪資、延長工時規定、勞健保乃至退休金制度等影響企業的人力僱用制度。
人口統計變數	人口統計變數是指一群人口的實體特徵,包括性別、年齡、所得、教育程度、家庭結構等。

任務環境的影響因素

影響因素	說明
顧客	組織的產品與服務需要依賴顧客的認同與購買,顧客是組織所面對最重要的任務環境因素,唯有不斷提升產品價值,提供顧客需求的產品與服務,才能獲得顧客認同與購買,也才能創造組織利潤與價值。
供應商	供應商是提供組織原料、材料或零組件以讓組織進行生產製造活動的上游廠商。為提供顧客所需的產品與服務,故供應商提供符合品質要求的原料及合理的價格,是影響任務環境的因素之一。
競爭者	產業內的競爭者是與組織短兵相接的競爭者,組織有必要蒐集主要競爭者的市場與產品策略,以提出因應對策,鞏固自己的顧客群。
社會與政治團體	管理者必須注意到企圖影響組織決策的特殊利益團體。隨著社會和政治情勢的變遷,這些組織外的團體對於組織經營所造成的壓力與影響力也正在不斷上升中,需要協調與考量的層面也就更增加了許多。

Unit **6-3**
組織結構

　　組織活動（organizing）為進行任務、人員、設備之分配，以及建立組織結構之過程。組織（organization）則是為了實現某些特定目的所構成之人員配置，這些特定過程即形成了組織結構（organizational structure）。組織結構係指組織內有關工作任務的正式安排；亦即，組織為了達成其目的所進行的任務分工、溝通和協調及其工作流程和正式權力關係的安排型態。

　　每一個組織都具有明確的目標（goals）、一個系統化的結構（structure）及一群成員（people），而建立起組織結構，使得組織據以運作、發展與成長。組織結構即代表在組織內特定型式的結構中，各個部分的成員皆在各個特定位置上各司其職，以「層級」為經、「部門」為緯。組織結構界定了組織成員間的分工架構與合作關係。Robbins 指出，可以由三個構面來描述組織結構：

　　1. 複雜化（Complexity）：係指組織內部職能分化的程度，亦即指組織分化的情形，可分為水平分化與垂直分化。水平分化係指組織基層單位的多寡，水平單位愈多表示組織分工愈精密，專業分工愈細緻，故又稱之為工作專業化，其所需的溝通愈多。垂直分化則指組織垂直層級的數目，垂直層級愈多，組織中的溝通管道就愈複雜，成員的聯繫和活動的舉辦或協調就愈加困難 。

　　2. 正式化（Formalization）：係指組織仰賴規則、程序、正式訓練及相關機制，以使其成員行為趨於標準化的程度。一個組織的規則或規範愈多，則其正式化程度愈高，這表示對作業與員工行為的規範愈多，組織成員愈趨於一致，給員工的作業彈性和自由裁量權也愈少。

　　3. 集權化（Centralization）：係指組織當中決策權集中的程度，意即指決策權之所在。有些組織的決策權是高度集中於少數較高的管理階層，對問題的處理是由上級長官決定該如何做；有些組織則會將決策授權至較低階的管理層級。

　　綜合前述可知，組織結構是指組織為了達成工作任務，設計出一個框架系統，分化出各種不同的功能部門，用以分配職務範圍、權利、責任、資源等，以特定方式所組成的結構體系。組織結構是指一種靜態的制度特質，例如：權責分配、命令體系、層級節制、溝通體系以及協調設計等。組織結構中包括組織中一些比較穩定具靜態性質的事項，例如：組織規模、業務性質、單位劃分方式、設備、人員分布、人員素質、執掌劃分等。這些事項說明了組織內部門劃分的方式、各部門的指揮與隸屬之層級關係，故一般會以組織結構圖（organization structure chart）來呈現。組織結構設立了為完成組織目標的正式架構，規範各部門如何分配資源、協調工作所建立的互動關係，亦指分工協作體系。組織結構並非一成不變，而是必須隨著組織重大策略變動而調整、重新設計，以提升組織效能。

案例：財團法人陽光社會福利基金會組織結構圖

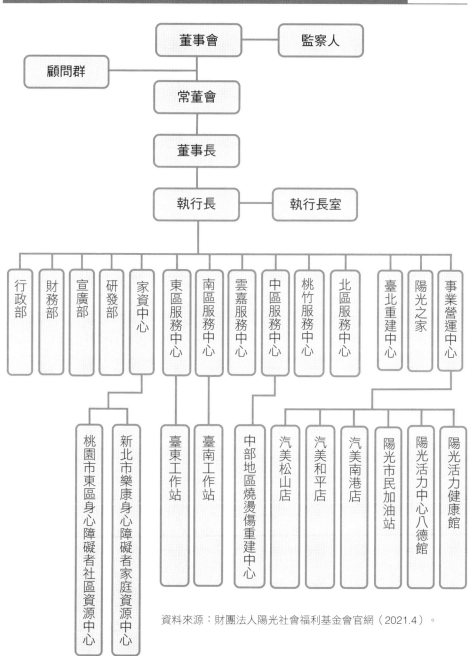

資料來源：財團法人陽光社會福利基金會官網（2021.4）。

Unit 6-4
正式組織與非正式組織

一、正式組織（formal organizations）

Chandler指出，組織圖由正式網絡結構所形成，該組織會受到為了達成組織目標所進行的一切任務及策略而驅動。正式組織可以定義為每個人為一個獨立的角色，透過上下互相監督並指揮的一個官方系統。同時，藉由組織成員間彼此標準化的合作，以達到組織目標。正式組織是由擁有正式體制與規範的團體所組成，成員間以制式化的條規、由上而下的正式層級關係所構成，意即組織各單位的職位、職階是藉由制式化的規範清楚劃分與結合，這些組成要素相當透明且易見。例如：社會福利基金會決策組織的董監事會、象徵決策管理代表的執行長、業務執行員工（社會工作師、教保員、生活輔導員、照顧服務員）、幕僚員工（人事、總務、會計、出納）等。

正式組織具有的特點，包括：

（一）每個成員有其一定要完成的工作。

（二）成員與成員之間的關係有一定的限制與規定。

（三）有權威階層與各種控制方法，使組織成員均能遵守。

（四）有一套系統化方式增進工作效率，加速目標之達成。

（五）科層制結構有分工、權威關係、升遷規定、專業化、非私人性及職業生涯特徵。

（六）相當穩定、持久。

二、非正式組織（informal organizations）

非正式組織是社會中的一種組織形式，與正式組織最大的不同，在於沒有明確的外在追求目標，沒有正式的權威型態，也沒有正式的法令規章，不涉及行政的程序與運作，也不具有明顯的科層體制特徵。換言之，非正式組織並非依循既定規範而形成的關係，而是在沒有公式化的程序，及沒人故意安排或設計下自然交互過程中，彼此了解、認同而自然發展而來的結果。

非正式組織的存在，對於個人或組織都有直接或間接的影響。從個人角度而言，人們可以透過非正式架構，以更快且更簡約的溝通網絡來滿足資訊的需求。然而，有些人可能為了謀取利益，因而加入非正式團體，以取得同事或上司的支持與權力。另外，從組織角度來看，由於非正式組織經由組員相互依賴，並發展出一套自己的習慣與作法，當在涉及到工作者的工作、職位、生活改變或是其他同事及管理方面關係的種種措施時，組員的行為便具有強烈的情緒色彩，因而影響管理的措施或其他的群體。

在非正式組織中，成員的異質性往往高於正式組織。非正式組織成員間以私人關係發生互動，且出於自動自發、無約束性。例如：聯誼會或是志願性組織等。正式組織必須靠非正式組織來補充，非正式組織有助於適應不斷變化的環境。組織中任何層級都會有非正式組織出現，即使是董監事會都會有派系，員工也會有自己的小團體；組織內的非正式組織有助於許多決策或政策共識的形成，當然，也可能會因內部的個別利益而造成變革上的阻礙及對立。

正式組織與非正式組織之比較

項目	正式組織	非正式組織
主要的目標	組織的、整體的	個人的
結構基礎	職務或職位上的	個別角色的
溝通基礎	職位間的正式關係	近似的原因：職業上、任務上、社會上或形式上的相近
權力基礎	合法的權威	專家或認同的權力
控制力量	法令規章、獎懲	道德與行為規範、影響力
組織型態	垂直的	平行的、側面的
產生的原因	設計產生	自然而產生

項目	正式組織	非正式組織
結構 　　起源 　　原理 　　穩定性	規範 理性 穩定	突然性 情感 動態
影響力 　　基礎 　　類型 　　流向	職位 職權 由上而下	個性 勢力 由下而上
溝通方式 　　溝通管道 溝通網絡形成模式	正式管道 定義清晰、依循正式管道	傳聞 定義不明確、與非正式管道交錯
組織個體	正式的職位所明定	被他人所接受
互動基礎	明定規範職責與職位	自發性與個人特質

Unit 6-5
垂直面組織與水平面組織

圖解社會工作管理

212

分化是一種組織分工的具體表現，可分為垂直分化（即層級化）與平行分化（即部門化）。垂直分化以垂直組織形式出現，將組織結構依權責分為多個層級，層級間有隸屬關係，強調上層對下層的控制與指揮；而平行分化則以水平組織出現，將組織結構依性質、功能、程序或地域等標準分為多個部門，部門間無隸屬關係，更多是分工與合作的概念。茲說明如下：

一、垂直面組織（vertical organi zation）

垂直面是組織各級單位從上到下實行垂直領導，呈金字塔結構。組織結構的垂直分化，又稱為「層級化」，意指組織依據「權力與責任」之大小，將組織區分為上下各種層級，形成所謂的「層級節制體系」。而此一層級節制體系，乃設立了基本的溝通及權力結構，亦即所謂的「指揮命令系統」。

垂直面的組織亦稱為傳統組織，優點為簡單明瞭，由上而下表明組織主管與部屬的正式關係，權力大小、溝通管道與方向一致、單純、直接完整；強調權威階層性，一般企業組織多採用之。垂直組織的特點，包括：

（一）組織中每一位主管人員對其直接下屬擁有直接職權。

（二）組織中的每一個人只對他的直接上級負責或報告工作。

（三）主管人員在其管轄範圍內，擁有絕對的職權或完全職權。即，主管人員對所管轄的部門的所有業務活動行使決策權、指揮權和監督權。

但此種垂直面組織面臨一些重要的管理議題，包括：指揮權統一、職權與責任明確、控制幅度適中、集權化和分散化等管理上的議題。

二、水平面組織（horizontal organization）

在組織的水平面的結構中，一個機構被細分為幾個子部門。組織水平結構面的基礎包括分工、部門劃分；其優點在於較不強調權威的高低，權威的階層性不如金字塔式垂直分布明顯。常見的部門劃分，依其分類性質，包括如下：（曾華源等主編，2017）

（一）以所要完成的功能區分工作的「功能性部門」：如住宿型福利機構中，照顧與教養功能的教保組、健康與維護功能的護理組、適應與權益保障的社會工作組。

（二）以生產線區分工作的「生產部門」：如身障者機構的職業重建部門、照顧服務部門、公關部門、計畫暨方案發展部門。

（三）以共同服務對象為基礎區分工作的「服務對象部門」：如老人機構常見的社區老人餐食外送部門、日間照顧部門、住宿照顧部門、團體家屋等。

（四）以地理區或範圍為基礎的「地理部門」：如六都的家庭扶助中心，設有東西南北區服務中心。

（五）以生產或服務對象為流程的「過程部門」：如心智障礙者的就業服務，經歷職業重建服務過程，從個案管理員、職業評量員、職業訓練員、職業服務員等不同階段服務，這些成員雖在職業重建系統部門下，卻可能是分屬不同子項服務部門。

案例：衛生福利部社會及家庭署

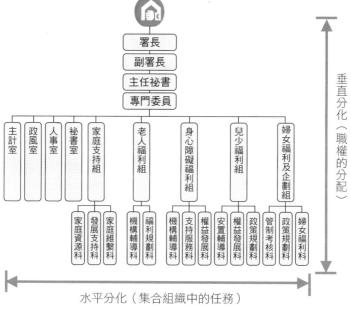

資料來源：衛生福利社會及家庭署官網（2021.4）。

組織名詞說明

虛擬組織（virtual organization）

係指組織透過外包的方式，將原本組織內的活動轉而由外部的組織或廠商來負責，只保有核心的功能，並大幅減少其他的組織活動。組織虛擬化的結果即是組織與組織之間形成了一種網絡關係或網狀組織，各個相關的組織間存在著相互依存的關係。

無疆界組織（boundaryless organization）

無疆界組織有兩種意涵，一種係指虛擬組織打破了實體組織既存的界限，僅在必要的時候將外界資源納入組織，以擴充自己的實力，而本身則保有最大的彈性，以因應環境的變化；另一種係指有效能的組織必須竭力消除各種存在於組織內的邊界，或是存在於組織與外在環境（如顧客）之間的邊界，以降低因邊界而阻礙有效的溝通協調，這種觀念也被人稱為技術型組織（technology-based organization），或簡稱為T型組織。

Unit 6-6
機械式組織與有機式組織

　　柏恩斯（Burns）和史塔克（Stalker）認為封閉系統的組織結構是機械結構，偏向固定、嚴密、制式化；而開放系統的組織結構是有機結構，偏向彈性化。茲將兩種組織結構說明如下：

一、機械式組織（mechanistic orgamization）

　　機械式組織指的是一種僵化運作與嚴密控制之組織設計方式，有如高效率的機器運作，需要高度依賴各種規定、規範、標準作業程序之潤滑來促進組織運作的效率。因此，當一個組織具有非常詳細的規定、標準作業程序等各種僵化的制度運作，以規範與嚴密控制員工的日常作業，就屬於機械式組織模式。其目的就是在將人員特性作標準化的一致性看待，將人視為重複性機器運作的必要組件，以儘量降低組織運作的無效率，提高生產績效。這種機械式組織透過制度、規定、程序的僵化運作之組織特性，也屬於官僚學派所提倡的官僚組織的特性。主要特徵包括：

　　（一）高集權化、高複雜度、多層級、多法令、控制幅度小。

　　（二）固定、嚴密、正式化、標準化。

　　（三）重視地位權力、重視效率與程序。

　　（四）工作目標明確、整合容易，適合穩定的環境。

　　（五）部門間人員互動低，適合例行性、機械動作的生產作業。

二、有機式組織（organic organi-zation）

　　有機式組織指的是一種具有高度適應性與組織設計方式。其組織特性包括：最少的正式規定與少數的直接監督、強化訓練以授權（賦權）員工處理多樣化工作、強調團隊運作與互相協助、組織所執行的常是非標準化工作。當組織的工作大部分為非標準化工作或非程序化的工作，規定與程序的效率運作難以彰顯，只能靠團隊運作的模式及頻繁的訓練，以提升技術層次，彈性與創新地因應組織面臨的各個不同問題，提出解決方案，提升組織運作績效。這種有機式組織模式常見於面對環境劇烈變動的組織之運作。而且為了能夠彈性因應環境變化，組織結構有時需要隨著策略而調整。有機式結構具有彈性、沒有精細分工，且分權決策的組織，其結構設計強調的重點是適應與效能。主要特徵包括：

　　（一）高分權化、低複雜度、低層級、少法令、控制幅度大。

　　（二）彈性、鬆散、調適性、無標準化。

　　（三）重視知識權力、重視彈性與自主。

　　（四）工作目標彈性、整合不易，適合多變的環境。

　　（五）部門間人員互動高，適合研究發展。

　　綜合以上可知，機械式組織偏向集權組織型態、高度專業化分工的部門結構、多以書面規定與管制措施，因此，機械式組織的集權化程度高、複雜化程度高、正式化程度亦高。相反地，有機式組織偏向分權組織型態、打破專業領域限制的跨功能整合團隊、無嚴密之規定與制度控制，因此，有機式組織的集權化程度低、複雜化程度低、正式化程度亦低。

機械式與有機式組織之比較

機械式組織	有機式組織
任務被設計成專精、高度分工的細部工作	員工共同對部門的工作做貢獻
任務是被清楚定義的	任務透過團隊工作方式進行調整與定義
有嚴格的職權架構	職權與控制的層級少，僅有少數規則
任務相關的知識與控制集中在高階管理階層	任務相關的知識與控制普遍分散在組織各處
溝通是垂直的	溝通是水平的

機械式組織	有機式組織
高度專業分工與僵固的部門結構	打破功能領域限制的跨功能整合團隊
明確的指揮鏈與層級關係	指揮鏈不明確
組織內資訊正式溝通管道流通，資訊溝通方式較為僵化	組織內資訊流通，不一定經由正式溝通管道
偏向集權，以提高組織效率	偏向分權，強調彈性因應
多書面規定與管制措施以確保工作按標準方式效率化運作	以諮商代替命令，無嚴密之規定與制度控制
透過制度嚴密控制	強調團隊運作、自我控制
追求穩定、效率	追求創新、彈性

組織結構特性三項指標	機械式組織	有機式組織
集權化	高	低
複雜化	高	低
正式化	高	低

Unit 6-7

組織結構設計：工作專門化、分部化／部門化

管理者在進行組織結構設計時，必須考慮6個關鍵要素：工作專門化、分部化／部門化、指揮鏈、控制幅度、集權化與分權化、正式化（張仁家主編，2018）。經綜合諸多學者對於前述6個關鍵要素，本單元說明工作專門化、分部化／部門化等二個關鍵要素，其餘關鍵要素於後續單元說明之。

一、工作專門化

「工作專門化」（work specialization）／「專業分工」（specialization of labor）係用以描述組織中把工作任務劃分成若干步驟來完成的細分程度，這也是工作專門化的定義。從組織角度來看，實行工作專門化，有利於提高組織的訓練效率。挑選並訓練從事具體的、重複性工作的員工比較容易，成本也較低。但工作專門化或分工的結果往往是：一個人不會完成一項工作的全部。研究顯示因工作專門化，工作者因非經濟性因素的影響（表現出厭煩情緒、壓力感、流動率上升等），超過了其經濟性影響的優勢，導致生產力降低。

二、分部化／部門化

一旦透過工作專門化完成任務細分之後，就需要按照類別對工作進行分組，以便使共同的工作可以進行協調與運作。而工作分類的基礎正是「部門化」（departmentalization）。一般而言，組織可依以下角度將組織進行分部化／部門化：

（一）**按方案分部化**：當針對特殊形式的問題或案主需要專門知識與技巧時，藉由方案分部化是最常見的選擇。例如：寄養照顧方案、收養方案、家庭諮商方案。

（二）**按功能分部化（又稱職能分部化）**：根據職能進行部門的劃分適用於所有的組織。這種職能是把同類專家分配到同一個部門中，其優點有：1.可提升效率；2.同一功能部門的凝聚力強。缺點是：1.部門間缺乏溝通；2.各部門對組織目標的了解有限。

（三）**按地區分部化**：將組織結構依據公司不同的服務區域劃分部門。優點有：1.可更有效地處理各區的事務；2.可對特定區域提供較好的服務。缺點是：1.不同部門內的功能重複；2.區域彼此是分割的，越區服務是不允許的。

（四）**按產品／服務分部化**：將組織結構依公司所生產不同的產品劃分部門。優點有：1.允許特定產品及服務專業化；2.管理者可成為產業內的專家；3.較接近顧客。缺點是：1.各部門功能重複；2.對組織目標的了解有限。

（五）**按過程／程序分部化**：將組織結構依公司的生產程序進行部門劃分，亦即，按照過程分部化。優點有：更有效率的工作流程，以及每一個助人階段都有其各自的專家；其缺點是各過程中因為變換工作人員，並因而失去工作中人員的關係性。

（六）**按顧客／案主分部化**：將組織結構依公司所服務的顧客特性劃分部門，以相同需求的顧客群基礎為區別工作劃分。優點有：1.較了解顧客的需求；2.顧客的問題有專人處理。缺點是：1.不同部門的功能重複；2.侷限在部門的目標上。

組織結構設計

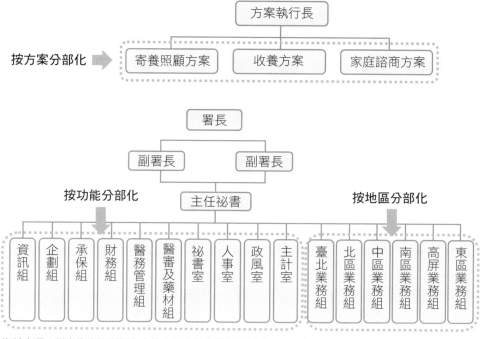

資料來源：引自衛生福利部中央健康保險署官網組織圖（2021.4）。

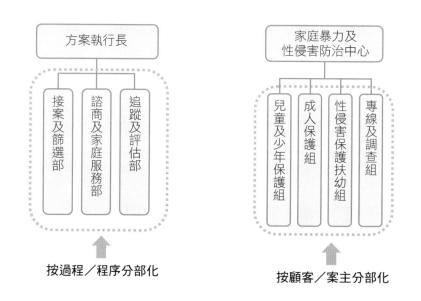

Unit 6-8
組織結構設計：指揮鏈

本單元接續說明管理者在進行組織結構設計時，必須考慮6個關鍵要素：工作專門化、分部化／部門化、指揮鏈、控制幅度、集權化與分權化、正式化，其中的指揮鏈，其餘關鍵要素於後續單元說明之。

三、指揮鏈

指揮鏈（chain of command），亦稱為命令鏈。指揮鏈之定義係指從組織最高階層延伸至最基層的職權之連續線，且此一職權連續線的結構亦明確描述了層級指揮與報告體系。指揮鏈是一種指揮統一的設計，基於從組織最高層級到最低層級之報告關係，組織的每一位員工應該只向一位主管報告與負責，以避免發生無所適從的現象。

在指揮鏈中，在某一管理職位上所具有告知、指揮下屬待執行任務的權力，稱為職權（authority），亦即，職權是管理者在「職位」上的權力，使其可以發命令並預期號令會被遵守。它是由上往下授予下階層管理者，給予其特定的權力，同時限制其在特定的規定內運作。至於在某一職位上所具有執行被賦予的任務責任之義務，則稱為職責（responsibility）；而每個職位均需行使職權以及履行職責，並將其工作的進度與成果向上級報告，即為負責（accountability）的表現。有時管理者因為事務繁重，或為了培養訓練接班人，可能需要將本身職權授予下屬代為執行，即形成授權（delegating）的管理行為。

指揮鏈涉及兩個原理，說明如下：

（一）統一指揮（Unity of Command）

古典學者們強調統一指揮原則，主張每個下屬應當、而且只能向一個上級主管直接負責，不能向兩個或者更多的上司匯報工作。否則，下屬可能要面對來自多個主管的相互衝突的要求或優先處理的要求。解決的辦法是在確保專業分工和崗位劃分的基礎上，透過緊密的協作，進行合理的指揮。

（二）階梯原理（Scalar Principle）

階梯原理則涉及職責的範圍。這一原理強調從事不同工作和任務的人，其權力和責任應該是有區別的。組織中所有人都應該清楚地知道自己該向誰匯報，以及自上而下的、逐次的管理層次。

綜合而言，指揮鏈具有的效益，包括：1.與指定的員工存在明確的報告關係；2.每個員工都有一個上司，從而減輕了在指揮鏈中（例如：在矩陣組織中）員工可以向多個上司報告的多個主管和指揮方向衝突的問題；3.責任和權責獲得明確分配，每位管理者對一組執行職能的員工負有監督責任；4.員工對於向誰尋求資源、幫助和回饋並不會感到困惑；5.當組織具有結構化及控制層次的結構時，組織人員和關係間具有簡單性和安全性。

然而，指揮鏈思維起源於工業時代，當時的工作涉及更多固定性或僵化性的活動，且因為較少的訊息和有限的交流，使得決策和權限顯然由組織結構圖上層的幾個人掌握。但當今的組織經歷著眾多的交流選擇，更具智力挑戰性，以及許多的工作，必須基於訊息做出更明快的決策制定的需求，致使指揮鏈在許多方面阻礙了這些新的組織選擇和需求。

指揮鏈範例

名詞解釋：職權（authority）

01

直線職權（line authority）

賦予管理者指揮其部屬工作的職權，從組織的最高層一直延伸到最底層，也就是遵循所謂指揮鏈中主管—部屬的職權關係。「直線」這個名詞是用來區別直線經理與幕僚經理，「直線」強調的是管理者所負責的功能部門對組織目標具有直接貢獻，負直接之責任。例如：典型的直線經理是指生產和銷售功能，而人事和會計的管理者則被視為幕僚經理。

02

幕僚職權（staff authority）

當組織逐漸擴大及複雜，直線管理者會發現自己愈來愈沒時間，以及運用專門知識或資源來有效地完成工作。因此創造幕僚職權的功能來支援、協助及減輕原先的資訊負擔。其中，單純協助工作者稱為個人幕僚，提供專業知識者稱為專業幕僚。

03

功能職權（functional authority）

主管可以授權幕僚人員對某些特定的專業業務可逕行決定业要求各部門配合，例如：安全部門可以向其他部門發布關於安全的指示。惟如果範圍界定不明確，容易造成權責不相符的問題。

219

Unit **6-9**
組織結構設計：控制幅度

本單元接續說明管理者在進行組織結構設計時，必須考慮6個關鍵要素：工作專門化、分部化／部門化、指揮鏈、控制幅度、集權化與分權化、正式化，其中的控制幅度，其餘關鍵要素於後續單元說明之。

四、控制幅度

控制幅度（span of control）指的是一位管理者能有效指揮監督、管理直接下屬的人數。指揮管理的下屬人數多，表示控制幅度大；指揮管理的下屬人數少，則表示控制幅度小。

組織的管理者可能因為許多因素而影響其控制幅度，這些影響因素稱為控制幅度之情境因素，主要有以下四大類（牛涵錚等著，2019）：

（一）組織層級因素

在以同樣員工數的比較基礎下，組織層級愈多者，表示每一位管理者有效管轄部屬的人數愈少，愈形成高塔式組織結構，控制幅度愈小；組織層級愈少者，表示每一位管理者有效管轄部屬的人數愈多，愈形成扁平式組織結構，控制幅度愈大。亦即，控制幅度之大小恰與組織層級多寡成反比。

（二）個人因素

1.主管個人偏好：主管有較強的「權力需求」，則主管希望有較大的控制幅度；若主管有較強的「社會需求」，控制幅度較小，會想和直接下屬有較多的互動與了解的機會，因而無法管轄太多部屬。

2.主管的能力：主管的能力愈高，愈足以管轄更多部屬，控制幅度愈大。

3.部屬的能力：部屬的能力愈高，每位部屬能夠自發地將工作完成並向主管報告，則主管自能管轄較多下屬，控制幅度愈大。

（三）工作因素

1.主管本身之工作內容：若主管常須花相當多時間於規劃、部門溝通、非管理性工作上，則其監督下屬時間減少，控制幅度較小。

2.下屬之工作性質：若下屬工作需常常和主管討論，則主管耗費在與部屬討論時間長，即無法帶領太多下屬，控制幅度較小。

3.下屬工作相似程度與標準化程度：當下屬工作相似程度與標準化程度愈高，主管可以制式規定與程序管轄較多執行相同任務的下屬，則控制幅度愈大。

4.下屬彼此工作的關聯性：若下屬彼此工作的關聯性較大，則主管需監督、協調下屬工作的時間較多，控制幅度較小。

（四）環境因素

1.技術因素：當生產技術屬於大量生產標準化產品時，生產流程皆依標準程序進行，管理者能管轄較多部屬，控制幅度大。若生產技術屬於手工生產，則控制幅度較小。

2.地理因素：下屬所在地點分散，控制幅度較小；下屬所在地點較集中者，控制幅度大。

一般而言，控制幅度宜保持在3-8人，若控制幅度窄也有其好處，管理者就可以對員工實行較嚴密的控制。但較窄的控制幅度會有的缺點，包括：1：管理層級會因此而增多，管理成本會大大增加；2.使組織的垂直溝通更加複雜。管理層級增多也會減慢決策速度，並使高層管理人員趨於孤立；3.控制幅度過窄易造成對下屬監督過嚴，妨礙下屬的自主性。

控制幅度：相同組織規模但不同控制幅度的對照

最高階

組織層級

幅度為4

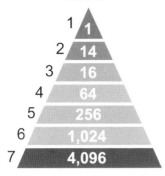

1	1
2	14
3	16
4	64
5	256
6	1,024
7	4,096

幅度為4：
作業員人數 = 4,096
管理者人數（層級1-6）= 1,365

幅度為8

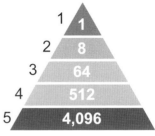

1	1
2	8
3	64
4	512
5	4,096

幅度為8：
作業員人數 = 4,096
管理者人數（層級1-4）= 585

影響控制幅度的8項因素

影響因素	說明
1.員工與管理者的技能	技能愈好，控制幅度可以加寬。
2.工作複雜度	工作複雜度愈高，控制幅度要愈小。
3.工作相似性	工作相似性愈高，控制幅度可以加寬。
4.部屬的相近性	部屬的相近性愈高，控制幅度可以愈中。
5.工作的標準化程度	工作的標準化程度愈高，控制幅度可以加寬。
6.組織資訊系統的精準度	資訊的精準度愈高，控制幅度可以加寬。
7.企業文化的強度	文化強度愈強，控制幅度可以加寬。
8.管理者的領導能力	領導能力愈強，控制幅度可以加寬。

Unit 6-10
組織結構設計：集權化與分權化、正式化

本單元接續說明管理者在進行組織結構設計時，必須考慮6個關鍵要素：工作專門化、分部化／部門化、指揮鏈、控制幅度、集權化與分權化、正式化中，最後二個關鍵因素：集權化與分權化、正式化，如下：

五、集權化與分權化

集權化（centralization）代表決策權集中在組織中某一位階以上之程度，例如：組織中大部分決策權都集中於高階主管，代表集權化程度高；相反地，如果決策權下放給較基層員工，也能做一般作業性的決策，則代表集權化程度低、分權化程度高。所以，分權化（decentralization）指的是大部分較低階員工都能在決策前，提供相關資源與能力之程度，或實際能制定決策的程度。集權化可以讓組織不至於多頭馬車、各自為政，乃至爭相謀取自身利益；分散化卻可以因地制宜，即時回應，發揮功能。

分權是一個權力分散的狀態，而授權指的是給予權力的行為，分權是指企業的決策權並不只集中於高層，而是將部分的決策權交給各部門，使其擁有自主權。分權包含了選擇性的授權與適度的集權。

一個組織分權大小的程度，包括幾項衡量指標：

（一）當組織低階管理者可決策的事件愈多，決策結果愈重要，分權愈大。

（二）當組織部門所包含的功能愈多，則分權愈大。

（三）部屬做決策前，必須得到上級認可的次數愈少，分權的程度愈大。

（四）組織的政策、程序制定得愈有彈性或寬鬆，分權程度就愈大。

（五）主管對於部屬的控制程度愈低，分權的範圍就愈大。

集權與分權都屬於組織運作的結果，呈現為組織運作的型態。當組織中所有階層管理者，都傾向於授權下屬制定具體的作業性決策時，整個組織的運作就會形成分權的組織型態。因此，所謂的授權，其實是主管個人的管理行為，而分權則是組織整體運作型態。

六、正式化

正式化（formalization）指的是組織內以正式書面文件規範工作行為的程度，亦即，員工行為受規則與程序引導之程度。組織規模較小，彈性運作性較高，較少的規則、制度、程序，正式化程度較低；組織規模較大，各項作業規範較為完整，正式化程度較高。幫組織愈龐大，使得組織正式化程度愈高時，也愈可能產生一些組織之病態現象，即為所謂的帕金森定律（Parkinson's law）。

帕金森定律是指組織出現「利用工作完成後的剩餘時間去製造新的工作」。強調組織中的每個主管都希望增加部屬，而不希望增加對手。主管們都彼此為對方製造工作，結果可能造成冗員充斥。主管們常常以忙碌來證明其工作繁重，為了表現能者多勞，故意製造額外的工作。所以，很快地他們就需要助手來協助處理所有的工作與事務。因此，在原先的工作上，又多了監督的工作，如果一切發展順利的話，一兩年後，他的助手又需要新的助手，這時就由五到七人來做原先由一個人所做的工作。

組織之集權化與分權化之比較

較集權化	較分權化
環境較為穩定	環境較複雜、不穩定
低階主管的決策能力較不足或缺乏經驗	低階主管能力夠且有經驗
低階主管無欲於參與決策	低階主管希望能參與決策
相對上較為重要的決策	相對上較不重要的決策
組織面臨危機或有崩潰的危險	組織文化較開放，主管對所發生的事有發言權
組織規模較大	組織在地理上較為分散
組織的有效經營，有賴主管對所發生的事保留發言權	組織策略的有效執行，有賴主管更多涉入及彈性的決策

223

類型比較	優點	缺點
集權化	■ 高階主管協調組織一切，努力於共同目標。 ■ 組織架構比較穩定，統一指揮、領導，行政命令一貫到底。	■ 高階主管忙於作業性決策，疏忽長期的策略決策。 ■ 不太考量基層的意見。
分權化	■ 低階主管有即時做決策的權力，提升組織的彈性與應變能力。 ■ 管理者較能發揮技術與能力，對組織更盡力。 ■ 鼓勵員工創新、冒險嘗試。 ■ 員工較無疏離感。	■ 各階層主管均有權力，組織規劃與協調變困難。 ■ 組織失去對決策過程的控制力。

Unit 6-11 授權與協調

授權（delegation）的基本定義為「主管將原屬於本身之職權與職責交予某位下屬負擔，使其能行使原屬於該主管之管理工作及作業工作之決策，並要求下屬對其報告、負責」。亦即，授權係指管理者將一些職權與職責轉移給部屬，一方面可以減輕管理者的負擔，另一方面亦可以讓部屬有更多的自主性及彈性，以適應外部環境的變化。適當的授權有助於主管專注於各種迫切的決策，以思考組織整體與長遠性的成長與發展。

授權就是管理者將權力下放給他人，藉由他人完成工作。授權的主要目的在使組織發揮更大效率，讓管理者能更有效的運用自己的才能；如果組織內沒有適當授權，管理者就會陷於日常事務的決策中。特別需要注意的是，授權不等於放棄職責，即使主管將權力下放給部屬，主管仍然負有相當的職責。因此，授權是指組織的上層主管，適當地依照權限範圍，將職權移轉給部屬；授權可提升員工的滿意度、士氣及動機；對任務缺乏充分的授權，就無法產生有效的管理。授權必須摒棄嚴格的監督，代之以更寬廣的管理方式。

協調（coordination）是指將組織中各業務部門的活動，化為一致性行動的過程；發揮團隊精神，以順利整合各部門的活動進行，達成共同目標。亦即，協調是兩個以上具互賴關係的個人或組織之間，為求同去異以形成決議採取一致行動的方式。

協調的目的在於行動上的一致，以達成下列功能：

1. 組織內各部門能密切配合、分工合作，以如期達成工作目標。

2. 各部門及員工作業步調一致，避免工作重複，以增進組織的效率。

3. 各部門及員工能彼此統合個別努力為集體合作的行動。

4. 減少人力、物力、財力和時間的浪費，提升工作的品質。

協調可分為組織內與組織間的協調。組織內的協調是指對機構內員工的執掌有明確的決定，並確立責任與職權的限度歸屬；組織間的協調是指不同組織間為達成組織目的，彼此間所做的協調。

Likert 提出評估一個組織的協調績效良好與否的指標，具有下列情況者，顯示出組織的協調績效良好，包括：

1. 組織的主管與部屬間，尤其是同僚間，有高度的合作行為。

2. 在員工間態度良好，個人有自信心，並信任別人。

3. 為了消除人際間的差異、衝突，並達成有創見的解決問題的方式，必須要有組織結構技巧，以及互動的技巧。

4. 不須使用傳統的權威方式，領導者能夠發揮其影響力促進動機及協調。

5. 組織的決策制定過程，以及主管與部屬關係相當良好，不會損害到任何一位主管與部屬間的關係。

授權的目的（重要性）

授權組織成員執行所賦予的任務，管理者將有更多的時間和精力專注於組織的策略。

1

決策盡可能下放至較低的層級，將可因執行者同時也是決策的參與者之角色，而激勵團隊及員工之角色士氣。

2

3

授權可讓員工因感覺受到重用和信賴，而強化其自我肯定與價值。

4

授權讓員工有更多的學習機會、經驗與成長，有助於組織提升專業管理的技術與效率。

歸納影響授權的情境因素

情境因素	因素說明
下屬因素	■ 能力或經驗是否足夠擔當較大的職責。 ■ 害怕犯錯或成效不佳，寧可由上司決策。 ■ 缺乏必要的資源提供，無法真正發揮被授予之職權。 ■ 下屬拒絕被授權。
主管因素	■ 有較大的權力需求，傾向一切由自己發號施令。 ■ 對自己的地位缺乏安全感，不敢有太大程度的授權。 ■ 因必須向上司隨時報告情況，自然事必躬親，不敢授權。 ■ 自認本身在組織之重要性，管得愈多愈顯自己的重要性，不願授權。
工作因素	■ 工作具有重要性，主管常需親自處理，而不能真正授權。 ■ 工作具有緊急性，任務須立即執行，難以授權。

Unit 6-12
組織溝通

　　溝通是指由發訊者傳達出訊息，並確認收訊者能理解該訊息。簡言之，溝通即為意義的傳達與理解。在溝通過程中，為使訊息有效傳送到接收者，並讓其正確解讀，必須要能了解溝通程序中的每個要素（如右頁圖解）。在溝通過程中，涉及到發送者（sender）、編碼（coding）、訊息（message）、溝通管道（channel）、接收者（receiver）、解碼（decoding）、回饋（feedback）、雜音（noise）等相關要素。

　　溝通程序從發訊者想要傳達訊息開始，並對訊息編碼，透過溝通管道傳達，收訊者接收訊息，然後收訊者對訊息解碼後，產生回饋反應給發訊者，以讓發訊者確認訊息是否被收訊者理解。

　　溝通如果只是意義的傳達，卻未確認對方是否真正理解，可能導致對方誤解的結果而不自知，這就不是有效的溝通方式。有效溝通的障礙包括：

一、過濾（filtering）

　　發訊者以其主觀上認為有利於接收者理解之溝通方式，而進行訊息的蓄意操弄。例如：主管指派艱困工作時，可能不會說明完整專案內容，而只是告知下屬工作的部分，對於過程中會遭遇到的困境則未提及或簡單帶過，即屬於訊息過濾的溝通障礙。

二、選擇性知覺（selective perception）

　　收訊者對於訊息的解說，可能因為部分資訊內容被過濾掉，而產生選擇性知覺。當收訊者選擇性地集中注意在某一部分內容，則稱為選擇性注意（selective attention）。若是收訊者選擇性地以其個人的興趣、背景、經驗、態度來解釋其所看到或聽到的訊息，稱為選擇性理解（selective comprehension）。即使是在注意及理解之後，收訊者並無法記得所有他們看到、聽到、說到的資訊，只記得記憶深刻的內容，稱為選擇性保留或選擇性記憶（selective retention）。

三、情緒（emotions）

　　收訊者的心情起伏影響其解釋訊息的方式，當情緒高昂時可能會過於樂觀地看待事物，但是當情緒低落時可能又會過於悲觀。

四、資訊超載（information overload）

　　收訊者所接收到的訊息已超過個人處理能力所及，又稱為資訊過荷。但每個人的資訊處理能力不同，所以發訊者必須觀察與了解收訊者的可負荷的資訊量，提供適量訊息，以免產生因過量資訊導致收訊者難以理解的窘境。

五、防衛性（defensiveness）

　　當收訊者感到受威脅時，會以阻礙有效溝通的方式來回應訊息傳送者。

六、語言與文化差異（language and culture difference）

　　組織成員彼此習於溝通之專業用語或技術語言，對於組織外成員可能產生理解上的障礙。而不同的文化與次文化族群（例如：新興世代與熟齡世代族群之間），甚至是跨國企業的會議中，不同國家文化間的語言、風俗民情、習慣性思維，也都會造成跨文化間溝通的隔閡。

溝通的過程

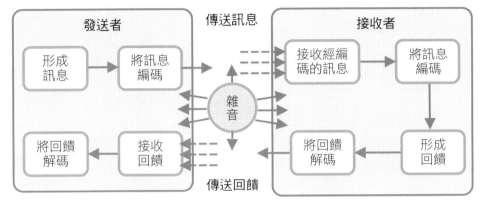

資料來源：張仁家主編（2018）。

溝通過程的相關要素

- **發送者（sender）**：欲傳達某一種觀念或資訊給另一方了解者。
- **編碼（coding）**：將觀念或資訊轉換為符號的過程，這種符號可能是聲音、文字、語言或表情等，其目的是要設計能讓對方理解的傳達方式。
- **訊息（message）**：發訊者欲傳送的、經編碼後之一組符號。
- **溝通管道（channel）**：將訊息由發訊者傳送至收訊者所經歷的通路媒介。例如：面對面的口語傳播、聲音表達的媒介（如播音器、音響喇叭）、平面媒體或網際網路傳送。
- **接收者（receiver）**：接收訊息的一方。
- **解碼（decoding）**：收訊者對接收的訊息進行解釋、解讀、賦予意義的認知過程。
- **回饋（feedback）**：收訊者接收到訊息後的回應，並反應給發訊者知道。
- **雜音（noise）**：溝通過程中的干擾因素或訊息的扭曲傳達。

Unit 6-13
組織溝通的類型

溝通為意義的傳達與理解，組織溝通則指的是組織訊息之傳達與獲得理解所採用的各種溝通型態。茲說明各種組織溝通的類型如下：

一、依使用者的溝通媒介區分

（一）言辭溝通（verbal communication）：包括口頭溝通與書面溝通二種。

（二）口頭溝通：面對面的口頭溝通，其優點是快速傳遞且能夠收迅速回饋之效。但缺點是彼此回應內容往往並未經過深思熟慮，加上大部分的溝通都沒有留下紀錄，事後容易引發爭議。

（三）書面溝通：書面訊息不但意義傳達深思熟慮、不易被扭曲，且可供事後驗證。惟其缺點是此類溝通往往曠日廢時，缺乏立即回饋的機制、不易於進行雙向溝通。

二、依溝通的正式程度區分

（一）正式溝通

經由組織間與組織層級的正式程序，所進行的溝通。正式溝通可分為垂直溝通、水平溝通、斜向溝通。說明如下：

1. 垂直溝通：是指經由組織正式報告程序，循組織層級所進行向上溝通（呈報資訊）與向下溝通（指揮命令），說明如下：

(1)向下溝通：是各類組織中最常見也是最傳統的溝通方式，當溝通由團體或組織的層級流向較低層級時，就是向下溝通。向下溝通時，管理者必須充分解釋決策的事。

(2)向上溝通：主要是從權力下端層級傳達至上端層級的溝通方式。用於交換資訊、解決問題及下行溝通的回應，常會設置意見箱或是意見調查表等。

2. 水平溝通：是指位於組織同一層級的相同位階職位之間的溝通，屬於不同部門、相同層級之部門間的溝通協調。

3. 斜向溝通：跨工作領域、跨組織層級的溝通方式，通常指的是不同部門、不同層級之間的溝通。

（二）非正式溝通

不循著組織層級的正式程序所進行的溝通，又稱為葡萄藤溝通（grapevine）。葡萄藤不受正式組織的程序與規範限制，訊息傳播速度與衝擊往往遠比正式溝通大，因此，了解組織內的葡萄藤溝通並試圖影響它，是管理者的職責。

三、依溝通的網絡區分組

（一）鏈狀（chain network）

係指依正式指揮鏈（向上與向下）之一條線形式的溝通，其溝通速度較慢，容易扭曲資訊，而且任何一點的中斷皆可能造成整個體系無法傳遞訊息。

（二）輪狀（wheel network）

係指由一位被認可及精練的管理者與工作團隊之間的溝通，管理者扮演樞紐的角色，分別向多名部屬傳遞訊息，管理者容易掌握情況，訊息精準度較高，但如果無法併行作業，速度也會受到限制。

（三）環狀（circle network）

係指組織成員可以跟鄰近的成員產生互動關係，但與非鄰近的成員則缺乏溝通管道，必須透過鄰近成員才能達成。

（四）網狀（all-channel network）

係指一個團隊中的所有成員皆可自由地溝通，所有的人皆可向其他任何人傳遞訊息，成員的滿足度高，但易形成混亂。

Robbins與Coulter提出組織溝通之目的

01 控制：
管理者透過正式溝通管道控制員工的行為。例如：組織成員皆須依循指揮鏈進行命令指揮與任務報告、員工必須依制度行事等。

02 激勵：
藉由正式溝通可以讓員工知道工作內容、績效結果及如何改善，也有助於激勵員工對工作的投入。

03 抒發情感：
員工可藉由溝通機制抒發其工作上的挫折或成就感，也滿足員工的社交需求。

04 提供達成任務目標的資訊：
藉由組織溝通傳遞完成工作所必要的資訊，有助於組織任務與目標的達成。

溝通網絡的類型

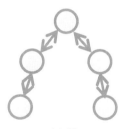

鏈狀

輪狀

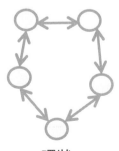

環狀

網狀

Unit **7-1**
人力資源管理的意涵

人是組織中的核心資源。人力資源管理（human resource management, HRM）是關於組織中人（people）的面向之管理。人力資源管理有四項功能，說明如下：

1. 晉用：即確信有合乎組織各層級短期或長期目標之可用員工的正式過程，其內容包括：工作分析、人力資源規劃、招募、甄選和員工指導等。

2. 培訓與發展：即協助員工習得新技能、改善技能，或改善在組織中表現的能力，以促進其發展，並將個人長期目標與組織需求結合的員工生涯發展。

3. 激勵：即促使員工努力追求組織目標的意願，其策略包括確認激勵方法恰當與否、工作再設計、降低員工的疏離感、提升工作滿足感、落實績效評估、回饋員工、聯結報酬與績效及處理員工的抱怨等。

4. 維繫：即著重於提供適宜的工作條件或環境，以維繫或增進員工對組織的認同。具體作法包括：提供有效的福利方案、建立安全暨健康的工作環境，以及確保適當溝通管道的順暢等。

人力資源管理與人事管理是兩個經常被交互使用的名詞。傳統上慣用的「人事管理」已逐漸被「人力資源管理」所取代。兩者之間的區別，約略如下所述：

1. 理論基礎：人事管理主要係以X理論基礎，組織結構偏向機械型組織，領導者傾向交易型領導模式；人力資源管理係以Y、Z理論為基礎，組織結構偏向有機型組織，領導者傾向轉換型領導模式。

2. 功能取向：人事管理偏向短期作業取向，強調人事管理本身功能的發揮；人力資源管理則是中長期策略取向，強調人力資源管理在組織整體經營中所應有的配合。

3. 管理焦點：人事管理是以組織為主，目的在於使成員在組織中運作，達到組織目標；人力資源管理則以成員為主，把組織成員當作資源加以管理分析和設計，以發揮其潛能和專長。

4. 管理準則：人事管理重視控制，依規章管理行事；人力資源管理則強調彈性，重變革管理和人性管理，依組織利益和員工需求而彈性處理。

5. 管理模式：人事管理屬於反應式的管理模式，著重目前問題的解決或交辦事項執行；人力資源管理則屬於預警式的管理模式，著重防患未然，並協助組織健全體質，以確保長期目標之達成。

6. 員工招募：人事管理由少數人負責員工招募；人力資源管理則側重由多人組募小組，甄選組織所需人才。

7. 員工發展：人事管理較輕忽員工個人生涯發展與升遷；人力資源管理重視員工的生涯發展與偏重內部升遷。

8. 勞資關係：人事管理之勞資關係較為保守，對管理有強烈的自保及防禦行為；人力資源管理重視員工的抱怨與不滿，並有適當的溝通管道解決之申訴制度。

9. 組織變革：人事管理之組織變革由上級指導，員工對任何改變較易持抗拒或保守心態；人力資源管理強調「工作生活品質計畫」，員工主動參與工作的再設計。

人力資源管理的意涵

比較項目	人事管理	人力資源管理
理論基礎	X理論／機械型組織／交易型領導	Y、Z理論／有機型組織／轉換型領導
功能取向	短期作業取向	中長期策略取向
管理焦點	組織為主	員工為主
管理準則	控制／依規章行事	彈性／變革與人事管理
管理模式	反應式	預警式
員工招募	少數人負責	多人組成招募小組
員工發展	輕忽員工生涯發展與升遷	重視員工生涯發展與內部升遷
勞資關係	保守／防禦行為	開放／溝通
組織變革	上級指導	員工主動參與

資料來源：黃源協、莊俐昕（2020）。

人力資源管理對社會工作的重要性

對機構而言

無論是政府或民間部門，責信（accountability）是機構賴以生存的基礎，當機構無法招募優質的員工及提供優質服務，將對機構形象帶來嚴重的威脅。

對員工而言

當員工的潛能沒能適切開發或激勵，以及員工未來的生涯發展未獲重視，將衝擊到員工的士氣及其對組織或專業的承諾。

對服務使用者而言

若未能有合宜的員工來提供服務，將影響其基本的權益。

Unit **7-2**
員工晉用：工作分析與設計

「員工晉用」係指確信有合乎組織各層級或長期目標之可用員工的正式過程。亦即組織透過招募與甄選程序，以便將適當的人配置在適當的職位和工作。

招募與甄選主要是依據工作分析、設計及人力資源規劃而來。故整個員工晉用程包括四項工作：1.工作分析與設計；2.人力資源規劃；3.招募；4.甄選。本單元先說明工作分析與設計，其餘項目於後續單元分述之。

一個組織是由許多不同的職位所構成，每個職位皆有其所須擔任工作。工作分析（job analysis）係指有系統地蒐集、描述和分析某特定職位的相關資訊，並就「工作內容」（即活動與行為）、「工作脈絡」（job context）（即環境的需求）及「工作條件」（即知識、技術或能力）予以清楚描述的途徑和過程。

Dessler 對工作分析定義為：組織是由許多職位組成，每個職位都必須有人擔任，工作分析即是找出該職位需擔負的責任，及擔任該職位者所應具備之特質的過程。分析產生「工作要件」的資訊後，衍生為「工作說明書」（即該工作所需要件）與「工作規範」（job specifications）（要找什麼樣的人來擔任此一工作）。

工作分析的八個面向：

1. 職責與任務：工作分析的基礎是「工作活動」（work activuties）的界定，工作活動應該分門別類，如此便能歸納出主要職責與任務。

2. 方法：將職責任務全盤列出以建立工作分析的完整架構。每樣職責與任務間均有關聯性，也應找出各職責與任務的方法。

3. 對職責結果的期待：每個職責與任務都有預期的結果。結果的規範有兩個目標：(1)職責與任務；注意每個工作細節及對每項任務建立預期結果，才能讓案主得到滿意的結果；(2)若此方法成功，可提供一個里程碑，做為將來進行員工績效評估的重要參考。

4. 所需知識與技能：一旦建立作業方式後，必須找出為完成職責與任務所需的知識與技能。

5. 基本功能：是指一個員工在不需任何輔助或合理的協助下，獨立完成工作，並由雇主或員工在工作項目中加以執行。基本功能是職位權責的核心與必備條件，不是職位中無關緊要的責任。

6. 學經歷門檻：當該職位所需的要件一旦確立，學經歷的基本條件就應包含其中。資格必須通過與工作相關的測驗。

7. 員工特質：Dessler 將員工特質視為個人態度，如才能、生理條件、人格或興趣等。

8. 工作環境：這是工作分析的最後步驟，可能影響到所有的職位的需求，也可能不包括在前七個階段中。在進行工作分析時，將該職位與其他組織類似職位進行交叉比對，有助於工作分析，各項內容包括：該職位在組織中所處的位置、該直屬長官在組織中扮演的角色、該部門員工的工作量、工作表現所需的支持性服務，以及其他背景因素與環境的考量等。

工作分析之資料蒐集的方法

01

觀察法 （observation method）

係指直接到員工的工作崗位觀察員工的活動，或透過員工正在工作的影片來觀察，藉以了解該項工作的特性。這種方法主要是使用於較為例行性的工作，觀察者應受專業的觀察、記錄與整理資料的訓練，工作最好是易於觀察的，且觀察者可在合理的時間範圍內，確認該項工作的要件。

02

訪談法（interview method）

係指對實際從事該工作的員工、其上司或相關部門，就工作的內容、程序、方法及其使用的工作知識與技巧，進行面對面的討論，以獲悉工作的真實情況。訪談可以是約談個別員工（個別訪談法），也可以同時與多位員工座談，或同時邀約員工及其主管共同會談。

03

日誌法（diary method）

係指要求現職人員每日記載其工作活動中每項活動所花費的時間，再針對一特定時段的日誌（可能是數星期）進行分析，以獲得該項工作的必要特性。

04

問卷法（questionnaire method）

係指讓員工填寫問卷，問卷包含詳細工作項目之結構性問卷，員工需要一一指出是否有執行該項工作項目，以及每項工作需要花費的時間；問卷有時是開放性的問題，以蒐集非例行性的工作，或工作中非例行性部分的資料。

Unit 7-3
員工晉用：工作分析與設計（續 1）

一、工作設計／職務設計（job design）

工作分析係工作設計的基礎，工作設計（job design）係指界定某職位的工作內容、工作方法與職責，以指出從事該職位者如何完成所承擔的各項任務，以達成組織的目標，並提高員工的工作滿意度。

工作設計的目的在於了解每一職位的工作內容（任務）、執行這些任務的活動、活動方法及所需要的知識與技能等，以做為人力資源運用上的參考。

工作設計的目的是將員工技能與工作職責之間的配合度最佳化，並且在工作環境中導入變化。員工知識、技能及興趣的增加，與工作職責之間的配合度，是為了增加效率與生產力。

二、工作設計的管理模式

Miles 提出了工作設計的三種管理模式（架構），包括傳統模式（traditional model）、人群關係模式（human relations model）、人力資源模式（human resources model）。

（一）傳統模式下的工作設計

此模式是基於員工需要被告知該做什麼事情的假設。督導與管理者們將工作職責轉換成任務與程序，將短期的任務分派給員工，並且加以密切的監督。員工能夠很快地學會相當例行性的任務，並且遵守明確的指示一直到工作完成。需要幫助的時候，員工會去找指定的督導尋求協助。在人群服務工作中，像是完成表格或資料輸入的任務等，可能符合這樣的工作描述。這種職務設計可能僅適合需要機械化制式結構的情況以便增加生產力，以及員工能夠經由認真完成指定任務，而感覺工作勝任愉快的情況。

（二）人群關係模式的工作設計

依循人群關係模式進行的工作設計（如同傳統模式），同樣是在密切的監督下指定要執行的任務。不過，在人群關係模式中，把更多的重心放在自我成長與社交的人性需求上。規劃與評估仍然由主管執行，但是主管的職責還擴及到考量員工需要感覺到自己在單位與組織中的重要性。

（三）人力資源模式的工作設計

這個模式常用於主管想要藉著利用員工的知識、技能及創造性潛能，以提高工作效能的情況。這個模式建立在根據自發性與自制性給予最大自由度的假設下，可以達到能力運用的最佳化，包括在工作職責與效能的規劃，以及評估上有完全的參與。在這個模式中，主管的角色是消除效能最佳化的各種障礙，建立員工對整個單位、部門及組織的工作效能直接有所貢獻的方式。在這個模式下，經由員工的參與感、勝任感及貢獻感，得以提高工作滿意度。管理者與員工一起規劃，定義工作目標與時間架構。人力資源模式可以應用在受過高等教育的員工，並且預期他們必須依靠專業知識與技能，而不是政策與程序指示。例如：那些提供家庭暴力受害者諮詢服務的員工，需要符合其協助角色的基本知識、技能及價值觀，幫助他們的案主獲得堅強的內在與自尊，以使他們不需要回到那些致使他們必須接受治療的受虐狀況。

Miles提出的工作設計三種管理模式（架構）

機械的 ←────────────────────────────→ 有機的

傳統模式
管理者的角色是密切地監督與控制

人群關係模式
管理者的角色是讓每個員工感覺自己非常有貢獻且重要

人力資源模式
管理者的角色是利用全體人員的創造性能量與能力

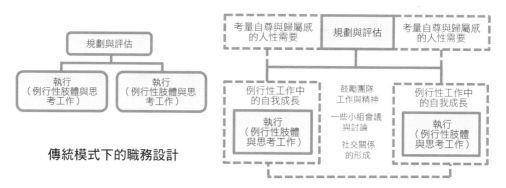

傳統模式下的職務設計

人群關係模式下的職務設計

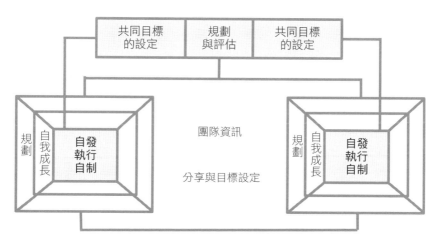

人力資源模式下的職務設計

資料來源：孫健忠等譯、Peter M. Kenter著（2005）。

Unit 7-4
員工晉用：工作分析與設計（續2）

工作設計的產出，主要包括「工作說明書」與「工作規範」，茲分別說明如下：

一、工作說明書（job description）

工作分析的首要之務為擬妥工作說明書。工作說明書係明列工作所含括的任務、義務及責任的清單。亦即，工作說明書係指描述擔任一職位者須執行的工作內容、執行方法及相關工作條件的書面文件。主要內容包括：職位名稱、工作項目、工作特性、工作環境及權責等項目。

U. S. Department of Labor 將工作說明書的定義為：「對於一項已組織好的工作進行說明，並與其他工作有所區別，包括該工作的目的、任務、責任與員工特質。」

工作說明書的設計有許多目的，它包括了工作分析中關於職責與任務、工作關係及資格的簡要說明；它亦是組織對於規定該職位資格要件的合法文件，表達組織對這個職位的期待。對員工而言，工作說明書對員工工作活動的安排是很平常的，如果與招募結合，工作說明書可以說明組織對申請者責任類型的期待，並使其資格符合機構所需。工作說明書可以讓有意應徵者了解該項職務的工作內容，也可提供員工執行業務的指引，以及工作稽核與績效考核的依據。

當職缺產生時，工作說明書與工作規範是發展工作聲明（job announcement）最具價值的資源。由於公告的閱讀者都是潛在的人選，所以應對該工作盡可能詳細地說明，聲明中應包含下列重點：

（一）職銜。

（二）職責義務與基本功能。

（三）報告、督導與合作關係。

（四）資格。

（五）應徵條件。

（六）應徵期間。

（七）聯絡人的姓名與地址。

（八）說明此聲明之職位無歧視或限制，雇主遵循公平就業權利／肯定行動等相關法規。

（九）機構的簡要說明及提供的服務型態（是否註明均可）。

二、工作規範（job specification）

工作說明書強調的是工作的執行面，而工作規範注重的是執行工作的品質面。工作規範是在職者必須具有的相關知識、技術、能力及其他人格特質的清單。亦即，工作規範係指設定擔任某一職位者應具備的資格或條件，例如：須具備的知識、技能、教育、經驗、證明和能力。

一份完整的工作分析報告，提供決定工作規範堅實的基礎。工作規範是「申請者為有效完成工作需具備之知識、技術與能力」。教育、訓練、經歷、生理狀況、工作相關知識、靈敏度與個人興趣以及人格均包括在工作規範中。工作規範可說是該職位最低要求，但必須都合理且合法。工作規範應至少包括：

（一）知識與技能。

（二）資格。

工作規範為員工招募與甄選的依據，它可讓遴選者注意到執行這項工作的在職者所需的資格條件，同時也有助於決定哪一位候選人較符合資格。

範例：工作說明書

工作說明書	
職銜	寄養照顧社會工作員
工作摘要	擔任此職位者要發展與執行每位具有需要的兒童之治療計畫，設立長期目標達成兒童最適的生理、情緒與社會的成長及發展。
工作職責	1.參與已接受服務家庭的接案與過濾的過程。 2.完成該家庭社會史與心理評估。 3.與其他人／部門合作完成安置計畫。 4.有效管理承辦個案，並與兒童與寄養家庭保持密切聯繫。 5.發展與整合相關治療、健康、教育、法務、跨文化與其他資源 6.遵守法律及司法有關案件的規定。 7.保存紀錄並準備必要的報告。 8.參與寄養家庭招募與訓練過程。
基本功能	1.與所有寄養兒童、寄養家庭及原生父母接觸。 2.整合組織與社區資源，以確保前述三方都受到完好照顧。 3.注意法務問題。
關係	職位須直接向方案管理者報告寄養照顧的過程，同時也向負責招募與訓練寄養家庭的部門主管報告。
資格	擁有經社工教育協會認可的社會工作學院社工碩士學位，至少四年的兒童寄養及其他兒童與家庭安置相關臨床經驗，並具有能與不同文化和種族的青少年及其家庭建立良好關係之能力。

範例：工作聲明

工作說明書	
職稱	個案管理者
工作內容	個人任職此職位時要發展履行計畫，此計畫係針對案主所提出的問題，例如：案主是遊民與失業者，他們缺乏資源、無法自我滿足。此計畫的重點在於確定和符合案主個別需求，為了要發展案主穩定的工作能力，要能拓展就業和訓練的市場。
基本功能	接案和過濾功能的審查；評估案主的需求；規劃案主的復健；和社區機構共同合作；評估案主的進步。
機構介紹	本機構是一個有72張單人床的住宿機構，提供給遊民。它位於市中心附近。本方案的經費的來源是○○市政府的方案。
資格	社會工作碩士（MSW）學位。至少要有兩年經驗，且是對遊民和失業案主提供直接服務，能對這些人提供舒適自在服務，並且可與其他機構合作。
開始申請日期	20××年 7 月 I 日前截止
應徵方式	申請者必須繳交(1)申請表格；(2)履歷表，寄到本機構（臺北市大安區○○路○段○號 ○○社會福利基金會），合則通知面談，不合恕不退件。

資料來源：修改自孫健忠等譯、Peter M. Kenter著（2005）。

Unit **7-5**
員工晉用：工作分析與設計（續3）

工作設計的策略，包括六種策略：

一、工作擴大化

工作擴大化（job enlargement）從工作分析的審查開始，區分出職責與責任、知識與所需的技能，以及預期的結果。擴大化並不僅僅是增加或減少任務這麼簡單的事情，而是一種重新概念化的方式，利用不同的方式或方法，也許使工作更為流暢，以達到相同或更好的結果。工作擴大化包含增加員工現職的挑戰與新職責。工作擴大化通常會配合工作豐富化及調薪，以使員工感覺受到重視，惟使用工作擴大化策略，要考慮員工的工作負荷量。

二、工作豐富化

工作豐富化（job enrichment）是指在工作內容上增加了技能的多樣化，任務的完整性，以凸顯工作的意義。工作豐富化的重點是清除工作動機的障礙，並且使得工作流程更加流暢。工作豐富化除了增加工作動機外，還能增進決策的品質，減少社會工作者與督導之間在人際關係上的摩擦，並減少工作倦怠。

三、工作輪調

工作輪調（job rotation）是指派員工擔任不同功能工作領域下的職務。亦即，工作輪調是指在不同的時段，員工會在不同職位上工作。工作輪調可協助員工了解組織目標，增加他們對公司不同部門功能的了解，並改善問題解決及決策能力。例如：在社福機構中讓社會工作者嘗試不同領域的工作，從高風險社工轉為兒童保護

社工。然而，工作輪調對組織及員工也會造成部分問題。當員工知道自己很快將被調到別的工作，使得員工在面對及解決問題時，傾向於短視近利。由於員工不容易發展具體技能，在位的時間又短到無法完成較具挑戰性的任務，員工滿意度及工作動機均會降低。在部門內輪調的員工，可能影響部門生產力，並增加原部門其他員工的工作負擔。

四、建立團隊

建立團隊是關於從個人到團體的集體職責重新分配，讓每個人都能夠在專業領域上，以對團隊有所貢獻的方式來細分工作量。當組織結構允許責任的委派，而且當團隊或單位能夠對決策負起責任時，可以同時增加工作人員與工作單位的效能。在進行問題複雜的工作時，從許多角度獲得資訊是非常有用的，比起只有一個人承擔決策的權責要好得多。

五、改變工作狀況

改變工作狀況與增加彈性的方法有關。如同工作輪調一樣，改變工作狀況可以同時用來減少工作的枯燥單調。彈性工作時間是改變工作狀況的普遍方法。

六、使用科技

科技的使用與企圖減少一些單調、重複及多餘的工作有關，儘可能利用設備（通常是電腦，但是也可能是其他設備）處理例行性的功能。使用科技可以加速接案與篩檢資料。這些技術可以節省社會工作者花在接案與篩檢的時間。

工作輪調的型態

<table>
<tr>
<td>

01
部門內輪調
指在相同或相似職責層級的工作中，且在相同的功能領域以及經營領域裡進行輪調。

</td>
<td>

02
跨部門輪調
意指在一段期間內，員工在組織中不同部門間工作的移動。

</td>
</tr>
</table>

工作輪調最容易見到成效之情況

01 輪調同時被視為可獲取未來管理職經驗及發展管理技能的機會。	**02** 員工清楚了解工作輪調可協助他們發展何項技能。
03 組織對所有階層及職系員工施以工作輪調。	**04** 工作輪調與職涯管理過程相關，以讓員工了解每項任務著重的不同發展需求。
05 組織管控工作輪調的時機，以擴大效益、降低成本。	**06** 不論個人背景為何，全體員工均有平等的工作輪調機會。

工作輪調的優點

01	**提升員工工作上的效益**	輪調可增加員工個人工作成就感、滿意度、工作動機、工作投入、自信心、組織承諾。
02	**提升員工對組織的整合能力**	輪調可增加員工對企業策略的了解、人際網絡的建立、組織文化的認同，以及創新能力的培養。
03	**提升工作的趣味性與挑戰感**	輪調可增加工作的多樣性、技能的多樣性、工作的挑戰性和刺激性，以及學習新知識的機會。
04	**提升個人的成長**	輪調可提升個人應付工作不確定性的能力、對自我優劣勢的洞察力，以及增進管理思維與能力。

Unit 7-6
員工晉用：人力資源規劃

人力資源規劃（human resource planning, HRP）又稱人力規劃（manpower planning），主要是以組織整體、前瞻和量化的角色分析和訂定組織人力資源管理作業一些具體指標與程序。人力資源規劃即是有關人力資源質量的控制措施，審視組織整體工作內容的需求，以評估及預測所需求的人力與技術，配合組織未來計畫，分析和確定達成組織目標所必需的人力資源供需，提供調節人力的系統化過程。人力資源規劃的主要目的為：

1. 因應發展需求，規劃人力發展： 對現有人力進行分析，並對未來人力需求作預估，據以擬定人力增補與教育，訓練的規劃，做為人力資源發展的基礎。

2. 合理分配組織人力，維持供需平衡： 減少人力資源供需的失調，避免人力資源的浪費及技術人才的短缺，改善人力配置不均衡的現象，使組織人力獲得最好的運用與發揮。

3. 提升工作的滿意度，增進工作效率： 提供人力資源資訊使教育與訓練發展的規劃有所依據，幫助並且改進員工的工作技巧，使員工發揮潛能，並透過生涯規劃提升個人的滿足感，提升工作效率。

4. 適應組織發展需要，預籌人力來源： 人力規劃必須對組織發展需要，培植所需的人力，使組織與人員的發展有效配合。

5. 提升人力素質，健全人力結構： 進用人員後加以有效的教育訓練進修，以提升人力素質效用。

6. 有效運用人力資源： 透過最有效率的方式運用人力資源，如利用設備改進、

7. 簡化工作流程，減低組織用人成本： 使人力資源效能有效發揮。

在考量到組織策略與目標，以及評估內外在環境後，人力資源規劃的過程可分為三個步驟：

1. 評估目前的人力資源： 管理工作始於檢討目前的人力狀況，典型的作法即是進行人力資源盤點，亦即盤點組織運作所需的各職位需求人數與能力項目，並盤點目前人員數與能力狀態等，其內容包括：姓名、教育程度、工作經歷、訓練、職務、考績、薪資、特殊技能、語文能力等。這種過程也有助於任用、訓練、升遷、調任等人力資源管理各項作業的推展，對整個組織的現況及未來發展提供重要的訊息。

2. 預測未來人力的供需： 未來人力的供需須視組織的目標和策略而定，一般而言，組織整體的目標及其預期達到的程度，是決定未來人力供需的重要考量要件。當然，這必須與目前人力的現況、可能的異動及內外環境可能的變異相互搭配，並做通盤的考量。

3. 發展符合未來人力需求的方案： 經過對目前及未來的人力進行盤點評估後，管理者便能針對人力數量和類別可能的短缺或溢額進行預估，進而發展一項符合未來勞力供需的方案。

人力資源管理流程圖

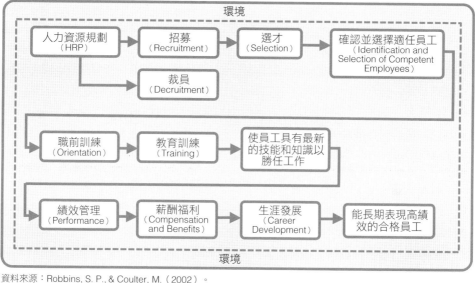

資料來源：Robbins, S. P., & Coulter, M.（2002）。

人力資源規劃包括的10項基本活動（Pettman提出）

1 確認未來組織整體目標

2 將組織目標轉換為人力（manpower）目標

3 設計人力資訊系統（manpower information systems）

4 進行人力盤點（manpower inventory）

5 分析人力需求（manpower requirements）

6 分析內部人力供給（manpower supply）

7 增進人力效用（manpower utilization）

8 改善組織人力政策（manpower policies）

9 確認訓練需求和評估訓練效能

10 控制人力資源成本（manpower costs）

Unit **7-7**
員工晉用：招募

招募（recruitment）係指組織為因應人力之需求，設法吸引合格且有意願的求職者前來應徵的過程。招募是指為組織找出並吸引潛在的人力資源而進行一連串的程序和活動。易言之，招募是為了吸引具工作能力與動機的適合人選，激勵應徵者前來應徵的過程。茲將招募的過程，說明如下：

1. 確認招募需求內涵：招募需求內涵包括人力需求的資格條件、人數、用人時間與地區等，這些內涵通常出現在人力資源規劃方案之招募計畫中，並須考量時空環境的變化。

2. 分析可能的人力來源：係指，合適的求職者在哪裡？哪裡可以找到合適的人才？人力來源可分為組織內與組織外。內部人力來源係指組織透過內部管道所獲得的人力來源，主要有：現職員工、離職或退職員工（此兩者亦可視為外部來源）、員工的親友，以及過去徵才時留存的應徵者檔案等。外部的人力來源主要有：毛遂自薦者、學校、同業、職業訓練機構、就業輔導機構、專業團體、職業工會或公會，以及就業資訊刊物等。

3. 選擇招募的方法：係指以何種方法或途徑去吸引人們前來應徵。招募方法也可區分為內部與外部兩種。內部招募係指員工推薦或工作公告；外部招募是指毛遂自薦者、網路宣傳、媒體廣告、校園招募、向政府就業輔導機構或職業訓練機構求才，以及人力仲介公司。招募單位須衡量機構與潛在求職者的特性，選擇適當的方法為之。

學者Kleiman認為一套有效的招募計畫必須具備下列五項目標：

1. 吸引高度符合標準的應徵者：為保持組織的競爭優勢，組織須在招募方面下足工夫，以獲得合格的應徵者，成功地與其他組織競爭。人力資源管理部門則應確認在招募人員時，組織能成功招募到足夠之合格應徵者，並須採取行動來提升最佳求職者接受該職位的可能性。

2. 控制招募成本以符合效益：每聘僱一位員工所花費之招募成本，包括了廣告費用、主持招募活動者與工作應徵者的交通費、可能獲得之推薦獎金或就職獎金、職業介紹所或協助搜尋員工組織的費用、招募者的酬勞與紅利、所花費之時間。所以，若組織能找到限制招募費用支出而又不會降低生產力的方法，就能增進競爭優勢。

3. 協助組織盡力順從反歧視法律：藉著將招募的努力轉移到被低度聘用的弱勢群體中，組織能夠幫助預防關於工作歧視之訴訟案件之發生。

4. 幫助組織確認被僱用的員工不會離職：在大多數的組織中，離職情形最常發生在新進員工，即工作不超過六個月者之員工。因此，提供應徵者足夠之實際工作預告（realistic job preview）可適時降低新進員工之離職率。

5. 幫助組織創造出一個多元文化的勞動力：將招募的目標對象擴展到弱勢團體上，此舉可創造出的利益不僅止於合乎法律規定，亦可創造出一個較多元之文化勞動力環境。

員工招募方式與應徵者來源之優缺點比較

來源	優點	缺點
內部招募	成本低；對員工士氣的激勵；候選者對組織熟悉度高。	供給有限；可能無法增加受保障團體成員（如身心障礙者或原住民）的比例，對新觀念的引進較難，變革時就勢必包袱大。
廣告（含網路）	散布廣，並可以針對特定團體。	產生許多不符合資格的候選者。
員工推薦	由目前員工提供對組織的資訊。	可能無法增加員工的多樣性；可能造成人情上的壓力，而無法選出適任的員工。
公共就業服務機構	免費或成本極低。	難以確保候選者的技能水準。
私人就業服務機構	接觸面廣；篩選仔細；通常有短期保證。	成本高。
學校的就業輔導	大量集中於一群選人。	僅限於初入門之職位。
員工商借與個人外包	滿足臨時需要，但通常適合比較獨特的長期專案。	除了對目前專案外，通常對組織的承諾度低。

內部招募與外部招募比較表

重要評比項目	內部招募	外部招募	重要評比項目	內部招募	外部招募
對應徵者資格的評估審核	較容易	較困難	聘僱雙方彼此之了解程度	高	低
招募與甄選的成本	低	高	牽涉的法律層面	低	高
對舊制度和規範改革會遇到的阻力（包袱）	大	小	被錄用者熟悉職務內容的轉換時間	較短	較長
引進新觀念的難易程度	難	易	現有組織層級的人事變動	影響較廣	影響較小
填補職缺之時效性	較快速	較緩慢	錄用者達成企業組織的承諾性行動目標	較緩慢	較快速
對員工士氣之激勵	大	小	因應環境改變，傳達組織變革的訊息給現有成員	較不明顯	較明顯
人力數量之供給	少	多	對被錄用者的工作訓練及發展費用	較高	較低

資料來源：Dessler, G.（1999）；Milkovich, G. T., & Boudreau, J. W.（1997）。

Unit **7-8**
員工晉用：甄選

甄選（selection）係指組織就其所設之職位，蒐集並評估有關之各種資訊，以便做為聘僱決定的一種過程。Guion和Gibson認為甄選是一種決策程序，結果是做出僱用某位或某些應徵者而不僱用其他人的決定。對於企業來說，甄選不是一個單一事件，主要是在評估應徵者與工作職位之間，是否能達到最佳配適的一種方式；邏輯上，是根據個人過去的成功經驗，做為未來成功指標。甄選是選擇有相關資格的人，以擔任現有或預計職缺的過程。

甄選的目的通常用於預測工作績效或訓練精熟度（Training Proficiency），亦即工作績效或訓練精熟度是甄選工具的效標。故若能使用有效方法，確實辨認出應徵者所具備之工作之知識、能力與特質等條件，同時確實得知這些條件與工作績效可能之關係，便能做好甄選的工作。

Raymond提出甄選步驟，是由全體求職者開始，之後慢慢縮小範圍，到最後符合工作要求者為止。流程的最後一步，即將獲選者安排進入組織工作。其步驟為篩選求職申請表與履歷表、測驗及檢驗試作成果、面談求職者、聯繫諮詢者進行身家調查及決定甄選結果。一個組織若未能依照其需求進行人員選用，便可能遭遇「無人可用」或「用人不當」，甚至「所用非人」的窘境。因此，組織在選才時需要規劃一套完整的甄選程序，以發揮甄選的效用，並符合組織發展的需求。典型的甄選程序，包括：

1. 需對應徵者的履歷表或工作申請表審查。

2. 舉辦測驗或面試。

3. 進行綜合審查與決定聘僱人選。

4. 經相關主管簽核和批准。

5. 人力資源單位將錄取通知函寄給甄試合格的應徵者。

員工的招募和甄選可運用各種方法來進行，而直接與應徵者進行面談，是廣受採用的一種招募方法，主要的原因在於面談比起其他的甄選工具而言，較沒有時間和成本上的限制，而且在執行時也比較方便。面談（interview）是最常使用的甄選方式，提供應徵者和雇主面對面的接觸，可以對某些問題做深入的了解。例如：應徵者的態度、價值觀、身體狀況、表達能力等，這是單獨靠測試所無法達成的。

一般而言，甄選面談是幾乎是所有工作的甄選流程中必要的過程之一。若能經由甄選面談找到優秀的員工，將有助於組織的生存與繁榮。面談除了做為一個重要的甄選工具之外，也可以從招募的角度切入，扮演一個招募的角色，面談主要之目的包含了：1. 挑選潛在的員工；2. 吸引潛在的員工；3. 給予潛在員工相關的組織資訊。影響面談評價的三項主要因素，包括應徵者特性（Applicant）、面談者特性（Interviewer）、當時情境（Situation）。

甄選的理論模型

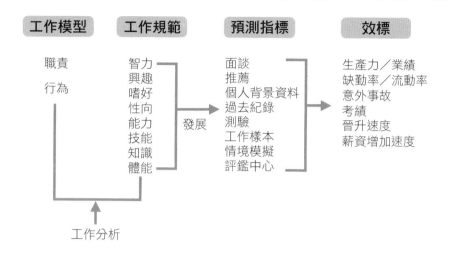

| 工作模型 | 工作規範 | 預測指標 | 效標 |

職責

行為

智力
興趣
嗜好
性向　　發展
能力
技能
知識
體能

面談
推薦
個人背景資料
過去紀錄
測驗
工作樣本
情境模擬
評鑑中心

生產力／業績
缺勤率／流動率
意外事故
考績
晉升速度
薪資增加速度

工作分析

- 標的職位的職責（Task）與從事該工作所表現的工作行為，此兩者合起來即一般所稱的「工作說明」。
- 個人所需具備的工作知識、能力與特質，以「工作規範」統稱之。
- 足以代表個人特性的行為樣本，這些行為樣本主要係透過某些預測指標（即甄選工具）而表現出來。
- 工作績效的效標，這是評斷工作者在工作上成功與否的標準。

資料來源：黃良志等著（2017）。

甄選決策的結果

		甄選決策	
		接受	拒絕
後來的工作績效	良好（勝任）	正確的決策	錯誤的拒絕
	不佳（無法勝任）	錯誤的接受	正確的決策

資料來源：林孟彥譯、Robbins等著（2014）。

Unit 7-9
員工培訓與發展

248

人力資源的培訓包括員工訓練及發展。員工培訓的重要性，包括對機構、對員工兩個面向，說明如下：

一、培訓對機構的重要性（功能、目的）

（一）**提升機構服務的品質**：若機構能有計畫地培訓員工，以增進其工作相關知識、能力、價值及態度，並將之運用於實務上，將有助於機構服務的品質的提升。

（二）**鞏固機構的聲譽與責信**：若機構服務品質能不斷提升，員工培訓計畫能不斷地進行，將可提升員工的滿足感和自信心，進而增進工作效能與與服務品質，對機構整體形象的維護與提升及機構的責信皆有正面意義。

（三）**提升服務的競爭力，並因應組織的變遷**：服務品質的提升，再加上機構整體形象受到肯定，將可吸引更多的服務對象，以提升機構在服務市場上的競爭力，或促進組織內、外環境變遷的適應力，進而促進機構的永續發展。

（四）**吸納與儲備人才**：機構推行有系統的員工培訓，必定能吸引外界菁英加入，竭誠為機構服務。另一方面，機構又不斷提供機會，發展可用的人力資源，這種良性的循環必可培育出資深且優秀的人才，為機構做出重大的貢獻。

（五）**幫助組織發掘並維繫人才**：透過有計畫的培訓活動，將可從培訓過程中發現參與訓練者的可訓練性，了解其潛能，一方面可能降低員工的流失率，另一方面機構可儲備足夠的人才，減少組織因人事變動可能產生的問題。例如：減少因員工流失浪費的人力資源，或重新招募或訓練須支出的成本。

二、培訓對員工的重要性（功能、目的）

（一）**增進（新進）員工的工作知能**：現代社會各種知識與技能的發展極為迅速，組織員工若未能隨時汲取新知識或學習新技能，便可能會因本身的知識或技能無法與時俱進，而呈現出落伍甚或不適用的現象。

（二）**提高員工對工作的興趣和滿足感**：當員工遭遇到個人經驗不足或績效不佳時，可能會對工作失去信心，並影響到對工作的興趣或滿足感。若能夠讓員工從有計畫的培訓活動中獲得新的知能，並將之運用實務工作上，將可增進他們對工作之興趣和滿足感，並有效預防對工作的倦怠，或因知能不足所產生的壓力。

（三）**增進員工的工作品質與生涯發展機會**：透過適當的訓練，可以讓員工因知能的提升，而增進其個人工作生活的品質，且可以培養員工發揮潛能，為員工個人升遷或負更多的責任做準備，進而促進其個人事業生涯的發展，並朝個人生涯的目標邁進。

（四）**促進員工對組織的歸屬感**：員工能從工作中獲得求知慾的滿足，不但是豐富個人的知識和技能，也可給予個人發展機會，使其在態度上認同機構的方針和目標，增進對機構的歸屬感，進而讓組織能維繫寶貴的人才。

教育、訓練、發展定義之解釋

訓練 （training）	提供個人改進目前工作績效的學習活動，通常針對特定 與目前工作有關的技術學習，具有以下幾個特質： 1.訓練通常具有一項或多項的特定目標。 2.訓練的時間通常較為短暫。 3.訓練較偏重員工工作上的考慮。 4.訓練較強調立即的效果。 5.訓練講究某些特定的方法。 6.訓練通常較重以團體方式實施。
教育 （education）	針對目前工作的個人儲備工作能力的學習活動，即學習 一般的技術和行動，使個人能改進未來工作績效或是接 受更多的責任和新的工作指示。教育相較於訓練更重廣 泛性、基礎性與啟發性。因著重於知識、原理與觀念的 灌輸及思維能力的培植，透過教育可以使人增進一般知 識，並為個人奠定以後自我發展的基礎。
發展 （development）	著重個人成長的學習行動，而無關於目前或未來的特定 工作。一般而言，發展較重個人未來能力的培養與提 升，故不只是傳授新技能、新知識，更在於培養新的觀 點，對未來可能面臨的情境預做準備。

訓練的系統化流程

**階段1：
訓練需求分析**
- 組織分析
- 任務分析
- 員工能力分析

**階段2：
訓練設計與準備**
- 了解訓練的原理
- 受訓者訓練準備

**階段4：
訓練成效評估**
- 反應層次
- 學習層次
- 行為層次
- 結果／績效層次

**階段3：
訓練實施**
- 訓練方法
- 管理發展與訓練

Unit **7-10**
員工培訓與發展：員工訓練

員工訓練（staff training）係指一種學習經驗，透過這項訓練以期待員工能有持續性的改變，以使其執行工作的能力獲得改善。訓練是指有計畫指導員工從事標準化與正確作為的持續教育型態，傳遞被認可的內容，說明可做及應該做的任務；訓練是一種職業社會化的形式，幫助員工符合角色的基本能力，用適當的方式工作。

訓練為一種知識性或可建立技能的活動，為改善員工工作表現而設計。透過訓練，期待員工能有持續性的改變，進而使員工的工作執行能力更具效率與效能。就組織的角度而言，訓練是一種系統化的安排，其目的在於透過許多教學活動，使成員獲得工作所需的知識、技能、觀念與態度，以符合組織要求，達到組織的期望。

員工訓練的分類，可分為職前訓練、在職訓練兩大類。本單元先說明職前訓練，在職訓練另於次一單元說明之。茲將職前訓練說明如下：

一、職前訓練

職前訓練（pre-service training）是指員工在正式就任或從事新職務前的訓練，這類的訓練即為新進人員引導訓練（employee orientation）。引導訓練是提供組織相關資訊、願景、目標給新進人員，使其快速、有效地融入組織，加快適應腳步，使他們順利完成工作。職前訓練係以新進人員為對象而實施之訓練，其目的在培養新進人員對公司、主管、工作等環境適應，並使其了解工作及績效之期望，內容則是協助其了解公司之組織文化、經營方針、沿革等背景，有關工作條件之事項，以及業務基本知識和禮儀教育等。

新進人員引導訓練的主要目的，包括以下幾項：

（一）**建立新人正確的工作態度**：改變剛踏入職場者（尤其是學生）的態度、生活習慣與行為模式，建立工作上所須具備的責任感、協調性與心理準備等。

（二）**賦予該機構的組織文化和價值觀**：新進人員除了必須具備社會工作者的意識和態度之外，進入機構更要了解其組織文化、價值觀、規範、經營理念等。

（三）**習得進入該組織所需的基本規範**：想要歸屬於一個團體，與其共同生存與工作，就必須了解相關的管理制度或規範。例如：上班時間、薪酬、獎懲、請假手續等。習得執行該職務所需的基本知識或技能：在執行所擔任的職務內容時，員工必須要了解文書表格填寫、事務機器的使用方法、工作的一般進行方法等。

（四）**降低新進入職場所帶來的焦慮與不安**：協助新人減輕初次接觸社會經驗的迷惘，以及對組織、工作現場的焦慮感，以加速對組織的適應。

（五）**激發成為組織成員的歸屬感**：建立新進人員對組織的忠誠度，激發新進員工挑戰工作與自動自發的工作動機，進而達到新進人員與組織具有一體感。

訓練、教育與發展的比較

辨識項目	種類		
	訓練	教育	發展
目的	以社會化方式學習行動的標準	透過進階的學習，達到職涯發展	學習並應用新知識（在服務上更具競爭力）
內容	強調「如何做」的知識	理論性的知識	增強知識和覺察力
過程	導引任務必備技能	提供一般通用知識	運用新知識處理問題

資料來源：方世榮譯、Gary Dessler著（2016）。

教育訓練與員工發展的比較

比較項目	教育訓練	員工發展
焦點	目前	未來
利用工作經驗	低	高
目標	為目前工作做準備	為改變做準備
是否強制參與	是	否

資料來源：王精文譯、Raymond A. Noe等著（2018）。

Unit **7-11**
員工培訓與發展：員工訓練（續1）

員工訓練的分類，可分為職前訓練、在職訓練兩大類。職前訓練已於前一單元說明之，本單元接續說明在職訓練如下：

二、在職訓練

在職訓練（in-service training）可區分為職場內訓練與職場外訓練。本單元先說明職場內訓練，另職場外訓練則於次一單元說明之：

（一）**職場內訓練**（on-the-job training）

職場內訓練係在工作崗位上一面工作，一面接受訓練。職場內訓練常見的方法，包括：

1.工作輪調（job rotation）：係指在一段期間內，個人在工作任務之間有計畫的移動，包括部門內輪調與跨部門輪調。

（1）部門內輪調(within-function rotation)：係指在相同或相似職責層級中，且在相同的功能領域以及經營領域進行輪調。

（2）跨部門輪調（cross-function rotation）：係指在一段時間內，員工在組織中不同部門間工作的移動。工作輪調的目的在於擴展員工的技術基礎，讓他們接觸及了解組織各部門的運作，同時亦可為員工帶來新的刺激，給予更多學習成長的機會。

2.師徒制（mentoring/apprenticeship）：亦稱為學習指派（understudy assignments），係指隨著經驗豐富的老手、教練或導師，透過教導、諮詢、分享、心理輔導及扮演角色楷模等來學習如何工作，讓新手在豐富的資深員工支持與鼓勵下工作，以促進新進員工達到個人工作目標。

3.示範（behavior modeling）：通常用在基層工作，係指透過有經驗的同仁或直屬主管進行工作的教導與指示，使受訓者逐漸能夠獨立執行工作。訓練者先呈現工作的連續程序，並加以說明與解釋；受訓者可一邊聆聽，一邊從實務的操作中觀察與模仿。

4.教練法（coaching）：係指在有經驗的管理者教導與指引下，受訓者學習解決管理上的難題。其目標在於引導受訓者的認知行為，讓他們發展出自己的方法，以開發其潛能或矯正錯誤；另外，亦可讓受訓者更易於適應工作，更善於處理不同的情境，以促進受訓練者的進步與發展。

5.副手位置：即將一位具有某方面潛能的員工，在組織不同領域裡，派給一位熟練或成功的經理當副手，以讓他學習更廣泛的領導活動。

6.參與不同委員會：將員工派至不同委員會的發展方式，可以提供員工分享決策的機會，並透過學習及研究而成長。

Randy和David提出之教育訓練內容的區分

01 基本技術訓練

即描述工作的基本能力，例如：書寫技巧、閱讀、表達能力、聆聽技巧、電腦應用能力、自我管理、解決問題、學習如何與團隊工作、引導他人等。

02 專門技術訓練

因應職務所需對員工實施之專業訓練，可區分為：安全訓練、技術訓練、創造力訓練、跨功能訓練、品質訓練等。

03 人際技術訓練

員工應學習有效地與他人進行合作，以達成目標。一般稱為人際技巧或柔軟技術等。需具備的訓練如：顧客關係、人際溝通、團隊工作、推銷技巧等。

資料來源：Randy, L. D., & David, M. H.（1998）。

職場內訓練／在職訓練方式

方式	意涵
個案研究	在訓練時，提出真實或假設的問題案例，要求參加訓練的學員參與討論，並提出解決方案的訓練方式。
角色扮演	在訓練時，假設一問題發生情境，要求參加訓練的學員假想在此情境中從事的行為態度與動機，從中找到解決方案。
分組討論	將受訓學員分若干組，分別就訓練者事先規劃的主題，從中討論提出解決方案。
管理競賽	依受訓者人數組成一小組，小組成員依照企業實際情境，擬定管理策略或決策，使各小組從事互相之競爭，最後決定何組勝出，以模擬真實的組織競爭狀況。
敏感度訓練法	根據團體動力學設計而成的訓練方法，用以訓練管理人員在群體與團隊中的人際關係。

Unit **7-12**
員工培訓與發展：員工訓練（續2）

254

在職訓練（in-service training）可區分為職場內訓練與職場外訓練。前一單元已先說明職場內訓練，本單元就職場外訓練說明如下：

（二）職場外訓練

職場外訓練（off-the-job training）係指受訓者暫時或間斷性地離開工作崗位去接受訓練，有時也可能會是長期性及持續性的（如請長假至學校）。訓練地點可以是在組織內（稱為內部訓練），例如：參與機構辦的訓練課程或活動；也可以是到組織外（稱為外部訓練），例如：到外部補習或進修。職場外訓練亦可依訓練對象與內容不同，區分為以專業人員為對象的專業訓練，及以督導或管理者為對象的管理訓練。

職場外訓練為在工作外訓練、職務外或離開工作單位的訓練，即由專門人員負責以開發員工能力之教育訓練，其內容與現場作業無直接關係，屬於一般性的知識培養與能力開發，並具有集合式教育之特性。雖然職場外訓練無法提供和組織本身生產線或作業線上完全相同的訓練環境，為其最大的困難。但職場外訓練卻可提供學員離開工作環境，幫助跳脫既有工作思考模式，從他處了解本身工作環境之優點，激發員工創造力與思考力。

職場外訓練的方法，包括如下：

1. 講授法（lecture）：係指訓練人員透過口語表達的方式，讓受訓人員進行學習，這種學習方式是訓練人員單向將資訊傳達給學員。優點是成本低廉、耗時少、可獲得大量資訊知識、可支援行為示範與技術本位技巧等的訓練法；缺點則是訓練偏單向、缺少參與感、回饋不足及不易與工作環境做有意義的連結。

2. 個案研討（case study）：係指主持人給予學員對某組織問題的書面描述，學員則對此個案進行分析、診斷問題，並提出其心得與解決方案，與其他的受訓者進行討論。個案研討的目的是為了給予學員在有經驗的主持人領導下，隨著個案的推演，對複雜情境進行問題分析尋求解答的經驗。

3. 角色扮演（role play）：係指受訓者設計一種情境，並在其中分派角色，並充分投入扮演的角色，以從角色扮演中體認不同問題的處理法，或透過何種方式較易達成決策，縮短「了解」與「執行」之間差距，讓學員能夠真正將吸收的訓練轉變成自己的經驗，以便確實轉移到實際的工作表現上。

4. 體驗式學習（experiential learning）：係指一種主動學習，給予員工一種實際或模擬的經驗，讓他們有互動式學習的方式，以取代單向的教學，包括探索教育、戶外訓練，目的是讓學習者積極參與學習，以期從主動融入訓練過程中，獲得更多的學習。

教育訓練方式及其優缺點

訓練方式	方法	優點	缺點
職場內訓練／工作中訓練（On-the-job Training）	職務輪調、特別工作指派、實習訓練、職前訓練、學徒制訓練、工作代理、派任專案工作小組、派任委員會工作。	■ 依據學習者和工作的狀況進行適當的指導與學習。 ■ 可以反覆進行追蹤指導及監督學習。 ■ 學習者可以透過反覆練習掌握訣竅。	■ 計畫性進行的困難。 ■ 指導時間的限制。 ■ 非正式進行。
職場外訓練／工作外訓練（Off-the-job Training）	演講法、討論法、角色扮演法、敏感性訓練、多媒體教學法、管理競賽、電視教學、模擬訓練、個案教學。	■ 適合原則或基本事項等體系化教學。 ■ 可計畫性地進行指導及學習。 ■ 學習者可以專心投入學習。	■ 無法針對全體學習者的學習需求進行適切的指導。 ■ 無法進行反覆追蹤指導及監督學習。 ■ 學習內容的實施由學習者自我決定。

255

方式	優點	缺點
職場內訓練／工作中訓練（On-the-job Training）	■ 訓練內容較實際。 ■ 現學現用，可激發動機。 ■ 增進上司部屬之間了解。 ■ 可同時兼顧工作。 ■ 費用較低。 ■ 可因材施教。	■ 上司不一定具教學能力。 ■ 工作與訓練難徹底兼顧。 ■ 員工多，則須分批訓練。 ■ 訓練內容程度難統一。 ■ 無法教導高程度的知識與技能。
職場外訓練／工作外訓練（Off-the-job Training）	■ 員工可同時實施訓練。 ■ 在專家指導下，可習得高程度的知識與技能。 ■ 參與者互相競爭，提高學習效果。 ■ 培養受訓者團體意識。 ■ 訓練內容程度較整齊。	■ 影響工作進度。 ■ 經濟負擔重。 ■ 較難實施於中小企業。 ■ 訓練成果無法及時應用。

第七章　社會工作的人力資源管理

Unit **7-13**
員工培訓與發展：員工訓練（續3）

員工教育訓練除了職場內訓練與職場外訓練外，隨著資訊科技的發達，愈來愈多的組織以「數位學習」（e-Learning）方式進行。Egan為e-Learning寫下了一段貼切定義：「e-Learning不僅是透過網際網路傳遞訓練內容，更是將網路應用到學習的各個管理流程上，包括從訓練內容的蒐集到學習資訊的管理等；e-Learning將發展個人專業與即時取得教材內容等學習權力下放給學習者，學習者不論選擇傳統教室教學、自訂學習進程，或講師帶領的線上教學、光碟、書籍或錄影帶教學，都可以節省很多時間和金錢，大幅增進個人技能，以及提升組織的整體能力。」

根據Kimiloglu、Ozturan和Kutlu的研究，對於組織而言，與傳統方式的訓練相較，數位學習主要有四項優勢：

1. 員工承諾與激勵：包含透過數位學習獲得永久性的知識、提高員工的學習興趣、提升員工的積極性、訓練的可衡量性、創造壓力較小的學習環境，與成為學習型組織。

2. 方便性與可得性：包含使員工在其方便的環境下進行訓練、訓練教材的永久保存性、員工學習進度的自主性、透過視聽元素豐富訓練教材，與同時訓練大量員工。

3. 客製化與外包：包含例行性訓練計畫的標準化、使員工有機會接受合格專業人員的訓練、打造客製化的訓練計畫，與在組織沒有訓練專家的情況下，有機會接受高品質的訓練。

4. 成本效益：包含降低訓練成本與無須出差參加訓練。

另據Kimiloglu、Ozturan和Kutlu的研究指出，數位學習的挑戰包括個人因素與組織因素。在個人因素方面，從傳統的教室教學到數位教學，可能會引發教學者對變革的恐懼、對技術可靠度的擔憂、對在數位學習環境中學生成績的懷疑，以及工作負荷量增加等，皆可能成為教學者不願意使用數位教學的原因；而教學者對於數位學習是否抗拒、學習者是否擁有高自主的學習動機，以及組織是否建構一套易於使用的數位學習系統，也都將與組織對於數位學習是否有良好的規劃與推行息息相關。在組織層面，組織推行數位學習的挑戰，包括數位學習平台規劃、建置與經營的不易、缺乏數位教材設計與製作的能力，以及數位學習市場上沒有完善的套裝課程可供選擇等。

雖然數位學習具有高度的彈性，可以讓學習者不受時間與地點的限制，自行掌控學習進度，但這也需仰賴學習者具有高度的自主性及學習動機，才能促使員工使用數位學習；反之，若學習者沒有高度的學習動機，數位學習反而達不到數位學習應有的成效。組織在數位學習的訓練成效評估上，經常以學習者的點閱次數、時數的紀錄，以及線上參與度做為學習行為量化後的參考數值，和實施數位學習的學習成效展現；然而，此一作法卻往往忽略學習者的認知行為是否真的被改變，或是績效表現是否真的有所改善。

數位學習的共通性質

1 它是一種遠距教學的模式。

2 它使用數位化的學習資源。

3 它可以使用衛星廣播、互動電視、光碟教學、網際網路等方式傳送教材。

4 它主要採用網際網路的使用者介面。

5 它可以是同步的，也可以是非同步的學習方式。

企業推行數位學習所面臨的組織因素挑戰

1 缺乏必要的技術基礎設施

2 缺乏專責的團隊來執行與管理數位學習

3 難以確保數位學習教材的所有權

4 難以為組織找到合適的數位學習套裝課程

5 員工不熟悉數位學習的使用

6 缺乏高層管理支持

Unit 7-14
員工培訓與發展：員工發展

258

員工發展（staff development）的目的，在於幫助管理者累積處理問題的能力，協助員工在持續改變的工作環境中應用新的知能。發展係設計用來增進個別化與專業成長的學習經驗，以增進教與學雙方的技術和能力，進而讓員工更有自信；但發展並不一定和目前的工作有直接關聯性。

員工訓練是屬於現實取向的，其重點在於目前的工作，並希望增進個人特定的技術和能力，以便能立即應用於目前工作的執行。員工發展則側重於組織未來的工作取向，較著重於教育而非訓練，藉由教育，員工發展的活動意欲灌輸員工正確的推理程序，亦即增進其理解和詮釋知識的能力，並非僅是事實的傳授或特定技術的學習。因而，員工發展是組織幫助員工發揮其潛能及成長的長期努力，當組織中的員工職位晉升，則其習得的知識與技能對組織的發展是很重要的。

員工發展的資源需要以組織目標為根據，而所有員工的表現，以此可操作的和策略的計畫做為測量的標準。員工發展策略，包含個別員工的學習目標，應該依據機構預計達成的目標，也就是組織的策略方向來加以規劃。透過個別和集體的員工學習需求之認定，員工發展可以彌補員工程度的差異，否則這些瑕疵或知識基礎和能力上的不足，將成為組織達成目標的障礙。

綜合前述各單元對於人力資源發展的討論可知，人力資源發展強調個人發展與組織成長相互配合，其領域涵蓋訓練與發展、生涯發展與組織發展，包括三大領域：

1. 訓練與發展：訓練與發展（training and development）著重於個人知識、技術和能力的改進，以增進個人執行目前或未來工作的能力。其中訓練是以一種有計畫、有系統的教學活動，來傳授相關的知識、技能或訊息，目的是為了改善員工現有的工作能力，以符合組織的需求。而發展則指個體透過教育、訓練的途徑而達成潛能的開發，著重於心理的成長與未來工作的準備。

2.生涯發展：生涯發展（career development）的基本主張源自於人本思想，認為訓練發展不該只考慮到組織策略目標，同時也應關注員工的個人發展，故生涯發展是屬於較長程且較複雜的績效改善活動，主要在整合個人和組織的目標與任務，使成員了解個人職位所須扮演的角色及未來發展的機會，並塑造組織未來發展的願景（vision），以凝聚成員向心力，使個人與組織同步成長。

3. 組織發展：組織發展（organizational development）是應用行為科學的概念有計畫地介入一個組織的結構、制度、文化等，藉以提升組織效益，屬於最長程且最複雜的績效改善活動，著重績效困難的綜合分析和績效改善技術的統合運用。其主要集中在整體的改善與組織結構、資源的重新安排，更包含組織文化、價值與目標的形塑，並透過集體的努力，使組織能成功轉型與變革，以適應環境的變遷。

訓練與發展的流程模式

■ 訓練與發展是人力資源發展最重要的一環，影響訓練成效的因素有很多，
但其成敗關鍵在於訓練的計畫、執行與考核三大環節。

■ 一個有規劃、有系統的訓練與發展方案應包括：
1. 訓練發展需求的分析與評估
2. 訓練發展的設計
3. 訓練發展的執行
4. 訓練成效的評估

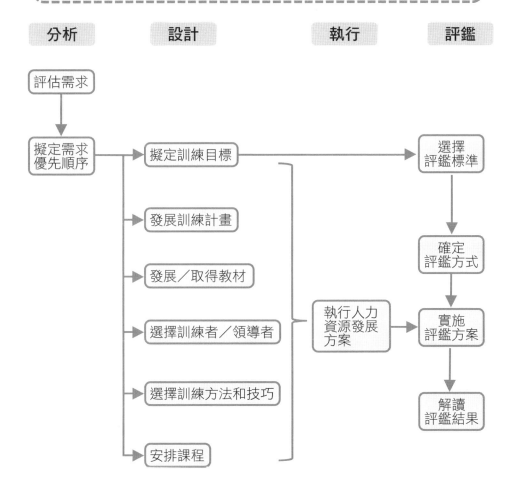

資料來源：DeSimone, R. L., Harris, D. M., & Werner, J. M.（2002）。

Unit 7-15
員工培訓規劃與評估的過程

員工培訓與是人力資源發展的基本要素。建立一個完整的教育訓練制度，一來可以避免訓練體系的鬆散分離，二來亦能避免資源的重複浪費，並透過評估制度，不斷滾動檢討，以提升訓練的成效。茲將員工培訓規劃與評估的過程，說明如下：

一、評估訓練需求

評估訓練需求是確定員工之感覺性需求和組織需求的一種過程；組織為善用資源和滿足員工的需求，培訓活動必須建基於謹慎評估員工的真正需求，以及組織期待的績效與實際績效間的差距。培訓之需求係決定於員工個人現有的能力與完成預期工作所需能力之差距，或決定於其工作績效不足的程度。訓練需求評估的方法有很多種，包括資料研究法、觀察法、評鑑中心法、訪談法、測驗法、問卷調查法、諮詢法、團體討論法、績效評估法等。

二、設定培訓目標

培訓計畫一般都有特殊的訓練目標，以做為培訓規劃及實踐上的指南。當學習需求已能清楚地被辨識後，便可將其需求詳細地用目標列明。制訂培訓目標時，典型的目標會以：「完成這次訓練課程後，接受訓練者被期待要能夠⋯⋯」為開頭聲明，此聲明是在界定受訓者技能的表現或任務，或示範對觀念的理解之後完成，這些目標是要可觀察與可測量的，最好能符合 SMART 的五大原則（詳右頁圖解）。

三、擬定培訓計畫

培訓方案的擬定端視需要達到的目標類別和所能運用的資源而定。除考慮到人力和可運用的資源外，尚須能將機構的需求、員工的個別差異、學習的內容與方式，以及課程間的關聯性等納入考慮。

四、實施培訓計畫

培訓計畫經核定並確立後，即須依所擬定的計畫進行實際的訓練。訓練方式須視訓練的內容而定，通常對操作性的訓練採用講解、示範和練習；對知識性或管理性的技能，可採用講授、研討會、座談會、電腦輔助教學、視聽教學法、模擬訓練等方式來進行。凡已擬定的培訓計畫，應循序漸進地推行，定期檢討並做必要的修正。

五、評估培訓計畫的效能

培訓方案活動須花費許多的時間、金錢與精力，因此，方案效能的評估有其重要性。若要從事評估活動，必先要釐清評估的對象、期望獲致的目的及評估的標準。換言之，只有在確定培訓目的後，才有可能進行評估。在評估培訓計畫的效能時，常使用 Donald L. Kirkpatrick 對於訓練成效評估提出四層次的評估模式，四層次模式包含：1.第一層次為反應層次（reaction level）；2.第二層次為學習層次（learning level）；3.第三層次為行為層次（behavior level）；4.第四層次為結果層次（result level）。這四個層次是評估訓練成效的連續方式，每一個層次皆有其重要性，當評估從一層次移至下一層次時，評估的過程就愈顯費時與困難，但同時也愈增加評估的價值（詳次一單元說明）。

SIMPLE
簡單的

目標必須是以自己和員工所能理解的詞語來表達，除了主管必須清楚計畫所要傳遞的目標為何，對於專業術語也必須要說明清楚，方能建立起主管和員工的溝通平台，不致形成溝通障礙，妨礙到工作的進行。

Measurable
可測量的

必須知道目標達成的時間點及測量方式，一般可用質性或量化研究方式來進行。

Achievable
可達成的

目標必須是可行的、可達成的，一定要考量現實情境與可用的資源多寡，必要時與相關人士、機構進行協商，最終目標是希望達成多贏的局面。

Resourced
有資源的

要完成計畫首要的資源便是人力，特別是機構內部的員工，當然相關的物力資源也是不可或缺的。

TIME-limited /
Trackable
時限性的／可追蹤的

目標要達成時必須是有時限性和可追蹤的。有時需要一段時間，也有可能在執行過程中會面臨到一些突發的事件，故管理者必須去監控、檢視和評估目標、追蹤目標，以掌握執行的實際績效與規劃之目標績效間的差距，必要時改變目標的優先順序，以增加目標實現的機會。

Unit 7-16
Kirkpatrick 的訓練成效四層次評估模式

Kirkpatrick 模式是由國際著名學者 Donald L. Kirkpatrick 於 1959 年所提出。Kirkpatrick 模式共分四個層次，說明如下：

一、反應層次（reaction level）

「反應」指的是學員對培訓的反應，也就是學員對整個培訓過程的滿意程度，包括對課程內容、授課時間規劃、培訓人員及軟硬體設備等感受。培訓人員在培訓前，就應該清楚思考培訓的最終目標為何，再根據目標釐清學員受培訓後應具備哪些知識、態度及技能，最後再據此設計課程，並訂定相對應的評估項目。學員對培訓所提出的反應回饋，不但可以做為培訓人員修正的參考依據，讓往後進行相同培訓課程時能夠更趨完善，在這個層次中，常用的評估工具有問卷調查、訪談、觀察和座談，尤其以問卷調查最常使用。

二、學習層次（learning level）

「學習」是指學員參加培訓後，獲得了多少知識、技能，以及態度的改變程度。這個層次的評估是很重要的，因為學員在培訓結束後，如果知識、態度、技能沒有得到提升，連帶地在下一個層次中就很難產生學習的遷移行為，自然也就無法達到培訓預期的成果。最常用以評估知識是否擴充的工具就是紙筆測驗。培訓人員於培訓前先進行前測，從測驗結果了解學員的先備知識狀況，知道哪些是學員已經具備的，哪些是培訓中需要再加強的，做為課程設計的參考與往後修正時的參考依據。

三、行為層次（behavior level）

「行為」指的是學員參加培訓後，能實際運用多少所學的知識和技能在工作上，並產生相對的行為改變，亦即學習的遷移行為，強調學員能夠將所學的知能內化，並充分應用在工作上。一般而言，當學員結束培訓回到工作職場時，不一定立刻有機會可以應用到培訓中所學的知能，因此評估時機最好在培訓後六個月或更長的時間，且盡可能進行多次評估，最好能同時與學員的主管、下屬或能經常觀察到學員行為的人員進行訪談，多方蒐集資料可更有助於評估學員行為的改變。最常用以評估行為改變的工具是訪談與問卷調查。

四、結果層次（result level）

「結果」是指學員結束培訓回到工作職場，並實際將所學應用在工作上後，為組織帶來的最後結果。主要說明學員如何由訓練後的行為改變，達到組織期望的目標，對組織有所貢獻與回饋，例如：增加產量、提升品質等。此一層次的評估經常是主管最重視的，卻也是最難以評估的，因為導致結果改變的因素非常多，很難保證一定是培訓帶來的影響，因此配合前三個層次的評估是非常重要的，或是利用控制組加以比較，才能將非訓練因素對結果造成的影響剔除。常用以評估培訓結果的工具是調查問卷、訪談客戶或主管，以及培訓人員的觀察。

Kirkpatrick模式的證據鏈

第二層次：
學習層次

第四層次：
結果層次

第一層次：
反應層次

第三層次：
行為層次

Kirkpatrick訓練四層次評鑑模式

低 ←――――――――――――――――――――――→ 高

	反應層次	學習層次	行為層次	結果層次
層次	了解學員對訓練課程安排的滿意程度，包括課程內容與安排、教學環境、教學方式、講師知識與技能及建議改進方向等項目。	衡量學員學得新知識或新技能的程度，亦即學員是否學習到訓練前所不知道的相關知識與技能，以及其吸收程度為何。	衡量學員將訓練習得的知能，應用在工作上的程度，亦即評估學員行為、能力是否有所改變，以及訓練成果是否得以轉移。	衡量學員的行為改變，對組織帶來的利益多寡，亦即學員參與訓練對組織績效有何正面貢獻（例如：品質改善、成本降低、投資報酬率提高、士氣提升等）。
評鑑方式	問卷調查	紙筆測驗、面談、觀察或實作	行為量表	成本效益分析、生產力指標、主管訪談。
特性	資訊價值最低、使用頻率最高、估算最容易	於學員結訓返回工作崗位前即時施測	於訓練結束一段時間後施測	資訊價值最高、使用頻率最低、估算最困難

Unit 7-17
人力多元化

社福機構裡的人力是多元的，各種背景的人提供各式各樣的服務，因此，對於多元化的議題，特別引起關注。針對最常見的六方面人才的注意事項，說明如下（Weinbach, R. W., 2008）。

一、專業人員

已接受正式密集的教育，具備特定的知識、價值和技巧，能執行高難度的工作，並且熟知專業倫理。管理專業人員時，需給予對方更大的空間；專業人員較為自主，不像其他人員需被嚴格督導。專業工作者比較沒有嚴格的工作規範，沒有一定的標準行為，但必須多體諒專業社會工作者角色緊張的狀態較多，尤其是兼辦管理工作者。

二、即將成為專業的人員

針對符合專業人員條件，但欠缺相關的學歷或證照，必須限制他們的工作內容，並且提供較多的督導。畢竟他們還不是專業人員，因此對他們的引導、訓練及社會化，機構要有額外的計畫，而且管理者也不宜貶低其身分。

三、準專業人員

是指只接受了部分、層級較低的專業訓練，亦即只接受短期、特定的訓練後即任用，適合負責特定且有限的任務。例如：個案助理，從事費時但不專業的工作。

四、當地的非專業人員

社會工作的背景有時與其所服務的對象差距不小，為了縮小與服務對象群的距離，社福機構會僱用當地或某種特定背景，但尚未接受正式教育和專業認證的非專業人員，通常他們只會在特定的情況中從事對某種背景服務對象的服務。好處是可以提供其他服務對象角色模範，並且頗得當地社群的認可，可改善社區形象；而機構也可透過此種僱用方式縮短與當地社區之間的距離。

五、支援性人員

是指不提供直接服務，只是支援專業工作者的專職人員。擔任行政、佐理、重複、非專業性的工作。這些人力在社福機構從事翻譯信件、會計、總務等工作。這些人才為何不去企業，而願意待在社福機構擔任此種工作？主要是工作環境、自尊或對某種人口群的關心。

六、志工

志工無酬地付出時間和服務。志工為何加入？可能因為利他主義、打發時間、宗教信念等各種因素。不論理由為何，都是人力，都需要管理。對社福機構而言，最大的好處是可以用有限的經費做很多的事，機構內常需人力執行服務業務，然而，人力成本有限甚至不穩定，經費來源常需依靠方案或補助，志工可以提供密集、深入、持續、費時的補充性關懷；並且，聘用志工也可增進機構被社區接受的程度，但督導和交通等費用還是不可少。

圖解社會工作管理

Perlmutter提出組織內多元化涵蓋的四個層次類型

層次類型	說明
層次一：平等就業組織（equal employment organization）	管理者在這樣的組織投入最少的努力於資源招募、聘用與升遷少數族群與婦女。平等就業組織將多元化做為一種象徵，主要是為了滿足各級政府和相關利益人士的要求。
層次二：權益平等促進行動組織（affirmative action organization）	此類組織會積極地招募、聘用與升遷少數族群與婦女。權益平等促進行動組織的管理者不允許任何種族歧視、性別歧視及其他形式如書面政策、媒體、行動上的歧視。在這樣的組織中，同化是促成進步的途徑，一些少數族群與婦女可能會被同意快速升遷，如此一來，組織可被視為進步與多元化的典範，並改善組織形象，但是他們仍被許多位高權重的工作拒絕。在權益平等促進行動組織裡，無法被同化的少數族群與婦女易被歧視或立刻被替換。
層次三：自我革新組織（self-renewing organization）	此類組織系統性地評估其文化，並運用所得之訊息塑造新策略，以增強員工的多元化能力。自我革新組織的管理者，投入一定的時間與資源去創造和維持工作環境的敏感度與容忍度，並支持來自不同背景的員工。
層次四：多元或多元文化組織（pluralist or multicultural organization）	此為最高層級的組織，此類組織是開放、積極支持並具有多元化能力。管理者在此類組織中以聘用、升遷員工來實踐多元化，禁止工作場合有任何形式的歧視，並和與其有相同思維之組織結盟。

多元化對組織競爭優勢的影響

影響	說明
成本方面	當組織逐漸多元化後，整合與協調的成本隨之增加；能夠處理這些問題的組織往往能創造競爭優勢。
資源取得方面	多元化可以帶來好的聲譽，進而在勞動市場中招募到多元而優秀的人才；當人才競爭激烈且勞動力組成改變時，彈性作法可創造優勢。
行銷方面	對於行銷，不同文化的人員可帶來很多助益，並有較靈活的策略與作法；多元化有助於對不同人口群的了解。
創造力方面	成員的多元化可避免管理方式一成不變，有助於提升組織創造力。
問題解決方面	異質性的人力有助於從不同的角度思考問題，有助於解決特殊或非例行問題。
系統彈性方面	成員組成多元，管理者必須尊重不同文化，才不會讓組織淪於控制導向或一成不變。當環境變動時，也才可以保持彈性，有效因應。

Unit **7-18**
人力多元化（續1）

在社會福利機構的多元人力類型中，非典型就業（Atypical Employment）／非典型僱用（Non-Typical Employment）是常見的概念。所謂「非典型就業／僱用」指的是非長期（大致是指一年以內）或非全日的工作型態，主要包括部分時間工作、勞動派遣／人力派遣工作及定期契約工作（臨時工作）。

勞動派遣（Dispatched Work），亦稱為人力派遣／派遣勞動。勞動派遣相關概念源自於日本，根據日本勞工派遣法對勞動派遣的定義為「將自己所僱用之勞工，在該僱用關係下，使其接受他人之指揮監督，為該他人從事勞動，但不包含約定使勞工為該他人所僱用」。換言之，勞動派遣就是讓自己僱用的勞工，在既存僱用關係下，去為別家企業從事勞動並接受其指揮命令。

在勞動派遣的法律關係當中，涉及「派遣勞工」、僱用派遣勞工的「派遣單位（派遣公司）」、實際使用派遣勞工的「要派單位（要派公司）」。

在這個三方的法律關係當中，派遣勞工是與派遣公司締結勞動契約，所以派遣勞工契約上的雇主是派遣公司，必須由派遣公司負責支付派遣勞工薪資，並負責各項勞基法上雇主責任。但勞動派遣特殊之處，就是派遣公司會依據與要派公司間的要派契約，將派遣勞工指派到要派公司，然後實際上派遣勞工是向要派公司報到從事勞務，並由要派公司（用人單位）指揮監督派遣勞工從事工作。三方關係如右頁圖。

因為派遣勞工只與派遣公司間具有勞動契約關係，與要派公司間不具勞動契約關係，僅有實際上的勞務指揮關係，形成「僱用」與「使用」的分離現象，這正是勞動派遣最大的特徵。

在派遣機構、要派公司（用人單位）與派遣勞工的三角關係之間，派遣機構與用人單位係為「商務契約關係」，彼此約定勞務的提供與購買；派遣機構與派遣勞工之間為「僱傭關係」；要派公司（用人單位）與派遣勞工之間則僅有提供勞務時的「指揮監督關係」。換言之，派遣機構僱用勞工的目的是安排他們至用人單位提供勞務。三者形成雙重關係（dual relationship）；一方面是派遣機構合法僱用的，另一方面卻要在要派公司（用人單位）提供勞務，並接受用要派公司（用人單位）的指揮與監督。

「三方關係」與「多元效忠」是人力派遣中常見的現象，也使此種關係比較動態。派遣關係與傳統的僱用關係不同，因此可能比較複雜；也可能因為關係較有彈性，而較有個人的發展空間；對組織而言，因為不需與員工長期維持緊密互動，因此也有較大的空間。「派遣勞動」另一項引起爭議的是派遣機構的角色與功能問題。派遣機構的角色與功能很難清楚釐清，由於派遣機構自勞工派遣過程中獲得報酬，往往被批評是將勞工視為商品來出售得利。

勞動派遣關係

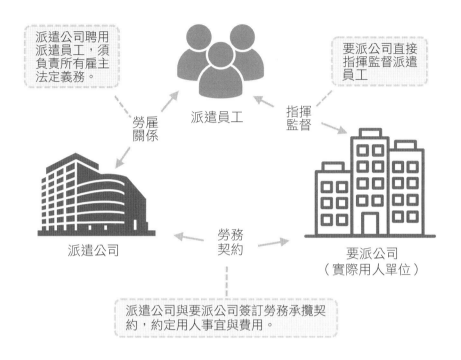

派遣公司聘用派遣員工，須負責所有雇主法定義務。

要派公司直接指揮監督派遣員工

派遣員工

勞雇關係

指揮監督

派遣公司

勞務契約

要派公司（實際用人單位）

派遣公司與要派公司簽訂勞務承攬契約，約定用人事宜與費用。

勞動派遣運作的3項重點

01

由派遣單位與要派單位（用人單位）訂定派遣契約，約定由派遣單位僱用員工後派遣至要派單位。被派遣員工被派遣至要派單位的工作地點上班，執行工作任務，並在要派單位的監督下工作。

02

標準流程是「要派單位」向「派遣單位」提出人才需求；雙方依人才需求條件招募並篩選適合之「被派遣員工」。

03

三方經由明確的契約訂立，各自執行任務。

Unit 7-19
多元人力（續2）

契約人力是雇主（例如：政府、企業、社工組織）與受僱者事先約定，並且訂定一段時間做為其任用期限，原則上不以永業制做為出發點，所以雙方之僱用關係呈現出以「交易」為主的特質；亦即雇主以財貨報酬交換契約性人力所提供的技能與勞務，而受僱者則是以此交換所需。

所謂契約進用公務人力，係指由國家（中央）或地方自治團體所屬各機關以契約方式進用執行公共事務之人員。其有別於一般公務人員須經考試銓敘合格，重視永業性、穩定性及保障性之常業文官，而多屬於臨時性、個案性、專業性、技術性之人員。契約進用公務人力之範圍，依其與進用機關之法律關係不同，約可區分為最廣義、廣義與狹義等三種，茲說明如次：

1. 最廣義： 係指凡是以契約方式執行各機關公共事務之人員而言。其範圍約有：

(1) 各機關以委託契約方式委託私人或民間團體行使公權力者。

(2) 各級公立學校聘任之教師。

(3) 各學術研究機構、科技、社會教育、文化及訓練等五類機關中以契約聘任之研究及專業人員。

(4) 隨機關首長同進退之機要人員。

(5) 各機關雇員、司機、工友。

(6) 依《聘用人員聘用條例》聘用之聘用人員。

(7) 依《行政院與所屬中央及地方各機關約僱人員僱用辦法》。

2. 廣義： 係指機關組織編制內或編制外，依法令規定以契約方式進用至各機關，以機關法定預算支付其薪給，從事公共事務之人員。其範圍則排除上列(1)以委託契約方式委託私人或民間團體行使公權力者，其餘均屬之。

3. 狹義： 係指機關組織編制外，依法令規定以契約方式進用至各機關，以機關法定預算支付其薪給，從事公共事務之人員。其範圍僅包括：

(1) 依《聘用人員聘用條例》聘用之聘用人員。

(2) 依《行政院與所屬中央及地方各機關約僱人員僱用辦法》僱用之約僱人員。

契約性人力基本上是「非典型僱用型態」的一種，興起原因除了產業結構與技術變革等整體性因素外，主要包括下列 3 項原因：

1. 勞動彈性化（人力資源彈性管理）： 為適應市場環境變遷，聘僱單位採取勞動彈性管理來因應。包括：契約彈性、工作時間彈性、報酬彈性、工作生涯期限彈性、工作彈性、工作地點彈性。主要目的在因應不同階段的人力需求差異，亦可降低勞動生產、人事成本，並限制員工編制人數。

2. 大環境與價值觀改變： 雇主不願意也無法提供全時受薪的長期工作，年輕一代的受僱者未必願意選擇固定的工作時間。契約性人力的運用通常可節省成本，維持工作的推動。

3. 政府政策： 減時減薪、創造臨時就業機會是政府在經濟不景氣時鼓勵企業採行的因應作法，政府本身也會用各種方式來聘僱人力。政府政策也鼓勵契約性人力的方案。

正式員工與派遣員工之權益比較

構面	正式員工	派遣員工
關係	勞工 ←→ 雇主	派遣單位 ←→ 要派單位；派遣勞工
雇主	任職單位之雇主	派遣前是派遣單位；接受派遣後，除派遣單位外，尚包括要派單位
指揮命令	任職單位	要派單位
管轄法規	《勞動基準法》	《勞動基準法》
契約型態	長期契約	短期契約
薪資給付	任職單位之雇主	派遣單位
受訓機會	配合企業需要安排	以工作為主，受訓機會較少
工作類型	所有工作	特定類型
福利制度	因企業不同而有差異	以法定福利為主，福利較少
工作穩定性	較穩定	較不穩定

資料來源：修改自彭懷真（2012）。

公部門運用非典型人力對社工界造成的影響

1. 內心會有不安全感，尤其契約屆滿前會無心工作影響服務品質。
2. 正職人員與約聘僱人員之間的差別待遇，形成相對剝奪感。
3. 服務無法產生持續性。
4. 抱著夢想卻因為相對剝奪感選擇離開社工界，造成人才流失。
5. 社會工作經驗無法累積。
6. 要求進來組織就能立即提供服務的「即戰力」，否則試用期滿不續聘。
7. 造成身心過度承受壓力。
8. 不穩定的就業型態阻礙專業認同。

Unit **7-20** 員工績效考核

績效（performance）是指員工的工作表現及其對組織的貢獻，績效考核（performance appraisal）為管理「控制」（controlling）功能的措施，亦稱績效評量或績效評估，係指對「個別員工的工作表現做系統化回顧，用於評估員工的工作效能」。亦即，考核者（主管）依據員工在工作上的表現，參照其事前所訂定工作目標，去評估員工在某一段時間內的工作表現，並以之做為獎酬、升降調遷、調薪或訓練發展之參考，以激勵員工的工作士氣，改善員工本身的工作績效。

績效考核可區分為發展目的和評估目的。發展目的重點是提供回饋給員工，並以該回饋做為改進績效的依據與參考，用績效評考來改變員工的工作態度、工作經驗及工作技能，激勵與支持員工，並希望藉由績效考核提升員工績效及對企業產生認同感，其中包括確認企業的優劣勢、目標需求和目標設定；評估目的主要透過獎酬改變工作績效，例如：薪資、升遷或離職，重視員工對於工作結果的直接獎勵，對組織政策及目標的檢討。綜整而言，績效考核的目的，在協助組織達成策略性目標、行政性目標，與發展性目標，說明如下（王精文譯，2018）：

1. 利用績效考核達成組織的策略性目標：若能有效串聯員工行為與組織目標，績效考核將能協助組織達成目標。績效考核第一步應是確認組織對員工表現的期待；其次，組織應藉由評估個別員工的表現，確認員工表現是否滿足組織期待。組織將依評估結果，決定是否必要採取改善行動（如提供教育訓練、發放獎金，或給予懲處）。只有當評估結果與組織目標相符，且評估結果與績效回饋確為員工理解認同時，績效考核管理才能協助組織達成策略性目標。

2. 利用績效考核達成組織的行政性目標：組織可利用績效考核系統所提供的資訊，做為部分行政決策的基礎；更具體地說，員工績效資訊可做決定員工薪資、福利、獎懲、是否續聘、是否增員等行政決策的基礎，由於績效評估結果可能影響行政決策，對個別員工未來的職涯發展就有影響。主管們通常很清楚這點，而這也是主管很難自在處理負面評估的原因，因為這可能導致員工被掃地出門、減薪等不良後果。

3. 利用績效考核達成組織的發展性目標：績效考核結果，可做為未來發展員工知識及技術的重要參考，即使員工表現已符合組織期待，他們也能從績效回饋的討論，確認個人專長及有待加強的面向。與員工討論待加強的面向，可協助員工與主管共同發現問題，並能設法解決問題，能不斷突破個人限制的員工，在就業市場的價值也會水漲船高。雖然很少人喜歡討論自己的缺點，但它確可有效協助組織達成發展性目標。

績效管理階段流程圖

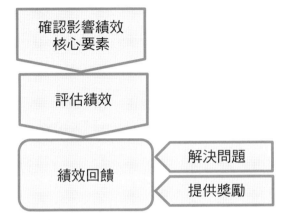

資料來源：王精文譯（2018）。

「雜蕪資訊」與「不足資訊」對績效評估的影響

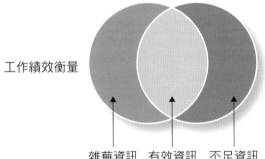

工作績效衡量　　　　　　　　　　　實際（或真實）工作績效

雜蕪資訊　有效資訊　不足資訊　　資料來源：王精文譯（2018）。

- 上圖顯示兩組資訊；左邊的圈圈代表績效評估中的雜蕪資訊，右圈則代表實際工作績效成果，兩個圈圈重疊重複的部分代表有效資訊。
- 雜蕪資訊代表蒐集資訊中與績效無關的部分。例如：以業務人員到底打幾通電話當作評估基準，這類資訊就是雜蕪資訊，因為，電話打得多，不代表就能提高業績或增加顧客滿意度，除非每通電話都經過業務人員仔細設計後才撥出。若漏掉蒐集某些與績效十分相關的資訊，即會呈現資訊不足的情況，如：組織只評估員工出席率，而未評估員工績效表現優劣。
- 組織無法從過於有限的資訊中，推知員工對組織貢獻的全貌，因此，績效考核時，應要設法降低雜蕪資訊與不足資訊的比例。

Unit 7-21
員工績效考核：考核的功能與條件

　　管理的工作的基本要素就是衡量和考核，更顯示了績效考核對於組織的重要性，茲將績效考核的功能，以及組織實施績效考核應具有的條件，分項說明如下：

一、績效考核的功能

　　（一）促進主管與部屬之間的溝通：績效考核可提供員工與主管之間的對話，促使員工與主管了解對方的目標和關注的重點，進而致力於實現彼此的期待。

　　（二）評估目標達成程度：績效考核通常是根據已建立的工作準則，去評估員工的工作目標達成的程度，以期進一步激勵員工維持工作績效或提升至較高的滿意水準，進而有助於組織宗旨或目標的實現。

　　（三）協助員工改善績效：績效考核敦促主管定期檢討部屬的工作績效，發掘績效欠佳的原因，並督導部屬採取改正措施；員工亦可藉由對工作做反省、檢討與改進，以期能有優越表現。

　　（四）提供員工賞罰管理決策上的參考：正確而客觀的績效考核，可做為上級從事職位升遷、解僱、調職、賞罰等管理決策的參考。

　　（五）協助人力資源規劃的進行：透過績效考核，可測出機構可用和潛在的人才，並評估機構現今所能提供的人力資源，以便管理者進行替代性的規劃。

　　（六）提供擬訂員工訓練或發展方案的訊息：績效考核可協助組織發現潛在優秀的員工或員工不足之處，以供機構擬訂員工訓練或發展方案上的參考。

　　（七）拔擢優秀人才及培養領導幹部：從績效考核的過程中，可發掘並培育表現佳且深具潛力的優秀人才，以儲備機構未來重要的管理幹部。

二、實施績效考核的條件

　　（一）機構應有完善的人力資源管理制度：績效考核應與員工的聘僱、培訓、升遷、生涯發展、獎懲、報酬與福利相配合，若僅有績效考核，而無前述之措施予以配合，則績效考核便無實質意義。

　　（二）機構應有適當的意見溝通管道：機構主管在訂定考核制度之前後，應與員工有充分的溝通，以增進員工對考核內容的認知與接受度。組織亦應設置申訴管道，若員工對考核結果有異議，可供其有充分獲得釋疑的機會。

　　（三）考核者與員工對具體績效的期待應有共識：管理者和員工彼此應能開誠布公和接納對方友善的建議，且能以冷靜、客觀、對事不對人的方式進行檢討。因此，一個好的考核過程，督導或管理者與員工要能對具體績效的期待有共識。

　　（四）考核者應持公正和合理的態度：績效考核應以工作績效為判準，避免主觀、偏私或個人喜好等因素的影響。在考核過程上，管理者應秉持公正和合理的態度，充分發揮管理者獎優罰劣的功能。

　　（五）機構應建立完善的培育制度：績效考核除注重員工的表現外，也應協助員工檢討，並應鼓勵以其事業前程作自我成長。為此，完善的培育制度可說是建立績效考核必要的配合條件之一。

績效考核的目的

Rowland提出的組織面、主管面、個人面的三面向的績效考核目的

組織面	主管面	個人面
■ 績效考核可達到回饋部屬，使其知道自己的表現為何。 ■ 幫助主管做人事上的決定。 ■ 提供方法警告不稱職員工，進一步輔導和指導部屬。 ■ 改進部屬績效，並發揮其潛能。	■ 績效考核可提供一個參考資料，做為每一個員工工作安排上的調整。 ■ 表達對部屬績效的表現看法，做為找出提高未來績效的參考。	■ 做為員工自我發展和改進的依據，並能正確地朝向組織目標而努力。

Robbins提出之績效考核的目的

- ■ 依據考績結果來決定人事決策。
- ■ 指出員工有無需要再加以訓練之必要性。
- ■ 做為評鑑訓練計畫的成效。
- ■ 提供回饋給員工，了解組織對其評價。
- ■ 做為分配獎賞的依據，例如誰該加薪或其他獎賞。

William和McKinnon提出之績效考核的目的

- ■ 衡量與判斷績效。
- ■ 使個人績效和組織績效相結合。
- ■ 培養部屬能力。
- ■ 激勵部屬士氣。
- ■ 強化部屬與主管的溝通。
- ■ 做為調薪和升遷的基礎。
- ■ 做為組織控制和整合的工具。

Unit **7-22**
員工績效考核：考核方法

有關員工績效考核，可區分為傳統績效考核方法、現代績效考核方法等兩大類。本單元將先說明傳統績效考核方法，並以本單元及次一個單元詳加說明之。

一、傳統績效考核方法

傳統上較簡單的績效考核方法區分為二種類型：

（一）**特質取向法**（trait approach）

偏重對人格特質與能力為衡量員工的績效之變項，如員工的工作潛能、工作態度、人際關係與工作能力等。常用的方法如：簡單排序法、強迫分配法、配對比較法等。

1.簡單排序法（simple ranking）：係請主管將待評員工按表現好壞逐一排列。效度較低是本法最主要的問題。此外，「最佳」、「最差」等形容詞，無法具體指出員工表現良莠的部分。

2.強制分配法（force-distribution method）：這種評估方法要求主管將員工績效評估得分，依一定比例分配到不同的分數區間。例如：組織可能建立一個區間為：A.特優：5%；B.優良：25%；C.尚可：55%；D.待改進：10%；E.未達標準：5%。

3.配對分配法（paired-comparison method）：本法是將員工逐一與其他另一名員工進行比較，然後建立最後的排名。完成每組配對比較後，主管即可將個人得分加總，得分最高者，即是排名第一的員工。很明顯地，當待評員工人數很多的時候，這種作法費時。

（二）**行為取向法**（behavioral approach）

係針對工作過程中員工的行為表現進行評估，包含員工「做了些什麼」、「如何做的」，重點在過程而非結果，如團隊合作性高、負責、守時等。常用的方法如：關鍵事件法、行為錨定量表法、行為觀察量表法等。本單元限於篇幅，先說明關鍵事件法，另行為錨定量表法、行為觀察量表法，於次一單元說明之。

1.關鍵事件法（ctitical-incident method）：是協助組織確定高績效行為的方法。本法藉由主管記錄員工工作中績效最佳或績效最差的例子，確認高績效行為的內容。例如：以某位維修師傅的工作為例，說明本法如何應用在實際工作中。有位顧客來電抱怨冰箱不冰，而且每幾分鐘就會發出喀啦喀啦的怪聲，負責的維修師傅便猜測可能原因，並著手進行檢測；不一會兒，他發現問題跟自己想的不一樣，於是開始檢查其他部分，而且馬上發現問題所在，結果，師傅只要去顧客那裡一次，就可以完成任務。顧客對這樣的服務，也感到十分滿意。在這個例子中，我們可以發現高績效行為，應該包括員工修理冰箱的知識與重視效率與顧客滿意度。用這類具體方法來評估績效，能讓員工得知自己行為哪些符合期待、哪些部分則仍不盡理想。此外，本法也可協助員工確認能協助組織達成目標的行為或事件內涵。但是，主管可能不願花那麼多的時間或精力，每天（或每週）忙著記錄這些行為或事件。此外，重要事件常具有獨特性，所以也無法提供員工績效比較的結果。

範例：強制分配法（force-distribution method）

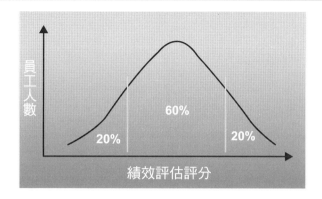

範例：配對比較法（paired-comparison method）

屬性：工作品質

員工評分

相較於：	A Art	B Maria	C Chuck	D Diane	E José
A Art		+	+	−	−
B Maria	−		−	−	−
C Chuck	−	+		+	−
D Diane	+	+	−		+
E José	+	+	+	−	

Maria分數最高

屬性：創造力

員工評分

相較於：	A Art	B Maria	C Chuck	D Diane	E José
A Art		−	−	−	−
B Maria	+		−	+	+
C Chuck	+	+		−	+
D Diane	+	−	+		−
E José	+	−	−	+	

Art分數最高

資料來源：方世榮譯（2016）。

■ 配對比較法（paired comparison method）有助於提高排序法的精確性，是針對每項屬性（工作品質及工作數量等），將每位部屬與其部屬一一做比較。

■ 步驟：

➤假定有五位待評估的員工；在配對比較法中，可使用如上圖所示的表格，在每個屬性中列出每組員工。

➤然後，在每項屬性加以註記（以＋或－），指出該對員工誰表現較好。

➤接著，將員工的註記加號（＋）的個數加總。在上圖中Maria的工作品質最好（有最多的＋號），而Art在創造力上表現最佳。

Unit **7-23**
員工績效考核：考核方法（續1）

圖解社會工作管理

276

本單元接續說明傳統績效考核方法中，行為取向法（behavioral approach）的行為錨定量表、行為觀察量表法如下：

2. 行為錨定量表法（behaviorally anchored rating scales, BARS）：行為錨定量表法係由判定員工實際行為與量表中代表不同績效的行為間的契合度，決定員工績效表現等級。行為錨定量表是由重要事件法發展而來。設計本量表時，須先具體定義績效的各個面向，並提供代表不同績效表現程度的行為描述。這些行為描述即為各個績效標準的「定錨」。在右圖案例中（詳右頁圖解），即列出「不同程度工作準備」所代表的績效度；最上方的行為描述（標示成7）代表最有績效的工作準備情形，最下方的行為描述（標示成1）則代表最無績效的工作準備情形。這些行為描述取自過去績效表現的資料。組織先蒐集工作中有績效及無績效的重要事件，再將它們從最有績效到最無績效依次分類，經專家認可後，這些行為描述即可成為評等時的定錨。

行為錨定量表法首先為每一職位識別出其重要工作職責範圍，主管評價受考核員工時會利用幾個等級，每一等級列明一個特別的工作職責及行為。主管將工作上的行為由最不理想的績效至最理想的表現，由下至上分為不同的等級，並給予不同的價值（往往以數字替代）。這種方法是一種行為基礎的績效考核辦法，其優點是集中考核受評員工有效的工作行為，而不是像「目標管理式」或「結果管理式」考核法僅集中於目標或結果本身的達成。換言之，BARS強調受評員工技能方面的控制，相信技能和方法對了，工作行為便沒有錯失，目標必然可達成。

3. 行為觀察量表（behavioral observation scale, BOS）：為改善行為錨定評等量表的缺失，行為觀察量表在設計時，即設法將所有可能重要的行為包括在內。一般而言，量表在代表不同層級的績效表現欄中，會提供15項代表性行為，主管須依績效評量期間中，員工表現各類行為的頻率，選出對應的分數，將各題得分加總後，即能得出績效評分結果。

本法的缺點為所需資訊過多。一份行為觀察量表可能會列出幾十項主管必須記住過去6至12個月間，每名員工表現每項行為的頻率，但是，光要記得一位員工的資料，就已經不是簡單的事，而一般主管手下通常有許多的員工。雖然如此，跟行為錨定評等量表相比，行為觀察量表較受主管與員工歡迎，因為它易學易用、能提供較有意義的回饋內容、較為公正，且也能提供日後教育訓練的參考。

3. 結果取向法（result approach）：結果取向法係以工作的成果產出做為評估的重點，內容著眼於「做出什麼結果」或是否達到原先設定的目標。常用的方法如：結果取向、目標管理等。

行為錨定量表範例：某績效考核面向例示（以巡警工作為例）

工作準備內容

7 總是提早到班。工作前備妥所有協助工作必要設備與器材。服裝整齊。在集合時間前，了解前班同仁的工作重點或其他應注意事項。記錄集合時間提到的前班同仁工作重點。

總是提早到班。工作前備妥所有協助工作必要設備與器材。服裝整齊。在集合時間前，大致瀏覽前班同仁的工作重點。**6**

5 常能提早到班。工作前備妥所有協助工作必要設備與器材。服裝整齊。

準時到班。工作前備妥所有協助工作必要設備與器材。服裝整齊。**4**

3 集合時未能穿戴整齊。未能備妥所有協助工作必要設備與器材。

集合時遲到。未能檢查設備或車輛是否有受損情形、未能檢查是否有待修物品。集合後無法立即上工。必須到更衣室、車子或回家拿工作用品。**2**

1 常常在集合時間後才到班。未能檢查設備或車輛是否有問題。未能備妥必要工作用品。

資料來源：王精文譯（2018）。

行為觀察量表範例：克服員工抗拒改變心理

克服員工抗拒改變心理

說明：依行為出現頻率圈選對應分數（1代表幾乎沒有，5代表幾乎總是）

	1	2	3	4	5
1. 能向員工鉅細靡遺說明可能改變的內容	□	□	□	□	□
2. 能向員工說明改變的必要性	□	□	□	□	□
3. 能與員工討論改變對員工可能造成的影響	□	□	□	□	□
4. 願意傾聽員工的看法	□	□	□	□	□
得分：各項分數加總績效表現分數＝（　　　　）	□	□	□	□	□

績效等級：不適任6-10分；適任11-15分；良好16-20分；優良21-25分；特優26-30分

資料來源：修改自王精文譯（2018）。

Unit 7-24
員工績效考核：考核方法（續2）

圖解社會工作管理

有關員工績效考核，可區分為傳統績效考核方法、現代績效考核方法等兩大類。傳統績效考核方法已於前幾個單元說明，本單元將說明現代績效考核方法如下：

二、現代績效考核方法

員工績效考核方法不斷推陳出新，奠基在以往的基礎上，晚近更發展多元的考核方法，其中，普遍受到重視的如360°回饋法和平衡計分卡（平衡計分卡因涉及到組織之績效管理，將另於第8章其他單元說明之）。

傳統的績效評估主要是由員工的直屬主管來考核，這種單向評估的方法易受到主管主觀好惡的影響，而形成考核的偏誤。事實上，對某些工作而言，主管不見得能完整地觀察員工的行為。因此，愈來愈多的組織採多元績效評估回饋機制，以「全方位的觀點」進行評估。亦即，由員工自己上司、直接部屬、同仁，甚至顧客等，從各種角度來評估員工的績效表現，這即是著名的「360°回饋法／考評法」（360 Degree Feedbck/Appraisals），亦稱為全方位360°績效管理。

全方位360°績效管理是依據1996年美國管理協會（AMA）所出版的《360度回饋》，副標題是「員工評估及績效改善的新模式」（360° *Feedback-The Powerful New Model for Employee Assessment & Performance Improvement*）而來。傳統的績效評估，是主管對員工一對一的評估。全方位的評估方式是所有與組織有關係者（顧客、股東、同仁、上司等）都可以提供績效回饋。360°回饋法的主要目的，是欲藉由多元績效評估回饋機制，以強化績效考核的客觀性與公平性，常用的績效評估面包括：

1. **自我考核**（self-appraisal）：讓員工針對自己的工作表現，評估自己的能力和潛能，並據以設定未來的目標。當員工在對自己做評估時，會比較降低自我防衛的行為，且更了解自己的不足與尚待發展之處。

2. **同儕考核**（peer-rating）：同儕之間長時間合作、相處，故同儕的評量有其參考價值。同儕評量可提升人際互動的頻率、促進互動與協調，特別是對於專業與技術性質的員工效果更好。

3. **部屬考核**（subordinates-appraisal）：係指一種「向上回饋」（upward feedback）的機制，部屬的回饋訊息可幫助主管改善本身的領導、溝通協調、組織企劃等能力，對於主管管理潛能的開發特別有價值。

4. **顧客考核**（customer-appraisal）：係指由顧客或服務使用者給予回饋，儘管有時顧客評價的目的與組織的目標可能不太一致，但仍可做為員工晉升、獎酬或培訓等人力資源管理決策上的依據。

5. **主管考核**（supervisor-appraisal）：係指由直屬主管對其部屬進行考核，這往往是組織中最常採用的方式，主管必須熟悉評估方式，且善用績效評估的結果以指導部屬，並發展部屬潛能。

6. **多主管、矩陣式考核**（supervisors, matrix-appraisal）：跨部門合作或團隊運作是社會服務組織常見的，因員工可能會同時與很多主管一起共事，故在考核上亦可採用多主管、矩陣式的評量方式，納入績效考核系統。

全方位360度績效管理之目的

01 在電子商務時代,團隊合作代替了垂直的層級制度,傳統的評估方式已失去意義。	從不同的觀點及角度,評估員工績效,找出傳統評估的死角。 **02**
03 對個人及團隊的優點與發展途徑有明確了解。	促使員工將此視為多重、公平、正確的評估方法,以得到激勵。 **04**
06 強化團隊的多樣性與管理效能,團隊合作模式的工作結構。	

360度全方位評估的優點

對主管的好處	對員工好處	對組織的好處
■ 有機會如一面鏡子般,反射出自己的督導技巧。 ■ 對未來選用人才,是一種高優質的工具。 ■ 是主管角色轉換的機會,從績效的管理轉換為教練輔助角色。 ■ 面對員工不佳績效的問題,提供一種可多方求證的過程。 ■ 從員工缺點中,找出其職涯的調整行為。	■ 可發覺最具影響該員工績效的一些訊息。 ■ 提供員工職涯發展的機會。 ■ 對各階層的人都會影響其決定。 ■ 是一種讓員工認知,合理領導統御與控制的手段。 ■ 是獲得獎酬認同的機會。	■ 良好的人力資源決策工具。 ■ 強化人才晉升的品質及效度。 ■ 增加員工工作成就的動機因子。 ■ 創造績效與獎酬連結的機會。 ■ 把組織願景、價值及能力互相整合的機會。

Unit 7-25
員工績效考核：面臨的潛在問題

不論是傳統績效考核方法、現代績效考核方法，各項的績效考核制度之設計雖已力求完善，但往往因考核者的執行能力不足而產生各種不同的偏誤缺失。在實際運作上，如果偏誤發生而不及時修正，除了獎懲不公外，也會破壞績效管理的可信度。茲將績效考核的問題，分項說明如下：

1. 初始效應（primacy effect）：若部屬在考評者心中留下良好的「第一印象」，其獲得的績效評估會比他所應得的來得好。

2. 月暈效應（halo effect）：考評者易於因受評者在某項工作或行為上有傑出的表現，而將它類推至其他工作或行為的評估上，因而產生高估的現象。亦即，正向的「以偏蓋全」。

3. 尖角效應（horn effect）：係指考評者因某種特殊事件或工作上表現理想，而對受評人能力產生低估之偏失。亦即，負向的「以偏蓋全」。

4. 刻板印象（stereotyping）：即對人的看法很容易憑我們對其所屬團體的印象而下判斷，如種族、性別或年齡。因此，在進行績效考核時，易因員工是屬於某一個團體，而提高或壓低其成績。

6. 自我相似效應（similar-to-me effcet）：人們傾向喜歡和自己相似的人，故往往也會（通常是無意識地）產生較好的印象。因此，考評者對於和自己的心態或特質相似者，例如：宗教信仰、價值觀念、嗜好等，出現一種「似我」（like-me）

的類似現象，而給予較高的評價，容易造成考評結果的失真。

6. 盲點效應（blindness effect）：與自我類似效應相對的盲點效應，係指考評者很容易因自己的某些缺點，而在考核時對受評者類似的缺點不予理會，或故意予以忽視，而造成考核失真的偏失。

7. 寬嚴不一（harshness, leniency and average tendency biases）：係指考評者在評定受評者的績效水準時，會因其個人的知覺傾向過度嚴格、過度寬鬆或集中趨勢，而給予大多數人很低、很高或普通的成績，導致無法真正評判出受評者表現優劣的偏失。從準管理角度來看，「過寬」或「過嚴」傾向，都難於產生激勵效果。出現「過寬」或「過嚴」偏誤的原因，主要是由於評定者根據自己的經驗和能力，採取主觀的評估標的。

8. 對比效應（contrast effect）：係指考評者很容易因為將受評人與別人相比，而產生對此人過高或過低的評價；若比較者很差，便容易顯得受評人很好，反之亦然。

9. 近期效應（recency effect）：人的記憶是有限的，考評者容易憑最近受評者的績效表現做為判斷依據，而造成「以令日之功，而忽略其長久之過」或「以今日之過，而忽略其長久之功」的偏失。

為避免或降低任何單獨考核方式可能出現的偏失的途徑，可採考核標準多元化、考核方式多元化等方式進行。

績效考核評估時機的選擇

績效考核評估的時機	說明
完成後評估	在全部工作完成之後才予以評估，主要缺點在於對於過去的部分或整個失敗，不能運用績效評估予以挽救。
定期評估	其主要目的在於獲得員工於工作進行中的資料，以便於管制與比較。定期評估可能是每日、週、月、季、半年、一年或一年以上，目前大多數企業多採一年一考為原則，除符合社會習慣外，主要係基於成本考量。
重要時機評估	在行為方法上，重要時機多在兩個重要階段的銜接處。例如：員工因調遣、晉升而責任加重，此時就可視需要辦理特別考績，其主要困難是所評估的資料缺乏完整性。
例外評估	為了避免零落的績效評估，可使用例外評估求得憑藉。例外評估是在員工顯示特殊表現或發生錯誤之時，加以評估之。因此，在時間和範圍上皆具有彈性。
分段評估	將工作分為若干進行步驟，在每一個步驟完成後即予以評估，績效達到預定目標後，再進行下一個步驟的評估。

績效考核誤差解決對策

■將考核性與發展性的功能分開實施。
■將考核標準與用途分開處理。
■進行持續性且常態性的觀察。
■儘量蒐集相關工作上的表現資料。
■對考核者施於適當的專門訓練。
■慎選適當的考核表。
■審慎評估考核時機。
■適時地給予員工應有的回饋。
■定期檢討績效考核制度的適用度。

資料來源：丁志達（2014）。

Unit **7-26**
員工的報酬、維繫與離職

員工加入組織是為了賺取報報酬，報酬為組織吸引員工的主要基礎，決定組織所能獲得之人力的質與量，尤其是貨幣性的報酬更具重要性。薪資報酬必須要符合公平合理、具激勵性等兩大基本要件。薪酬制度的設計，會影響組織的向心力與人員流動率，因此，組織在設計薪酬制度時，應考慮的設計的原則，說明如下：

1. 薪酬內容應具多樣性：由於非營利型的社會服務組織財源有限，雖然組織最多僅能提供合理及具競爭的薪資與福利予員工，但其管理層級可藉由「內在性報酬」，例如：尊重員工的意見、提供員工參與決策及自我成長的機會，以及提升員工的工作自主性等。因此，社會服務機構應採用不同形式的報酬，以滿足不同層級的需求，並達到不同的激勵效果。

2. 薪酬制度應可提升組織效率及兼具公平性和適法性：為了提升組織的「效率」，其所制定的薪酬制度必須達成組織在策略性人力資源管理的目標，甚至是組織所設定的目標。在「公平性」上，要讓員工知道組織如何衡量目標達成的程度，且衡量方法要明確及一致性，這將可提高組織成員對「公平」的認知。在「適法性」上，用於激勵員工的因素必須明確，特別是為員工設定的「績效目標」，必須是明確和可衡量的，如此才能有效區別出員工的貢獻程度。

3. 薪酬制度應可提高員工對組織的承諾：員工對於組織所給予的薪資首要重視就是「公平性」，即對其所付出的希望能獲得相對等的認同。一般而言，員工較注重「分配公平」與「程序公平」。「分配公平」指在相對的標準下，員工對其所投入的與所獲得結果的公平認知；「程序公平」係指包含績效評估結果的過程是否具公平性，為獲致「程序公平」，可透過管理階層與員工多做雙向溝通，讓員工充分了解整個績效評估機制的程序、內容及結果，同時可讓員工對不公平之處提出建議，以做為改善的依據。

4. 薪酬制度必須合乎法規：薪酬制度必須合乎法規（例如：最低工資、員工基本福利），還要符合組織內部的規定及願景。社會服務組織在全球經濟不景氣及政府削減預算，甚至是社會服務契約委外的影響下，愈來愈多的組織可能為撙節經費支出，甚至為組織的生存，而在薪酬給予上未能符合法規的要求。

5. 薪酬制度要維持及強化組織本身的社會形象：若組織給予員工的薪資太低、員工福利薄弱，或薪資「肥上瘦下」，將嚴重衝擊到組織的形象。因此，社會服務組織所設定的薪酬制度應儘量貼近市場水平，且要能具有競爭性，以維持和諧且彼此信任的勞雇關係。

報酬制度的設計與實施的目的

吸引高品質的人力資源。	**1**
2	留住優秀的現職員工。
激勵員工更加賣力，以協助組織達成其宗旨與目標。	**3**

內部升遷與外部聘用主管之優缺點比較

主管升遷方式	優點	缺點
內部升遷	■員工熟悉組織 ■降低招募與訓練的成本 ■提高士氣與激勵員工 ■容易評估能力與技巧 ■薪水較高	■可能增加政治鬥爭 ■都是自己人沒有差異性 ■未獲升遷者的士氣低落 ■想不勞而獲等機會主義的行為
外部聘用	■有新的構想與思考 ■一張白紙，可塑性高 ■引進新的知識與技巧 ■通常新人的學歷較高，薪水較低	■員工與組織的磨合期較長 ■原有員工的士氣低落且承諾度下降 ■增加組織其他成員的適應期

Unit 7-27
員工的報酬、維繫與離職（續）

對大部分組織而言，人力資本是最重要資產。人力資本策略，是組織最後的資產，藉著它可創造歷久不衰的競爭優勢。因此。組織在員工維繫（留才）可採取之策略，包括以下幾個面向：

1. 制度面：組織應建立「公平、公正及公開」的人力資源管理制度，以「用人唯才」的精神招募及甄選具有能力和使命感的員工為組織效勞。

2. 觀念面：組織應抱持「員工至上」的觀念，視員工為組織重要的資產，在不同的層面盡可能提供參與機會，並要尊重與重視他們所提出的意見。

3. 管理面：組織應視員工為「內部顧客」，必須要了解員工的需要，及盡可能滿足他們的需要。

4. 發展面：組織應建立完善的員工培育和發展機制，除重視人才的培育外，盡可能提升有潛能及績效優異的員工發展的機會，這不僅可增強員工對組織的「歸屬」，亦可彰顯組織對員工的重視。

5. 工作面：組織應清楚界定員工的角色和職責，並列明要達致所定的目標之任務／行動計畫，且讓其所負責的工作內容豐富化，以提升其挑戰性及變化性，期能滿足員工的內在激勵因素。

6. 報酬面：組織應建立一套完善的員工薪酬與福利機制，提供合理的待遇，並辦好福利措施，使員工的基本需求得以獲得滿足，進而可強化員工對組織的向心力。

7. 生活面：組織應加強「輔導」（mentoring）與「教練」（coaching）的工作，以舒緩員工的工作壓力；組織亦應加強員工間的人際關係，透過有效的溝通以傳達彼此的期望，並增進彼此的情誼。

離職管理（terminative management）是人力管理重要的一環。當組織中的員工，因為某些因素要離開組織，組織在員工離職時應善盡對員工的義務，如告知並保障員工相關權益、協助辦理離職程序等。Kettner將離職區分四基本類型：

1. 志願性離職：包括退休和辭職。組織若能了解員工辭職的原因並予以記錄，將可做為組織未來激勵或維持人力上的參考。

2. 非志願性離職：包括績效評估未達標準和行為不端。對於非志願性離職者，處理上尤須更為謹慎，以免爭議或紛爭，並應提供申訴的機會，及處理過程維持公平性。

3. 管理或財務需要的離職：包括人力縮減和終止。對於因管理或財務需要而離職者。在契約化社會服務的環境下，終止合約的離職是許多組織經常遭遇的問題，組織對於特別合約員工的福利、權益及機構的責任，必須於政策中清楚說明，在合約開始之，組織也有義務告知受僱者。

4. 共同協議的離職：即雇主和員工之間的離職協商。組織若能夠給予員工一段合理的找工作時間，甚至給予必要的協助，將有助於讓雙方在保持友好的關係下離職，這對組織和員工皆有正向的意義。

裁員／組織縮減的選擇方案

方案	說明
解僱	永久且非自願性的終止僱用。
臨時解僱	暫時且非自願性的停止僱用；可能只有數天或長達數年。
凍結／遇缺不補	因自願離職或自願退休而產生之缺額不予遞補。
調職	水平調動員工或降級；這種作法通常不能降低成本，但可減輕組織內部職位供需的不平衡。
減少工時	減少員工每週工作時數，共同分擔工作，或以兼職方式進行工作。
提早退休	提供誘因讓年長或資深員工，願意在正常退休年齡前辦理退休。
工作分攤	讓數位員工一起分攤一個全職的工作職務。

資料來源：Robbins, S. P., & Coulter, M.（2018）。

人力資源成本（人力重置成本）

人力重置成本，是指員工離職後的職缺，企業必須重新僱用新人就業的所花費的成本，包括取得成本、開發成本、使用成本和離職成本。

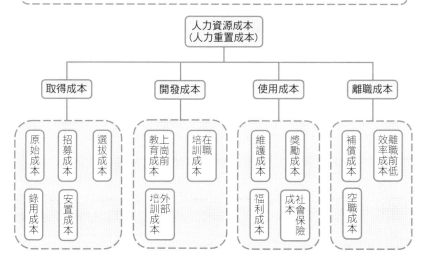

Unit **7-28**
員工生涯發展管理

員工在組織中的個人生涯規劃與發展，稱之為「生涯規劃」或「生涯發展」。

生涯規劃是以個人為中心，在確實認識與評估自我及可能的發展機會與限制，據以設定個人的生涯目標，進而擬定一道可達成該目標的行動方案。進一步而言，生涯規劃是指員工個人在專業人士或組織的協助下，評估其技術與能力，以便建立一個實際的生涯計畫。因此，生涯規劃是成員安排自己生涯的整體過程，在此安排下，不僅能認清個人自我特質，更可發揮個人潛能，進而達成自我實現。

員工個人生涯管理之主要工作，包括如下：

1. 認清自我能力與條件：建立對自己的真實了解，包括能力、性向、興趣與價值等，以及了解事業生涯在整個生活中的重要程度。

2. 了解工作環境與未來的展望：了解組織所提供的機會與限制。例如：產業未來的可能發展、組織成長的前景、未來的發展方向與重點等。

3. 檢視生涯發展機會：配合本身條件與組織的發展，找出生涯發展的機會。例如：專業／管理發展的管道、組織規模與專業或地理範圍等。

4. 建立事業生涯目標：依據組織所提供的潛在機會，配合個人的興趣與價值觀，建立個人在生涯領域與組織層級上的目標。若相關條件不足或不適當，則宜考慮另行規劃安排。

5. 找尋達成事業生涯目標的途徑與方法：依循可能的生涯路徑規劃出發展方向，了解每個職位上的資格與條件，訂定取得這些資格與條件的方法，以及在每個職位上的停留時間。

6. 付諸執行並定期檢討：依據所訂定的目標與程序著手進行，並定期予以檢視，視需要加以修正，以求最後如願達成生涯目標。

員工的職涯規創與發展需考量組織的目標、外在環境的變化，及個人的近程、中程與遠程目標三個層面的因素，說明如下（黃源協、莊俐昕，2020）：

1. 組織的目標：組織目標是組織未來發展的大方向，為配合組織大方向的需求，組織有責任依據員工的「個人發展計畫」（individual development program），提供機會讓員工歷練與成長；員工的責任則是在工作中累積經驗、認真學習與表現，以提升職場的實力。

2. 外在大環境的變化：外在大環境可由景氣因素、行業對人才需求的動向等二方面觀察。對企業而言，景氣因素主要是經濟的起伏；對社會服務而言，除經濟因素外，亦避免不了政治、政策或法規等因素的影響。行業的需求動向，係指各行各業對人才需求的改變，行業人力需求的改變會受到產業或科技的影響。

3. 個人近程、中程與遠程目標：員工可循一般職涯發展模式，訂定據以做為行動指南的個人職涯發展計畫，朝著預設的近程、中程與遠程目標邁進，並於過程中依內、外環境及個人成長狀況進行調整。

個人生涯發展規劃與組織生涯管理之內容與關係

```
生涯發展
發展系統
```

個人生涯發展規劃

1. 自我評估：技術、興趣、價值觀、優點及缺點。
2. 分析組織內、外發展機會。
3. 訂定目標：短程、中程、長程。
4. 準備達成目標的各項計畫。
5. 執行。

組織生涯管理

1. 整合人力資源計畫。
2. 設計生涯發展路徑。
3. 提供生涯的各項資訊。
4. 職缺公告。
5. 評價員工。
6. 生涯諮商。
7. 工作經驗的歷練。
8. 主管的支持。
9. 教育與訓練計畫。
10. 新人政策計畫。

生涯發展活動光譜

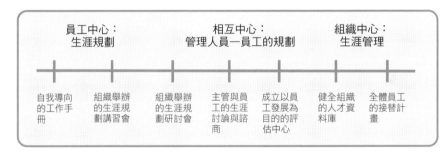

員工中心：
生涯規劃

相互中心：
管理人員—員工的規劃

組織中心：
生涯管理

| 自我導向的工作手冊 | 組織舉辦的生涯規劃講習會 | 組織舉辦的生涯規劃研討會 | 主管與員工的生涯討論與諮商 | 成立以員工發展為目的的評估中心 | 健全組織的人才資料庫 | 全體員工的接替計畫 |

- ■ Hall提出「生涯發展活動光譜」（the spectrum of career development）是用以說明組織內員工生涯規劃與組織生涯管理兩者間的關係。
- ■ Hall認為生涯發展系統為一連續體系，包括以員工為中心生涯規劃和以組織為中心的生涯管理措施，兩者關係是相輔相成的，在此生涯規劃與生涯管理活動中，員工、管理人員和組織分別扮演不同的角色。
- ■ 以員工為中心的生涯規劃活動對於個人的影響與個人資訊的提供相當重要，如自我導向的工作手冊、公司舉辦的生涯規劃講習會等，目的在協助員工個人的生涯規劃，並增進個人的生涯技巧。再者，以組織為中心的生涯管理，其最典型的活動為全體員工的接替計畫，主要是由高階主管參與設計，一般員工無法介入，因此這方面的措施對組織的影響和資訊提供較為重要。
- ■ Hall也強調個人與組織的共同參與，使員工的生涯規劃與組織的生涯管理密切配合。

Unit **7-29**
組織之生涯發展管理

　　生涯發展管理（career development management）係指考量組織目標與員工個人的興趣及能力等雙方需求後，為了達到最適化的人力配置，針對各個員工所設計與執行的職涯規劃。生涯管理主要目的在於協助員工建立、規劃與控制個人的生涯規劃活動等。組織生涯管理制度通常包含不同的活動，而一套有效生涯管理制度應包括以下範疇：

　　1. 辦理生涯諮詢活動：生涯諮詢主要目的在幫助員工分析其興趣、能力、人格特質與工作價值觀，以協助員工對自我及組織的了解，並以此做為擬定生涯計畫的基礎；而諮詢人員通常由人事主管或諮詢專家擔任。藉由此活動，員工將可更了解自我優劣勢與在組織發展的機會。

　　2. 提供生涯資訊：員工若擁有的生涯資訊愈豐富，便可愈精確地訂定生涯計畫。因此組織應成立生涯資源中心，提供員工有關生涯所需的資料，或透過網路整合生涯資訊，讓成員可透過網站自由查閱，以促進自我了解，使員工成為生涯自助者。

　　3. 實施教育訓練：組織應針對成員生涯發展的需求給予適當的教育訓練，並提供員工所需的技能與知識，協助成員得以勝任其工作。因此在生涯管理制度上，組織可設計相關的生涯發展課程，以協助員工管理自己的生涯。

　　4. 設計生涯路徑：生涯路徑（career path）係指個人在事業上可能的生涯發展途徑，可為個人在生涯發展歷程中指引明確的方向。故組織應提供員工升遷與職務輪調的機會，並確保升遷制度的公平性。

　　5. 績效考核與回饋：績效考核主要目的在於評估員工過去表現，以做為組織提升績效和評估個人生涯發展決策的參考依據。經由績效考核，一方面可使成員更了解自己，激勵其績效表現與對未來生涯發展的努力，另方面可做為成員設定未來成長目標之參考。

　　6. 主管的支持：生涯管理活動的進行需要組織與個人共同努力，主管在組織中扮演活動推動者與顧問的角色，因此主管的支持與否對生涯管理活動的實施順利與否有絕對的影響力。是以，主管應參與生涯管理活動，扮演教導者、諮詢者與顧問的角色，以建立與員工間的信賴關係，使成員樂於參與生涯發展活動。

　　綜合言之，凡能幫助員工生涯目標成長、提供機會以及促進生涯了解之制度，皆屬組織生涯管理的範疇。有效的人力資源發展策略可使組織發展與員工生涯規劃相結合。透過組織生涯管理，員工可更加了解自己的專長、能力及未來努力方向與目標，同時組織也可經由了解員工之能力與需求，配合組織長期發展的目標與策略，擬定適當之生涯發展制度，共創個人與組織的雙贏境界。

Super生涯發展理論

> Super認為在個人發展歷程中，隨年齡的增長而扮演不同的角色，將生涯發展依照不同年齡劃分為五個階段：成長（growth）、探索（exploration）、建立（establishment）、維持（maintenance）、衰退（decline）等五個時期。

成長期
(出生至14歲)

兒童對重要他人認同並與其發生交互作用，促發了其自我概念。需要與幻想為此一時期最主要的特徵，隨年齡增長，社會參與及現實考驗逐漸增加，興趣與能力亦逐漸重要。

探索期
(約15至24歲)

在學校、休閒活動及各種工作經驗中，進行自我探索、角色試探及職業探索，可分為試探期（15至17歲）、過渡期（18至21歲）、試驗及初做承諾（22至24歲），其發展目標是在使職業偏好從具體化、特殊化到能實現之。

建立期
(25至44歲)

尋求適當的職業領域，逐步建立穩固的職業地位，工作可能會變遷，慢慢地走到最具創意、表現優良的時期，發展目標為統整、穩固並求上進。

維持期
(45至64歲)

逐漸取得相當地位，重點在如何維持地位，較少新意，需要面對新進人員的挑戰，其發展目標在維持既有的地位與成就。

衰退期
(65歲以後)

身心狀況衰退，原工作停止、發展不同方式以滿足需要，發展目標特徵為減速、解脫、退休。

Unit 7-30
社會工作督導的基本概念

督導的核心過程是一個具備比較多知識與技術、經驗的專業者，引導一個比較缺乏這些狀況的人進行實務與專業發展，透過正向的督導關係，發揮行政、教育、支持功能，讓受督導者完成機構之政策與程序，順利將服務輸送給服務對象，確保工作完成並維持組織管理與責信的過程。

所謂的督導關係相較於專業關係比較是一種半正式的關係（semi-formal relationship），針對專業的資深成員（督導者）和較資淺成員（受督導者）兩者之間發展而來，最終目的是提供服務對象符合其最佳利益及有品質的服務，並同時促進受督導者之工作、專業效率及發展專業認同。社會工作督導，顧名思義是運用於社會工作實務之指導與培育專業人力之方法。社會工作督導是社會工作間接服務的一種。社會工作督導係由督導者對受督導者定期且持續的指導，經由加強受督導者之專業知識與技術，確保專業服務的素質，以及機構目標的達成。

督導對於社會工作的重要性，包括以下幾項（黃源協、莊俐昕，2020）：

1. 社會工作專業層面：社會工作一直為適應過渡時期的社會問題所需，社會變遷使得人際和社會問題的性質不斷在改變，獲得社會的肯定及認可是專業成立的條件之一。因此，社會工作者如果要提供適於解決問題所需的服務，除了須經常接受相關的知能訓練外，也要靠嚴謹的督導制度始能勝任愉快。

2. 工作性質層面：機構賦予社會工作者的自主性，往往受限於缺乏明確的目標，致使對工作目標模糊、過程不穩定、干預效果難以預測，以及可能面臨極高的失敗率，因而社會工作者需要有效的專業督導與支持。

3. 社會工作機構層面：社會工作是透過機構服務案主，在一個複雜的組織中，不同單位或個人的工作必須充分的協調和整合，透過督導制度，將有助於工作順利完成，並維繫機構的服務品質。

4. 受督導者層面：僅有學校知識的教育，再加上短期的職前訓練，常不能滿足實務工作的需要，唯有透過定期、持續的督導過程，才能體會並學習有效運用專業的原理原則。另外，大多數的員工皆希望能夠成長，並對其工作更加熟練，督導與繼續教育是協助員工持續其專業發展不可或缺的作法。

5. 案主層面：到社會工作機構求助者，當然希望得到最高品質的服務。社會工作的實務往往難以直接被觀察，為保障案主的權益，使其免於受到傷害，需要社會工作者的督導，督導已被視為保障服務品質最重要的因素。

1 滿足管理和行政的需要

1. 配合工作負荷管理，例如：回顧和計畫工作。
2. 日常例行性工作的監督，以確保在符合機構政策和優先順序的狀態下確實執行。
3. 提供一個能夠寫上創意想法、注意事項、計畫和策略的大看板。
4. 讓員工隨時掌握資源、法令規章、部門政策等的發展，以及這些訊息與其工作的相關性。
5. 對員工表現給予回饋。
6. 按照規定確實進行書面和電腦的記錄工作，並隨時更新紀錄。
7. 提供督導所需的管理和資源分配比例的相關訊息，使其對團隊工作的狀況有一整體的概念。

督導的目的

2 滿足教育和發展的需要

1. 促進專業和個人的發展。
2. 提供員工學習的機會，使其能隨時掌握最新的知識和技術。
3. 促進員工對自己在機構中角色和責任的覺察。
4. 協助員工更了解人、問題和情境。
5. 建立員工專業信心、創造力和新的工作方法。

3 滿足支持的需要

1. 提供情緒支持，例如：協助員工在逐漸喪失工作動機時，重新發現工作的意義；重新評估過重的工作負荷；提供新的挑戰，使員工能在工作中持續成長；協助實務工作者表達和面對工作的感受。
2. 隨時注意個人和專業的界限，確保實務者在工作中能運用自己做為媒介，但卻不讓個人的需要和態度阻礙工作的進展。
3. 當個人因素阻礙了好的實務工作的進行時，要與員工討論可以如何處理。
4. 使督導有能力確實執行機構員工照顧的相關政策，包括人身安全，使雇主對員工的照顧責任能獲得有效的監督。

資料來源：整理自劉曉春譯（2009）。

Unit **7-31**
社會工作督導的價值基礎

督導的價值基礎是由幾項基本原則和理論觀點所形成，這些價值基礎對社會工作的實務運作，提供重要的基礎與指南，茲說明如下（江盈誼等譯，2000），共有6項，於本單元及次一單元接續說明之：

一、督導需要在機構的組織脈絡與更廣的社會脈絡下討論

督導的關係，不能孤立於社會與組織形塑的力量，因為督導者與受督導者各自不同的社會文化背景，這些生活經驗將帶入他們在督導時的互動方式和討論內容。例如：在少年之家裡，一個黑人受刑人拒絕進住機構，因為這裡沒有黑人員工，或這個機構過去可能有種族歧視的歷史；或是觀護人與管理者有意見上的分歧，或是機構未來可能會關閉，這些環境脈絡下的壓力事件，將毫無疑問地會影響到督導的決策與目標。

二、社會工作本質上是高度互賴的集體式團隊的工作

社會工作和社會福利制度的設計存在許多的複雜的職務分工，需要工作者發揮團隊工作（teamwork）的功能，也相對地影響督導的形式和內容。在形式上，團隊成員會為了團體督導或是為了其他目的，例如：政策制訂、工作分配，或是為了與社區中其他機構的關係，定期與領導者階層的管理者聚會，而一對一的督導會議也會牽一髮動全身地影響整個工作團隊。例如：有一個家庭中心的受督導者試圖吸引更多的父親案主接受服務，但感受到其中

一位案主有性別歧視的態度，此時受督導者應告知督導，並協調中心的所有員工採取一致的行動來因應此事件。

三、督導是一種以人為中心的活動，強調督導關係、個人感受與員工訓練應該和任務執行與控制功能同等重要

最近有資料顯示，社會工作的服務變得更加科層化與去個人化，此種趨勢所發展的風格也反映在督導的關係上。此種發展不但有違社會工作實務的原則，對社會工作的實務成果也具傷害性。從定義來看，社會工作的任務是在關懷人們所面臨的個別性和社會性的痛苦，包括殘疾、壓迫、貧窮、壓力、暴力、剝奪和衝突。一個有效的助人者，最好能快速體會案主所受的痛苦、絕望、憤怒等感受，而這份感同身受的經驗對工作所帶來的影響，不但是督導所關心的議題，也會關係到機構的政策與管理規定。

工作者的感受及其對工作的影響無法合法地成為督導議題，不只是造成工作人員的流失，由於感受並不會消失，反而壓抑下來而影響其他的工作。例如：督導者發現工作者在壓抑情感，自己開始表現科層化、低同理的工作態度，其工作效率必然大減；另外工作者在督導中找不到情感的出口，壓力漸增，工作者就會開始出現生理症狀而不能工作或請假。以人為中心的督導，不僅只發生在工作者的困難時間，應該與督導過程與整體目標相整合。

督導者養成的影響因素

- ▶ 家庭及學校的個人因素
- ▶ 專業的實務工作經驗
- ▶ 擔任受督導者的經驗
- ▶ 擔任實習老師或督導的經驗
- ▶ 工作和學習風格的發展

擔任學生督導與員工督導間的差異

差異	說明
督導的目標不同	學生的學習和評估是學生實習安排中主要的目標；而員工的督導則主要是達到機構提供優質的服務給服務使用者，學習的目的則居次。
角色的關係不同	在員工督導中，督導的兩方同是受僱的同事，受督導者甚至可能是一個有資格且經驗老道的專業工作人員，彼此關係因此較平等。
督導的方式不同	在實習督導中，學生常常是實習老師唯一的受督導者，建立一對一的督導關係；而員工督導者往往面對一組團隊的受督導者，需要有團體取向思考，察覺團體動力對個別成員的影響。
責信的對象不同	在實習督導中，實習老師的責信對象是受訓練者；而在員工督導中，督導者的責信對象為雇主機構。

Unit 7-32
社會工作督導的價值基礎（續）

督導的價值基礎是由幾項基本原則和理論觀點所形成，這些價值基礎對社會工作的實務運作，提供重要的基礎與指南，茲說明如下（江盈誼等譯，2000），共有6項，本單元接續前一單元說明之。

四、督導的內容與過程藉由充權（empower）服務使用者與工作者，以達到反壓迫與反歧視的目的

充權這個議題指的是個人在我們社會所處的結構位置，因為個人身分地位不同引致不平等的對待，充權的議題即在反映社會不平等的權力與對待經驗。督導在社會工作與社區照顧實務中，所有參與者應主動積極地工作，以減少受壓迫者在社會脈絡中被褫奪的機會與權利。雖然，受壓迫者在近幾年來已得到相當的注意力（但不必然有相稱的行動展開），然而卻很少在督導與督導關係中被探討，特別是種族、性別和其他因素所形成的被壓迫議題。督導是訓練工作人員朝向充權的主要過程，以及要充權服務使用者，就要先充權工作者。

五、受督導者與督導者都是成人，他們會採取自我導向的學習方式，得到最佳的學習效果

強調督導者與被督導者都是成人的觀點，是因為督導常忽略督導關係所發展出來的「準父母關係」（quasi parental relationship），會阻礙兩人對等關係的發展。

同時，許多督導文獻中指出成人在某些情境下學習最佳，特別是在自己的控制之下。對受督導者而言，這意味著受督導者應準備好自己去形塑督導的會期與議程，確使其從中得到最大的利益。對督導者而言，則意味著採取督導者應具有想像力與創造力的方式去形成督導的形式與內容。

如果一個指導性很強的督導者與一個依賴性強的受督導者互動，受督導者未來的專業發展會受到限制。督導者應該堅持受督導者要有主動學習態度。同樣地，督導者與他們的主管督導互動，身為被督導者時，也應該表現相同的主動態度。例如：維持固定的督導時間，建立自己尋求協助的網絡，以及強調求助是優點而不是弱點的說法。

六、規律性的督導是每個工作成員都有權利獲得的資源

許多資料顯示，目前各機構的督導狀況相當薄弱與不均。除了有些機構的員工什麼督導也得不到，有些機構會有例行性的督導，更多的機構則根本不重視督導而偶一為之。好品質的督導是所有機構員工應有的權利，應該配置於機構政策的優先位置，並提供督導所需的資源與訓練方案。

一個好的督導者應利用各種會議傳達接受督導是一種權利，讓團體成員體會到督導的重要，而且會令他們的管理者也認真看待督導，對督導的重視也許會產生很多正面的效果。

社會工作者的各層面壓力

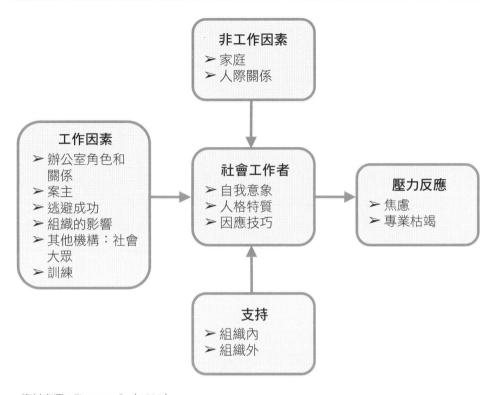

資料來源：Fineman, S.（1985）。

專業枯竭（burnout）的定義

Pines對專業枯竭的定義

由於和人長期密集互動，而產生的持續或重複的情緒壓力。這樣的密集互動最常出現於健康、教育和社會服務工作，這些專業工作者被要求照顧其他人的心理、社會和身體的問題。專業枯竭是很痛苦地承認，他們再也不能幫助需要幫助的人，他們再也沒有什麼可以付出了。

Fineman對專業枯竭的定義

1. 情緒和身體耗竭的一種狀態，伴隨對工作缺乏關心，並對他人很不信任；
2. 對案主缺乏對人的關心並會譏諷他們；
3. 自我貶抑和工作士氣低以及強烈的失敗感。

Unit **7-33**
社會工作督導的功能

Kadushi 提出社會工作督導的功能包括教育性、支持性、行政性三種類型，及 Shulman 提出第社會工作督導的四種功能為「調解性功能」，說明如下：

1. 教育性功能：教育性督導著是透過指導、教學、訓練、員工發展形式協助督導功能之發揮，是一個教與學的過程，強調雙方發展出共有的意義、學習的意願與動機。教育性督導常產生「臨床中心取向」督導行為，意指督導的焦點集中在增進受督導者的專業智能，包括受督導者覺察、面對或處理臨床工作中遭遇有關案主、自我與工作等因素的阻力與助力。例如：督導者幫助受督導者探索和了解自我、對個案的處遇方法和技術、理論知識與實務的整合和連結、處理「自我」對工作的影響、限制和困境等。

2. 支持性功能：社會工作者為解決案主問題，經常須面對許多的挑戰及壓力情境，這些壓力更是需要獲得紓解，此時，社會工作督導就是很重要的支持之一，因為督導者在改善社會工作者的工作士氣和工作滿意程度，即在社會工作者的工作範圍內做好萬全準備，以有效完成工作，也幫助社會工作者深信自己能勝任工作。

支持性督導常產生「受督導者為中心取向」的督導行為，意指督導行為中幾乎是以受督導者個人為唯一主體，關心的是受督導者的想法、感受、情緒及需要與能力。例如：給予鼓勵、支持等。

3. 行政性功能：所謂行政性督導並非指行政工作，而是在關懷機構政策執行程序上是否正確、有效和適當；以及社會工作提供服務時，必須面臨行政問題的督導工作。例如：指導社會工作者如何填寫報表、工作紀錄。

行政之職責協助進行受督導者工作績效考核、履行管理上所要求的各項職責（員工績效、服務品質等），以及滿足相關當事人的期待（扮演管理階層與第一線人員的緩衝器、促成機構與整體不良環境的變遷等）。

行政性督導多產生「任務中心取向」的督導行為，意指協助受督導者有效達成任務之有關安置、溝通、協調，以及監督等行為，多是行政工作上或任務達成上的協助。例如：協助受督導者了解機構與自身之制度、運作、角色職責等；協助受督導者對機構內外、上下、同儕、案主之間的溝通與協調；指派、授權與監督工作、任務之執行。

4. 調解性功能：Shulman 提出社會工作督導的第四種功能為「調解性功能」，Shulman 認為儘管前述三種督導功能有助於描述一般督導的任務，並釐清督導者的責任，然而，它們並不適用於所有不同的情境，特別是涉及到個人和體系之間的互動。Shulman 從一種工作者和體系互動的觀點，認為督導的功能性角色或許可稱之為「調解」，即調解工作者和體系之間的關係。

督導的範圍／面向

資料來源：Howe, K., & Gray, I.（2013）。

督導的主要焦點（Kadushin的分類）

焦點的主要分類	Kadushin的分類
提供受督導者固定的空間，以反省他們工作的內容和歷程	教育的
在工作中促進了解和技巧	教育的
對於個人的工作，接受資訊和其他的觀點	教育的／支持的
接受內容和歷程的回饋	教育的
以身為個人和工作者的角色，得到肯定與支持	支持的
確保個人不論是身為人或工作者，都不會被拋棄，不必獨自去承擔所有的困難、問題和投射	支持的
有空間去探索，和表達個人來自於工作的壓力、刺激、移情和反移情	行政的（管理的）／支持的
更能計畫和利用個人和專業的資源	行政的（管理的）／支持的
主動而非僅是回應	行政的（管理的）／支持的
確保工作的品質	行政的（管理的）

資料來源：王文秀等譯（2003）。

Unit 7-34
社會工作督導的觀點

督導有許多不同的觀點，督導者須視督導的情境或實務型態，選取適用於受督導者的觀點。社會工作督導主要有下列幾項觀點：

1. 傳統督導觀點（traditional approach to supervision）：傳統觀點是一問題取向的（problem focused），該觀點強調在日常的實務工作中，受督導者和督導者將其重心擺在實務問題的解決，督導者就受督導者面對的問題，提供相關的意見和協助。儘管問題的解決是督導相當重要的一環，但其本質卻是一種被動的回應，相對較為忽略受督導者長期的學習和專業發展。

2. 管理主義督導觀點（managerialist approach to supervision）：管理主觀點關注的是績效監督與極大化組織的利益，較少強調發展和支持的角色。這種模式較常出現於社會工作者係由非社工相關專業背景的管理者所督導之情境。儘管管理對組織的績效是重要的一環，但過度採用管理的督導模式，將限制專業責信和責任的發展。

3. 發展督導觀點（developmental approach to supervision）：相對於傳統觀點，發展觀點強調的是受督導者解決問題能力的建立，而非僅靠督導者給予建議，本觀點認為督導的目的，在於要讓受督導者發展其自身的專業認同，並要能夠促進對其專業角色的信心。發展觀點視督導關係為一種親子關係（parent-child relationships）的反

射。亦即，督導過程的目標是要能夠培育一位免於依賴督導者之獨立和專業的社會工作者，該觀點認為督導者必須視受督導者專業發展的階段，調整其督導的方式和風格；督導者的角色是受督導者專業生涯發展過程中的支持者和激勵者。

四、心理動力督導觀點（psychodynamic approach to supervision）：心理動力觀點提供督導的情感和心理取向，以及無意識之情緒回應的探究，特別是關係到督導關係之內、外部的人際衝突。關係模式（relational model）是本觀點用於社會工作督導的分析，它並不將受督導者視為一位未成熟的人或初學者，而是將督導關係建立在督導者與受督導者的相互學習和成長，這就需要雙方能以開誠布公的態度來面對，並要勇於探討自己的脆弱感。

5. 優勢督導觀點（strength-based approach to supervision）：優勢觀點拒絕接受人應該依其缺點、問題或限制做專業判斷的認定，而是應該鼓勵實務工作者與人們共同致力於找出過去的優勢來源，及其生活中的復原力，並將之運用於目前的情境。優勢觀點的督導強調社會工作者過去實務中的成功經驗，而不是其工作中的挫折或問題，督導不應是被動的或危機取向的（crisis-driven），而應該是主動積極且預先設定之規律性舉行，督導也應該著重於促進專業發展和品質的提升，從成功中學習是最為重要的。

有效的督導條件及要素（Munson提出）

1 督導方式具有結構性（structured）：機構應清楚規定督導者及被督導者的角色及任務。

2 督導進行要有定期性（regular）：督導應定期舉行，如每週或每兩週舉行一次督導會議，方能確保督導的有效性。

3 督導者的態度須保持前後一致（consistent）：督導者除了具備專業知識及實務經驗外，對於督導的目標及督導風格應要有一致性，讓受督導者可以接受。

4 個案導向（case oriented）：督導的內容一定要與個案有關，即督導主題應集中在討論個案問題及處遇情形。

5 評估檢討（evaluated）：需要定期以正式或非正式的方式，檢討督導的成效，做為改善的依據。

稱職的督導必須具備的才能及特質

■ 彈性：能靈活遊走在理論概念和運用各種不同的介入及方法之間。
■ 多元的觀點：能從各種不同的角度看同一件事。
■ 熟知並靈活運用他們所督導的領域。
■ 具備泛文化工作的能力。
■ 管理和包容焦慮的能力。
■ 學習的開放度。
■ 對廣泛的情境議題之敏感度。
■ 需受過反壓迫的訓練。
■ 幽默、謙遜和耐心。

Unit 7-35
社會工作督導的類型

社會工作督導有諸多的類型，綜整說明如下：

1. 個別督導：督導者與受督導者以面對面的方式，定期且持續的舉行督導討論。討論內容主要是受督導者於提供案主服務與專業領域相關之課題，同時亦包括機構之行政措施、社會資源運用及受督導者個人自我認識等部分。個別督導為傳統的督導方式，對新進工作人員或資淺者較為有效。

2. 團體督導：由督導者與一群受督導者（以12人以下為原則），定期以小團體討論方式進行。團體督導於機構工作人員數較多時更為適用。原因在於時間經濟、機構政策與功能易於宣導與釐清、工作者彼此互動與學習機會增加。

3. 非正式督導：就非正式督導所提供的支持效果而言，不論是當員工新接手一項工作，而覺得自己需要獲得相關的實務訊息和建議，或者是當員工認為自己立刻需要獲得幫助的緊急狀況，非正式督導是必要的，且為有效的一種補充性督導形式。

4. 正式督導：正式督導，能致力將員工實務能力提升到最佳狀態，並使受督導者形式上要對督導者負責。這樣的督導會談通常包括結構、焦點、環境、紀錄系統等。

5. 直接督導：直接督導通常是指對學生實施實務的過程進行直接觀察，以便確認其實施實務的能力。「臨場」督導（live supervision）和即席督導（sitting-in supervision），是個人獲得對自己實務實施直接督導的另一種形式，在適當狀況下，得以修正個人任何的偏見。

6. 間接督導：間接督導最主要對於那些無法直接觀察員工實務實施和技巧使用狀況的經常使用形式。督導者可以使用自由發問或主題討論法、透過閱讀紀錄，或是一些實際的練習，例如：角色扮演或模擬等方法來進行

7. 同輩團體督導：工作者以同等的地位參與團體，督導者是經由參與成員輪流或推舉方式產生。同輩團體督導亦採定期且持續方式進行，且傾向以團體決策督導過程的運作，參與成員以資深、有經驗且成熟的工作者為宜。

8. 個案諮詢：由社會工作者直接向相關的學者專家進行個案或專題諮詢，工作者必須先將相關資料交予諮詢者，再由諮詢者提供建議，由於諮詢者與受諮詢者往往無隸屬關係，故此種督導對成員之約束力較弱，也不負責評鑑或做任何決議。社會工作者本身仍須負擔較多的職責。

9. 跨科際督導：跨科際督導（interdisciplinary supervision）方式普遍使用在許多醫療與精神病人工作環境，參與的人們具有各種不同的學科背景與不同的權力，例如：藥學、心理、護理、職能治療和社會工作等。通常督導由相關專業者進行，但有些工作需要不同專業領域者共同參與才能達成任務。例如：受虐兒童，需要相關專業，如醫師、教師、社會工作者、律師等集合討論即是。

督導的類型（Hawkins & Shohet提出）

- **師徒式督導**（tutorial supervision）：督導者被視為是師傅的角色，提供教育訓練。
- **訓練式督導**（training supervision）：視受督導者為學生或受訓者時的教育角色，督導者要負責其部分的實務工作。
- **管理式督導**（managerial supervision）：督導者是受督導者的主管，具有「主管和下屬」的關係。
- **諮詢式督導**（consultancy supervision）：督導者對受督導者及其工作沒有直接的責任，是純粹的諮詢角色。

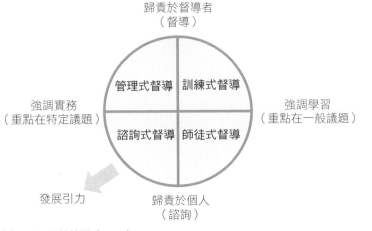

資料來源：江盈誼等譯（2000）。

督導的類型（Hawkins & Shohet提出）

督導的類型	說明
教導式督導	在一些機構的督導者，可能扮演較多教導的角色，幾乎完全集中在教育的功能，在課程中協助受訓學員探討他的接案工作；但是在別的訓練場所的督導者，則可能提供管理和支持的督導功能。
訓練式督導	此處的督導亦是強調教育功能，而受督導者是扮演某種形式的受訓或學徒的角色，他們也許是學生社會工作者，或是和受訓案主一起工作的實習心理治療師。和教導式督導不同之處是，這種督導者對案主負有部分責任，所以具有清楚的管理或常態的角色。
管理式督導	這個名詞指的是，當督導者也是受督導者的直屬長官時。和在訓練式督導相同的是，督導者對案主清楚負有某些責任，但是此處督導者和受督導者將是上司一下屬關係，而非訓練者一受訓者的關係。
諮詢式督導	此處的受督導者要直接對案主負責，但仍在他們希望探討的議題上，請他們的督導者進行諮詢，此處的督導者既不是他們的訓練者也不是管理者。這種形式的督導，是為有經驗和合格的執業者而設。

資料來源：整理自王文秀等譯（2003）。

Unit 7-36
社會工作諮詢

圖解社會工作管理

302

社會工作諮詢（social work consultation）是一種間接社會服務工作，它是一種藉由在某一特殊領域具有專業才能的諮詢者（consultant），提供其專業的知識和技術，以協助或加強受諮詢者（consultee）在專業角色上的能力，以便能有效地執行其專業職責，協助解決案主的問題或滿足案主的需求。諮詢可分為下列各類：

1. 個案諮詢（case consultation）：通常係指一位諮詢者與其線上員工一起工作，以個案本身為焦點進行討論，協助受諮詢者發展介入策略，以為案主提供最佳的直接服務。個案諮詢的時機主要是工作者在獨特的困難處境中，督導者用他們的豐富經驗，以不同觀點提供諮詢。當督導者缺乏資訊或技巧提供社會工作者諮詢處理問題時，宜請相關專家提供諮詢。

2. 方案諮詢（program consultation）：通常係指與行政人員一同工作，著重於機構的政策、方案和程序的執行。

3. 組織諮詢（organizational consultation）：係指著重於組織內的溝通，通常對員工的衝突、新舊職員混雜的組織很有用。

4. 組織、方案和個案諮詢的組合。

此外，學者Caplan則將諮詢另分為以下幾類：

1. 以案主為中心的個案諮詢：這類的諮詢是由於社會工作者接到了一位或一群特殊案主遭遇了困難，此類諮詢欲改變的目標是案主，案主不一定是一個人，也可能是一個團隊，也可能是一個社區。

2. 以受諮詢者為中心的個案諮詢：這類諮詢最主要的目標是了解受諮詢者工作困難的因素，然後協助其克服。所以要改變的目標是受諮詢者，最需要改變的是受諮詢者對案主的態度及行為的改變，使工作獲得成效。另一項目標是透過諮詢者指導及討論，使受諮詢者能增加自覺，了解自我本質及認知。

3. 以方案為中心的行政諮詢：這是以機構的方案、工作計畫，以及行政或組織方面的事為主要內容。每一個機構或組織每年都要訂定新的工作計畫，以及創立新的方案，或修改已經訂定或執行中的方案；有些機構早年訂定的規章已不合時宜，應該獲得一些資訊進行修正。

4. 以受諮詢者為中心的行政諮詢：雖然這類諮詢也屬於組織的方案及行政的範圍，但是它欲改變的目標是受諮詢者本身。該類諮詢主要的目標在於增進受諮詢的人際關係，並協助受諮詢者在機構內繼續發展，所應用的知識包括：機構行政、社會系統及現象、組織溝通、決策模式等。

5. 支持性的諮詢：這類諮詢最主要的目標是宣揚機構的理念及價值觀點，使員工對機構有信心並且忠誠。諮詢者也要對員工的工作表現表示支持及鼓勵以增加士氣。

督導與諮詢的比較

01 督導的對象是專指從事工作活動的人，包括專業和非專業人員、有經驗和無經驗者；諮詢的對象很廣，除了社會工作者之外，尚有其他種類的專業人員，如衛生、教育與司法方面的人員。

02 諮詢一般也可以是個人或團體諮詢的方式，然涉及的問題較督導為廣。

03 諮詢者涉入組織的時間非常有限，且是問題取向的；而督導的涉入較長，且並不侷限於問題的解決。

04 兩者的終極目標都是在維繫案主權益、提高服務品質，而直接目標是促進工作人員的發展與改變。因此，諮詢是在促進受諮詢者體系的某些改變；督導是在促進受督導者自我的了解與專業成長。

05 諮詢者僅是居於一種給予意見或建議的位置，他（她）與受諮詢者之間的關係通常是自願和同等地位的；督導者與受督導者之關係則是義務性與強制性，且有上級下屬之分。

06 諮詢者對於工作結果沒有行政上的權威或責任，行動或結果上的責任由受諮詢者來擔負；督導者須負行政實施與督促的職責，行動或結果由督導者與受督導者一起負責。

07 諮詢內容較著重於個案問題、政策發展、方案計畫或行政問題，焦點較偏重案主或機構的問題。督導則重社會工作理論與原則實施的情形，工作者在提供服務時所發生的工作問題、個人性格和情緒上的問題，督導的重心是受督導者的問題及案主的問題。

Unit 7-37
志願服務之基本概念

我國《社會工作辭典》對於志願服務之定義為：志願服務是個人本濟世的胸襟，對社會提供精神或物質的力量，致力於改造或促進的服務。志願服務是一種出於自願、不為名利、利他、奉獻，且以自己閒暇餘力所進行的有組織、規劃及社會公益的服務活動。就廣義的志願服務而言，是包含個人自願提供的服務，不一定隸屬於某一組織，亦不見得僅限於輔助性的服務工作；狹義的志願服務則須遵守法律之規範。志願服務之定義，包括以下五項特點，說明如下：

一、強調自由意願

不論是哪一種語言的志願服務或志工，其共同部分便是強調自由意志行事。亦即人會去從事志願服務，乃是由其本身所決定的行為，是有選擇性，並非受強迫或義務性質。

二、不為金錢或報酬的付出與貢獻

服務的目的不在於獲得報酬，而是出於利他，是超越個人物質需求的一種活動。服務的方式也不再侷限於過去的救濟或捐贈，而是有某更多元的發展，可在各服務領域中，奉獻自己的時間、能力、知識、經驗、技術、專業等，直接或間接的服務他人。

三、一種有組織的活動

志願服務已經從過去個人或少數人所進行的活動，轉變為組織性的活動。將有意願從事志願服務的人集結成團體，並且強調有計畫性的進行服務，以使志願服務能獲得更大的效益。

四、服務對象與議題更多元

志願服務已由過去針對弱勢家庭或民眾的服務，擴展到更多元的服務議題。雖然仍是以該議題中的弱勢者為主，但弱勢的定義已經不只是針對經濟。服務領域也擴大其範圍，由過去的宗教關懷、社會福利，到現在的教育、醫療、衛生等更多不同的領域。服務對象也從以家庭或人為主，擴展至動物、環境或對議題的倡導與推動等。因此，志願服務可包含或運用的範圍也較以前更為寬廣。

五、輔助性的工作

志願服務是一種輔助性，是一種協助、幫助的工作。

綜上志願服務理念與定義之內涵，志願服務工作的特質包括：

1.志願服務並非是謀求個人經濟利益之行為。

2.志願服務並非是外力強迫性的利他行為。

3.志願服務具有社會責任感，並為實踐社會理想或改善社會問題而表現出來的。

4.一種積極性的社會行動。

5.志願服務並非是個人的義務性行為，而是個人行有餘力情況下的參與。

6.志願服務可以滿足個人的心理需求。

志工參與的動機（Suandi提出）

01

自利（egoism）

指為增進個人利益的行為動機，此利益可為有形的金錢報酬，或為無形的自我成長、獲得他人讚賞；如：得以施展領導才能、獲得成就感、拓展人際關係，或可提高個人聲望、擴展生活圈、自我成長與當他人的榜樣等。

02

利他（altruism）

利他是指在不求報酬的情況下，志願幫助他人的行為。

03

社會責任（social obligation）

是指志工感受到「取之於社會，用之於社會」，進而以實際行動回饋社會的參與動機。

志願服務工作之功能

功能	說明
支援性的功能	儘管社會大眾已經認識到福利社會的必要性，也已經習慣要求政府負責舉辦相關社會福利事業。然社會福利工作範圍甚廣，對於眾多之需求，國家機關也難以全數滿足。此時若能透過相關志願服務團體來擔當，即可發揮支援的功能，使服務工作更為健全。
補充性的功能	許多服務性質工作或許亟須專業人士來擔任，如身心治療或復健工作等。此時志工即可提供較低層次的治療服務，以彌補專業人士的不足。
替代性的功能	志工若接受完整且計畫性的專業訓練，即可替代專業人員之不足。
社會環境提升的功能	志願服務團體除提供相關之自接性服務之外，對於某些議題同時可以扮演倡導者的角色。在彌補社會既有之缺陷外，志願服務團體更可以提供社會發展的理念與目標，進而提升整體社會環境。
實用性的功能	志願服務工作最基本的表現就在於提供簡易且直接的服務，以滿足案主的需求。透過此種實際的協助工作，給予了最即時的服務。
整體性的功能	從事社會服務工作的單位不僅有民間團體、私人企業，亦包含了公立機構與公立機關。儘管彼此組織特性有異，但服務社會的本質是相同的。彼此合作，不僅凝聚了個人與團體，也凝聚了整個社會。因此，志願服務工作不僅提供多樣的服務項目，其豐富的功能，更是在社會中扮演了極重要的角色。

Unit **7-38**
志願服務管理

圖解社會工作管理

306

近年來，對於志願服務人力的管理日益受到重視，茲將志願服務需要專業管理的原因，說明如下：

1. 工作方案愈來愈大與贊助或補助者之期待壓力：許多志工機構和工作方案愈來愈大，加上受到其契約贊助或補助者對其產出期待的壓力，使得機構對志工的管制趨於嚴厲，以確保他們不會怠忽契約，並期能增進機構的效率和效能，故須運用管理知識和技巧加以經營。

2. 社會愈來愈關心志工所帶來的負面效果：因社會重視志工服務品質，迫使機構加強管制志工所提供的服務方案，因此，更加注意志工背景的面談和安置程序。志工機構覺知有責任仔細選擇、訓練與督導服務他人的志工。

3. 志工奉獻時間和知能給機構時，自己變得更會盤算：志工傾向參與社區活動，但其投入志工服務時，必會衡量每個活動給其成本和效益，如是否有助其提升知能與拓展其人際關係等。所以，若對志工有一套完善管理和發展制度，即更能激勵志工服務意願，而且能給志工更好的專業化形象。

4. 志工機構之管理者已變得更專業化：許多主管有公共行政、企業行政或非營利組織的管理等專業背景，這些經驗豐富者，會將其多年行政經驗，混合進入目前管理志工的策略上。

在志工的管理上，常見之問題與因應的方式，說明如下：

1. 志工服務狀況不穩定：包括常缺席、請假或遲到、早退等，也常是志工流失前的警訊，因此，志工督導若發現志工的服務狀況開始不穩定時，則必須透過正式或非正式的督導形式，以了解志工改變的原因。

2. 志工流失率高：志工流失率高，將導致運用單位必須重新招募、訓練志工的步驟重新開始，服務對象也必須與新志工建立關係。因此若運用單位的志工流失有共同因素時，則必須修正未來的招募條件；或是調整服務工作的內容，並加強督導，以便能提升志工留任率。

3. 志工與機構內其他人員的人際問題：人際問題常是運用單位或機構最困擾，也最難解決的志工問題之一。上述前面兩個問題，或許可以從調整計畫等具體的事務來解決；但人際問題等心理因素的影響之大，可能會導致整個志工團隊信心的瓦解。因此，志工督導必須花費更多的心力，與志工建立良好的關係、營造感情、了解志工的狀況，避免影響志願服務方案的推動。

4. 志工不適任：志工不適任的處理，也是運用單位較難解決的問題之一。因為考量志工的志願性，常使得運用單位不想、不敢也不知道如何處理不適任的志工。志工因是自願前來服務，若只以其不適任的理由而將之開除，似乎過於無情。然而，若不處理此問題，卻也可能使服務對象和機構受到傷害。因此，單位或機構必須要審慎面對和處理志工不適任的問題，妥慎處理解聘事宜，而且最好要有明確的理由。

志工的招募方式

招募方式	說明
暖身招募 （Warm body recruitment）	志工的工作若是人人都可以從事的特別適用。工作內容可能不需要特別技能，或者是任何人都能在短時間學會所需的技能。暖身招募最適合用於招募大量工作人員擔任短期的簡單工作時。可透過發送傳單、廣告單、傳播媒體發放招募志工訊息，運用社區資源，結合社區發展協會等。
目標招募 （Target recruitment）	以市場區隔的概念，確定哪些人會想做這些工作，然後直接去找他們。
結合暖身招募與目標招募	在設計暖身招募活動時，運用目標招募的技巧，迎合潛在志工的可能動機，藉此吸引為數眾多有興趣、又符合資格的志工。
同心圓招募	這是一種懶人招募法，可以確保隨時都有志工組織。這種招募法的理論就是：那些跟我們或組織已經有關聯的人，就是最好的招募目標。
團體招募	此方法並不是適用於所有的組織，但也是一種可以參考的選擇。團體招募法必須用於封閉的系統，也就是成員具有高度認同感的團體，這些成員彼此之間有很強的連結，例如：學校、公司、教會、專業組織等。招募方法是在團體中創造出志工文化，讓成員相信擔任志工是該做的事，一旦成員接受擔任志工是這個團體認同的價值，就會尋求志工機會，實踐這項價值觀。

志工人力管理層面上須注意的實施原則

- **建立人事制度**：對志工所遭遇的困難及問題，應找出其癥結，協助解決。
- **建立回饋制度**：每位志工都有發表意見及提出建議的機會和權利。
- **調查志工的動機與需求**：除了了解每位志工主要的動機之外，還要探討複雜、混合的動機。
- **鼓勵情感交流**：加強上司與部屬、同伴之間的感情與認識，並增加認同感與向心力。
- **促進意見交流**：減少誤解、降低衝突、增進人際關係。
- **人事動態分析**：對於志工的離職原因及異動情形，確實加以調查、研究、分析。
- **重視訓練發展**：辦理職前、在職、職外訓練，以提高志工的創造力及滿足自我成長的需求。

Unit 7-39
志工人力的運用過程

志工人的運用，可分為以下幾個步驟加以說明（林勝義，2007）：

1. 需求評估與方案規劃：由社會福利組織的志工業務承辦人，先確定運用志工的目的何在，並評估組織內部各單位對於志工人力的實際需求，以便研擬運用志工的計畫，據以招募志工。

2. 工作發展與設計：在此步驟，應清楚志工來到組織之後，將可協助組織做些什麼服務。因此，須為發展及設計一份工作說明書，列出志工的服務項目、服務時間、服務地點、基本知能、必要訓練，作為招募志工的基礎。

3. 志工招募：在此步驟，主要工作是透過招募，找到想要的志工，招募的宣導，必須有市場區隔，針對不同招募對象，提出不同的訴求與招募方式。

4. 面談與協調：在此步驟，透過面談，篩選出合適的志工。讓組織了解志工的需求與期待，以便安排符合其需求與期待的服務項目，及讓準志工了解組織預備安排的服務項目是否符合自己的期待。

5. 引導與激勵：在此步驟，透過迎新與教育訓練，引導志工及早進入志願服務的情境。迎新說明會，在於讓志工了解社會福利組織的願景及任務；教育訓練則在於協助志工充實服務的必要知識和技巧，並啟發其服務精神。

6. 獎勵：在此步驟，透過督導工作與激勵措施，協助志工解決服務過程中所遭遇的困擾或問題，使服務工作做得更好。如果缺乏督導與激勵，志工可能變成一群沒有人關心的「孤兒」，只好自求發展，這可能影響志工人力的有效運用。

7. 評量：在此步驟，透過志工的工作評量，協助志工自我檢視服務的成效，肯定自己努力的成果，或改進自己的缺失，進而提升服務的品質。

此外，進行志工進行評量，對於機構、志工都是相當重要的，且具有一定的意義，說明如下：

1. 機構層面

(1) 知道志工是否稱職與適任，也可以了解要如何幫助志工在機構服務的過程中，滿足其個別需求。

(2) 了解機構志願服務的成效，以便在未來有更多證據說服主管繼續支持志願服務制度與計畫，並藉此爭取更多的資源與經費，使機構內的志願服務制度更為落實與完善。

(3) 以此檢視志願服務計畫或方案，是否達到原先所規劃的目標，並當作下一年修正計畫的依據。

2. 志工層面

(1) 讓志工了解自己在志願服務的過程中，所獲得的成果。就如同學生的學習表現，可透過報告、考試來檢核其學習結果一樣。

(2) 讓志工可以有機會思考自己的服務動機與需要，並且向志工管理者或機構提出自己的需求。

(3) 正是因為身為機構的一分子，才需要接受評量，以檢視自己對機構的貢獻，因此能讓志工對機構有歸屬、認同與參與感。

志工管理者的主要工作內容

01 ▶ 志工組織架構設計　　**02** ▶ 志工的分組及分工

03 ▶ 規範的訂定　　　　**04** ▶ 管理制度的訂定

05 ▶ 授權及激勵　　　　**06** ▶ 志工工作流程

07 ▶ 志工招募及甄選　　**08** ▶ 志工教育訓練

志工人力運用計畫應包括的重點

1. 機構有完整的志工政策。
2. 規劃志工計畫單獨的預算。
3. 規劃志工訓練。
4. 說明志工的工作職掌。
5. 安排時間和志工相聚、討論。
6. 運用媒體招募志工。
7. 拓展機構觸角,使志工來源多元化。
8. 與潛在志工面談。
9. 對潛在志工清查犯罪紀錄,必要時安排健康檢查。
10. 對新進志工訂定適用期。
11. 與志工訂定書面協議。
12. 對志工說明訓練課程。
13. 定期評估所有志工。
14. 考慮由志工參與正式員工的評估。
15. 設計及執行志工投入時間的紀錄系統。
16. 舉行志工表揚活動。
17. 貼補志工的必要花費。
18. 為志工投保。
19. 安排離職志工面談。
20. 邀請有志工經驗者加入正式員工的甄選。
21. 邀請資深志工協助志工督導。
22. 發展志工管理的資訊管理系統。

第 8 章

社會工作的績效管理

章節體系架構 ▼

Unit 8-1
績效管理之基本概念

績效管理（performance management）是組織運用各種管理策略工具，建立一套有系統的監測機制，衡量在特定時間內，組織與個人工作結果與原來所設定的目標間之比較，以做為了解、控制、推測、改善組織決策與運作的依據。而績效評估（performance evaluation）是一個持續進行中的過程，透過管理系統及工具來取得員工及組織績效之資訊。

綜合而言，績效管理的三項特點，包括如下（王明鳳、黃誌坤著，2018）：

1. 績效管理注重過程及未來的績效：績效管理是一個持續不斷的過程，在過去，組織績效考核重視員工表現成果，是以結果為取向。然而，績效管理重視員工平時投入工作的過程與員工表現的結果，其目的是要協助員工在工作上自我檢視，以做為員工決定自我成長、工作改進的參考。而且，組織亦可透過績效管理的過程與結果，做為員工職務調整、薪資管理及福利回饋的參考．

2. 績效管理包含組織及個人兩個層面的績效：整體而言，績效管理的層次包含組織層次及個人層次。組織層次績效著重是否達到組織或方案所設定的目標；個人層次則是以員工個人工作績效表現為目標。從個人到組織整體的績效評估，兩者相輔相成，並可視為整體組織的績效表現。績效管理不僅包括個別員工的績效評估，更將個別員工的績效與組織的績效結合，最終目的是要提升整體組織的效能。

3. 充分運用各項績效管理方法，以利組織目標的達成：績效管理以組織目標達成做為評估的標準，善用各項績效管理工具，而目前組織最常使用的績效管理包含目標管理及平衡計分卡兩種。

具體而言，績效管理包含以下五個主要目的：

1. 策略性目的：績效管理結合組織的願景、使命、策略、目標與員工個需求，激勵員工，最終達成組織與個人目標。

2. 行政性目的：透過有效的績效管理，組織可以區辨員工績效的良窳，並據以給予不同的獎酬，以創造組織之「公平合理」及「具激勵性」之工作氛圍，以留住組織內部優秀人才，甚至吸引外部優秀人才的加入。

3. 發展性目的：針對員工績效評核的結果加以探討和分析，找出影響個別員工績效的能力落差，並配合員工個人職涯發展的規劃，提供其未來所需的訓練和輔導。

4. 責信性目的：藉由對組織個人表現評核或方案成果追蹤，以確認組織整體的績效，以提升組織的形象，並展現組織對利害關係人的責信。

5. 決策性目的：藉由績效訊息的獲取，可習得社會、社區或方案的狀況，可使用訊息指導和控制資源的配置，以及可讓組織在未來的創新與發展上做出較佳的決策。

Holroyd指出，社會服務正面臨著複雜、不確定及快速的變革，社會工作機構及社會工作的管理或實務工作者，應積極地面對與學習管理相關知能，提升服務績效。

績效管理的過程（步驟）

1 建立標準
標準係依循組織的目標而設定的，它可做為與實際績效果相比較的一種標的，標準若要能夠予以衡量，則須借助於指標的建立（績效指標）。

2 衡量績效
係指為了要決定實際的績效，管理者必須依據績效指標相關的訊息；大多數的工作或活動，都可以用具體且可衡量的指標加以衡量績效。

3 比較績效與標準
係指透過比較得知實際績效和標準之間的差距。過程中，管理者應該要注意變動範圍的大小和方向。

4 考量矯正措施
係指在比較與控制標準後所採取的管理行動，管理者可採取的行動可能是維持現狀（不採取任何行動）、矯正偏差（改善實際績效）或改變（修正）標準。

績效管理的效益

對被評估者而言

- 更加了解組織對績效的要求。
- 對過去的績效能有建設性的回饋。
- 更了解自己的優缺點。
- 發展一套能強化優勢的發展計畫。
- 有機會向上溝通自己對工作的感受與觀點。
- 經由了解主管對工作的期望，以及單位目標的優先順序，更清楚認識本身職務的網絡關係。

對評估者而言

- 衡量與認知部屬的績效表現。
- 更進一步了解部屬，包括他們所擔憂的事項、他們的意願與希望。
- 更進一步釐清評估者自己的目標與期望。
- 增強部屬的動機。
- 發展部屬的績效。
- 確認調整與改變部屬工作的時機。
- 找出問題預防問題惡化。

對組織而言

- 改善組織內部溝通的方式。
- 普遍地加強員工的動機。
- 增進組織目標的一致性。
- 最主要的是改善組織的整體績效。

Unit 8-2
績效管理的面向：目標管理

績效管理依其性質可分為兩種主要面向，包括：1.管理「人」的目標管理系統（Management by Objective System）；2.管理「事」的績效監測系統（Performance Monitoring System）。自本單元起，將以3個單元就「目標管理」加以說明，另「績效監測」則於「目標管理」相關單元說明完竣後，接續說明。

最早提出目標管理（management by objective, MBO）一詞者，是美國管理大師彼得‧杜拉克（Peter F. Drucker）於1954年在其所著之《管理實踐》（The Practice of Management）一書中。彼得‧杜拉克認為「目標管理」是主管與成員透過溝通方式連結組織目標與員工工作目標，使組織上下努力的方向一致。同時，員工會將注意力與資源投入在這些工作目標上而能自我管理，使管理者能將時間集中在規劃、領導與解決問題等其他較具貢獻的地方，減少過多例行人員管理與監督，即以更確實有效的內在控制代替外在監督，以確保績效的獲得。

依據前述目標管理的意義，進一步分析目標管理具有以下的特性：

1. 目標管理是一套整體的、有系統的管理過程：目標管理不僅強調目標的設定，而且更重視目標完成過程的管理或控制。因此，「只訂目標，卻沒有管理」絕對不是目標管理。一套完整的目標管理包含目標設定、參與、回饋三個要素。

2. 目標管理對人性的看法是趨向於正面的：推行目標管理的組織，對人性的看法通常是抱持著比較寬容、信任、關愛的態度。

3. 目標管理具備成果或目標導向：實施目標管理的首要工作，在訂定明確的目標，而「目標」是指在一定期間內所必須達到的「成果」，獲得目標「成果」乃是組織存在的意義。組織成員的活動均以達成「成果」為中心，並將目標化為具體的行動計畫加以執行，並以目標「成果」之達成程度做為評鑑依據。所以，目標管理可說是一種兼具計畫、執行、評鑑的管理方式，不但重視目標的訂定，又重視成果的獲得或目標的達成。

4. 目標管理重視成員參與：目標管理對於組織成員的參與相當重視。在訂定目標時，透過成員參與組織目標及個人目標的訂定，以尊重成員的工作意願及其尊嚴，並使成員清楚地知道自己的工作對組織的重要性，以建立其榮譽感及責任心。

5. 目標管理強調成員的自我控制與自我評鑑：在目標管理的制度下，組織及個人均由組織上下層級之成員共同參與確定後，每位成員即根據其目標而獲得適當的授權。成員在執行目標的過程中，以自我控制與自我評鑑的方式，對自己的工作進度及目標的達成程度，作自我檢討、改進及評鑑，上級主管僅從旁協助、輔導，期能建立成員主動負責的精神。

6. 目標管理兼顧組織目標及個人目標：目標管理利用成員參與訂定目標的方式，結合成員的期望與組織與任務，以期在達成組織目標的同時亦能兼顧個人目標的完成，進而提升組織的績效，促進個人的成長。

彼得・杜拉克（Peter Ferdinand Drucker）

彼得・杜拉克
（Peter F. Drucker）
管理學大師

倡導目標管理（MBO），係指管理者以工作「目標」來管理部屬，其對於促進員工生產力及導引個人的工作朝向組織目標有很大幫助。

對管理的核心理念：
- 管理應將一切事物化繁為簡。生產過多的商品、僱用多餘的員工和錯誤的投資都不適宜。
- 政府無法、也沒有意願提供人民需要或想要的創新服務。
- 企業和政府都有一種人類的自然傾向：即無視於明顯不適用的事實，對昨日的成功念念不忘。
- 顧客導向、重視員工。組織的主要責任是提供顧客商品或服務。獲利並不是任何組織的目標，但卻是永續經營的必要條件。各組織對職員和社會都有責任。

目標系統管理與績效監測系統的差異性

取向	目標管理系統	績效監測系統
管理架構	人力資源系統	策略管理、方案管理或作業系統
主要焦點	管理者和員工	方案或組織部門
標的取向	特定時間的方案	進行中的方案、服務輸送或連續性的作業
目標設定	管理者和部屬面對面協商	通常是高層管理單方面所設定
監測內容	輸出和立即成果（以及品質和生產力）	強調成果（以及品質和顧客服務）
測量變化	常隨著目標改變而變	往往是持續測量，少有改變
執行方式	資料蒐集和監測由個別管理者執行，並督導檢視	資料蒐集和監測由員工執行，並定期報告及公布

資料來源：黃源協、莊俐昕（2020）。

Unit 8-3
績效管理的面向：目標管理（續 1）

目標管理是一種富有動態性的行政管理技術，其主要目的，在於使組織目標的達成與組織成員需求的滿足，能同時兼顧。在目前眾多的管理技術中，目標管理仍繼續被運用在許多管理領域中。以下從組織和個人角度說明目標管理的優點（功能）如下：

一、就組織而言

（一）組織目標明確

由於每一個單位或個人都有具體清晰的目標，員工能夠很清楚地了解自己的責任範圍和工作性質，並以之做為努力的方向，因此組織可以將資源集中在目標的達成上面。而明確的目標使績效評估標準易於建立，有助於組織對目標的執行作業進行客觀的控制，並易於分辨個人或單位之責任。

（二）強化組織的規劃能力

目標管理非常重視目標設定的過程，經由此過程，組織中的每一個層級都必須就組織未來發展、目前的重要計畫規劃為具體可行的目標。而各單位之間的協調分工和各階層之間的整合，都因為共同參與目標設定而獲得強化。

（三）促進組織的分權

目標管理強調員工的自我控制，目標的設定不再是高層人員的專利，每一個員工都可獲得授權設定自己的目標，自己控制執行的進度和方向，因此是一種高度分權的管理制度。

（四）促進組織的溝通

目標管理貴在參與，從設定目標開始至定期檢討都強調由上下級人員共同協商。在協商會議中，員工可充分發言並提出自己的見解，而各單位和各層級之間亦可就資源分配、目標數目、執行期限、評估方式交換意見。因此，組織的溝通管道會因實施目標管理而更形順暢。

（五）提高士氣

目標管理鼓勵所有人員對組織目標作承諾，而經由參與和雙向溝通使每一個人都有受到尊重的感覺，這種對組織目標的認同感，使組織成員心有所依，對組織整體士氣的提升助益甚大。

二、就個人而言

（一）激勵的動力

由於每一個員工所負責達成的目標都很明確，所以可以降低員工的不確定感和焦慮，使員工的工作動機得以增強。而目標管理和獎勵制度的結合，可以激勵員工爭取較好的工作表現。

（二）培養主管人才

目標管理鼓勵各級管理者為其績效承擔責任，並提供其發展知識、技能和經驗的機會。由於各階層管理者獲得最高管理者的授權，享有相當程度的自治，可提供管理者歷練的機會。

（三）啟發員工自動自發的精神

目標管理強調員工的自我控制，鼓勵員工設定自己的目標及計畫，所以可培養員工自動自發的精神。

（四）激發員工潛能

目標管理強調授權賦能，鼓勵員工發揮創造力。在目標設定和執行過程當中，管理階層儘量不予干涉，員工必須竭盡所能自力完成，使員工的潛能得以開發。

目標管理的要素

01 目標明確化：
應該將目標轉化為可以衡量評估的有形指標。例如：在三天內可完成評估工作。

02 參與決策：
目標管理與傳統的目標設定最大的區別，在於目標的設定並不是由高階管理者片面設定後再指派，而是員工共同參與討論並建立共識後所共同決定的目標，經由參與，提高了員工對目標的認同，激勵達成目標的努力與決心。

03 明確期限：
每個目標應有一個明確的完成期限，以做為督導和考核的依據。

04 績效回饋：
目標管理應設有回饋機制，以讓員工能夠隨時且持續地了解目標的達成程度，以做為掌握進度與改善行動的參考。

目標管理的步驟

1 組織整體目標和策略的形成

組織內各部門或單位之主要目標的配置

2

3 單位主管與其主管共同設定單位的具體目標

4 與單位內的所有員工共同設定貝體的目標

5 明確界定要如何達成目標的行動方案，並獲得主管與員工同意

6 行動方案的執行

定期檢視目標達成的進度，並給予適度回饋

7

8 以績效為基礎的酬賞方式，激勵目標的成功達成

Unit 8-4
績效管理的面向：目標管理（續2）

目標管理哲學及其對人性樂觀的假設，雖令人感到鼓舞，但不見得每個假設在實際情境運作都那麼理想，也可能會遭遇到困難，以下將實施目標管理可能產生的困境，歸納分析說明如下：

1. 目標管理制度並不適合變遷劇烈的環境：因為目標管理在設定目標之後，書面規定極為具體、固定。即便是可經由定期檢討來調整目標，但往往緩不濟急，失去彈性因應環境變遷的先機。

2. 個人目標與組織目標難以相互配合：不同階層的人員所要努力的方向不完全相同，因為主管與部屬對於目標重點的考慮並不相同，甚至相互矛盾。因此，欲使個人目標與組織目標能緊密結合，有賴於不斷地溝通與協調方能達成。

3. 容易流於書寫目標的形式主義：目標管理的制度需要大量的文書作業，以記錄整個過程，而便於控制個人及組織的狀況。在某些組織中，有時為文書作業所花費的心力尤甚於去實行目標，而產生捨本逐末的現象，使目標管理的成效降低。

4. 未能真正達到共同參與設定目標：很多組織在實施目標管理時，雖然也召開目標設定會議，表面上好像做到全員參與；但即使表面上確實做到「共同設定目標」，但源於傳統官僚化組織的層級觀念，較下各層級的人員，焉敢再主張將其上級主管的目標，調整修正為較為適當的目標？

5. 主管對於部屬缺乏信心：目標管理講求的是分層負責，並依目標授權給實際的執行者，讓其有足夠的空間以自我管理的方式來完成目標。但許多主管對部屬缺乏信心，仍以控制的心態進行管理，使部屬無法充分發揮自己的能力。如此，便失去目標管理尊重成員參與及自主性的精神。

6. 成員配合意願低落：在實施目標管理之初，若無事先向組織成員說明目標管理的精神，使其充分了解，就很容易讓組織成員因對目標管理認識不清，反而將其視為一種負擔，造成組織成員配合意願的低落，使目標管理難以推展。

7. 考核的標準難以建立：由於不易訂定明確具體的目標，因此，考核若以目標之達成度做為標準，則容易造成考核標準不易具體明確。再者，若僅以目標達成度為唯一標準，則會忽略「人」的因素及執行過程的情形，故完善的考核標準不易建立。

8. 考核的結果未能妥善運用：有些組織未能將目標管理體系與原有的考核制度結合，使得目標管理的考核結果未與實際的獎懲配合實施，致使目標考核的結果未能妥善運用，對成員的激勵作用也大為減低。

9. 太強調量化的目標而難兼顧品質：目標管理強調將目標具體化、數量化。事實上，並非每件工作均可以量化的型態來呈現結果。而過度的強調量化，容易忽略工作的品質，此種「重量不重質」的目標設定取向，易產生「量提升」但「質低落」的現象。

目標管理與傳統績效管理的差異比較

項目	傳統管理	目標管理
理論取向	偏向X理論，認為員工好逸惡勞，唯有偏向嚴格管控才能達成目標。	偏向Y理論，認為員工生性喜好挑戰、勇於負責和自我實現。
目標設定	目標通常由主管設定	目標是主管與員工共同討論後的結果。
過程焦點	強調目標達成的重要性，忽略過程中溝通、參與及支持的重要性。	強調目標設定的溝通與共識，以及目標達成過程中主管對部屬的支持、信任與授權。
管理方法	強調服從、權威、專注控制員工的方法。	強調員工自我控制、自我管理、主管給予員工適當授權。
管理類型	命令式管理。	參與式管理。
組織文化	僵化官僚文化，強調規則、程序和制度，易於產生內部衝突與不滿。	主張彈性、開放與自主文化，鼓勵團隊合作、互助分享，員工學習與發展。

參與管理（participatory management）

➢ 參與管理（participatory management）是承諾員工可加入組織策略執行之決定，員工透過加入策略規劃、全面品質改善計畫。組織使命和目的釐清、問題解決團隊及任務小組等，而對其工作具有決定權。

➢ 讓員工參與影響他們本身的組織問題或決策，對其自尊和士氣的提升有很大的助益，進而對決策的理解與結果有正面效應。

Unit **8-5**
績效管理的面向：績效監測

績效管理依其性質可分為兩種主要面向，包括：1.管理「人」的目標管理系統（Management by Objective System）；2.管理「事」的績效監測系統（Performance Monitoring System）。「目標管理」已於前面3個單元先予說明，本單元將就就「績效監測」加以說明。

績效監測系統的發展，有助於機構的績效監測，Poister提出一套有效的機構和方案管理系統，應包括以下10項步驟（黃源協、莊俐昕，2020），說明如下（本單元說明前五個步驟，後五個步驟於次一單元說明）：

1. 步驟一：獲得管理上的承諾：有效績效監測過程的首要步驟，即是獲得對績效管理系統之設計、執行和利用之承諾。同時，組織內各層級員工的承諾也很重要，包括系統維持者與被期待使用該系統者。

2. 步驟二：建構系統發展過程：獲得管理高層的承諾後，率先發展監測系統的個別員工或團隊，要能夠建構發展的過程，包括：(1)正式認可負責開發系統的個人；(2)挑選即將被導入的設計和執行過程；(3)確認過程中可能參與的個人或工作單位，包括決定參與過程中各個步驟的人；(4)設定出完成每個步驟的時程表。

3. 步驟三：澄清系統的目的和參數（變數）：本步驟是要去澄清測量系統的目的，以及所要設計的參數。目的最好能夠依據用途做考量，例如：誰會是系統的使用者？他們需要從中取得的訊息是什麼？

該系統僅是用於報告和訊息的目的嗎？或是它要能夠產生一些有助於較佳決策或有效管理的訊息？為不同目的所做的績效監測和設計使用，其焦點、使用的測量種類、詳細的程度、報告績效的頻率及系統被使用的方式，可能會有很大的差異。

4. 步驟四：確立所欲成果和其他績效指標：此步驟即是確立所欲的成果，以及它要被監測系統所監控的績效指標，包括：(1)應該要追蹤的機構或方案之重要績效面向是什麼；(2)提供的服務是什麼？誰是顧客？(3)所期待的成果是什麼？(4)要如何將效能、效率、品質、生產力、顧客滿意度和成本效益指標，轉化到這項特定的方案領域？這些問題的釐清，有助於讓監測項目具體化，特別是指標的訂定和確立可提供比較的基礎。

5. 步驟五：界定、評估和選擇績效指標：界定、評估和選擇績效指標是整個績效監測的核心。在被納入監測系統的績效面向獲得共識之後，即可開始思考如何建構測量指標，包括：(1)某些測量應如何予以詳細說明？(2)指標的信度與效度如何？(3)如何獲得某些資料？(4)指標是否值得投資時間、金錢及為蒐集這些資料所做的一切？(5)監測是否設定有助於績效改善的適當誘因，或者實際上是反效果的？因而，本階段要去確認可能的測量範疇，再以一系列的指標評估每項測量，以便決定到底有哪些可納入監控系統。

設定和執行績效監測系統的過程

步驟1	獲得管理上的承諾
步驟2	建構系統和發展過程
步驟3	澄清目的和系統參數（變數）
步驟4	確立所欲成果和其他績效指標
步驟5	界定、評估和選擇績效指標
步驟6	發展資料蒐集程序 ── 提供品質保證
步驟7	詳加說明系統設計 ── ■ 確認報告頻率和管道 ■ 決定分析和報告格式 ■ 開發軟體申請 ■ 指定維護系統的責任
步驟8	進行試辦
步驟9	執行全面系統
步驟10	適當的運用、評估和修正系統

Unit 8-6
績效管理的面向：績效監測（續）

本單元接續說明Poister提出一套有效的機構和方案管理系統十項步驟中的第6至第10個步驟如下：

6. 步驟六：發展資料蒐集程序：若一套指標被納入一項監測系統，下一個步驟即是發展一套規律性蒐集和處理資料的程序。績效監控系統資料有許多不同來源，包括：機構紀錄、方案運作資料、現存的管理資訊系統、直接的觀察、測試、各類調查及其他的測量工具。績效監測系統唯有在真正為管理者和決策者所用，以及使用人能忠於資料的信度、效度時，才是有價值的。

7. 步驟七：詳加說明系統設計：在進行試辦或正式實施前，管理者必須要能夠針對系統設計做詳細的說明，以讓資料蒐集能符合績效監測的目的之所需。設計的範疇包括：(1)確認報告頻率和管道；(2)決定分析和報告格式；(3)開發軟體申請；(4)指定維護系統的責任。

8. 步驟八：進行試辦：績效監測系統很可能會從設計直接進入到執行，特別是一些小型機構。然而，對某些案例而言，在大規模實施前若能夠試辦這項系統，將可讓後續的運作更加順暢。在正式付諸施行之前，做個小規模或簡單的試辦計畫，將有助於我們對系統的運作有較佳的了解和掌握，也將有助於我們對指標、資料蒐集方法、軟體運用等的組合，有較適當的判斷，進而增加系統能夠有效運作的可能性。

9. 步驟九：執行全面系統：績效監測系統的執行，意味著在期限內蒐集和分析所有必要的資料，分析資料和適時交付績效報告給指定的使用者，以及檢視資料以追蹤績效，並使用這些訊息做為決策上的參考。隨著系統趨於大型且複雜，對於參與資料輸入之各領域的人，最好能給予某些必要的訓練。然而，保證整個新的監控系統可成功執行的最重要因素，即是上層管理或最高管理者的明確承諾，包括：認可一項特定的系統，提供可靠的資料，並有效地使用系統成為一項管理工具。

10. 步驟十：適當地運用、評估和修正系統：儘管一套系統已被謹慎地使用，但就資料的完整性、品質保證、軟體應用或報告的製作等，亦難免會產生一些問題。因此，在全面執行期，便要能夠嚴密地監控系統本身的運作，並評估其運作的狀況。若有發現並確認執行和維持上的問題，便需要有效且迅速地解決。最重要的是，管理者也必須要開始評估績效系統，使其做為一項有效管理和改善決策、績效和責信的工具。若一套監控系統未能提供有價值的訊息，協助對績效有較佳的了解，以及改善實質的結果，管理者即應找出補強測量、資料或是整個系統的方式。最後，管理者也必須視績效資料所顯示的情形，建議出需要修改的標的或績效標準，甚至於要改變測量系統所建立的方案和目的。

非營利組織績效管理的四大面向

01 **追求效率：**
不單代表快速，也代表精簡、容易處理。所以，非營利組織的績效管理應將組織策略規劃所擬定的願景或目的具體化，並儘量簡化或單純化，制定數個較易處理的目標或指標。非營利組織的策略及績效管理也要講求快速成果的呈現，以換取社會大眾的支持，所以多採取先易後難的策略。

02 **可計算性：**
強調可計量、可點算、可量化，所以除了上述的效率之外，也強調量的「多」及「大」，大就是好的（bigger is better）邏輯普遍被讚揚，一切的事情（包括品質）都儘量化約為數字處理，每件服務的品質皆以其預設的各項數字指標來衡量。因此，非營利組織的績效管理也追求可計算性或可量化性，如：發生率、預算執行率、服務目標達成率。

03 **可預期性：**
服務都是在標準作業下提供，期待不論在哪一個分支單位所接受的服務都是一樣。工作人員也依據固定守則與服務對象互動，但可預期性也代表著乏味、沒創意，尤其非營利組織的績效管理因為強調「交待性」，加上目標管理的引導，縱然不會出現如速食餐廳的單一化及同質性的外觀，但非營利組織的作為基本上是可以預測的。在績效管理下，非營利組織的表現也變得單調、缺乏創新，當指標告訴非營利組織做什麼是有「業績」的，非營利組織就會依此來操作，這是要特別小心的。

04 **非人性化的控制：**
因為人的行為存在不確定性，且人力的高流動率與高替代性，因此管理方法就是迫使工作人員跟服務手冊要求一致。近年來，非營利組織的績效管理只是強化了上層對下層的控制，多於民眾對非營利組織的監督，在制式的服務模式下，表面上是給予前線部門更多的裁量權，但實際上只是放棄對下層部門的資源保障，要它們在一定的遊戲規則下競逐有限的資源，利用預算撥款引導及約束它們的行徑。

資料來源：整理自陳政智（2018）。

Unit 8-7
關鍵績效指標（KPI）

　　關鍵績效指標（KPI）是在1990年代，各家學者結合目標管理、平衡計分卡、80/20法則理論演變而來，係藉由上而下分配績效指標，設定績效目標、績效考核與面談，專注在結果，而非過程。

　　KPI關鍵績效指標涵蓋「關鍵」及「績效指標」兩大意涵。KPI的使用目的，是以組織的「戰略」和「控制」為中心。組織戰略目標是長期的、指導性的、概括性的；而各職位的關鍵績效指標項目繁多，且針對職位而設置，主要著眼於考核當年的工作績效。

　　KPI關鍵績效指標可以說是組織內策略連結的工具，將多個量化指標連結起來，例如：工作達成率、薪酬、差勤、創新等。經由這樣的量化評核，主管或員工能有所依據的調整工作投入方向，配合組織策略；當員工個體與組織營運策略之間產生連結並合而為一時，才會產生共同利益價值，使其更有效率地達成工作目標。因此，KPI關鍵績效指標之評估依據，包括如下：

　　1.確保與組織的願景及策略連結。
　　2.可以量化。
　　3.可及性。
　　4.容易了解。
　　5.相互平衡。
　　6.清楚定義。

　　KPI法符合一個重要的管理原理「二八原則」在一個組織的價值創造過程中，存在著「20/80」的規律，即20%的骨幹人員創造組織80%的價值；而且在每一位員工身上「二八原理」同樣適用，即80%的工作任務是由20%的關鍵行為完成的。因此，必須抓住20%的關鍵行為，對之進行分析和衡量，這樣就能抓住績效評價的重心。任何組織的願景、策略、目標，都必須要有周詳的規劃、執行，與考核的機制。其中考核，是對整個執行過程的回饋，透過回饋才能夠得知，整個結果優缺點，以便做為目前的策略調整，與將來再次執行的一個方向。

　　以KPI關鍵績效指標為組織管理的核心，具有之下之優點：

　　1. 監控進度：透過正確的KPI關鍵績效指標定期檢核，管理階層可以有效追蹤員工工作執行的狀況。

　　2. 推動變革：透過KPI關鍵績效指標的設計及推動，能改變員工的工作價值觀，以及促進組織變革。也就是說透過KPI關鍵績效指標即能用最少的組織成本，有效地改變組織與個體的工作投入行為。

　　3. 標竿比較：KPI關鍵績效指標可以提供組織必要的管理資訊，讓組織可以與競爭對手做量化比較，做為組織改善的依據。

　　4. 平衡發展：員工個體的工作投入行為會隨KPI關鍵績效指標的設計及執行而有所改變，並兼顧各組織單位功能的平衡，以避免資源分配不均，影響工作效率。

　　雖然KPI法可透過績效考核、評分機制，督促員工完成任務，強調「效率」與「效果」，但其缺點為，因為KPI員工績效評估的高關聯性，也可能引發偏差取巧的行為，甚至扭曲了組織的長期目標，及抑制了員工的創造力。

關鍵績效指標具有之意涵

| OBJECTIVE | MEASUREMENT | OPTIMIZATION | STRATEGY | PERFORMANCE | EVALUATION |

- ■ 與策略連結之績效指標才是所謂的「關鍵」績效指標,否則僅是日常績效指標(daily performance indicator, DPI)。
- ■ 由於組織的資源有限,所以設計關鍵績效指標項目時不宜過多,否則很容易會稀釋指標之重要性。
- ■ 由因果關係中找到領先指標(leading indicator),而非落後指標(lagging indicator),亦即藉由KPI關鍵績效指標來發現組織內部問題之主要原因。
- ■ 關鍵績效指標非一成不變,組織會視時間或環境之變化而作「策略性」變動,或改變指標之權重以因應組織需求。

KPI關鍵績效指標之設計步驟

1 找出績效衡量之構面,並且訂出個別之衡量項目

2 決定個別衡量項目之權數

3 建立各項衡量指標之基準值

4 設定各項衡量指標之目標值

5 完成各個衡量指標之尺度/比例

6 依據目前之績效表現計算出實際之指標值

Unit 8-8
目標與關鍵成果（OKR）

美國企業家安迪・葛洛夫（Andy Grove）1990年代擔任英特爾執行長時，發現許多組織執行目標管理的過程，已逐漸背離彼得・杜拉克目標管理（MBO）的初衷。有些主管強制地把「自己」的目標分配給部屬、定期檢視目標卻無法跟上市場變化、員工不曉得組織的大方向，只埋首拚業績達標。因此，葛洛夫改良目標管理的模型，提出 OKR 理論。

OKR 理論，「O」是指目標（objectives）、「KR」則是關鍵結果（key results），它是一項溝通工具，幫助成員了解「我們現在要做什麼？」「如何達成目標的要求？」例如：組織希望「設計吸引人的社群網站，使更多人獲取商管知識」，就是一個大目標。這時，關鍵結果要把「吸引人」這類模糊的描述量化，像是「讓50%的會員每天都要瀏覽我們的網站」，「讀者觀看一篇文章的時間，至少要停留3分鐘以上」等敘述，即為兩組具體的關鍵結果。

許多的組織員工對於 OKR 會有許多的疑問，尤其是如果組織已經有 KPI 了，還需要 OKR 嗎？這樣的疑惑，可以用一句話來簡單說明兩者的差異：關鍵績效指標（KPI）是「別人要我們做的事」，OKR 則是「我們自己想做的事」。

亦即，KPI 與 OKR 其實並不衝突，只要不把 OKR 視為績效評估的工具，一個組織內，可以同時實施這兩套體系。而且，OKR 還能適度彌補 KPI 的缺陷。KPI 強調在時限內完成待辦事項，並依據評分標準給予賞罰，確實能激發、提升工作

效率。不過，組織內部往往有多個 KPI，這時就有可能產生「有些事大家都不想做」的狀況，甚至這些 KPI 早已背離組織願景，但員工為求分數，仍敷衍了事。例如：某購物平台期盼網站能更受歡迎，將點閱次數設為 KPI 的項目之一，結果員工把網站變得更複雜，確實讓使用者「點來點去」，雖然達成 KPI（過程），但沒有朝向「網站更受歡迎」的目標（最終成效）。

John Doerr 在《OKR 做最重要的事》一書中，提出 OKR 的四大好處，說明如下：

1. 專注做最重要的事：OKR 不是無所不包的願望清單，也不是日常工作的總表。重點在於，選出最有效的活動，然後集中處理它們。

2. 強化團隊合作：在 OKR 制度中，即使是最資淺的員工，也能看到每一位同事的目標，包括組織頂端的執行長。公開分享，能夠避免員工重複做相同的事情，提升人力運用，進度落後的員工也因為進度透明，能夠及早獲得其他人的協助，對橫向和縱向的溝通都有幫助。

3. 回顧過去，展望未來：OKR 需要定期追蹤，觀察關鍵成果的執行情況，員工可以選擇繼續、更新（調整）、啟動一組新的 OKR，或是適時放棄。在完成之後，也需要針對該次執行的狀況做反思，然後再投入下一次的 OKR 循環。

4. 激發潛能，成就突破：葛洛夫觀察到一個有趣的現象，有些人完全不必督促，就會持續致力於突破自身的能力極限，不斷創造個人最佳表現。

OKR的績效管理方式

| Objective | Key Result | Target | Focus | Quarter |

OKR與KPI的核心差異，在於OKR不是以考核為導向，而只是一個引導工具；它的主要目的，在於提醒所有人從企業的戰略角度，來觀察自己當前最重要的任務是什麼。OKR的本質並非要考核團隊或員工，而是隨時提醒每一個人，當前與未來的任務分別是什麼。由於OKR把「目標管理」和「員工績效考核」分開，因而可以確保員工不會因為考慮到自身績效達標與否，使得日常工作受到侷限，進而願意挑戰更高的目標。

三大目標管理理論之比較

項目	關鍵觀念	優點	缺點
目標管理（MBO）	1954年，由管理學之父彼得・杜拉克（Peter Drucker）提出基本概念，強調「目標」的重要性，用團隊參與的方式建立目標，並在時限內完成，且每個人需為自己的績效負責任。	運作方式公開透明，要求員工自動自發，有利提高團隊歸屬感。	目標難以量化，導致員工不清楚如何達成，甚至許多人不了解企業宗旨。
關鍵績效指標（KPI）	KPI是將組織的戰略目標，細分拆解為各級部門可操作的工作目標；並以此為基礎，明確落實到各級部門人員的業績衡量指標。	透過績效考核、評分機制，督促員工完成任務，強調「效率」與「效果」。	因KPI員工績效評估的高關聯性，也可能引發偏差取巧的行為，甚至扭曲了公司的長期目標；抑制了員工的創造力。
目標與關鍵成果（OKR）	OKR是透過每一組目標（objectives）搭配2-4個關鍵成果（key results），讓團隊了解「要做什麼」及「如何做」。	理論簡單易懂，以「由下至上」的方式，使團隊訂定每個人都願意執行的目標。	要求目標要有挑戰性，但並不連結績效評估體系，因此需注意成員是否缺乏動力。

Unit 8-9
平衡計分卡（Balanced Scorecard）：基本觀念

平衡計分卡（Balanced Scorecard, BSC）的起源，乃是哈佛大學教授Kaplan與Norton的研究計畫中所提出。研究過程中他們改良了一家企業的組織計分卡（Corporate Scorecard），將該評分卡內容擴大，並建構包含四個構面：1.財務構面；2.顧客構面；3.內部流程構面；4.學習與成長構面的績效衡量系統，即為平衡計分卡之由來。

平衡計分卡的最大特色，就是納入財務、顧客、內部流程、學習與成長等四大構面一同衡量。平衡計分卡的核心宗旨在於，組織部門過去長久以來所重視和用以評斷績效表現的財務營收這類指標，事實上只是一種「落後指標」（lagging indicator），只能展現組織短期或過去一段時間的績效表現，但無法由此來預期未來的成果；相反地，能夠支撐組織持續獲利或是長遠策略目標達成的關鍵，則是必須仰賴組織和人員的不斷學習與成長、內部流程的持續精進創新等績效驅動因素（performance drivers）。而這些績效驅動因素，才是更重要的「領先指標」（leading indicator）。因此，Kaplan與Norton認為，僅重視財務構面是不夠的，必須同時納入顧客、內部流程及學習成長三大構面，才能同時兼顧組織的領先和落後指標。

平衡計分卡的另一個觀念重點，便是財務、顧客、內部流程及學習成長四大構面，都必須同時瞄準組織的願景和策略目標。亦即，以組織策略目標的達成，做為四大構面的內涵與指標設定的核心。而將四大構面瞄準緊扣組織的策略目標達成

之設計，也正是平衡計分卡何以不僅是一套績效管理工具，更是策略管理工具的原因。同時，由於四大構面一同納入衡量，可使平衡計分卡發揮其最大特色。亦即達到「落後指標vs.領先指標」、「財務性指標vs.非財務性指標」、「內部指標vs.外部指標」、「主觀指標vs.客觀指標」彼此相互平衡的效果，而這也是二人將這套工具稱之為「『平衡』計分卡」的緣由。

綜合而言，平衡計分卡的「平衡」，主要係強調這套衡量架構在以下幾個面向的平衡：

1.平衡「短期目標」與「長期目標」： 主要係強調從使命與願景導引出長期（策略）目標與短期（作業）目標之平衡。

2.平衡「外部衡量」與「內部衡量」： 主要係強調績效的外部衡量（財務面、顧客面）以及內部衡量（組織內部流程面、學習與成長面）之平衡。

3.平衡「結果性」與「過程性」： 主要係強調要能夠兼顧過程與結果之間的平衡，包括「計畫、執行、檢核、行動」（planning, do, check, act）之PDCA的管理理念。

4.平衡「落後指標」與「領先指標」： 主要係強調過去行動之成果面衡量的落後指標（lagging indicators），以及驅動未來績效之衡量的領先指標（leading indicators）這兩者間之平衡。

5.平衡「主觀衡量」與「客觀衡量」： 主要係強調非財務（主觀）面衡量與財務（客觀）面衡量之平衡。

平衡計分卡之概念架構

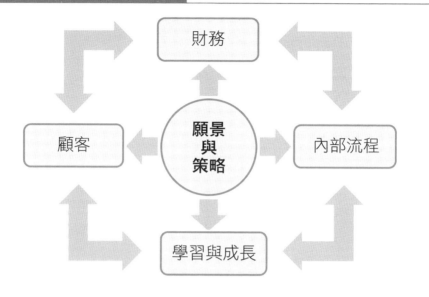

平衡計分卡做為策略行動的架構

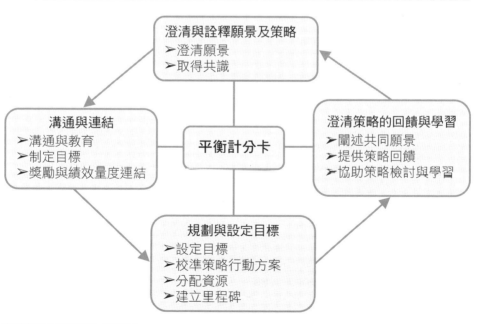

資料來源:朱道凱譯(2003)。

Unit **8-10**
平衡計分卡（Balanced Scorecard）：四個構面

平衡計分卡包含財務構面、顧客構面、內部流程、學習與成長構面的績效衡量系統等四個構面，說明如下：

一、財務構面（Financial Perspective）

雖然傳統僅用財務量度為衡量績效指標的方式，但財務衡量能立即將先前所執行的經濟成果作概括性的表達，具有參考價值。Kaplan 與 Norton 認為財務目標是一切平衡計分卡構面與量度的交集。平衡計分卡選擇的每一個量度，皆應是一個環環相扣的因果關係鏈中的一環，最終目標為改善財務績效，故財務構面在績效的衡量上仍有其相當的重要性。而且，財務績效量度可以顯示組織策略的實施與執行，對於改善組織淨利是否有所貢獻。

二、顧客構面（Customer Perspective）

顧客是組織賴以維生得以持續經營的重要支柱，因此，滿足顧客的需求便成為組織持續追求的目標。在此構面中，管理階層應確立市場區隔，並隨時監督在這些目標區隔中的表現，同時也明確傳達組織的價值以吸引和保留顧客。Kaplan 與 Norton 認為顧客構面中的五大核心量度為：市場占有率、新顧客爭取率、顧客延續率、顧客滿意度及顧客獲利率等。

三、內部流程構面（Internal Business Process Perspective）

內部流程構面目的在滿足股東及達成顧客構面目標，因此在制定此構面的目標與量度時，應先做組織價值鏈分析，將舊有的營運流程改善，以達到滿足財務及顧客構面的目標，建立一個能解決目前及未來需求的完整內部過程價值鏈。Kaplan 與 Norton 提出一個組織共通的內部價值鏈模式，包含三個主要的組織流程：

1.創新流程新：強調由組織所研究出顧客的需求，用以創造新產品滿足這些需求。

2.營運流程：此流程是從接到生產訂單後，產出產品並送交給顧客為止。包含生產產品和服務、遞交產品和服務兩部分。

3.售後服務流程：此流程係組織為顧客所提供的產品售後服務，並藉由了解顧客需求進行創新，並用以設計新的營運流程，而再經由售後服務流程及內部價值鏈來滿足顧客和股東需求的目的。

四、學習與成長構面（Learning and Growth Perspective）

此構面主要著重於員工績效的衡量，員工的成長相當於組織的無形資產，有助於組織的進步。而此構面主要的目標為其他三個構面的目標提供基礎架構，並且是驅動前三個構面獲致卓越成果的動力。主要分成：

1.員工的能力：組織必須提升員工的技術與能力，以提升組織的創造力來共同追求組織的目標。

2.員工滿意度：員工滿意度可直接反映了員工的士氣與對公司的向心力，及相對於整體工作環境的滿意。

3.員工的延續率：組織在員工上做了許多長期的投資與教育訓練，因此員工離職基本上來說都代表組織智慧資產的無形損失。

4.員工生產力：生產力是一個結果的量度，代表員工從事任何產出後的一個成果，也就是員工產出與投入資源的一種相關性。

顧客構面五大核心量度表

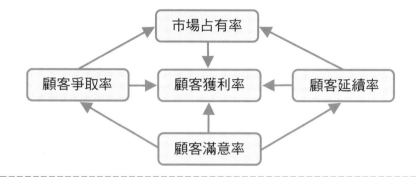

- **市場占有率**：反映一個事業單位在既有市場中所占的業務比率（以顧客數、消費金額，或銷售量來計算）
- **顧客爭取率**：衡量一個事業單位吸引或贏得新顧客或新業務的速率，可以是絕對或相對的數目。
- **顧客延續率**：記錄一個事業單位與既有顧客保持或聯繫關係的比率，可以是絕對或相對的數目。
- **顧客滿意度**：根據價值主張中的特定績效準則，評估顧客的滿意程度。
- **顧客獲利率**：衡量顧客或一個區隔扣除支持顧客所需的特殊費用後之純利。

資料來源：Kaplan, Robert S., & Norton, D. P.（1996）。

學習與成長的衡量架構

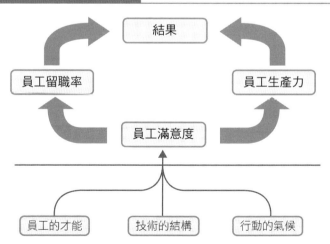

資料來源：朱道凱譯（2003）。

第 9 章

社會工作的品質管理

·········· 章節體系架構 ▼

Unit **9-1**
社會工作品質的基本概念

美國品管學會（American Society for Quality Control, ASQC）和歐洲品管組織（European Organization for Quality Control, EOQC）指出，品質是能滿足既定需求的產品或服務的整體特質和特性。Deming認為品質是以一種最經濟的手段製造出市場上最有用的產品，需考慮顧客之需求，並排除不良缺陷。Juran認為品質是一種適合性（fitness for use），表現於是否能滿足顧客的需求，亦是一種顧客導向。

Crosby認為服務品質是顧客期望的服務與實際知覺的服務相互比較之結果；Gravin指出，服務品質是一種主觀的認知品質，而非客觀的品質；Gronroos提出服務品質是評估服務流程後的結果，亦即在評估過程中，顧客會將知覺到的服務傳遞過程與結果，和原先的期望做比較。

綜合所述可知，服務品質是由被服務者主觀所判定，服務又可分為「事前期望」與「實際感受」兩類，透過兩者之間的差距可以獲得整體服務品質之表現。當預期的服務小於實際感受的服務時，被服務者會認為服務品質是理想且令人驚訝的；當預期的服務等於實際感受的服務時，被服務者會認為服務品質是令人滿意的；但是當預期的服務大於實際感受的服務時，被服務者會認為服務品質是令人無法接受的。組織在致力於提升服務品質時，不只要吻合顧客的需求，更要超越顧客的期待。因此，要研究一組織的服務品質，應當從消費者的觀點出發，了解消費者對服務品質所認定的標準，甚而發現組織是否

能激發出消費者的期待。

對營利組織而言，服務的品質是由顧客或付費者所決定，除非顧客覺得其所支付的費用是值得的，否則他們是不會購買該項服務或產品。然而，大部分的非營利組織或公部門並不會銷售產品或訂定價格，個案很少有機會獲得其他替代性的服務，且個案在服務輸送之前很少參與決定，也很難對服務輸送品質進行評量。然而，自1990年代起，「品質」已成為社會服務發展上的重要標的，社會服務品質的追求已不可再以任何藉口而避之不談，因而，品質已發展成為社會服務的核心議題。

社會服務品質的構成包括有形與無形的要素。尤其自1990年代以來，服務品質已呈現更多元性與變異性，且其構成要素常因觀察者或運用的範疇而不完全一致。Hafford-Letchfield從社會工作角度認為，界定品質時需要包括以下幾項：

1. 有能力提供符合服務使用者／照顧者真正需求的服務。

2. 易於在適當的時間和地點取得適當的服務。

3. 不管個案的社會、種族或文化背景，要能公平的提供服務。

4. 可靠、一致和持續性。

5. 明確的目的和目標，且敘明個案能取得服務的最低標準。

6. 所提供的服務是有可用的資源，且符合成本、效率和經濟效益的。

7. 由接受過高品質訓練、督導和支持的員工提供服務。

社會服務品質要素

品質要素	說明
有形資產（tangibles）	具備設備、設施、人員以及公共器材等物理環境。
安全性（security）	服務的提供是在一種能適切管理風險與危險，且安全無虞的環境提供，包括保密性。
可近性（accessability）	服務是易於取得的或提供服務的機構是易於接近的。
夥伴／合作關係（partnership/collaboration）	不同服務提供部門能以共同合作方式提供整合性的服務，且提供者與服務使用者之間亦能建立良好的關係。
公開（openness）	提供充分的訊息以告知服務使用者、透明的決策及易於感受到民眾觀念的改變。
保證性（assurance）	工作人員對服務對象是有禮貌，且能夠抱持著尊重和體貼的態度。
才能／技術和知識（competence/skills and knowledge）	工作人員具備提供服務所需之必要的相關知識與技能。
同理心（empathy）	工作人員展現對服務對象特定需求的了解，並提供其個別而非刻板的關懷和服務。
溝通（communication）	服務提供者以簡單易懂的語言告知使用者有關服務的相關資訊。
參與（participation）	讓服務使用者能夠參與決策、監測和評估的過程。
選擇（choice）	讓服務使用者對其所需求的服務有選擇的權利。
可接受性／回應性（acceptability/responsiveness）	所提供的服務能夠彈性並適時回應個別使用者的需求和偏好。
可靠性（reliability/trustworthiness）	能夠以可靠、一致和穩定的方式提供服務，並持守對服務的承諾。
公平性（equity）	服務可提供給所有潛在的服務使用者，不管使用者是什麼樣的文化、種族或社會背景。
效率（efficiency）	在可用的資源內盡可能提供有效率的服務，且服務要具備成本效益。
持續性（continuity）	避免因更換照顧者或服務提供者而影響到照顧者和服務使用者之間的信賴關係。
效能（effectiveness）	服務要能達到所欲的好處和成果。
持久性（durality）	服務方案的績效和結果不會很快就消失。

Unit 9-2
社會服務品質管理的重要性

社會服務需要重視品質，且必須加以管理。社會服務品質管理的重要性，可從以下幾項因素加以說明：

一、意識形態與政治因素

隨著公民權的倡導，民眾已被告知做為顧客應有的權利，尤其是在消費主義趨勢下，當出現服務不佳或專業執行不當，媒體往往會予以揭發，這不僅對社會造成強烈的衝擊，甚至可能波及到政權的穩定性。Pfeffer 與 Coote 即指出，社會服務的品質並不只是一種技術上或倫理上的追求而已，它也逃脫不了與福利和政治之間的連結。為此，如何確保和提升服務品質，甚至設定品質標準，並邀請案主或潛在的使用者參與服務的規劃、設計與執行，不僅是服務品質本身的問題，也有其意識形態和政治層面上的意涵。

二、社會因素

在契約化社會服務市場機制引進後，「品質改善」已被用於做為增加公共服務消費者發聲和選擇的巧語。若服務因品質不佳而未能滿足或符合購買目的，可能引起服務使用者（民眾）的不滿，甚至影響政府威信與組織的存續。因而，儘管契約化社會服務市場機制的運作被譏為「重效率、輕品質」，但社會對整合性服務的需求與重視，再加上競爭機制的存在，「品質」仍將會是服務使用者和供給者共同關注的焦點。

三、專業發展的因素

社會服務相關專業對其成員皆有倫理守則的規範，並設定可接受之實務的界線，若逾越行為守則便可能受到懲處，甚至執業執照有被撤銷的可能，這使得專業團體皆非常致力於建立實務的守則和標準。且在社會服務的效能也獲得廣泛的討論之際，專家自己也往往會問到哪種服務可獲得組織資源的挹注；同時，專業團體也已感受到持續和負責任的服務之承諾是有益於其專業發展的。社會服務近來已造就出更多的專業活動，藉由討論每種專業的目標和價值，以及共同對服務輸送和專業之間的溝通設定品質標準，將可促進專業間關係的良性發展。

四、組織發展因素

在一個快速變遷的環境裡，無論是公私部門的社會服務組織，皆面臨著績效與責信（accountability）的要求與考驗，組織對品質的關心和承諾，將可協助組織學習得更快，也能夠給予組織創新的誘因，以及強化組織管理變革的設計能力，這些優勢對組織長遠的發展有其不可或缺性，對品質的重視，也即是讓組織能藉由不斷學習與提升，進而強化組織的能力。Martin 與 Henderson 即指出，對品質的重視將會增加員工的工作滿足感，減少挫折，以及會有較佳的回饋，這種組織氣候營造將有助於服務品質的提升，它同時也是組織長遠發展的基石。

品質的綜合定義

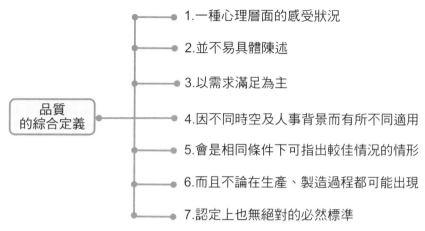

品質
的綜合定義

- 1.一種心理層面的感受狀況
- 2.並不易具體陳述
- 3.以需求滿足為主
- 4.因不同時空及人事背景而有所不同適用
- 5.會是相同條件下可指出較佳情況的情形
- 6.而且不論在生產、製造過程都可能出現
- 7.認定上也無絕對的必然標準

資料來源：整理自曾華源等主編（2017）。

Dunnachie之「品質文化」：一般組織與品質服務組織的差異

一般組織		品質組織
供給者導向	對象導向	顧客／公民導向
重視發現問題	問題面向	重視預防問題
以減少資源來抑制成本	成本抑制	以優先次序原則來抑制成本
重視數字	重視項目	重視員工／關係人
降低訓練支出	訓練支出	提高訓練支出
視抱怨為麻煩之事	對抱怨的看法	視抱怨為學習機會
敬畏科技	科技應用	選擇性的善用科技
組織由制度經營	組織經營	組織由員工／關係人共同參與經營
視品質／效率為個別努力的成果	成果	視品質／效率為集體努力的成果

資料來源：修改自Dunnachie, H.（1992）。

Unit **9-3**
社會服務品質觀點

Pfeffer與Coote從整個服務品質的發展脈絡中，歸納出五種不同的品質觀點，可做為社會服務品質的參考觀點，說明如下：

1. 傳統觀點（**The traditional approach**）：傳統觀點所謂有品質的產品或服務，即代表著優越感、昂貴也代表著產品或服務的特殊性，更隱含著階層的區隔。亦即，「品質」只存在於有產階級，而非低下階級，尤其在市場機制之下，有品質的產品或服務是屬於有地位的消費者，他們可以決定誰可以購得這些有品質的產品或服務，而誰無法購得。然而，對於社會福利而言，一般福利的輸送是不需要付費的，因此地位的高低與是否能夠得到服務是沒有關係的。

2. 科學或專家觀點（**The scientific or expert approach**）：此觀點意味著品質是遵循專家學者所訂定的標準。科學或專家觀點出現於以大量生產（福特主義），及以生產線為工作方式的年代（泰勒主義），基本理念就是「符合目標」（fitness for purpose）。亦即，品質即指所有產品或服務的特質與特性都必須能夠滿足要求，而這些特質與特性是必須被具體說明的。科學或專家觀點的品質確保方式就是實踐標準。然而，科學或專家觀點亦有其限制，科學或專家觀點的品質被視為專業主義與家長式作風（溫和的專制主義），其過於著重專家所提出的單一觀點，也過於試圖去整合難以一致的服務提供者與一般大眾的不同觀點。

3. 管理或卓越觀點（**The managerial or excellence approach**）：根據管理或卓越觀點的界定，品質就是要去測量服務使用者的滿意度，核心概念是縮小實際服務輸送的品質與服務使用者期望品質之間的差距。其核心概念是以顧客為導向（customer-orientation）。然而對於福利服務而言，因其擁有更複雜的功能，且滿足服務使用者的需求，與讓服務使用者感到滿意的部分，其實尚存有不同的任務觀點，因此若欲將管理或卓越觀點用於福利服務之上，似乎尚有討論的空間。

4. 消費主義觀點（**The consumerist approach**）：根據消費主義觀點的界定，品質就是要使服務使用者感到擁有權力。當卓越觀點提出服務使用者必須感到滿意的要求，便代表著服務使用者是扮演著主動的角色，而消費主義觀點更企圖增加服務使用者的權力，以成為至高無上的消費者，得支配那些制定決策的服務提供者。因此，服務使用者得以拒絕劣等的產品與服務，是故服務提供者必須改善他們的產品與服務，增加選擇的空間，並停止那些沒有益處的部分，那麼將可達致服務使用者的期望。

5. 民主觀點（**The democratic approach**）：民主觀點認為公部門與福利服務之間存在著複雜的關係，如公民、服務使用者與服務提供者，公民權是參加公民生活的意願，是民主過程必備的一部分，是對於服務品質持續的認同，而且關心的是整個服務的計畫與服務輸送過程，公開、權利、參與、選擇等，被視為讓服務使用者變得更有權力的策略。

服務的特性（Regan區分為四大類）

01

無形性（intangibility）：
服務為一種執行的過程，具有無形的本質，無法以感官方式察覺其存在。無形性是服務與產品最大的本質差異。因其無形所以不易開立服務規格。Scheuing將服務設計內容分解為三部分：1.核心目的，指的是顧客購買此項服務的原始初衷；2.有形部分，意指為達到核心目的所必須包裝或設計的有形表徵；3.無形部分，係指抽象部分，如態度、信賴度、品質等。

02

不可分割性或稱同時性（simultaneity）：
服務的提供與耗用是同時的。由於服務是一種執行的過程，故顧客必須參與服務過程才能得到服務，而服務遞送過程中因缺乏與顧客緩衝的屏障，導致服務系統的品質與生產力將呈現不穩定的狀態。

03

異質性或稱變異性（variability）：
服務提供者無法確保前後所提供的服務具有相同的水準及品質。因服務是人執行的活動，故無法保持服務品質的均質性。異質的來源包括服務人員的心境與生理狀況無法保持一致性、顧客的期望與認知不同、服務的環境條件無法保持一致性。

04

易逝性（perishability）：
服務無法預先生產、儲存、轉送。換言之，服務無法用存貨的調節方式來應付需求的波動。由於服務業的資源無法時完全被使用，因此，服務業表現出為一種低生產力、高單位成本的生產型態。

產品與服務差異表（Zeithaml與Bitner提出）

產品（Goods）	服務（Services）
有形	無形
標準化	異質的
製造與消費分離	製造與消費同時發生
非易逝的	易逝的

Unit 9-4
社會服務品質的管理策略

　　Pfeffer與Coote指出：「品質不能夠被視為是單一的機制（mechanism），也並非是某一個團體的責任，它需要一個多面向的觀點，包括專家、管理者和福利員工，以及做為消費者和公民的社會大眾成員。」為此，社會服務品質改善和提升是需要有一套全面性的品質管理策略，包括專業與管理文化的改變、新式服務體系的建構、利害關係人的參與和能承諾、員工的投資等四項管理策略，本單元先說明前二項管理策略，其餘二項於次一單元說明之（黃源協、莊俐昕，2020）。

一、專業與管理文化的改變

　　在傳統根深蒂固的專業與科層管理文化的影響下，許多社會服務組織的僵化、無彈性和缺乏回應性等，與現代所倡導之將服務使用者視為消費者、顧客和公民的觀念格格不入。若組織僅導入新觀念新思維，但其擔負服務輸送之專業和管理文化未能隨之調整或改變，則追求或持續改善服務品質，也將僅是一種政策或管理上的巧語罷了。然而，組織文化的改變是很難的，因為他並不能夠如工作般以組織方式予以控制，文化並非是一個組織能以一種有計畫的方式而完全予以擁有或發展的。然而，儘管文化的改變有其不易之處，但品質改善的關鍵乃在於組織要能夠形塑出一套適宜的品質文化。品質組織的特性也即是組織所須營造的「品質文化」，它

一方面反映出服務品質民主觀點的理念訴求，另一方面也是實踐社會服務品質要素的具體作法。

二、新式服務體系的建構

　　若要能夠架構服務品質的理念與實務，傳統科層組織之封閉和內部取向的作法，是無法回應社會對服務品質的需求與期待的。Pfeffer與Coote倡導之追求社會服務品質的目標，是要能具備一個開放體系，也要能建構一個回應體系；既開放又回應的社會服務體系，既是給予民眾權力的要件，也是社會服務品質管理所須建構的新式體系之一環。此外，品質必須是要不斷提升與改善，無論是品質管控、品質保證或全面品質管理，組織需要有一套查核（audit）體系以監測和確保品質，惟社會服務品質的主觀性，又必須借助於一套品質標準途徑的體系，始能有助於對利害關係人行為的導引，並做為查核上的依據。

　　為此，新式的服務體系必須建構在開放、回應、標準途徑，以及查核等次體系之上（詳右頁說明）。開放與回應的次體系，乃在於確保讓服務使用者能夠加入服務的形成和輸送；標準途徑與查核次體系，則在於藉由查核和評估的運作，以確保服務使用者的期待能確實被重視、實現及持續不斷地獲得改善。

新式服務體系的建構：次體系說明

01　一套開放的次體系

即組織與民眾之間的互動管道是暢通的，在作法上，組織要能給予民眾身為顧客和公民的權利。這種次體系的建構即是追求溝通、公開和參與等品質要素的重要策略。

02　一套回應的次體系

建立在給予每個人公平生活機會的理念基礎上，大多數人會期待服務的供給能回應個人需求。這種次體系的建構也是有益於夥伴／合作關係、選擇、彈性／可接受性／偏好和需求等品質要素實現的重要策略。

03　一套標準途徑的次體系

即是標準指引實務，進而促進品質保證的發展。這種次體系的建構即是確保品質要素之安全性、可近性、可靠性／一致性的重要策略。

04　一套查核的次體系

即是欲透過督察或監測的運作，以確保社會服務能夠提供符合所設定的標準，進而達成社會服務的目的——給予每一個人公平的生活機會。健全的查核體系是確保服務達成各種品質要素必要且重要的機制，包括有形資產、持續性與持久性等要素。

社會服務品質管理策略與品質要素對應表

品質管理策略	品質要素
專業與管理文化的改變	夥伴／合作關係、公開性／訊息、溝通、參與、選擇、彈性／需求與偏好
新式服務體系的建構 1) 一套開放的次體系 2) 套回應的次體系 3) 一套標準途徑的次體系 4) 一套查核的次體系	1) 溝通、公開和參與、充權 2) 夥伴／合作關係、選擇、彈性／可接受性／偏好和需求、公平 3) 有形資產、安全性、可近性、可靠性／一致性 4) 有形資產、持續性與參與性、經濟、效率、效能、公平
利害關係人的參與和承諾	有形資產、夥伴／合作關係、保證性／員工態度、才能／技術和知識、參與、可靠性／一致性、持續性與持久性、充權
員工的投資	保證性／員工態度、才能／技術和知識、同理心、充權

資料來源：黃源協、莊俐昕（2020）。

Unit **9-5**
社會服務品質的管理策略（續）

社會服務品質改善和提升需要有一套全面性的品質管理策略，包括專業與管理文化的改變、新式服務體系的建構、利害關係人的參與和能承諾、員工的投資等四項管理策略，本單元接續前一單元，說明後二項管理策略如下：

三、利害關係人的參與和能承諾

完善社會服務的品質管理，需要以一種全面性的組織管理觀點為之，且盡可能讓每個人參與其中是非常重要的。這主要是因為服務品質的追求涉及到組織文化的變遷，有關整個組織的經營方式，組織從上到下每個人皆要投入與承諾，若僅是第一線員工對品質和品質改善有所承諾，但管理者或行政人員未能予以投入與支持，則員工的投入和承諾是無意義的。因而，組織的成員皆是品質提升管理上的利害關係人，在顧客導向的服務輸送理念下，公民或使用者自然也是服務品質的重要利害關係人。

這些利害關係人，在服務品質的追求上有其各自所應擔負的職責（如右頁：社會服務品質策略管理圖）。說明如下：

（一）領導者／高階管理者

在服務品質追求上，領導者／高階者的重要職責乃在於提供願景、展現決心及提供適度的領導和支持，並承諾願意投資於員工的發展和訓練。

（二）團隊領導者／督導

在服務品質的追求上，團隊領導者要能提供明確的期待和督導第一線員工，也要能夠依照標準監測和評估員工，以確保社會服務的品質與效能之達成。

（三）社會工作者／個別員工

社會服務專業團隊的第一線員工，在品質的追求上要為達到標準的實務負責，並視之為專業倫理與專業責信的展現。

（四）服務使用者

服務使用者在品質追求上的重要職責，乃在於參與標準的決策，並能夠確實遵守標準的要求。

四、員工的投資

品質的追求是需要各種有形和無形的投資，特別是組織員工的動機與能力。Pfeffer 與 Coote 即認為，影響服務品質的一個重要要素即是員工的動機，特別是與民眾直接接觸者，在資源稀少及產量與利潤無相關的情況下，如何激發員工的動機是一件重要的事。因而，在品質追求的管理上，必須要有使員工驅使自己學習到做為邁向新願景之主要「變遷標的」（change targets）的技巧，這將對組織、服務及個人皆具有加值作用，若疏忽這些使能或充權的方法，將可能會出現發牢騷、高流動率、低效率、低產出和反管理的情緒。

重視和發展員工是品質保證一個重要面向，即是要將優良員工之流失率降至最低，這需要有評估、報酬和訓練體系的支持。對於員工之有形和無形的投資，將影響到員工的士氣與能力，也是實現保證性／員工態度、才能／技術和知識及同理心等品質要素所不可或缺的管理策略。

品質設定原則

品質設定原則	說明
可測量並能夠加以監測的	若非可測量與可監測，將難以知道標準達到怎樣才算完善境界，測量並不必然非要有數據不可，但它必須要能夠清楚地評量，並彰顯出是否達到設定的目標。
務實與可得之可用資源	標準的設定必須是顧客所需的，且是資源可承受的，否則僅有標準卻無可用資源，將讓員工的動機和士氣受挫，進而影響到品質的追求。
實際且重要的品質指標	設定標準是為了易於監測，但並不必然切中服務使用者的經驗，例如：數值的多寡不必然可展現出經驗的品質，因而，標準的設定需要務實，且切中服務使用者的經驗。
明確且可清楚表達的	必須要能夠明確呈現服務是否有達到設定標準，不可有含糊不清的說法。
與服務的目標和價值一致	所訂標準必須要能夠緊扣組織的價值與目標，偏離價值和目標的標準，將讓員工無所適從，或不知為何而做。
與工作夥伴共同設定標準	標準設定若有員工一同參與，將可激勵員工的參與感，認同所訂的標準，強化致力於達成標準的承諾。

社會服務品質管理策略圖

資料來源：黃源協、莊俐昕（2020）。

Unit 9-6
社會工作專業對提升服務品質之回應

在個案需求與服務量不斷增加之際，如何能提升服務的品質，社會工作可以下方面加以回應（黃源協、莊俐昕，2020）：

1. 組織要能以營造「品質文化」為典範：社會服務的品質與其組織的願景、使命和價值息息相關，當社會服務組織的品質文化逐步受到強調之際，組織的領導者與管理者應能承諾以「品質文化」為典範，以奠定組織追求品質的基礎。

2. 組織要能投入追求服務品質之必要資源：品質的追求是需要代價的，組織高階管理者對品質的承諾，不應僅是口惠而已，必要資源的投入是不可或缺的。若資源一時無法到位，管理者應與員工，甚至是服務使用者商議，透過「優先次序原則」或「期望的培養」策略予以配置，以讓服務品質能漸進地獲得改善或提升。

3. 組織要能設計出服務供給的品質標準：社會服務品質的測量不易有如市場產品般的客觀標準，因此，在品質標準的設計上管理者須視組織的能量與處境，適時訂出具有彈性與挑戰性的標準，以做為實務上努力的目標。這不僅能夠讓服務的提供更趨近顧客需求，也可提供專業人員在品質追求上更明確的依循標準。

4. 充實社工專業，追求服務品質的相關知能：為因應社工專業人員在領導能力與管理知能上的不足，學校的養成教育、全國性的社工組織及政府部門單位，應能將提升服務品質相關知能，列為社工專業人才的養成或繼續教育的學習範疇，以培養社工專業能夠具備擁有「社會工作才能」（social work competence）之「真正的專業」（authentic professionalism）。

5. 組織要能設計出激勵員工追求品質的相關措施：儘管社工的專業地位已逐步建立，且獲得社會的認同，但工作負荷沉重、薪資偏低、職位欠缺保障、生涯發展受限等，皆嚴重衝擊到社工專業的士氣，進而造成較高的流動率，凡此皆不利於服務品質的提升。為了激勵員工們的工作成效，以符合所設定的標準，領導者與管理者要能提供相關的誘因，例如：對於達到績效標準的員工給予績優獎金、進修機會、職位晉升等激勵措施。

6. 組織要能儲備邁向品質治理的能量：社會服務往往需要將相關的組織納入服務體系，以方便提供整合性的服務。為此，一個高品質的公共服務，不應只著重於增進顧客的滿足感，也應藉由可靠的治理過程，建立不同組織或專業彼此間的信任關係，以讓社工專業服務不再只是依靠單一組織或單一專業，亦可透過網絡連結更多的資源，以提供具整合性之高品質服務，以為強調網絡夥伴關係之「品質治理」（quality governance）模式儲備充分的能量。

Parasuraman提出之品質落差分析模式（gap analysis model）

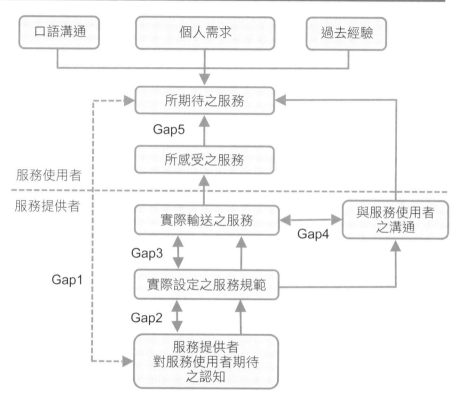

資料來源：Moullin, M.（2002）。

- ■本模式著重於檢視服務使用者的期待，與服務提供者所輸送的服務之間的關係。落差（Gap）1至4：屬於服務提供面的差距。
- ■落差（Gap）5：服務使用面的差距，源自於服務使用者的期望與實際所感受之服務的落差。
- ■五個品質落差（Gap）之說明
  - ➤Gap1：服務使用者的期望，與服務提供者對服務使用者期待的認知之落差。
  - ➤Gap2：服務提供者對服務使用者期待的認知，與實際設定的服務規範之落差。
  - ➤Gap3：服務提供者實際設定的服務規範，與實際輸送的服務之落差。
  - ➤Gap4：服務提供者實際輸送的服務，與服務使用者溝通之落差。
  - ➤Gap5：服務使用者的期望，與所感受的服務之落差。

Unit 9-7
PDCA 管理循環

PDCA 循環是美國品質管理專家戴明（Edwards Deming）所首先提出。PDCA 管理循環，又稱為 PDCA 管理迴圈或戴明循環。之所以將其稱之為迴圈，是因為這四個過程不是運行一次就結束，而是要周而復始不間斷地執行。一個迴圈進行完畢，可能僅解決一部分的問題，可能還有其他問題尚待解決，又或者延伸發現新的問題，需再啟動進行下一個迴圈管理。

PDCA 之品質管理活動分四個階段，其各階段之意涵，說明如下：

1. 計畫階段（Plan）：目標在於改善，分析想要改善的標的，尋求掌握變革的機會。包括現況分析、確定要因及選定改善主題。

2. 執行階段（Do）：成立專案小組或團隊，擬訂對策及效益評估，實務上會採小規模變革方式，以不干擾例行性活動為宜。

3. 查核階段（Check）：此階段為執行效果檢查及確認，同時需保存完整紀錄及軌跡，做為未來持續變革之依循。

4. 處置階段（Action）：將成功經驗予以標準化，而殘留或潛在的問題則轉入下一個循環圈的計畫階段。PDCA 循環圈是一個動態的循環模式，即完成某一個階段後，緊接著是下一個活動的開始，因此它是對總結檢查的結果進行處理。

此外，PDCA 執行要點及循環之特色，包括如下：

1. 周而復始及階梯式上升。PDCA 迴圈不是停留在一個水準上的迴圈，而是不斷解決問題及水準逐步上升的過程。它需靠組織的力量推動依序進行，如同車輪般周而復始不間斷地向前滾進。

2. 組織中的每一部處直至個人的工作，均有一個 PDCA 迴圈，大環帶動小環，環環相扣。而大環與小環的關聯性，主要是通過品質計畫指標來銜接，透過各個小迴圈的不斷轉動，推動上一級迴圈，推展至整個組織迴圈運轉。PDCA 迴圈的運轉，非一人之力，而是藉由組織全體成員集體的力量去推動。透過推動各個迴圈，實現組織總體預定品質目標。

3. 每通過一次迴圈，代表品質水準和管理水平皆向上提升一階。PDCA 迴圈不僅是品質管理活動規律的科學總結，也是一種科學管理的工作方法。且它同樣可以在品質管理活動以外發揮重要的效用。

4. 屬科學管理方法的綜合應用：PDCA 迴圈應用科學的統計觀念及處理方法。做為推動工作、發現問題和解決問題的有效工具。

PDCA 循環指出，無論是任何事務、任何活動都會在這個永不停止的循環下運作。換句話說，若 PDCA 循環能夠落實至組織每一程序中，則該組織活動將能以一正向循環般滾動前進，最終能夠到最佳的狀態。

PDCA管理循環

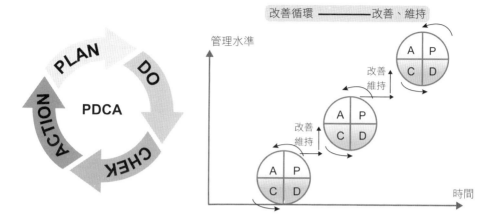

PDCA階段、步驟、主要方法

階段	步驟	主要方法
P	1.分析現狀，發現問題	排列圖、直方圖、控制圖
	2.分析品質問題中各種影響因素	因果圖、魚骨圖、心智圖
	3.分析影響品質問題的主要原因	排列圖、相關圖
	4.針對主要原因採取解決的措施	回答5W1H： ➤為什麼制定措施?（why） ➤達到什麼目標?（what） ➤在何處執行?（where） ➤由誰負責完成?（who） ➤什麼時間完成?（when） ➤如何完成?（how）
D	5.執行，按措施計畫的要求去執行	行動計畫表、決策矩陣圖
C	6.檢查，把執行結果與要求達到的目標進行比對	排列圖、直方圖、控制圖
	7.標準化，總結成功的經驗，制定相應的標準	增修工作規則及相關規章制度
A	8.把未決或新出現的問題轉至下一個PDCA迴圈中去解決	

348

　　品管圈（Quality Control Circle, QCC）是日本品管大師石川馨博士於1961年所創立的，品管圈的運作亦是善用戴明博士的管理循環：Plan（計畫），Do（執行），Check（查核），Action（處置）。品管圈其目的是在推動生產現場的基層員工以小組的方式，利用QC手法（QC Story）與改善手法來進行改善的活動。QCC自從在日本普遍推行以來，就廣受全球企業界，甚至非營利機構所採用。

　　中華民國品質學會認為，品管小組是由同一個工作場所內的同仁五到十人團結在一起，組成一個小團體，對工作上的問題，透過成員集思廣益，應用品質管制的手法，轉動PDCA管理循環，提高工作品質，推動自主管理，是全球經營的活動。綜合而言，品管圈活動是指工作性質相關的人，共同組成一個小組（圈），以自動自發的精神，運用各種改善手法，來激發個人潛能，更透過團隊力量，結合群體智慧，群策群力，來持續從事問題的改善活動，更能使每一小組成員皆能有成就感、滿足感、參與感，並能深刻體會到工作的目的與意義。

　　品管圈活動中用於問題點的改善步驟被稱之為QC Story（QC手法），其依所要改善主題之特性，可分為「問題解決型」、「課題達成型」、「對策實施型」，說明如下：

　　1. 問題解決型：在既有之物的作法或工作的作法之下，發生的問題（應有的狀況或目標與現況的差異），以其作法為前提，究明其作法之中有何原因，然後透過一部分作法的改變來獲得改善之意。問題解決型改善步驟是透過追查問題發生的原因，並提出改善對策消除其原因，以達成目標，防止再發，故「現狀把握」及「解析」兩個步驟是其核心。問題解決型是QC Story的基本型，是根據事實問題真正原因再對症下藥解決問題的一種方法，也是QCC活動中最普遍廣泛應用的扎根基礎。

　　2. 課題達成型：為達成期待的目的，必須透過手段的追究，創造出新的工作或物的作法。課題達成型改善步驟是以預測切入的想法，針對未來的期望，設定更好的新目標，提出很多達成新目標的對策構想，經反覆評價，找尋最適當的對策，故「課題明確化」、「對策擬定」與「最適對策追究」是其核心。

　　3. 對策實施型：對策實施型之主要不同點，在於「現狀把握」之後，直接由所獲得之已知事實（現象），探討「對策瞄準點」，亦即對策之方向與重點，不進行「要因解析」與「要因驗證」，以節省時間。「對策實施型」之步驟較簡單，在邏輯思考中，未探討問題原因，即提出「對策瞄準點」，缺乏了「對策來源」之探討。但是，針對問題點直接下對策，對於原因頗為清楚的問題，或是對策很明確的問題，是很適用的。

品管圈的運作步驟

2 （現狀把握）與目標設定
4 要因分析

主題選定
活動計畫之擬定

1
3

6 對策實施
8 標準化與（效果）維持管理

對策擬定
效果確認

5
7

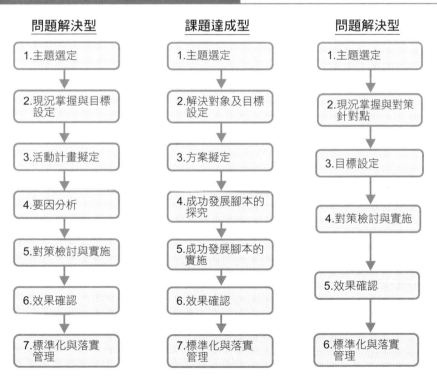

問題解決的步驟（三種類型）

問題解決型	課題達成型	問題解決型
1.主題選定	1.主題選定	1.主題選定
2.現況掌握與目標設定	2.解決對象及目標設定	2.現況掌握與對策針對點
3.活動計畫擬定	3.方案擬定	3.目標設定
4.要因分析	4.成功發展腳本的探究	4.對策檢討與實施
5.對策檢討與實施	5.成功發展腳本的實施	5.效果確認
6.效果確認	6.效果確認	6.標準化與落實管理
7.標準化與落實管理	7.標準化與落實管理	

Unit 9-9
品管圈（Quality Control Circle）（續）

所謂QC手法，就是將依據事實的管理加以具體化的基礎手法，將各式各樣的資料轉化為任何人看了都能看懂的圖形化的資料解析手法。資料如僅是蒐集是起不了任何作用的，重要的是，能將資料進行分析，以4M（人員、機械、材料、方法）進行差異分析，並究明其要因。茲將在品管圈活動中常用的QC手法，說明如下：

一、特性要因圖（Cause and Effect Diagram）

將一個問題的特性（結果），與造成該特性之重要原因（要因）歸納整理而成之圖形。由於其外型類似魚骨，因此一般俗稱為魚骨圖，此圖形是由日本品管大師石川馨先生所發展出來的，故又名石川圖。對於結果（特性）與原因間或所期望之效果（特性）與對策間的關係，以箭頭連結，詳細分析原因或對策的一種圖形，稱為特性要因圖。依據其用途可區分為：「原因追求型」與「對策追求型」。

二、查檢表（Check List）

查檢表是用來記錄事實和分析事實的統計表，亦稱為查核表或檢查表。查檢表是為了方便蒐集數據，以簡單記號填記應用，且予以統計整理，並作進一步分析或做為檢查之用而設計的一種表格或圖表。查檢表其優點為：資料不僅可簡單取得，亦容易整理。使用查檢表的目的，主要有分析事實和確認事實兩種，因其目的不同，故記錄的方式也不同。一般常用的自主檢查表，即屬於確認事實的目的。

三、柏拉圖（Pareto Chart）

柏拉圖（Vilfredo Pareto）是義大利經濟學家，他研究義大利的經濟現象，發現全義大利的財富集中在少數人的手中，後來以圖形顯示，就成為柏拉圖了。柏拉圖為根據所蒐集之數據，按不良原因、狀況、發生位置等不同區分標準，來找出占最大比率之原因、狀況或位置的一種圖形。柏拉圖是用來做重點管理的工具，重點通常只占全體的一小部分，只要掌握重要的少數，就能夠控制全體。通常重點只占全體的百分之二十，但影響度卻能占百分之八十，這就是一般所說的「80/20原理」。柏拉圖可用作問題改善前、中、後的比較分析，確認改善對策的效果。

四、直方圖（Histogram）

直方圖是為很容易能夠看出長度、重量、時間等計量值的數據分配情形，所用來表示的圖形。直方圖是將所蒐集的測定數據，分為幾個相等的區間做為橫軸，並將各區間內的測定值依所出現的次數累積而成的面積，用柱子方式排列之圖形，因此也叫柱狀圖。直方圖其優點為：資料整體狀況、分布情況，可一目了然。

五、散布圖（Scatter Diagram）

散布圖是為分析兩個變量間之間的相關性，而蒐集成對二組數據，以點來表示出二個特性之間關聯情形的圖形。

特性要因圖

特性要因圖的繪製步驟：
1.決定問題特性。
2.在背骨（製程）右端記入特性。
3.在背骨上下兩側記入大骨之大要因。
4.在大骨之左右兩側記入中骨之中要因。
5.在中骨兩側記入小骨之小要因，以此類推繼續分析。
6.圈選重要要因（原則上四到六個）。
7.評估重要要因之影響度（要因評估）。

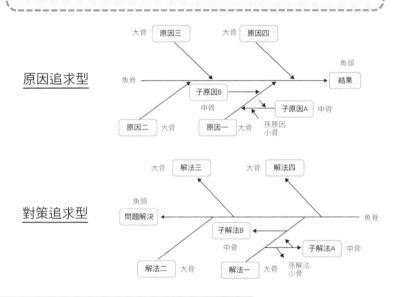

351

柏拉圖範例：事務用品費用柏拉圖

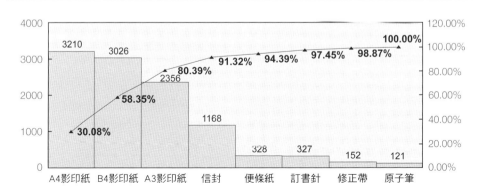

Unit 9-10
全面品質管理（Total Quality Management）

　　「全面品質管理」（Total Quality Management, TQM）概念源於 1985 年美國海軍行為科學家華倫（N. Warren）所提出，後來又經過美國管理大師戴明（W. E. Deming）等人的修正、創新與推廣。全面品質管理是整個組織中全體成員和部門，努力為改進組織所提供的產品或服務的過程（全面），以滿足甚至超越顧客的期望及需求（品質），使得組織能夠持續發展成長的一套重要原則與程序（管理）。

　　全面品質管理的發展，是從「品質管制」（QC）到「全面品質管制」（TQC）再到「全面品質管理」（TQM）的一連串歷程，說明如下：

　　1. 品質檢驗時期（the inspect era）（**1940** 之前）：此階段的品質乃是「藉著事後檢驗來維持的」。

　　2. 統計品管時期（the statistical quality control era, QC）（**1940～1950**）：此階段的品質乃是「製造出來的」。此階段是利用統計抽樣檢驗來監控產品製造程序，其最大之貢獻是利用「抽樣檢驗」代替「普查檢驗」，因而節省了許多檢驗成本，相對也提升了檢驗的效率。

　　3. 品質保證的時期（the quality assurance era, QA）（**1950～1970**）：此階段的品質乃是「事前預防出來的」。品質保證是一種在生產過程中以事先預防缺點的方法，經由防範未然的作法來達到零缺點的目標。此階段的品質仍屬消極「防衛性」，而沒有採積極「主動性」的品質，此觀念將在 1970 年之後才逐漸開花結果。

　　4. 全面品質管理時期（the total quality management era, TQM）（**1970～迄今**）：此階段的品質乃是「主動設計出來的」。全面品質管理時期的品質不但包含前面三個階段的品質外，更進一步要求組織全體成員共同參與品質的持續改善之設計活動，以滿足顧客的需求與期望。

　　Barkley 與 Saylor 認為「全面」是指組織中所有成員及所有事件都必須參與持續改進過程；「品質」是指內、外部顧客都滿意的達成，是 TQM 的目標；「管理」是指組織的領導必須採取 TQM 的領導方式。他們亦指出，TQM 是一種整合性的管理系統，經由管理者及職員的參與達成顧客滿意度，並利用量化方式持續改進組織過程。Crumrine 與 Runnrels 認為全面品質管理是一種領導哲學，為促使組織中每一分子能承諾追求品質持續改善的過程，並依事實做決定，以團隊合作精神提供符合顧客期望的產品與服務。

　　綜合以上所述，全面品質管理是一種系統化的管理模式，抱持著永續經營的理念，全組織共同努力做整體性及持續性的改進，追求品質及績效，以獲得內在及外在顧客的滿意。

傳統美國式哲學原理與全面品質管理哲學原理之比較

傳統美國式哲學原理	全面品質管理哲學原理
組織有多重競爭目標	品質是組織最重要的目標
財務主導組織	顧客滿意度引導組織的方向
管理者和專業者決定何謂品質	顧客決定何謂品質
注重穩定，如果沒有壞，就別修理它	注重持續的改善，不用心的組織會失敗
改變是突發的，是在科層制度下成功抗爭完成（經由與官僚科層奮鬥而來）	改變是持續的，是由團隊完成的
員工與部門互相競爭	員工與部門相互合作
決策是以「勇氣」為基礎，但總比沒做好	決策是以資料和分析為基礎，不做比做錯好
員工訓練是奢侈和高成本的	員工訓練是必要的，並且是一種投資
組織的溝通主要是由上往下	組織的溝通注重上下垂直與水平的溝通
鼓勵承約者以價格競爭做為相互競爭	和服務輸送與產品承約者發展長期關係

資料來源：Martin, L. L.（1993）。

傳統管理與全面品質管理之比較

傳統管理	全面品質管理
專家導向：產品、服務使用者的需求由專家所決定	顧客導向：由產品、服務使用者決定其需求
在未超過設定的標準下，對於錯誤與浪費採取寬容的態度	對於錯誤、浪費與未增加組織價值的工作是不寬容的
檢視產品和服務的問題，再加以修正	事先避免問題的發生
許多決策的產生根據假設和感覺而來	決策根據事實與資料，並採取科學化的程序處理
在預算循環的基礎下，採取短期的規劃	在改善績效的使命下，採取長期的規劃
由獨立的部門設計產品與服務	由來自不同的功能部門組成團隊同步設計產品與服務
由個別的管理人員與專家負責改善與控制	著重團隊工作：團隊由管理人員、專家、員工、顧客和部分機構所組成
改善集中於一次突破，如電腦化與自動化	每一工作面向的持續性改善
以控制為基礎的垂直結構與集權	以擴大產品與服務價值極大化為基礎的平行與分權結構化
以價格為基礎的短期契約報酬	以品質為基礎之長期買賣合夥關係

資料來源：Carr, D. K., & Littman, I. D.（1993）。

Unit 9-11
全面品質管理（Total Quality Management）
（續 1）

全面品質管理的理念，經過學者努力將理論整合以及實際應用的驗證，已具有系統性的完整體系，有關全面品質管理之基本理念，說明如下：

一、顧客導向

由於顧客是最容易辨別品質的好壞，因此顧客才是品質的最後決定者，所以將顧客擺第一，以客為尊是全面品質管理的首要任務，同時也是建立高品質形象的標準。組織更應該致力於滿足甚至超越顧客的需求和期望，透過不斷地與顧客進行溝通及交換意見，蒐集資訊了解顧客的需求，並將有關意見轉化成產品的詳細特徵，主動積極地服務顧客，以樹立品質的形象。

二、事先預防

全面品質管理重視的是「事先預防」，而非「事後檢驗」，打破過去「如無缺點，不必改進」的觀念。強調事情在「第一次」及「每一次」就做對為前提，即預防勝於治療的觀念。

三、全面參與

全面品質管理強調，品質並非完全是品管部門的責任，而是需要組織成員及部門全面參與品質的改進與提升，人人都肩負品管的責任，唯有透過組織內部、顧客與供應商的互相合作，且彼此信賴負責的情況下，才能創造真正的高品質。

四、全程控制

前面提到真正的品質是事前管理出來的，而不是透過事後檢驗而來的。因此，在產品或服務的生產過程中，每個環節過程都是環環相扣，透過全程掌控並從回饋的資訊中，達到品質管制的目標。

五、品質承諾

全面品質管理強調「品質文化」的建立，整個組織由上到下對品質有所承諾，使組織中所有人員都具有品質意識。因此，全面品質管理強調，若想要有好的品質，成員要有強烈追求高品質的責任感，把品質承諾擺第一。

六、事實管理

掌握社會發展的方向是全面品質管理的特徵，目的在隨時滿足消費者多變的需求，所以組織必須隨時更新訊息和資料，並重視事實管理（management by fact），以事實做為根據，將顧客相關的統計資料，透過有效的蒐集、處理與解讀，做為組織決策的基礎，以符合顧客的需求。

七、永續改進

因為顧客對於產品往往具有喜新厭舊的傾向，對品質的期望也是隨時變動的，所以全面品質管理強調持續改進。組織不只要掌握住顧客長期的需求，對於產品更必須不斷地求新求變，推陳出新，才能獲得顧客的青睞與滿足顧客的期待。永續改進的精神就是將持續改進的行動，融入日常的組織運作中，藉由每一次改進的累積，漸漸累積為日後創新發明的基礎。

TQM：倒金字塔的控制

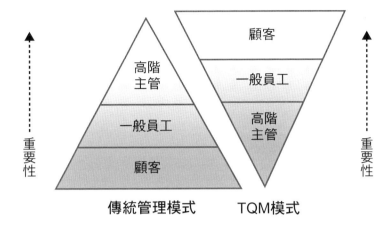

傳統管理模式　　　　TQM模式

資料來源：Morgan, C. & Murgatroyd, S.（1994）。

Tenner與DeToro的全面品質管理執行模式

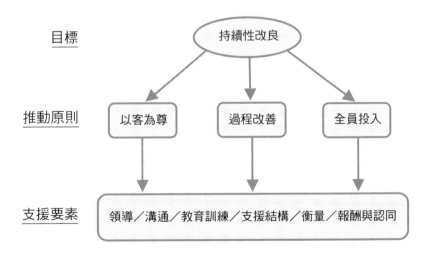

資料來源：修改自Tenner & DeToro（1992）。

Unit 9-12
全面品質管理（Total Quality Management）（續2）

根據Ciampa的觀點，全面品質管理的實施步驟，可分為以下五個步驟：

1. 培養願景（vision）：「願景」就是上位領導者或領導團體建構組織在未來發展的內心圖像、目標或期許。而領導者除了要培養、塑造願景外，同時也要將願景延續下去，最後才能形成組織全體的共識。

2. 整體分析（analysis）：分析最主要的目的在於協助管理者了解組織現況與組織目標間的差距，分析範圍包括組織的運作過程、組織與外部環境互動情況及組織的氣候等。

3. 訓練及問題解決（training & problem solving）：當組織在運作過程中遇到問題或陷入困境時，可藉由組成專案小組，並採用全面品質管理的方式，找出最適合組織發展的運作程序去解決問題或困境，同時加強全面品質管理的信心，奠定實施的方針。

4. 教育（education）：當專案小組實際行動有所成效之後，就可以將全面品質管理推廣到整個組織中，讓員工開始採用新的工作技術與程序，並從實際作業中累積經驗，同時將組織塑造的願景經由教育的方式植入成員的心中，逐漸被所有成員接受。

5. 制度化（institutionalization）：組織應建立全面品質管理的制度，使整個組織能夠整合，並形成一個回饋體系，以發揮最大效益。制度包括了資訊的蒐集、評估及獎勵、指導及訓練方式，以形成組織全面品質管理的策略與會計預算制度。

典型的全面品質管理模式，主要以組織形式的考量來設計，提供通用持續績效改進模式，包括以下七個步驟（戴永久，1994）：

1. 步驟一：建立管理與文化的環境：全面品質管理的過程是以動員組織全面朝向持續改進產品與服務的目標，在管理創立一個嶄新的、更具彈性的環境與文化，鼓勵革新的發生並接受變革，發展出新文化並維持，使所有參與者共同追求組織卓越的目標。

2. 步驟二：界定任務：組織內每一個成員都必須知道本身工作職責所在。

3. 步驟三：設定績效改進目標：目標應先由高階管理階層訂起，應對攸關組織生存的成敗、具關鍵的過程，以及顧客期望的需求反映策略性的選擇。

4. 步驟四：擬定改進方案與行動計畫。

5. 步驟五：採用績效衡量的工具與方法執行計畫：製程的分析與改進要靠結構性的方法。

6. 步驟六：評估成果：衡量、評估與提出報告，是持續改進過程中不可缺少的要素，在此過程中，每一階層的管理人員都得參與。

7. 步驟七：檢討與再循環：大多數人在從事某項專案計畫時，往往會經歷開始、成長、衰落等三個階段，因此在採行持續改進製程時，必須持之以恆，避免落入衰敗的命運，必要時，檢討進度、修改或充實現行的方法，供下一個進度之用。

典型的TQM推行模式

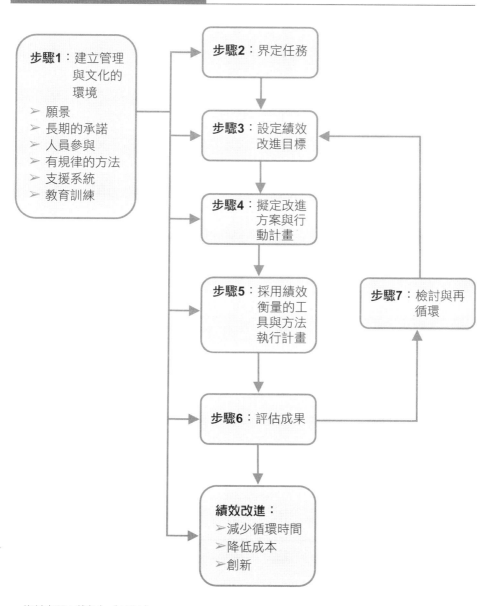

步驟1：建立管理
　　　　　與文化的
　　　　　環境
➢ 願景
➢ 長期的承諾
➢ 人員參與
➢ 有規律的方法
➢ 支援系統
➢ 教育訓練

步驟2：界定任務

步驟3：設定績效
　　　　　改進目標

步驟4：擬定改進
　　　　　方案與行
　　　　　動計畫

步驟5：採用績效
　　　　　衡量的工
　　　　　具與方法
　　　　　執行計畫

步驟7：檢討與再
　　　　　循環

步驟6：評估成果

績效改進：
➢ 減少循環時間
➢ 降低成本
➢ 創新

357

資料來源：戴永久（1994）。

第 **10** 章

社會工作的財務管理

章節體系架構 ▼

Unit 10-1
財務管理之基本概念

　　財務管理（financial management）係指發展預算、監督支出及資金的調度和移轉，以便組織能夠在有限的資金範圍內確保其生存。社會服務機構的財務管理並非只是少數管理者或會計人員的事，健全財務管理有賴管理者、會計人員、行政人員／社會工作者三方面的參與，各自扮演不同的角色如下：

　　1. 管理者：管理者了解環境、案主、專業價值及服務操作方式，以及服務的質和量對資源的要求和財務預算的影響。

　　2. 會計：會計人員確信相關的法令和技術能被遵守，管理會計系統和提供財務訊息、意見和員工需要的協助。

　　3. 行政人員／社會工作者：行政人員／社會工作者操作會計系統，編製文件、整理與維持紀，以及協助管理者和會計。

　　財務管理必須是整個管理體系中的一環，組織領導者必須要重視財務管理，並策略性地思考財務管理，財務管理對社會服務機構經營的重要性或功能，主要包括如下（黃源協、莊俐昕，2020）：

　　1. 確保組織的經濟效益：健全的財務管理機制，將可讓資源的配置和管理功能有較佳的運作發揮，避免讓機構、服務使用者或贊助者的資金運用不當，以確保組織運作的經濟效益。

　　2. 保障員工的信譽與安全：財務一向是機構敏感性相當高的議題，若出現任何的差錯或不清，皆有可能讓員工暴露於舞弊或醜聞的風險中。健全的財務管理機制將可降低員工陷入違反倫理或非法行為的風險，進而可確保員工的信譽與安全。

　　3. 提升組織的形象與責信：組織的形象與責信是機構賴以維生的基礎，透明的財務與服務績效是主要的影響因素，健全的財務管理不僅可讓機構的財務透明化，亦可提供外界檢視組織績效的具體證據，這將有助於提升機構的形象，及回應外部責信的訴求。

　　4. 專注於組織目標的實踐：一個組織的財務若未能妥適地管理，則其成員花在處理財務問題的時間可能多於服務的提供。為此，健全的財務管理將可讓管理者和員工們更加專注於組織目標的實踐。

　　5. 充權管理者和員工：財務往往會被認為是複雜的技術性事務，導致期待它僅須由會計人員來處理即可的意象。事實上，財務與規劃和執行息息相關，這種意象將使得管理者和員工被排除在參與決策的行列，進而出現員工遭到削權（disempowered）而非充權的現象。為此，讓組織管理者和員工參與財務管理相關事宜，將可讓他們有被充權的感受。

　　綜上所述，非營利組織的財務管理，係指有關服務輸送方案所需之財務資源的確認和獲取，以及確保這些資源能被有效地使用和適切地記載。亦即，財務管理的內容應以「預算」（budgeting）做為管理主題，包括財務的取得、分配和控制，以及記錄和報告等。

財務管理之主要內涵

1 規劃和預測財務需求與取得   **2** 募集或開發財源

3 適當的分配或配置資源   **4** 記錄財務和方案的執行狀況

5 控制開銷和管理財源   **6** 報告和解釋財務運用

營利組織與非營利組織財務管理目標之差異

項目	政府社會福利機關（構）	非營利組織
財務主要來源	稅收、舉債、發行貨幣	捐贈、政府補助、勸募
預算審查單位	立法機關（議會）	董事會
內部財務管理系統	較少自行投入設計	常需自行投入設計
預算執行報告	向審計單位提出	向董事會提出
預算結餘之處理	繳回公庫	累積基金、投資

營利組織與非營利組織財務管理目標之差異

營利組織的目標
- 持有最多的股份
- 利益極大化
- 最大邊際效益
- 行為目標
- 社會責任

非營利組織的目標
- 穩定
- 使命責任
- 行為目標
- 社會責任

Unit **10-2**
預算之基本概念

　　預算（Budget）是在未來一定期間內，人們為了特定目的所作的收支計畫。Gross認為預算是以金錢術語來表達的行動計畫，表現組織對未來年度的藍圖理念。亦即，預算是一套用來管理資金、收入、支出等方式的系統，藉此得以在一定期間內策劃與控制組織的財務計畫，以得到適切的財務支持。建立預算有三種主要之目的：控制、管理、規劃，說明如下（官有垣、高迪理譯，2009）：

一、控制之目的

　　預算系統的控制功能，主要在於確保機構與方案能收支平衡，並且在收入與支出二部分皆能適當地加以核算和記錄。預算系統之所以能夠具備控制功能，乃是因為在制定政策和管理過程中，能將機構組織的構成要素和工作人員，與機構的各項計畫、目的宗旨與目標相互結合。

　　在對責信的要求逐漸升高的年代裡，維持對機構及方案資源的掌控，是不可或缺的，也唯有透過預算和預算系統，才能夠控制社會服務機構之資源。當資源的使用是符合機構所核定之預算，且朝向達成機構之各項計畫、目的宗旨與目標，才能確保資源的取得。因此，非營利組織的預算必須要獲得理監事會或董事會的正式核准，而政府組織的預算則需經適合之法定主管機關通過。

二、管理之目的

　　預算系統之所以能實現管理之目的，乃在於它可以處理機構的某些政策及程序，並以此確保機構和方案能以有效率的方式擴充各種收入，藉此盡可能提供更多的服務或協助更多的服務對象。因此，機構的預算是需要加以管理的；預算不是一份自動生效的文件紀錄而已。

　　預算系統之管理目的，在於確保預算能依原先所通過核准的內容執行，同時也確保預算的修正必須在執行前提出申請及得到核可。正如同社會服務機構或方案，可能因遭逢未預期之狀況而必須更改計畫，因此，社會服務機構之預算，也可能需要進行調整。有些方案的預算可能因此遭到刪減，而其他的方案或許需要擴充。社會服務機構及其方案，能否在不斷變動的環境中，以符合效率之原則運作，皆仰賴於預算是否管理良好。

三、規劃之目的

　　預算在規劃方面的目的，在於決定以何種獲取之資源來達成何種目的與目標。在這種狀況下，預算系統絕不是一項獨立的活動，而是社會服務機構整體規劃系統中不可缺少的一部分。例如：若有額外收入，則該如何配置給不同的方案？若被迫刪減經費，則該從何處下手？這些問題，可說是最實際也最重要的規劃決策。機構在決定資源的流向，或須重新進行分配時，應與社會服務機構對於其計畫、目的、目標所提出之優先順序符合一致。若不以此做為配置資源的決策原則，則預算系統將可能成為機構和方案規劃在達成目的與目標過程中之阻礙，而非助力。

預算（budgeting）不等同於會計（accounting）

	會計		預算
形態	會計是一種財務活動或理財工作。		預算除了是一種財務活動之外，也是一種方案規劃活動。
本質	會計工作與會計系統，其本質具有回溯的特性。亦即，當社會服務機構及其各種方案進行會計工作時，它關注的是過去與目前的財務狀況。		預算工作和預算系統，其本質則具有前瞻性，預算所關注的是社會服務機構及其各種方案現在和未來的各種可能狀況。

預算的主要目的

1　主要在處理收入（輸入）與支出（運作過程）之間的關係，並試圖回答「機構與其方案的財務狀況為何？」之問題。

控制的目的

2　主要是處理收入（輸入）與輸出（中間輸出、品質輸出及服務完成）之間的關係，並試圖回答「這個機構與其方案的效率或生產力為何？」之問題。

管理的目的

3　主要在處理收入（輸入）與達成機構及方案之目的、目標（成果）之間的關係，並試圖回答「這個機構與其方案的成效為何？」之問題。

規劃的目的

Unit **10-3**
預算制定過程之模式

　　預算的制定與通過，是社會服務機構中最重要的工作之一。由於資源通常有限，在預算制定的過程中難免會產生相互競爭的情形。在預算制定過程中，最常被討論的模式，包括以下幾種模式：

　　1.理性規劃模式（the rational planning model）：本模式將預算制訂過程視為是一套理性的、合乎邏輯的步驟，會基於需求、優先順位、計畫目的及目標來做決策行動，係以資料和資訊做為決策的基礎，即是所謂的「讓數字說話」的決策概念。依循此一模式，社會服務機構常會運用一套規劃過程，包括了需求評量、設定機構及方案之目的與目標，並且將機構所獲取之資源與目的、目標結合，以此確保機構的預算設計與規劃過程能夠相互結合，如此預算系統方能全力支持方案之規劃。

　　2.政治模式（the political model）：本模式是替代漸進增值模式的另一個觀點。政治模式認為，預算制定是一種協商過程。根據此一模式，預算決策是利害關係競爭者之間，不斷衝突與妥協的最終結果；無論在機構內部或外部利害相關人，皆試圖發揮動員其政治影響力，以支持其所偏好的方案，並確保能得到足夠且必要的資源。亦即，視預算之設計與制訂為一種協商過程。擁有強大的政治支持力量之方案、服務、活動才有辦法獲取大量資源，反之則會遭受資源銳減之命運。

　　3.漸進增值模式（the incremental model）：所謂漸進增值模式乃是組織制定方案或計畫的一種途徑，決策者或政策分析人員如果採取此種途徑，首先將檢視目前的情境，接著將根據有限的替選方案對該情勢做有限之改變，然後每次只執行一個方案以驗證改變的情況。

　　漸進增值模式的倡始者是Aaron Wildavsky，其認為理性規劃模式論既不可行（infeasible），亦不可取（undesirable），其認為決策是一種「連續－有限－比較」（successive-limited-comparison）的過程，這是因為決策者的「腦力有限」（small brain），資源（如時間及精力）亦有限。由於腦力與資源有限，鮮有決策者有能力蒐集全面與絕對的資訊。換言之，針對特定方案的問題，決策者不可能列舉出所有可能的選擇方案，並衡量出每一方案的利弊得失，進而進行理性的抉擇取捨。事實上，決策過程並非按部就班的思維計算，決策者往往會以現行政策（即過去經年累月溝通協調後而建立的共識）為決策之出發點。就預算決策過程而言，決策者通常係運用簡化的策略（strategies），以現行預算為基礎（base），做邊際修正變動，以減輕思維計算的負擔，縮小爭辯衝突的範圍，俾於法定期限內完成預算編列。因此，理性預算制度在真實世界裡的低度效用，是不難理解的。

　　漸進增值模式將預算制定過程及決策，視為過去之預算制定過程及決策的延伸。此模式認為，社會服務機構之方案所分配獲得之機構經費資源，主要是基於在過去幾個年度當中，曾獲得之資源在配額上做酌量的增減。

漸進增值模式的預算模型圖

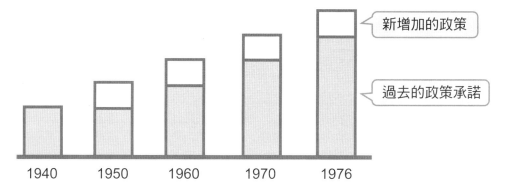

新增加的政策

過去的政策承諾

| 1940 | 1950 | 1960 | 1970 | 1976 |

資料來源：丘昌泰（2010）。

對預算制定過程之總結

理 性規劃模式　　決策受方案的相關資料及資訊的影響

政 治模式　　決策受政治力及各種相關人士支持的影響

漸 進增值模式　　決策受歷史及過去預算決策影響

Unit 10-4
預算的類型

一般而言，社會服務組織常用的預算編列形式，大約可分成：逐項／單項預算（line-item budgeting）、功能式算（functional budgeting）、方案式預算（program budgeting）及零基預算（zero-based budgeting）等四種預算編列類別，本單元先說明逐項／單項逐項、功能式算，其餘二項預算於次一單元說明之：

一、逐項／單項預算（line-item budgeting）

逐項預算中每個項目的意義之界定，皆需符合周延及互斥的會計科目編製原則，以讓所有的收入與支出皆可登錄至組織的會計系統中且彼此不重疊，而且所有收入的總額必須等於支出的總額。亦即，簡單列出機構來年預計支出預算的項目與金額數量。因往往是以當年的預算做為規劃來年預算的基準，又稱為歷史預算法（historical budgeting）。

逐項預算的特色為：使用標準化之預算表格、使用共通之預算定義，以及採用結構性之預算制定過程。逐項預算講求的是預算制定過程當中的一致性，並能對社會服務機構及其所具有的各種方案，提供在財務層面上的一個概觀。

若組織處在穩定的環境裡頭，逐項預算法雖可節省預算編列時間及監督費用，但它卻未能說明組織的目標、效率、效能、效益或方案優先順位等問題，且項目間缺乏轉移的彈性，因而經常受到批判，所以績效卓著的組織，通常不會採用此種預算編列方式。

二、功能式預算（functional budgeting）

功能式預算亦稱為績效預算（performance budgeting）。功能式預算須同時考量方案的直接支出與間接支出，以完整呈現方案執行時所有的營運成本。而所謂的直接支出是指社會服務組織為了某一單一方案的利益所產生的支出，例如：辦理送餐服務所需的員工、設施、設備等所需投入的服務費用；然而，在實際服務的供輸過程中，許多員工、設施、設備等資源的投入，並無法歸屬於某一單一方案所用，例如：會計、總務、管理等行政支援部門的費用，因此形成所謂的間接支出，在我國通常稱之為「行政管理費用」。所以，間接支出意指為了二個或更多方案的利益所產生的成本，例如：行政主管或督導的費用、辦公空間、資訊設施等各類的「經常性支出」。

功能預算系統所關切的是，社會服務機構中各種方案的輸出、效率及生產力，而處理的問題，包括：以產出和服務（中間輸出）、品質和服務（品質輸出）、服務完成（最終輸出）來測量，機構的各種方案提供了多少的服務？每項中間輸出（服務單位）、品質輸出、服務完成的預期成本為何？

因功能預算同時考量直接與間接支出，比較容易了解一個方案的實際總支出（直接成本＋間接成本），特別是在考量計算服務成本或價值時，能將間接成本納入總體費用的計算，對一個方案的績效考核來說將更為客觀且易於被接受。

逐項／單項預算系統

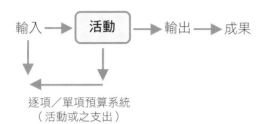

輸入 → **活動** → 輸出 → 成果

逐項／單項預算系統
（活動或之支出）

> 單項預算系統的重點在於支出
> （活動），並將支出和收入（輸
> 入）相互連結，因此也等同於
> 「活動預算系統」或「支出預算
> 系統」。

資料來源：高迪理譯（2009）。

收入	
捐贈收入	$_____
政府補助收入	$_____
利息收入	$_____
其他收入	$_____
合計	$_____
支出	
職工薪資	$_____
職工福利	$_____
鐘點費	$_____
郵電費	$_____
場地租金	$_____
差旅費	$_____
水電費	$_____
其他支出	$_____
合計	$_____

逐項／單項預算表類目（科目）編列範例圖

功能預算系統

功能預算系統
（效率或生產力）

輸入 → **活動** → 輸出 → 成果

> 功能預算系統的重點在於輸出，包括
> 方案的產出與服務（中間輸出）、品
> 質的產出及服務（品質輸出）和服務
> 完成（最終輸出），並將這些輸出與
> 收入（輸入）進行連結。因此，功能
> 預算系統可謂等同於「輸出預算系
> 統」、「效率預算系統」或「生產力
> 預算系統」。在此，效率及生產力典
> 型的定義即是輸出對輸入的比例。

資料來源：高迪理譯（2009）。

經費項目	單價X數量	預算金額(元)
社工師人事費	40,000x14個月x2人	1,120,000
外聘督導費	2,000x20小時	40,000
交通費	300x8趟	2,400
誤餐費	100x20次	2,000
印刷費	100x500本	50,000
場地費	2,500x3場	7,500
雜支	5,000x1式	5,000
合計		1,226,900

功能／方案預算編列表範例圖
（弱勢家庭脫貧方案推廣）

Unit 10-5
預算的類型（續）

本單元接續說明社會服務組織常用的四種預算編列形式 逐項／單項預算（line-item budgeting）、功能式算（functional budgeting）、方案式預算（program budgeting）及零基預算（zero-based budgeting），其中的方案式預算、零基預算如下：

三、方案預算（program budgeting）

方案預算源自於方案規劃的早期，當方案的目的、目標及活動已經建立完成時，一個方案的成果目標若存在具體的範圍，就可以用來衡量方案的成功與否。故方案預算除必須納入功能式預算的數目外，也必須關注到用來計算每一方案預算支出結果的方案產出。

使用方案產出做為方案預算的基本原則，在於促進案主透過達到方案成功來改善他們的生活品質，同時也是方案存在的主要原因。因此，方案預算不只在於反映出多少資源分配給個別的方案活動項目，更重要的是，預算過程本身是將規劃和評估緊密地連結在一起。

方案預算系統所關切的則是，社會服務機構中各種方案之成果或成效。而處理的問題包括：機構各方案所欲達成的成果（結果、達成程度、效應）為何？每項成果的預期成本為何？

方案預算的好處在於有助於認知組織的目的和目標、去除部門間的界線、處理長期的計畫，以及檢視成本和效益間的關係，但必須要有一個較為嚴格的追蹤設計，以了解個案的成功是否隨時間而持續。例如：就業輔導方案必須要對輔導就業成功者持續追蹤一段時間，始可確認方案的成效。

四、零基預算（zero-based budgeting, ZBB）

零基預算最早乃由美國德州儀器公司預算經理 Peter 於 1969 年提出，推行後相當具成效。零基預算是任何單位提出預算申請時，無論新舊預算項目，均應以支出效益為準繩，重新評估其必要性與價值，對於不合時宜或效益欠佳之計畫，則不予保留或列入，以便將資金移至優先性較高、效益性較大的新需求，使預算分配更富合理彈性。

零基預算假定組織每年度的預算編列一切從零開始，不管服務方案在過去或現在是否存在，皆要為來年所需的服務資源做辯護與說明，並證明服務存在的價值與必要性，否則組織明年的預算將一無所有。零基預算關心的基本問題是：組織需要什麼才能有效率地運作？組織明年度想要達成何種目標，需要多少成本？而這種過程意味著組織的某些方案可能被刪除或被迫放棄，所以每位預算編列者皆須全力為其每年度所需的財務需求辯護。

理論上，零基預算應能最精準地預測活動、收入和支出，因而是較好的預算方法。然而，在實際執行上，它並不容易實踐且耗費時間，因為它要求管理者必須對組織所要完成的所有任務通盤理解，而此要求近乎是一種苛求，因為組織管理者很難完全客觀地決定哪些活動在服務輸送過程中是不可或缺的，哪些是非必要的支出。

方案預算系統

方案預算系統
（成效）

輸入 → 活動 → 輸出 → 成果

方案預算系統的重點在於結果、完成度
或效應（成果），並將這些成果與收入
（輸入）進行連結。因此，方案預算系
統也等同於「成果預算系統」或「成效
預算系統」。

資料來源：高迪理譯（2009）。

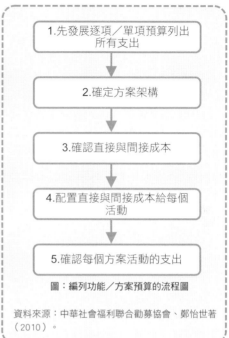

1.先發展逐項／單項預算列出
所有支出

2.確定方案架構

3.確認直接與間接成本

4.配置直接與間接成本給每個
活動

5.確認每個方案活動的支出

圖：編列功能／方案預算的流程圖

資料來源：中華社會福利聯合勸募協會、鄭怡世著
（2010）。

完整的預算系統

方案預算系統

功能預算系統

輸入 → 活動 → 輸出 → 成果

逐項／單項預算系統

資料來源：高迪理譯（2009）。

Unit 10-6
預算的編列

預算必須和「年度業務計畫書」有緊密的連結，預算的編製的原則，說明如下（引自曾華源等主編，2017）：

1. 重點 1：合理預估當年度可能的經費支出：編列預算時，應該確認所有經費支出與組織設立的宗旨有關，且是實現理念的必要活動後，才開始編列，包括如下：

(1) 分析未來一年可能產生的經費支出：如人事費、行政成本、專案直接成本等。

(2) 分析例行性活動各項經費支出項目：如年度募款活動、持續性的服務專案等，或成本動因（指決定成本發生的重要活動或事項）。

(3) 預估特殊性活動可能的經費支出：除了例行性活動外，社福機構在發展過程中可能需要特殊性活動來實踐組織的使命，這些活動是以前從未執行過的創新服務方案，在編列預算時，務必仔細概估所需的發展經費，列入年度規劃中，才有足夠資源可運用。

2. 重點 2：審慎預估可能的經費收入

(1) 分析未來一年可能的收入來源：如捐款收入、政府補助收入、會費收入、利息收入、其他收入。

(2) 針對不同收入來源，合理預估可能的收入金額。

3. 重點 3：最後確認年度經費收入與經費支出是否約略相當，基本上，社福機構編列預算以收支平衡為原則。

在理解預算的編列原則後，社會福利機構即可進行預算的編列，預算的編列過程，可包括以下幾個步驟（Skidmore, R. A., 1995）：

1. 設定與機構需要且相關的特定目標：要設定有意義的工作目標，必須要在固定時間內檢視機構的基本政策與程序，以期能訂定客觀、確定的目標，而這些目標最好要符合SMART原則，以利後續評估。

2. 確定有關機構運作的事實：即蒐集並研究機構目前和過去運作的基本訊息，包括哪些已被完成或尚未完成的，並以機構的整體性為基礎予以檢討。

3. 探討機構運作的可能特定替代方案，特別是由經費的觀點出發：一位具創造性的稱職管理者，並不會因目前所執行的方案不是新的，便將之棄置，而是會去尋找新的可能替代方案，以為機構尋找新的可能性。

4. 決定機構的優先次序：機構管理者應就所發現之新替代方案，依機構政策、目標和未滿足的需求以及機構的財務配合狀況，列出優先次序。

5. 確定有關預算的決策：實際的決策通常是預算過程中最困難的，在社會工作機構裡，案主福祉的考量及機構運作的效率，應是最為重要的。

6. 提供充分的解釋和公共關係：當預算的藍圖完成後，稱職的管理者向有權做決定者解釋何以預算要如此規劃，以取得他們的了解與支持，良好的公共關係及向預算最後的審核者做最詳細的解釋，才可能使得整個預算順利過關。

人事費 （Personnel costs）	包括參與方案執行的所有工作人員、講師、顧問、工讀生、志工等專業及非專業人員的薪水、工資及員工福利費用等。
業務費／執行費／製作費 （Operational expenses）	指人事費以外的經費項目，例如：租賃機器、影印費、文件裝訂費、印刷費、郵電費、水電、差旅費、文具用品、設備費、器具租賃或購買、場地租用、茶水費等。
直接費用 （Direct costs）	係指該預算項目是方案活動所必需的，可易於辨識其使用的對象與名目，且可直接將其編納入預算內的特定項目中。例如：演講費、交通費、差旅費、人事費、印刷費、器材費、設備費、點心費、文具費、影印費、文件裝訂費、住宿費等。
間接費用 （Indirect costs）	係指該預算項目雖是為方案活動所必需，但對方案而言並不是個別項目，這些預算項目大多必須與其他方案共同分攤，採用的作法是費用共享。這些須與其他方案分攤的費用，其實都隸屬於同一機構中，雖有共同使用目的，卻是很難去釐清各自的分攤比例與金額。亦即，所有共用的項目間實在很難去劃分各自運用及分攤的界線，例如：水電費、電話費、瓦斯費、文具用品費、辦公耗材費、設備費、維護技術工資、租賃費、辦公用品消耗費等。

Unit 10-7
財務報表

身為社會工作管理者，對於組織的財務情形之掌握，必須透過對財務報表的理解，因此，對於各項財務報表必須有基礎的認識，說明如下：

一、資產（asset）

指某一組織體因過去交易或事項所獲得或控制的未來經濟效益。資產可能是實體的，例如：土地、建物、材料等；也包括非實體的（無形的），例如：品牌、形象、專利等。資產通常亦可劃分為流動資產和非流動資產兩大類。流動資產（或短期資產）指現金或其他預期能在一年或一營業週期內變現或耗用之資產；非流動資產（或長期資產）通常劃分為有形資產、投資資產，以及其他資產。

二、負債（liability）

指一組織因過去之交易或事項，使其在目前負有義務，且需於未來移轉資產或供勞務給其他個體，因而導致可能在未來減少經濟效益者。負債通常可劃分為流動負債與長期負債。

（一）流動負債（current liability）

指預期在一年或一營業週期內需動用現有之流動資產，或產生新的流動負債需償還之債務。流動負值包括下列項目：

1. 應付款項（payable）：包括為取得商品或勞務而產生之短期債務，例如：應付帳款（購買材料或商品以供使用）、應付薪資和應付所得稅。

2. 預收收益（unearned income）：指在未提供商品或勞務前，即先行收取之款項，包括租金收入和訂金收入等。

3. 其他流動負債（other current liability）：指在當年度中，仍有其他的負債必須予以償還。

（二）長期負債（long-term liability）

指不需於一年或一營業週期內，動用流動資產或產生新的流動負債償還之債務。長期負債包括兩種型態：資產融資安排（financing arrangement of asset）以及營業相關之負債（operation obligation）。

三、損益表（income statement）

損益表是一組織在某一特定期間內，將所有收入、費用、利得，以及損失等帳戶加以彙總集中，最後以本期純益（或純損）做為損益表之結果。將損益表和資產負值表的數字以各種不同型式的比率做比較時，有可能會因財務報表之時間差異而產生困擾；特別是損益表涵蓋整個會計年度，而資產負值表則對應某一個時點。

四、資產負債表（balance sheet/ statement of financial position）

資產負債表係利用會計平衡原則，將合乎會計原則的資產、負債、權益交易科目分為「資產」和「負債及權益」兩大區塊，經過分錄、轉帳、分類帳、試算、調整等會計程序後，以特定日期的靜態情況為基準，濃縮成一張報表。功用除了組織內部除錯、經營方向、防止弊端，也可讓所有閱讀者於最短時間內了解組織經營狀況。資產負債表可表現出整個組織的經營狀況。就程序言，資產負債表為簿記記帳程序的末端，是集合了登錄、分錄、過帳，以及試算調整後的最後結果與報表；就性質而言，資產負債表則是表現整個組織資產、負債與權益的對比關係，確切反映組織營運狀況。

資產的種類

流動資產（current asset）：
流動資產依其流動性大小（指轉換成現金的能力）列於資產負債表中。流動資產通常包括現金、有價證券、短期應收款項、存款和預付款項。

現金（cash）：
是流動性最大的一項資產，包括支票和不受限額之支票存款，以及庫存之現金等。儲蓄存款亦列入現金。

應收款項（account receivable）：
指企業在經營過程中因銷售商品、產品、提供勞務等業務，應向購買單位收取的款項。

預付款項（prepaid）：
指為享受勞務或使用商品之前，先行付款的一項費用。例如：某一組織預先支付3年的保險費用，則在第一年底時，剩下2年的費用價值即是預付款項。換句話說，該組織仍保有為期2年之保險權利。預付款項如廣告、稅捐、獎勵成本，以及對長期契約之預付款等，預付款項有時並不單獨揭露，而是以「其他流動資產」表示。

其他流動資產（other current asset）：
預期一年或一營業週期（以較長者為準）內變現或耗用之資產，即可列入流動資產範疇。

資產負債表

資金運用型態	資產	負債	資金籌措來源
		資本	

Unit 10-8
內部控制

內部控制是一種管理過程，由組織之董事會、管理階層及其他成員負責執行，合理確保達成營運、報導及法令遵循等相關目標。內部控制適用於財務及非財務層面與自行評估及監督工作，內部控制要素包括控制環境、風險評估、控制活動、資訊與溝通和監督。這五個要素做為內部控制系統主要組成部分，說明如下：

一、控制環境

控制環境是內部控制整體框架的基礎，支撐著整個內部控制框架，是整個控制框架的引擎，擁有塑造組織控制文化、影響人員控制意識、奠定組織風格和組織結構等關鍵作用。對內部控制發揮此作用的環境要素，包括人員操守、道德價值、能力素質，以及管理層的管理哲學、經營理念等。

二、風險評估

建立可操作的發現、判別、分析、管理、控制風險的機制，即風險評估機制。建立風險評估機制的重要前提是，從整體以及各層面制定與不同作業層次相關聯的目標，構成目標體系。風險評估就是分析和辨認實現所定之目標可能發生的風險，風險評估機制實質上也是評估實現目標體系的各種不利因素的機制。

三、控制活動

亦稱控制作業。控制活動是幫助管理層確保管理方針得以貫徹的政策。控制活動的目標，是經過風險評估後，確定用以管理和控制風險所必須採取的各項行動能夠得到有效落實。控制活動由組織各部門依據不同目標要求實施，並貫穿組織過程，控制活動包括核准、授權、驗證、對帳，以及對經營活動的審查、對資產的保護和不相容職務的分離等。

四、資訊與溝通

組織在其經營過程中，須按某種形式辨識、取得確切的信息，並進行溝通，以使員工能夠履行其責任。信息系統不僅處理組織內部所產生的信息，同時也處理與外部的事項、活動及環境等有關的信息。組織所有員工必須從最高管理層清楚地獲取承擔控制責任的信息，而且必須有向上級部門溝通重要信息的方法，並對外界顧客、供應商、政府主管機關和股東等進行有效的溝通。

五、監督

內部控制的過程必須施加以恰當的監督，必須不時地對內部控制的運作進行評價，必要時進行內部控制制度的修正。監督可分為持續性監督、獨立性評估，一般需要二者結合。持續性監督通常在經營過程中進行，包括日常管理、例行監督和常規性事後監督等；獨立性評估的範圍和頻率，取決於風險評估或持續性監督程式的有效性。監督應保持獨立性，監督發現的內部控制缺陷應直接向最高層報告，以確保內部控制制度的設計及執行持續有效。

以上五個要素中，各有其不同的功能，內部控制並非五要素累加的效果，而是由這些要素相互聯繫、相互制約、相輔相成；設計內部控制，可以根據組織特徵和需求（例如：組織規模、業務構成、管理水準等），對內部控制要素加以有機組合。

內部控制之目的

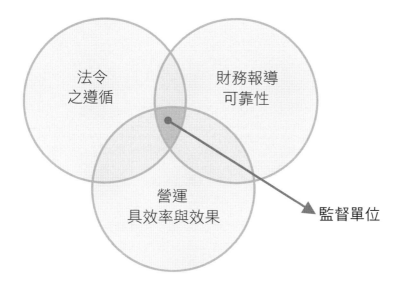

法令
之遵循

財務報導
可靠性

營運
具效率與效果

監督單位

內部控制之架構

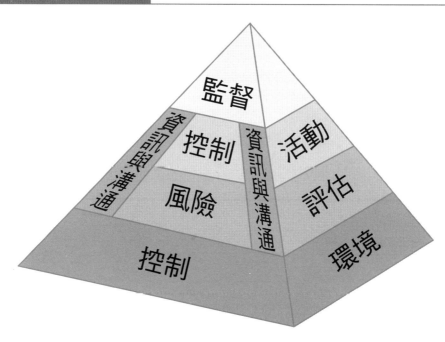

監督

資訊與溝通

控制

資訊與溝通

活動

風險

評估

控制

環境

第 **11** 章

社會工作的契約管理

章節體系架構 ▼

Unit 11-1
社會服務契約的基本概念

　　1980年代新保守主義與福利多元主義興起，強調福利與服務的提供，不僅需增加民眾使用的便捷性與選擇性，更應鼓勵民間志願部門參與並賦予更大的福利責任，掀起社會福利民營化的思潮。社會福利民營化是指在公共服務、公共資產、公共基本設施等公共事務上，透過改革行動將政府的功能部分或移轉至民間部門，降低政府角色及增加民間機構角色的行為；其中「購買式服務契約」（Purchase of Services Contracting〔POSC〕，亦稱契約外包，或契約委託）即是社會福利民營化具體的措施之一。許多學者均以「契約型政府」（government by contact）或「契約式治理」（governing by contact）等名詞來代表政府將其諸多公共職能轉移給民間部門來承擔，政府向民間購買契約服務，已成為服務輸送的主流。

　　購買服務契約／契約外包是政府透過契約外包的方式，與民間部門簽訂契約關係，政府提供經費或相關協助，由民間團體依契約中的規定項目執行，或針對契約所規定的標的對象提供各項福利服務。

　　但是，社會服務與非社會服務不同，因此，社會服務契約具有以下的特性：

　　1. 不完備性：契約條文無法完整條列締約雙方所需行為態樣，契約不完備性愈高，留給雙方的裁量空間愈大。採購法契約範本主要條文包括契約價金、期限、管理、品管與驗收等，履約標的則來自招標單位提出之需求說明書及投標單位服務

建議書；至於特約或補助契約則在服務細項及費用上會有較多著墨。儘管如此，在契約條文不易明確規範之處，仍難以避免會產生服務單位技巧性地挑選個案、額外收取費用，或是增加服務非預期性成本等問題。

　　2. 時效性：在委辦式服務契約中，政府多已將職責委託民間單位，自契約簽訂至履約結束期間，有時會因為情勢變化（例如：上級要求、發生社會事件等），新增行政工作或執行面業務，在履約標的及預算額度已確立情況下，往往需依靠非正式關係，請託承辦單位額外增加業務量。為避免前項限制，部分需求說明書會列入「其他交辦事項」此項目，然因其解釋空間較大，若彼此缺乏信任，承辦單位往往會陷入不斷新增業務困境，產生被剝削情緒。

　　3. 單向性：履約標的之需求說明書、預算編列等多由公部門單向決定，採購前端流程多掌控在社政、主計及採購三方人員手中，此難以避免單位依本位考量所制訂之遊戲規則。雖說民間單位可理性衡量利弊得失決定是否參與標案，但抉擇過程卻不一定能展現完全自主性，其間或許是為了搶占新興市場所須付出代價，有時則是來自於地方政治勢力或人情壓力等因素，承接了不合組織效益之服務，進而產生後續諸多履約爭議，包括違反勞動法令及核銷規範，服務品質不佳等問題。

市場導向策略光譜

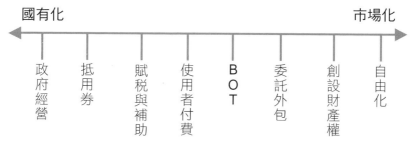

國有化   市場化

政府經營   抵用券   賦稅與補助   使用者付費   BOT   委託外包   創設財產權   自由化

資料來源：丘昌泰（2010）。

- 從國有化及市場化的光譜建構角度來看，光譜最左端為政府負完全的經營責任，而完的市場化則在光譜最右端。
- 委託外包在光譜上之定位來看，一般均認為社會福利服務之性質，因其所涉及公權力的行使程度較低，故較適宜於辦理契約委外。其優點為購買服務花費較少，更多效率及比公務機關能提供更好服務的方式；因為公共服務缺少一種誘因去注意花費和改進效率或品質，當一些活動被委託給民間時，民間的供應者將競爭於受契約規定的價格，而引導他們提供較好的服務品質。

社會服務與非社會服務契約特性之差異

非社會服務	社會服務
工作要求較容易訂定	任務較為複雜且不確定；工作要求較難以訂定
數量的輸出較易確定與監督	長期性的方案結果較難以確定及監督
績效的監督重於有形的任務或輸出	服務是無形的，績效監督難以進行
任務通常較為標準化與定量，績效測量較為容易	決策適當性難以評判，處遇方式難以標準化，服務成果難以具體判定，故其績效難以測量

資料來源：黃源協、莊俐昕（2020）。

Unit **11-2**
社會服務契約委外之理論

社會服務契約委外之理論基礎主要來自於三項理論：即公共選擇理論、委託人——代理人理論、交易成本理論，說明如下：

一、公共選擇理論（Public Choice Theory）

公共選擇理論針對於傳統官僚體制的缺失，提出的主張或對策歸納如下：

（一）反對國家過度干預與獨占，主張政府應解管制與建立誘因機制，強調市場機能為最有效率分配資源的工具，認為「最好的政府就是干預最少的政府」。

（二）相信制度設計應該反映個人的偏好，即在政體與市場之間的任何制度選擇皆可反映財貨產生與分配的本質。

（三）主張透過市場競爭機制來轉化、滿足顧客之需求，並藉由私部門參與公部門服務與工程契約的競標，使生產財貨或服務的單位成本降低，進而提高整體效率。

（四）主要策略就是透過委外經營給私部門或非營利組織提供公共服務的「中空型國家」（hollow government）。

（五）在組織結構的設計上，主張水平的重疊，以降低官僚內部的資訊不對稱與不確定性，避免過多的交易成本。

（六）認為私部門的競爭機制，能使單位成本下降，增加效率但不會影響輸出的質量，則政府可以花費較少的資源，提供相同的財貨或服務。

（七）即使不得已須由政府提供特定公共服務時，本理論亦主張最好也要透過「準市場機制」，如「使用者付費」原則，來調和供需使資源配置更有效率。

（八）本理論對政府業務委外經營之主張，認為將可創造之效益或效應。

二、委託人─代理人理論（Principle-agent Theory）

本理論假設：社會互動中，分工是有益的，不同的個體有其不同的工作優勢，人們經由分工可以提升集體福利，在這樣的環節中，人們常成為其他人的代理人，為了別人的目的而工作。本理論認為人民是委託人，透過民意代表為代理人監督政府；而由民意代表又兼為委託人監督行政機關及政務官施政，政務官又透過委託行政官僚體系為代理人去執行政策，形成一個「授權鏈」。因此民主政治其實就是由這種環環相扣的委託──代理關係所形成，且除了人民之及最基層執行者之外，在此鏈內的每一個環節層級，每人都是兼有委託人及代理人雙重身分。

三、交易成本理論（Transaction Cost Theory）

Dahlman 認為交易成本是買賣雙方進行交易時，所發生的資源耗費。Dahlman指出六類交易成本，包括：（一）搜尋成本；（二）資訊成本；（三）協議成本；（四）決策成本；（五）監督成本；（六）執行成本等。

Kenneth Arrow 則認為：「交易成本是經濟體系運作的成本」。任何交易中所需的資訊蒐集分析、議價過程、合約協議監督等所付出時間、金錢、人力物力及風險等都是一種成本。交易成本理論對公部門而言，為減少在交易中產生的行政成本，必須儘量規劃將公共服務委託外包給民間組織或非營利組織，並提供適當的競爭機制，以降低交易成本。

社會服務契約委外之三項主要基礎理論

理論	核心概念	應用領域
公共選擇理論	當社會背離了市場競爭的均衡假定時，就會導致非柏拉圖最適（Pareto Optimality）的產生，而發生市場失靈之狀況。	行政規則及增加市場效率的誘因。企圖解決組織的公共財、財產權獨占及自然獨占的問題。
委託人代理理論	契約使委託人與代理人關係形式化，並減少代理成本：其中的代理成本包括契約的形式化、監督與保證的成本總和及裁量權的萎縮。	組織設計：建立生產與相關資訊的誘因，以改善組織間的交易效率。
交易成本理論	有益於交易成本減少的制度安排。交易成本包括契約協議與順服（投機主義）的成本。	組織設計：制定契約，產生信任承諾，以及阻止投機主義的機制。

資料來源：修改自李宗勳（2007）。

01 公共選擇理論學派：
主張減少政府職能，由更具效率的市場來生產或提供財貨與服務。

02 委託人代理人理論：
主張在政府與廠商的責任關係上，政府可將某些業務以契約外包的方式委託私人來負責，政府基於監督之立場控制其品質，藉此可縮減政府組織的規模與責任。

03 交易成本理論：
主張任何產品或服務的提供，應先衡量其交易成本，評估其由公部門產生的效益是否高於私部門，再決定由公部門主導生產，或由市場自由競爭的私部門來提供。

Unit 11-3
社會服務契約的採購程序

政府與民間單位簽訂社會服務契約之前，有其法定的程序必須遵行，其依據之法源為《政府採購法》。茲將社會服務契約的採購程序，說明如下（黃源協、莊俐昕，2019；林勝義，2017）。

一、作業準備階段

當政府單位決定要將業務委託民間單位執行後，即須著手進行下列三項工作：（一）成立工作小組及籌組採購評選委員會；（二）準備招標文件，主要內容包括：需求說明書（主要載明計畫執行的工作內容、履約期限、廠商資格、預估經費等）、勞務採購契約、評選須知、評選評分表等；（三）陳報上級機關或機關首長核定。

二、公告及投標階段

本階段主要須進行兩項工作：（一）上網公告：需求說明書必須載明計畫執行的工作內容、履約期限及地點、投標廠商資格及應檢附文件、預估經費、服務建議書撰寫格式、評選方式及原則、驗收及付款、罰則等事項；（二）受理廠商投標：通常的情況是採取競爭性投標，不得指定投標廠商，但情況特殊者，例如：需要特定服務專長或領域者，依規定可採取限制性投標。

三、審查及評議階段：

本階段主要進行兩項工作：（一）審查投標資格（資格標）：亦即由工作小組就廠商資格、服務建議書進行審查，以確定是否符合基本的資格要件，以及投標資格

廠商家數是否符合規定；（二）召開評選會議，決定招標結果（規格標）：評選會議的評審項目一般包括：組織的健全性、財務的健全性、計畫內容的可行性、執行進度的合理性、工作人員的專業能力、過去辦理類似案件的績效、經費編列的合理性、簡報及詢答的表現等。

四、重新議約及簽約階段

本階段主要進行兩項工作：（一）議約：工作小組將評選結果簽報機關首長或其授權人員核定並公布後，即須與得標廠商依優勝順序個別進行協商（含修改計畫內容、議價）；（二）簽約：經彼此同意議約及價格後，即進行簽約手續。

五、執行與結案階段

本階段主要進行三項工作：（一）執行與監督：得標廠商依契約規定的內容與進度執行計畫，過程中須接受委託單位定期或不定期的督導，必要時，也可能需要依約提出期中報告；（二）審查與結案：得標廠商須於期末提出執行成果報告，經委託單位檢核、驗收或聘請專家學者審查或評鑑通過後，始能結案。如果契約中有續約之規定者，得標廠商得於規定時間內申請續約評鑑。未於規定時間申請或續約評鑑未通過者，則不予續約，並得重新招標；（三）爭議事項處理：政府委託單位與廠商因履約而發生爭議者，依法令及契約之約定，應盡力協調解決；若未能達成協議者，則須依《政府採購法》相關規定辦理。

社會服務契約委外之採購／招標程序

作業準備	**1**	➤ 成立工作小組及評選委員會 ➤ 準備招標文件 ➤ 呈報上級機關核定
公告及投標	**2**	➤ 上網公告 ➤ 受理廠商投標
審查及評議	**3**	➤ 審查投標資格（資格標） ➤ 招開評選委員會，決定招標結果（規格標）
議約及簽約	**4**	➤ 議約 ➤ 簽約
執行與結案	**5**	➤ 執行與監督 ➤ 審查與結案 ➤ 爭議事項處理

契約外包的優缺點

優 點
➤ 提高服務效率：經由公開競標及市場競爭，使服務更有效率。
➤ 減輕行政負荷：讓專業人員從繁瑣的工作負荷中解脫出來，可專心於評估需求，找出最大效益的人和事，思考長久弊病的解決方式。
➤ 增加工作彈性：政府機關因為法規和利益團體的壓力，經常阻礙新方案的規劃，而民間團體在工作上較具彈性，比政府更容易開創新方案。

缺 點
➤ 行政責任不明確：愈來愈多的外包，使公私部門的界線愈來愈難以定義，行政責任也愈來愈模糊。
➤ 實際成本可能增加：政府必須監督承包商的工作狀況，就監督本身而言，也是一種成本。
➤ 人民較難感覺到政府的美意：因為外包，政府減少接觸人民的機會，人民感受不到政府在為他們服務。

Unit 11-4
社會服務契約運用之理想與限制

384

　　民營化對新右派或新管理主義似乎是解決政府過度負荷的萬靈丹，但事實上，社會服務契約委外事實上仍存在許多限制，不如理論預設般理想。茲將社會服務契約運用之理想與限制，綜整說明面向如下（蕭文高，2019）：

一、降低成本面向

　　或許民間單位用人成本相對正式公務人員低，但期間產生之契約管理或交易成本往往被低估或忽略。此外，傳統解釋契約關係中訊息不完備或不對稱之委託人與代理人理論（principle and agent theory）認為，代理人（服務供給方）因掌握較多訊息，會出現違背委託人（政府）價值與目標的行為，就我國現況，除了類似特性外，還須反向考量公部門之自利行為。例如：地方政府的委外服務經費未能真正反映人事及行政成本，將財務責任轉嫁責任給委外補助團體。若計公部門行政及應付委外成本，契約委外是否能真正節約成本，抑或只是為了滿足員額限制之替代選擇，需要仔細衡量。

二、提升服務效率與品質面向

　　在民主制度約束下，為確保程序正義，公部門之採購程序不單要考慮成本與成果，且要顧及參與的開放性與公正性外，在採購、核銷及品質監督等行政作業上，難以完全自主運作，此限制了民間單位之彈性效率優勢。加上多數社會服務或地理區域屬不完全競爭市場，為保障個案權益或因難以尋找替代供給者緣故，契約委外結果無法以自由競爭型態提升服務品質。雖然續約或後續擴充過程多會進行品質監測（例如評鑑），因品質指標及評量方式不存在絕對客觀標準，且須耗費大量行政準備作業，其是否具備實質退場機制功能，是否能提升單位服務品質，或是反向干擾實務工作，一直存在許多質疑聲音。

三、引進民間專業知能面向

　　因不完全競爭市場特性，部分業務不存在合適或具經驗服務供給者，新接業務單位也需要成長時間，甚至須由公部門協助建立初步供給能量；但相對地，隨著實務經驗累積，主要實務知能會逐漸掌握在民間單位手中，擴大締約雙方之訊息不對稱，增加社政人員更換供給單位或品質管理難度。

四、夥伴關係面向

　　諸多論述強調社會服務委外契約，應建立公私部門之夥伴關係，其前提須建立在對等與信任關係上，然而此部分難處在於雙方業務人員通常不在同一個空間辦公，距離、缺乏經常性互動及本位思考等因素，造就互不理解及互不信任；甚至，若社政人員習於將成本及新增業務轉嫁民間單位，承包單位此時就只是單純的「廠商」而非「夥伴」，只能依靠正式規範及利益交換維繫互動，缺乏非正式同理與信任，「夥伴關係」變成了「夥計關係」。

我國社會服務契約之形成方式

1　**招標模式**
依採購法程序，以法人或團體為補助對象，契約流程較為冗長。

2　**補助模式**
指的是對個人的發展有影響，但當事者在其間沒有一個直接參與角色的社會情境。

社會服務契約運用之理想與限制

理想	限制
降低成本	■ 未計入契約管理成本 ■ 人事成本轉嫁承包單位 ■ 未編列足額預算
提升服務效率與服務品質	■ 提升服務效率 　➤ 採購及核銷流程複雜 　➤ 品質監督過程繁複 　➤ 行政作業過多 ■ 提升服務品質 　➤ 不完全競爭市場 　➤ 品質難以客觀衡量 　➤ 品質管理干擾實務工作
引進民間專業知能	■ 民間單位需學習成長 ■ 實務知能由民間單位掌握
夥伴關係	■ 缺乏信任

Unit 11-5
社會服務契約管理職能

根據實證研究顯示，契約管理能力及行政支援影響契約成效，故社會工作契約之角色影響網絡運作，有關提出社政人員在社會服務契約須精進之契約管理職能，說明如下（蕭文高，2019）：

一、價值認知管理

部分社政人員對於委外服務項目之本質究竟是屬「政府法定責任」或是「民間慈善工作」，常存在價值選擇偏誤。從社會服務執行層面而言，公私部門都可以是同一服務之輸送者，但若屬社會立法所列「應」辦理事項時，即歸屬政府法定責任，即便民間單位存在慈善或公益目的之同類型服務，在委外過程中，公部門不應相對減列應負擔成本及預算（例如：久任年資、加班費、間接行政成本等），使得承辦業務單位須變相以單位資源（包括捐款）支持政府法定責任。此種節省成本作為雖符合市場競爭精神，卻僅考量到單方利益，忽略其對志願部門利他精神與服務品質之威脅，甚至間接誘發財務能力不佳或理念偏差之實務單位，產生社工薪資回捐、假發票核銷等情事。由於議程設定階段影響後續契約形成、預算編列、執行與評估，因而社政人員在此階段之委外價值認知與選擇，是最重要之核心管理職能。

二、內部網絡管理

內部網絡管理焦點包括跨層級及跨專業網絡，且同樣屬於認知與價值之協調過程。在跨層級部分，社政人員有時須面對主管或民代之非專業性意見，實務工作者必須在確保契約流程公正性、承辦單位合理利益及個案服務品質上，展現有效溝通說服技巧，以降低非專業及政治力之不當作用。在跨專業部分，因承擔委外成效責任及專業背景差異，社政人員與機關內的採購、財主單位之間存在著專業壁壘，以至於彼此之間對契約議程設定與核銷過程產生衝突。

因此，具備契約管理職能之社政人員，應能協助內部跨層級及跨專業網絡之經營與運作，此大量依賴其溝通能力，有效的溝通建立在個人採購及專業領域之知識、價值與技巧之上，經綜合考量可行性與環境限制，挺身謀求服務永續性及個案最佳利益。

三、跨部門網絡管理

在如此錯綜複雜之跨部門網絡，同時挑戰契約管理者之行政與實務職能，包括制訂運用契約管理工具、掌握實務工作情境、促進網絡互動之順暢等。其中扮演網絡互動之黏著劑者，莫過於建立及維持信任關係，信任可降低交易成本、促進合作穩定性、激發相互學習、知識交換與創新。就社政人員而言，可採取定期互動、同理、權力共享、培力等促進跨部門信任關係之建立。

專業的契約管理者之契約管理能力

1 議程設定能力
亦指可行性評量能力。除了須確定服務是否適合向外採購外，還必須平衡各方（行政人員、服務使用者、服務供者等）之價值歧見，例如：如何兼顧服務品質、撙節開支、程序公正性等。

2 契約形成能力
包括設定公正招標流程、選擇最合適承包單位及訂定契約條文及內容。

3 契約執行能力
指關注物品或服務之產出及輸送，並提供承包單位相關支持。

4 契約評估能力
指服務成效管考、報告及評估能力。

契約委外的實質性競爭應具備之三個要件

1 市場上存在可供採購者選擇的多位供應者。

2 由於賣方間的相互制衡，因而每一個民間的供應者對財貨與服務的市場價格的影響力都將極為有限，沒有任何一個單一供應者可完全左右市場。

3 採購者可以從中選出有能力以低成本生產高品質、優質專業的供應者，做為契約委外的對象。

Unit 11-6
社會服務契約委外面臨的問題與挑戰

　　社會服務契約委外是否已達到新公共管理期待的經濟、效率與效能的目標，仍是值得斟酌的議題。以下先藉由各個不同面向，以三個單元綜整檢視國內外社會服務契約委外所面臨的問題和挑戰（黃源協、莊俐昕，2020），本單元先說明第一至第三項挑戰，另第四至第七項問題與挑戰，於次二個單元分別說明之：

一、契約委外真的可藉由競爭達成節省成本或提升效率的目的嗎？

　　新公共管理主要欲藉由引進市場的「競爭」機制，以降低成本及提升效率。研究發現，契約委外之成本節約是有限的，且隨著時間的推移而遞減，以及技術領域的成本節約要比社會服務領域高出許多。另外，市場上存在可供採購者選擇的多位供應者，是實質競爭的先決條件之一。但我國雖經積極「扶植」民間力量，仍有許多地方偏遠地區的社會服務契約委外是因數量或能量不足，致缺乏競爭。因此，社會服務契約委外欲藉由競爭來降低成本及提升效率，實已面臨到現實環境的嚴峻考驗。

二、有足夠的參與並承接社會服務契約委外的服務嗎？

　　社會服務契約委外有時候因社會服務數目很少，沒有太多的選擇，造成一旦有提供福利服務之願意承接，往往就是「永遠」的承接，或「拜託」參與投標。在這種情況下，能否實現藉由競爭來提升服務的效率和品質的期待，其結果不言而喻。

　　完全仰賴單一的供給者（無論是政府或民間企業）都是危險的，國內在許多特殊方案（如身障服務）或偏鄉的方案，仍少有機構願意投入；另外資訊不對稱，不僅構成公私部門緊張的關係，也可能讓有能力的非營利組織「選擇」不要接受政府委託；若再加上可能傾向選擇對自己較有利的方案之「軟柿效應」（cream-skimming effect）現象，許多「有需求但無服務供給」的困境，仍難獲得有效改善。

三、是真心抱持著追求契約所期待的目標嗎？

　　參與社會服務契約的競標，其初衷往往是以服務弱勢人口群為其使命，理論上，若契約內容符合組織的宗旨或使命，將可創造出政府、NPO 和服務人口群三贏的局面。然而，政府與 NPO 往往具有不同的目標與利益，一旦簽約後，NPO 可能出現追求自身而非契約（政府）目標的「道德風險」。例如：許多 NPO 承接政府方案是為了方案中的全職人力以兼辦組織會務、維持組織運作，甚至不乏政治人物成立或掌握的NPO，假社會服務為名，行「政治綁樁」之實。另外，在競標的環境裡，也可能出現盲從於潮流而走向市場化的NPO，其原本角色的發展可能因而受阻，甚至出現 Weisbrod 所指的「營利的偽裝」（for-profit in disguise），即金錢的目標會主導機構的決策，而非利他主義的目標。因而，若欲以市場模式透過 NPO 來達成社會服務的目標，實務上仍可能面臨極大的掙扎與挑戰。

我國社會服務契約委外面臨的問題與挑戰

一、契約委外真的可藉由競爭達成節省成本或提升效率的目的嗎？

　　達成前提：市場上存在可供採購者選擇的多位供應者。

　　實際情形：可供委託的NPO不足，致缺乏競爭以減省成本及提升效率。

二、有足夠的參與並承接社會服務契約委外的服務嗎？

　　達成前提：可選擇服務輸送的NPO，避免完全仰賴單一的供給者

　　實際情形：

　　1. 諸多服務領域或位處偏遠地方的服務方案無NPO願意參與。

　　2. 公私部門的資訊不對稱形成緊張關係，NPO選擇不要接受政府委託。

　　3. NPO的軟柿效應現象，形成有需求但無服務供給的困境。

三、是真心抱持著追求契約所期待的目標嗎？

　　達成前提：契約符合NPO宗旨或使命，創造政府、NPO和服務人口群三贏的局面。

　　實際情形：

　　1. 簽約後NPO出現道德風險。

　　2. 出現NPO盲從於潮流而走向市場化。

　　3. NPO出現營利的偽裝。

四、契約委外可以達到扶植地方型或社區型嗎？

　　達成前提：彈性便利的契約委外服務給付程序。

　　實際情形：

　　1. 服務給付程序僵化，地方型或社區型NPO財務難以支撐。

　　2. 政府機關傾向與財務較佳的大型NPO簽訂契約，降低實質競爭性，形成服務連鎖化與寡占。

五、公部門行政人員對契約委外業務有足夠的規劃與管理能力嗎？

　　達成前提：公部門行政人員需要具備規劃、撰寫計畫、標案，以及管理契約能力。

　　實際情形：

　　1. 政策歷史因素使得政府部門只有補助文化，無契約文化，以及缺乏契約管理的概念。

　　2. 行政人員透過國考進入，非社會工作相關科系畢業，無社會服務規劃之相關專業知能。

六、契約委外的方案能招募並留住足夠的社工專業人力嗎？

　　達成前提：適當的薪資水準及工作保障制度。

　　實際情形：

　　1. NPO社工薪資偏低。

　　2. 一年一約造成工作穩定度不足。

　　3. 社工生力軍忙於專技社工師、公職社工師考試，或轉至非直接服務單位。

七、契約委外的外聘督導及評鑑考核機制能提升服務方案的績效嗎？

　　達成前提：透過外聘督導及評鑑考核機制提升方案績效。

　　實際情形：

　　1. 小型NPO礙於經費、組織的規模及能量，少有聘僱內部、外部督導的能力。

　　2. 方案涉及領域龐雜，難以覓得符合領域或專長的外聘督導。

　　3. 專家學者見解各異，致NPO無所適從。

Unit 11-7
社會服務契約委外面臨的問題與挑戰（續1）

圖解社會工作管理

390

本單元接續說明社會服務契約委外面臨的第四至第五項問題與挑戰如下：

四、契約委外可以達到扶植地方型或社區型嗎？

若欲提供快速、方便之可近性的服務，扶植並布建能夠承接契約委外的小型或社區型，實為必要之措施；然而，在契約委外實施多年後，社會服務契約委外的經費儼然成為機構生存的主要支持，NPO仰賴政府的購買服務契約的經費比例愈來愈高，甚至有的NPO百分之百仰賴政府經費補助，但是契約委外的給付常因預算程序僵化、付款時程延宕、預支現金困難等因素而需要NPO先行墊付，這不僅讓大型NPO大喊吃不消，也讓許多中小型的NPO可能因需預先墊付以致財務能力薄弱而影響服務的提供，甚至可能無法按時發放員工薪資。

因而，在不利的預算或財務因素情境下，為能夠讓服務契約順利被委託，行政單位可能傾向與大型NPO簽約，因為這些不僅財務狀況較佳，甚至還可能做出契約之外的額外服務，以提升其社會聲譽。然而，這種偏好與大型NPO簽約的舉措，不僅使得扶植地方型或社區型NPO來參與競標的策略大打折扣，降低契約委外的實質競爭性，反而可能造成社會服務的連鎖化與寡占。

五、公部門行政人員對契約委外業務有足夠的規劃與管理能力嗎？

《政府採購法》下的社會服務契約委外的業務人員，不僅需要具備規劃及撰寫委外招標計畫的專業知能，委外後也要有管理契約的能力。臺灣社會服務契約委外政策的推動雖然有諸多目的，但真正促發社會服務大量委外的因素是政府再造運動，要求精簡人力所致；再加上，在《政府採購法》前，政府部門對於社會服務只有補助文化、沒有契約文化，因此相當缺乏對契約管理的概念。依據目前政府機關社會行政人員的任用，係經由國家考試而產生，不但不一定是社會工作相關科系畢業者，往往也缺乏直接服務的經驗，因此，對於社會服務契約委外之招標規劃撰寫，可能因缺乏專業知能而難以妥適規劃，其可能採取的作為往往是依前一年的計畫略做修改，抑或向其他單位找尋類似的計畫做參考；前者可能因僅依循以往的作法，而未能考量環境的變化而做調整，更遑論要有「創新」作法；後者可能因未能考量需求或潛在投標者的變異，無法適時調整招標的內容。

另外，當契約順利委託後，若缺乏管理契約的相關知能，便可能僅著重於一些財務、報表或文書的要求，對需要高度投入服務輸送的承接單位，不僅未能提供增進服務能量或品質的輔導或協助，反而可能因過度著重於文書或報表的催繳，而將原本具有彈性或自主性的民間部門，帶進一種僅著重程序而疏忽成果之缺乏效率與彈性的科層困境。

政府與非營利組織的的四種關係模式

Gidron等學者依據「服務經費的提供與授權」、「實際服務輸送者」兩個面向之分類：

01

政府主導模式

又稱政府支配模式。在此模式下，政府為經費與服務的提供，在公共服務輸送與財源上都占有支配的角色。基本上政府向人民徵稅，並僱用公務人員來維持這些服務。而非營利組織只能就政府尚未介入的領域提供服務，因此組織生存的空間較為狹窄。

02

第三部門主導模式

或稱非營利組織支配模式。非營利組織同時扮演資金提供者與服務輸送的角色，政府部門幾乎不介入服務領域，而此種模式並不常見。

03

雙元模式

此種模式是上述兩種模式的中間型，即政府與非營利組織二者都各自提供財源和服務，二者也各自進行自己的活動並不交集，形成一種平行競爭的關係，彼此在自身的活動卜各具一定的自主性並不重疊，也互不相干。非營利組織在此種模式中，可以扮演兩種角色，一是針對政府無法顧及的人或事進行服務活動；二是補充政府沒有提供的服務領域進行服務。

04

合作模式

政府與非營利組織是相互合作。政府是財源的提供者，而非營利組織則負責實際服務的執行者。此種模式依據裁量權範圍的不同，又可分為二種情況：

1. 非營利組織純粹只做為政府交付政策的執行單位，並無自主決策空間，基本上，政府握有絕對的主控權和決定權，在合作關係上居賣方的地位，稱為「合作一買賣模式」。

2. 非營利組織擁有相當的自主權，不論是計畫的規劃或執行，非營利組織都與政府站在平等地位，這種合作關係稱為「合作一參與模式」。

Unit 11-8
社會服務契約委外面臨的問題與挑戰（續2）

本單元接續說明社會服務契約委外面臨的第六至第七項問題與挑戰如下：

六、契約委外的方案能招募並留住足夠的社工專業人力嗎？

社會服務契約的承接者往往需要接受委託單位之繁複制式的履約監督，對小型NPO的承接者，相當有限的約聘專案人力（尤其是專業社會工作者）往往耗費大量的精力在應付繁雜的行政業務（例如：例行性的報表、評鑑的準備）；對較大型的NPO，可能設置特別或專責單位，統籌與地方社會福利行政機關的監督事宜，卻導致NPO內部的組織架構與分工更加複雜，甚至使NPO朝向更加「科層化」的組織型態轉型。一種原本欲藉由引進企業經營理念以改變公部門之僵化、無效率的工具策略，反而將NPO帶進另一種的無效率和僵化。另外，相較於公部門的工作條件和待遇，民間部門不僅是低薪，且因「一年一約」造成穩定度不足，使得各大學剛培養出的社工生力軍，往往在畢業後即致力於公職考試或行政職缺。例如：衛生福利部推動的「強化社會安全網」計畫，即大量吸走許多較具實務經驗的民間社會工作者。這使得許多社會服務的委外方案，似乎永遠都是由缺乏經驗的「新手」接辦，再加上有些服務方案未能給予內部督導的職缺，讓「新手」可能因孤立無援而受挫，進而萌生轉職或去職的意向，再加上不時耳聞的「薪資回捐」問題，更凸顯契約委外方案下社會工作者的惡劣環境。

七、契約委外的外聘督導及評鑑考核機制能提升服務方案的績效嗎？

社會服務契約委外的成果是無形且難以具體訂定的，儘管契約內容往往會規定服務的數量（產出）或頻率，但其真實效益或品質卻是難以衡量的。為確保服務的成果或品質，契約中往往會透過外聘督導及評鑑考核機制因應之。對許多承接契約的小型NPO而言，負責服務輸送的專業人力經常是欠缺經驗的職場新手，卻礙於組織的規模及能量而少有聘僱內部督導的能力，若委託的方案中能給予外聘督導的經費，當有助於員工專業知能的提升，亦可避免因可能遭遇過多的挫折而衍生偏高的流動率。然而，當前社會服務契約委外的方案規模龐雜，涉及的領域相當廣泛再加上缺乏不充足或不合理的經費，常使得有些承接單位難以覓得符合領域或專長的外聘督導，致使能夠提供的專業協助有限。另外，無論是契約委外的招標審查，抑或配合方案進行的評鑑，也需要有所謂專家學者的參與；然而，招標或評鑑時能否邀請真正的專家學者參與，不無疑慮，尤其是評鑑時常出現「專業非專業」或「專家非專家」的評鑑者，甚至即便是專家，亦可能出現不同評鑑者對同一評鑑項目見解互異，而令接受評鑑者無所適從，進而不利於服務方案執行的績效或品質。

圖解社會工作管理

非營利組織績效評量模式

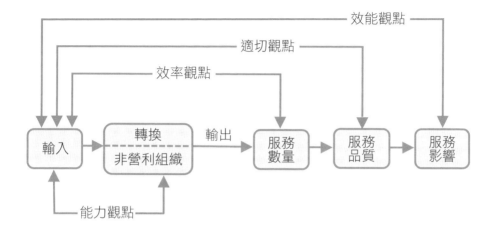

資料來源：孫煒（2006）。

01 效率觀點
（efficiency）

反映非營利組織所提供具體的
服務數量與輸入之間的比較。

02 適切觀點
（relevance）

反映非營利組織所提供的服務
品質與輸入之間的比較。

03 效能觀點
（effectiveness）

反映非營利組織達成目標的影
響與輸入之間的比較。

04 能力觀點
（capability）

反映非營利組織內部的管理程
序和結構與輸入之間的比較。

Unit **11-9**
對社會服務契約委外失靈的困境與挑戰之建議

審視國際及國內社會服務契約委外的經驗，或許可以「契約委外失靈」（contracting failure）形容之。在面對失靈的困境與挑戰，「社會服務契約委外」該何去何從？茲提出相關建議如下（黃源協、莊俐昕，2019），本單元先說明第一至第二項挑戰，另第三至第五項，於次一單元分別說明之。

一、全面審視社會服務契約委外的可行性

「契約委外」是新公共管理觀點下的產物，其主要的目標在於欲將「市場」的原理引進公共服務，以降低成本、減少浪費及追求效率。然而，無論是國內外的案例或經驗，這項披著「新公共管理」或「新管理主義」外衣的政策工具，早已顯現出疲態與失靈的樣貌。例如：研究者早已指出：「儘管新公共管理被一群崇拜者供為典範，它終究可能只是個即將褪色的短暫議題」，甚至引發「新公共管理真的死了嗎？」的討論或「新公共管理已死！」的評述。「競爭產生效率」，社會服務契約委外將「委外」、「競爭」與「責信」巧妙地串連起來，提供一個美好的想像空間。我國社會服務契約委外面臨的困境，須有政府部門以更開放的態度來面對，並且正視其所帶來的挑戰，才能因應社會服務契約委外將可能是一場政府、NPO 和服務使用者之間共同的夢魘之難題。

二、營造公私部門真誠、互信與互惠的協力夥伴關係

「委託人─代理人理論」（principal-agent theory）期待藉由一套誘因系統來擴大利益，並建立分享責任的機制；然而，代理人在契約中的問題是，委託人與代理人之間的資訊欠缺及契約兩造的目標分歧，因此，交易過程中可能充斥著資訊不對稱、投機行為、道德風險、逆向選擇的疑慮，若再加上契約簽訂後的「一年一約」、監督及評鑑的舉措，皆可能讓委託人與代理人陷入一種「不信任」或「不情願」的夥伴關係，甚至衍生出「手段」與「目的」錯置的運作模式。以契約委外做為政策工具，早已引發或出現諸如政府喪失對公共服務輸送的控制或責信、政府難以監督績效因而承接廠商可能降低公共服務的品質、契約委外的政治考量所引發的資源浪費、承接契約廠商透過貶抑勞動條件來取得競標優勢（例如：臺灣社工薪資回捐）等。為避免委託人─代理人交易過程中可能因過於權謀而影響服務輸送的品質與績效，社會服務契約委外如何在委託人（政府部門）和代理人之間取得權力的平衡，進而將焦點置於服務的輸送，如何循序漸進地建立利害關係人之間真誠、互信、互惠關係，並試圖從「短期交易契約」轉向「長期交易契約」修正，再輔以「短期關係契約」，進而邁向真正協力夥伴的「長期關係契約」，實為未來發展或調整契約關係必須正視的議題。

對社會服務契約委外失靈的困境與挑戰之建議

一、全面審視社會服務契約委外的可行性
應以更開放的態度面對契約委外，及正視其所帶來的挑戰。
深度省思並對契約委外的問題，採取必要的因應策略。

二、營造公私部門真誠、互信與互惠的協力夥伴關係
在委託人（政府部門）和代理人之間取得權力的平衡，服務焦點置於服務的輸送，
從「短期交易契約」轉向修正為「長期交易契約」，邁向真正協力夥伴的「長期關係契約」。

三、以社會（影響）績效指標取代過於量化的經濟指標
積極研議社會（影響）績效指標（例如：良好的服務品質、員工關係、社區關係、
良好的網絡關係），以替代過於著重數據的經濟指標（例如：服務次數、頻率、
成本）。

四、強化NPO之組織經營與管理的能力
為強化NPO的組織經營管理知能，以避免因唯恐掉入資源匱乏而陷入「契約vs.慈善
使命」的兩難。

五、積極培育兼具契約管理與社工專業之跨領域及跨專業的人才
為掌握社會服務契約委外的品質、績效與責信，政府及社福型NPO應正視契約管理
的重要性及專業性，積極培育兼具社工專業與契約管理知能的跨域工作者。

契約委外的三種管理機制

01 激勵機制
指與成果相關之給付方式，不同給付方式將改變代理人的行
為。例如：依服務個案數或服務項目計算酬勞。

02 訊息機制
指增加政府獲得透明化訊息的機制設計，避免委託人與代理
人間的訊息不對稱，包括進行服務供給者間之成果比較，或
是對個別供給者服務輸送過程之督察。

03 控制機制
指科層體系所訂定的規則或規定。例如：透過績效考核或評
鑑予以監督。

Unit **11-10**
對社會服務契約委外失靈的困境與挑戰之建議（續）

圖解社會工作管理

396

本單元接續說明面對社會服務契約委外失靈的困境與挑戰下，第三至五項建議如下：

三、以社會（影響）績效指標取代過於量化的經濟指標

契約委外其運作的場域是一種「準市場」（quasi-markets），經濟、效率與效能不必然會是主要的考量，它可能是政府怕責難而不得不「為民營化而民營化」或「為委外而委外」，可能是NPO「為生存而承接契約」，其結果可能衍生出政府因缺乏強化監督與降低成本的動力，而難以維繫服務的品質與績效；NPO也將為追求較穩定的財務來源，而陷入「契約 vs. 慈善使命」以及「契約 vs. 自主性」的兩難。若再加上隨著服務需求的上揚，而須不斷地花費財力與精力去「培力」與「扶植」一些看似難以永續的民間團體，社會服務契約委外即可能會在一種「民營化」及「扶植民間團體」的口號下，虛耗有限的社會福利資源。為避免政府部門及NPO陷入民營化的經濟、效率與效能的迷思，積極研議社會（影響）績效指標（例如：良好的服務品質、員工關係、社區關係、良好的網絡關係），以替代過於著重數據的經濟指標（例如：服務次數、頻率、成本），抑或找尋可均衡社會─經濟的績效指標，或可為社會服務契約委外開展出通往「基於信賴與社會資本之長期關係契約」的新出路。

四、強化NPO之組織經營與管理的能力

社會服務契約委外本是一項市場機制的運作，無論是委託人或代理人皆需要有管理相關的知能。對扮演委託人角色的政府行政人員而言，本身必須要能具備契約管理的知能；對扮演代理人角色的NPO而言，除要能具備履行契約的相關知能外，也需要具備NPO經營管理之道，以因應政府及社會對績效、品質與責信的要求。特別是若欲接受社會服務委外之市場化的挑戰，更應充實組織的能力及熟悉市場遊戲規則，以降低組織可能面臨的風險或挑戰。強化組織經營與管理，提升NPO的績效與責信。

五、積極培育兼具契約管理與社工專業之跨領域及跨專業的人才

無論是委託人或代理人，社會服務契約委外的主要行政人力，往往是以社會行政或社會工作專業為主的工作人員。然而，在實務的環境裡，地方政府社會服務單位的行政人員，並不必然具有社會服務契約規劃該有的知能。另外，NPO的工作者（尤其是社工專業人力），或因組織尚處於「被扶植」或「被培力」的階段，或因高流失率導致新手經驗不足，甚或因組織領導者或管理者過於功利，而導致品質、績效與責信的不良。為降低「社會服務契約委外」的各種負面現象，政府及涉獵其中的社福型NPO不能輕忽契約管理的重要性及專業性，應能透過員工的在職訓練，積極培育相關人員為兼具社工專業與契約管理知能的跨域工作者，以為優質且具責信的社會服務輸送培育必要的基礎人力。

準市場（quasi-markets）之意涵

- 就字面而言，「準市場機制」一詞可理解為「準於市場的機制」，是一種介於政府控制及自由市場競爭間之機制。
- 準市場機制由彼此相互獨立之財貨供給者取代政府之服務供給角色，並於「準於市場」之體系中相互競合，且在該體系下，政府成為唯一的財貨購買者。

準市場機制的三項特色

國家角色的移轉

政府由服務供給者轉變為服務的「資助者」（funder）及「購買者」（purchaser）。然，此並非意味國家權力之撤離，而是國家將權力下放於地方政府與民間團體；進言之，政府並非迴避服務供給之責任，而是改變服務輸送方式。是以，國家需管理並維持服務之輸送體系。換言之，國家亦應同時擔任服務「監督者」（regulator）及「安排者」（arrangers）之角色。

資金分配方式改變

透過消費者主權直接或間接之行使，進行資金分配。前者包括：抵用券／憑證制度（voucher）及指定用途預算；而後者則如：地方相關政府機構扮演代理人，或透過競爭性競標挑選出第三方代理人。

購買者與供給者角色分離

將原先由政府擔任之服務供給者角色獨立而出，並交由民間團體擔任。亦即政府負擔服務經費，是為服務購買者；而準市場中彼此相互競爭之獨立財貨生產者則負責服務之供給，是為服務供給者。

傳統市場與準市場機制的三個面向差異（Le Grand提出）

比較面向	傳統市場機制	準市場機制
供給者屬性	傳統市場中的服務供給者追求自身利潤極大化。	準市場中的服務供給者不一定追求獲利極大化，且也未必是私人營利組織，有時非營利組織也會如同營利組織競爭公共契約外包。換言之，準市場機制中的供給者型態較多元。
交易媒介	傳統市場中的消費者以現金為交易媒介。	準市場中的消費者則是透過「指定用途預算」（embarked budgets）或「抵用券／憑證」（voucher）購買特定服務。
市場參與者	傳統市場中，由服務使用者親自參與市場活動並同時擔任服務購買者角色。	準市場中，可行使購買選擇權之市場行為者除服務直接使用者以外，尚包括代為服務使用者行使購買選擇權的「法定代理第三方」，此一角色通常由政府機構或由政府指定之代理機構擔任。

第  章

社會工作的資源、網絡、團隊管理

章節體系架構

Unit 12-1
社會資源的意涵

400

《社會工作辭典》將資源（resources）解釋為：任何可以被用來協助解決需求的現有服務或商品，社會工作者一般使用的資源包括：其他的社會機構、政府的方案、其他的專業或志願人士、自助團體、自然（非正式）助人者及社區中具有才能與動機協助案主的個人。凡是為了因應社會需要，滿足社會的需求，而足以轉成具體服務內涵的一切，都可稱之為資源。

社會資源（social resources）是因應社會需要，滿足社會需求的所有非政府提供的資源。具體而言，社會資源含括的範圍包含了有形的物質資源與無形的精神資源。社會資源是社會福利機構從外在環境所獲得的原料，做為生產福利服務以滿足服務使用者的需求，這些資源包括金錢、人力、設備設施、專業知識、技術與社區支持等。社會資源是社會服務過程中能夠完成助人策略目標任務，所動員的一切力量。

《社會工作辭典》將社會資源區分為社會福利資源及一般資源兩項。社會福利資源是指對於社會中無法適應的人，提供物力、人力、財力、社會福利、福利設施等，以使人過著正常的社會生活；一般資源則指擴充或發展一般人在生活上所需，或對於人類有益的精神、物質方面之各項建設以及提供人力、物力、財力等滿足一般國民的生活慾望。

社會資源具備「取之於社會、用之於社會」特色。綜合前述對社會資源之定義，社會資源的定義及類型，說明如下（鄭善明等著，2009）：

一、人力資源

（一）定義：指有關助人行為或對人有益的協助人力，可以適用社會大眾，是人類社會珍貴的資源。

（二）類型：社區領袖、專家、學者、領導人、社會工作師、社團組織、志願服務者、各類機構組織等。

二、物力資源

（一）定義：除了可以運用於社會福利各項活動之物質資源或設備外，且可以運用於社會服務工作推廣之設備設施。

（二）類型：學校、文化館、公園、公共建築物等。

三、財力資源

（一）定義：社會福利服務經費的籌措，一般除了社會福利機構自籌外，還可以透過公共義賣、勸募、捐贈、贊助等方式來獲取社會財力資源。還有透過政府相關部門申請經費補助等。

（二）類型：任何有關金錢運用於社會福利機構的事務。

四、人文資源

（一）意義：是指個體居住地區相關人類生活模式所需之無形資源。

（二）類型：社區意識、精神力量、居民參與感、居民歸屬感。

五、人緣資源

（一）定義：視為人類生活互動最重要的媒介因素，亦即所稱之人際關係。

（二）類型：相互照顧、人情味、人際互動、合作默契、人脈關係等。

社會資源

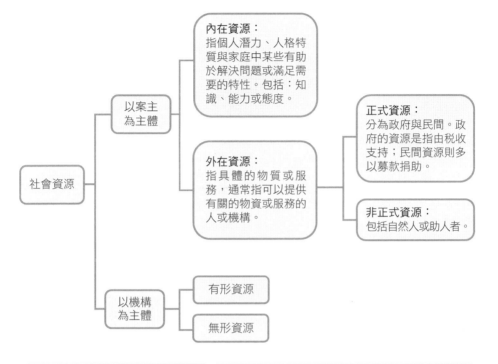

社會資源
- 以案主為主體
  - 內在資源：指個人潛力、人格特質與家庭中某些有助於解決問題或滿足需要的特性。包括：知識、能力或態度。
  - 外在資源：指具體的物質或服務，通常指可以提供有關的物資或服務的人或機構。
    - 正式資源：分為政府與民間。政府的資源是指由稅收支持；民間資源則多以募款捐助。
    - 非正式資源：包括自然人或助人者。
- 以機構為主體
  - 有形資源
  - 無形資源

有形資源	無形資源
財力：指現金、支票、股票公債、易變現之金融工具	人力資源：指專任職工與志願工作者，以及社區內每一個人
物力：食物、衣服、設備、器材	專業技術：擁有專業能力或技術、證照及專利等
空間：辦理活動的場所	社會意識：社會議題的共識與證明
天然資源：土地、水、天然風景	社會關係：社會中的組織與人脈關係
	組織結構：各種民間組織、工作室、基金會、寺廟、教堂及社區組織等

Unit 12-2
建構社會資源的相關理論

圖解社會工作管理

402

隨著組織間建立協調合作關係的需求與實務發展，組織為滿足各自需求與利益考量，常藉由與其他組織建立合作關係，以達到彼此共識的目標，進一步滿足自我需求考量。而這些組織的需求與利益考量是多元的，可能是為了獲取組織本身不足的資源，或是因應組織所面臨環境的不確定性，茲將建構社會資源的相關理論，說明如下：

一、系統理論觀點

若以系統理論（System Theory）來討論資源建構，一般是採用開放系統模式探討，解釋組織體系的運作，在開放系統的觀點中，非營利組織是一個開放性的系統，必須與環境進行接觸交換以維持本身的生存。開放性系統模式觀點，凸顯社會福利機構會因為受到大環境影響，無法自主操控其組織限制，而被迫於開放的現象，而自然也會對於單一社會福利的各個面向，包含規章、定位、運作程序、內部分工和權責關係分明等特質產生衝擊。

二、社會交換理論

社會交換理論是以「交換」為核心條件，此理論的假設是強調組織間的交互行為，會先衡量可能的報酬與成本後進行連結或合作，以求組織的存續或進步；其中的成本包含互動所需投入的人力、經費及時間等資源；以及可能獲得的報酬，如金錢、權力、技能等資源，每個組織都為了追求最大的報酬與最小的成本而進行交換行為。社會交換理論通常用於組織間一對一的互動關係，著重於組織對環境中其他組織的依賴與其所導致的目的行為。

三、資源依賴觀點

資源依賴理論是以「資源」為核心條件。此種連結或合作係因組織對資源擁有者的依賴，而產生之目的性交換行為。此理論假設組織在不能完全獨立自主的限制下，就必須與其他組織產生依賴關係。一般而言，被依賴的組織通常擁有較多的權力，而組織間權力的發展，會隨著對於資源控制能力的高低而有所不同，形成組織間權力不均等現象，可能影響組織間的依賴關係的連結意願和程度。然而，若專業資源較豐富之組織，能妥善運用其互動機制，提升其他組織各項運作的功能性，則資源依賴即具有積極正向的意義。

四、資源相互依存觀點

資源相互依存觀點認為組織間的互動關係，係建立於相互交換對組織內部需要資源之基礎上，各自提供對方生存與發展所需的重要資源。Logsdon指出相互依賴與共同利益，是組織間連結的重要因素。近年來，組織間資源相互依存的夥伴關係，既競爭又合作和既依賴又自主等概念，已受到愈來愈多的重視。而由於每個社福機構或組織都有其具特色的顯性或隱性資源，資源連結即是立基於交換相互需要的資源之信念上，亦即是雙方都能夠擁有合作的價值。因此，兩個跨組織間的互動關係，基本上是一種互惠共利與相互依存的關係模式。

組織間常見的協調合作模式

理想	限制
方案合作	係指組織間就某一個活動、方案或計畫進行協調合作，此類型時間通常較短暫，或是部分功能與內涵的合作關係，其組織之間協定正式化的程度不高，個別組織間仍擁有自主權。
合資經營	則指由兩個或多個組織為達成一特定目標，在互利的條件下，結合彼此資源，開創一個較正式的組織協調合作關係，常見的就是建立一個新的非營利組織，如醫院及日照安養機構基於互利，另外籌組一家安養機構。
管理服務組織	主要目的藉由某部分管理功能的分享與合作，以強化參與組織的管理效率與效果。例如：大型組織提供資訊或會計系統給小型組織運用。目前此形式常運用在醫療相關組織。
組織聯盟	此關係常發生於倡導性的社會運動或政治組織聯盟，或者是由所組成的調停仲裁委員會等，而除顧及組織本身的目標達成，也重視參與組織共同訴求目標達成。
服務網絡	此關係參與成員藉由個別資源需求的滿足，以強化服務輸送體系的廣度或深度，例如：獲得技術、人力、資訊、或財務資源的支持，以協助服務對象獲得較完整或連續性的各種需求服務，進而促進服務輸送的效率與效果。就實務面如由心理輔導中心、精神醫療院所、社區庇護工場、綜合醫療院所所組成之精神醫療網絡。
組織併購	此形式的組織協調合作關係，通常是由幾個共同組織共同開創一個母機構的形式運作，或者由一個組織扮演母機構的角色去掌控其他組織。
合併或精簡裁併	由兩個或多個組織合併成為一個全新的組織體常採用新的名字、重新規劃組織的運作架構，提供新的服務內涵，而原來的個別組織則完全結束運作，此形態的組織合作方式，較常見於營利性企業組織，如地區性中小型醫院，合併成為大醫院。

Unit 12-3
社會資源的開發與運用

在運用與開發社會資源前，必須進行社會資源的盤點。社會資源盤點（social resources inventory）係指一種透過有系統、有效率之調查與檢視資源的方法，以了解社區內或鄰近社區現有與潛在的各資源，包括資源的存量、品質、服務項目及使用資格要件等。有效的資源盤點可從下列四個面向進行檢視，說明如下（引自黃源協、莊俐昕，2020）：

1. 服務目標群：亦即從需求面分析誰需要資源。資源盤點需要先掌握服務目標群的需求狀況，以利後續分類上的使用。

2. 服務提供者：亦即，社會資源的提供者是誰？若從來源區分，資源可能來自正式部門的政府、企業、非營利或社會企業部門，或來自家庭或親友的非正式部門；若從性質區分，服務可能是來自於營利、非營利部門或介於其間的社會企業。

3. 服務供給內容：亦即，不同的機構或組織提供何種服務？藉由對各單位提供服務內容的清查與分類，除可讓服務的資源更明確外，也可讓資源免於重複與浪費，並讓後續資源的開發能更專注於補充不足的部分。

4. 服務容量：服務容量的盤點，若再搭配目標群的可能需求量，將可了解到不同服務類別或內容之需求與供給間的落差，這對後續資源的發展或安排可提供更明確的方向。

社會工作者在盤點社會資源後，必須依循下列原則進行社會資源的開發與運用（黃源協、莊俐昕，2020）：

1. 要切合案主／社區的需要：資源的運用乃是為了協助個案／社區解決問題，必須要以個案／社區的迫切需要為前提，以期使每項資源皆能充分發揮作用，不致出現浪費或閒置的現象。

2. 要顧及資源的負荷：資源管理首須認知到資源稀少的事實，對於資源的運用，除特殊需要外，應多方尋求資源，擴大資源範圍，變化運用方式，切忌集中於某些提供資源的個人或團體，以避免造成某些資源負荷過重而降低其效果。

3. 要重視社會的責信：資源的使用除了要透明化外，也要能發揮效率與效能，尤其當資源是由外部捐贈或補助時，要能向使用者和外界說明，以協助捐贈者或補助者建立其社會形象。

4. 要與資源提供者建立穩定的關係：為提供個案／社區穩定與持續性的服務，要能與資源提供者維持穩定的交流關係，一方面可以增進服務的品質，另一方面也可向資源提供者報告其所付出的成果。

5. 要統整和協調資源的使用：為因應多元和複雜的需求及減少資源使用的重複現象，必須要能藉由資源的統整和協調，以發揮整合性的效果。

6. 要善用個案與社區自身的資源：實務上須視案主優勢和社區資產為一種寶貴資源，並善用於協助受助者脫離依賴，邁向自主。

非營利組織爭取社會資源之策略步驟

1 傳遞組織使命與服務
組織要能永續經營的第一步，是讓社會大眾獲得組織之相關資訊，使其能認同組織之理念，並可從中分析消費者定位，找出組織的服務對象，因此教育社會大眾是非營利組織爭取社會資源的關鍵工作之一。

2 市場分析
組織應先針對市場規模來評估組織社會資源募集的方向。

3 分析階段
知己知彼，組織應先了解內部的優劣點與外部環境的機會和威脅，做為組織爭取社會資源的參考依據。

4 吸引外部資源
爭取外界支持為組織運作的最大關鍵，可藉由舉辦活動、募款活動、宣傳廣告等方式，吸引外部資源提出具體作法。

5 執行階段
依據組織內外部的現況情形，擬定並執行資源募集的計畫。最後再評估執行的成效，可做為未來組織募集社會資源決策的依據。

影響組織資源網絡連結之困境因素

1 個別組織因素
忽視專業資源連結的重要性、網絡成員的差異性、對交流之成本與風險的看法、競爭下的本位主義、機構之知名度與專業聲望。

2 運作因素
網絡運作技術困難的因素，含連結管道或維持機制、資源整合成效之評估不易客觀、運作資源不穩定、專業人才難覓、網絡代表者之爭議、交流過程並非採施與受兼顧的互惠原則。

3 環境因素
缺乏多樣化資源、近便性問題。

4 鉅視系統
指一個社會的文化風俗、價值規範與意識形態、政治經濟環境等。

資料來源：整理自翁慧圓（2006）。

Unit 12-4
資源網絡的意涵

網絡（network）是一種互動類型（patterns of interaction），它是指由個人、團體或機構所組成的社會系統之間彼此交往的一種型態，系統內的各單位進行交互作用或交換行為以達成目標，或完成一個共同的目的。

組織間藉由協調合作，「協調」（coordination）與「合作」（cooperation）即所謂「整合」，而「協調」與「合作」的機制，則是透過「網絡」（network），進而形成「服務資源網絡」以更有效率的方法，提供更多元的服務型態，使服務更具可近性（accessibility）。資源的結合通常以網絡的方式呈現，網絡是指由個人、團體或機構所組成的社會系統，系統內各單位進行交互作用或交互行為以達成目標，或完成一個共同的目的；換言之，社會網絡主要在探討一定範圍內不同行動者間的社會互動關係或連結模式。

「社會網絡」是整合的建構體（the integral building blocks），它是由一群互動的人們、團體或組織所組成的社會體系，主要探討在一定範圍內的不同行動者間的社會互動關係或連結模式，以從事目標的達成或共同目標的實現。由此可知，網絡的單位可以是個人（individual）、部門（department）、機構（organization），或機構與機構之聯盟（coalition）。建立網絡應同時包含水平和垂直的整合及分工，其間的關係結合了橫、縱兩種型態。網絡中的成員可以是直接的或間接的有所聯繫，成員間的關係呈現出一種鬆散連結或緊密連結的狀況。

Hardcastle、Powers 和 Wenocur 將網絡的建構界定為網絡的評估、發展與維繫，包括設置提供物質工具或情感資源之實際交換的條件，例如：社會行動組織的建立或是兩個或兩個以上機構之間的服務統整協調之安排。Trevillion 視網絡建構為互惠關係網（a web of reciprocal）並將它與社會工作實務的夥伴、充權及社區做直接的連結，所以，網絡建構係指可讓個人、團體或組織在社會網絡中彼此連結在一起的所有活動，其目的在促進溝通與積極的合作，並開創給參與者選擇和充權的新機會。所以，網絡建構可說是個人、團體或組織之間的結合過程，參與者基於信任、承諾、溝通與合作的原則，透過彈性與非正式的互動來動員與分享資源，以提升個別及共同目標達成的機會。

「網絡」的單位有個人、部門、機構，透過正式或非正式的協定形成一個助人網絡，提供全人的服務。在建構網絡時，應同時包含水平和垂直的整合與分工，形成一種立體型態的網絡；而網絡中的成員未必都是直接的聯繫，也會有間接的聯繫，彼此間的關係可能呈現出鬆散或是緊密連結的狀態。「網絡」是連結「點」與「點」之間的體系或模式，網絡是一種交換的機制，而有效的網路必須建立在互惠的基礎上，也就是說為了獲得，就必須要付出，而付出是對未來的一種投資。

Gilbert提出社會服務輸送體系常見的4個問題

01
支離破碎（fragmentation）：
指若干個服務或部分並無法串連成一個完整的服務而滿足需求。

02
不可及（inaccessibility）：
指服務的設計排除或阻礙特定人口群體的接近與使用

03
不連續性（discontinuity）：
指的是銜接的不連貫，包括不同服務間的銜接不連貫，也指服務期間的不連貫。

04
權責不符（unaccountability）：
指服務未能達到其所宣稱或承諾的目標或效果。

網絡關係維繫運作的前提

前提1
網絡關係必須建立在公平的原則上。

前提2
網絡關係必須要有實質的績效，特別是個人或組織目標的達成。此外，網絡建構者也應建立網絡的目標並隨時檢視，這除了可讓網絡成員了解彼此合作的實際成果，也可藉由檢視來激勵與強化網絡成員的合作意願與士氣，進而對網絡的維繫產生激勵作用。

前提3
網絡關係必須彈性，以因應目標的調整，因網絡的參與者具有異質性與多樣性，且因環境脈絡的變遷，所以，網絡建構者應隨時準備因應變遷對網絡可能造成的衝擊或挑戰。

Unit 12-5
資源網絡的意涵

圖解社會工作管理

408

資源網絡或稱服務網絡，係指存在於案主周遭之各種相關服務的機構以及所提供的服務，即將協助案主解決問題需要之人力、物力、服務、資訊等一切可能資源結合。

從資源間關係的網狀觀點分析，「資源網絡」是一立體的網絡，是服務使用者所需的各項資源間相互連結之過程，垂直整合（政府內各不同部門）和水平整合（志願組織、非營利組織）而建構出立體的網絡，以提供更有效率、效能之服務。

「建構」是指彼此有相同理念或利害關係者，形成有系統和分工的過程，使服務透過網絡進行協調與合作而有效的完成。Powers 與 Wenocur 將網絡建構（networking）界定為網絡的評估、發展和維繫，包括設置提供物質、工具及情感的資源之實際交換的條件。例如：福利服務輸送過程中，政府協調聯繫兩個或兩個以上的機構，統整機構之間的服務訊息建立共識，此即為一種網絡建構。

Trevillion 視網絡建構為一張互惠關係網（a web of reciprocal relationship）之理念的實踐，並將它與社會工作實務的夥伴、充權及社區做直接的連結，故網絡建構可以說是在社會互動過程中，為達成個別及共同之目標，並促成溝通與合作之目的，個人、團體或組織透過參與和選擇，基於信任與分享的原則，彼此能夠連結在一起的狀態，是一種動態的過程，它涉及到網絡的開創、連結與維繫。

網絡建構可說是一種全面性的過程，包括一種知識、技術和價值之策略性的交織，除了支持多機構夥伴關係和跨越組織疆界的聯盟外，它是社區發展一個重要的方向。然網絡的形成與維繫源自於網絡中的各個分子他們的策略選擇；通常每個機構或個人都有他做事情的原則和預期，除了決定計畫是否可行或有什麼社會意義外，決定要不要和他人合作，有一大部分的因素是受過去合作經驗的影響、當事人從他自己的網絡得到什麼訊息，以便判定彼此合作過程中是否會帶給個人或機構無法承受的不利，或是否可以達成個人的期望。

在網絡建構的過程中，不是只依靠契約，還需依賴人際關係。不論是個人或組織彼此的結合都是基於信任、承諾、溝通與合作的原則，彼此互動是彈性與非正式性的，互相分享資源以達到個別及共同的目標。網絡是一種關係的形成，會形成一種歷程「接觸→熟悉→情誼→關係」。網絡的形成與維繫需要看資源單位的策略選擇，會依做事的原則和預期、過去合作經驗、從網絡中可得到什麼訊息以判定合作的利弊。

從福利服務的觀點來看，建構一個完善的服務遞送網絡，是提升服務品質的關鍵要素。反之，如果機構間各自為政，彼此間的資源連結弱，所形塑出來的社會福利輸送體系常是零碎且不整合的服務網絡。因此，實務工作者被鼓勵要能夠透過連結來改善和地方化服務的輸送，以突破工作上的孤立和零散。

有效網絡建構的四個基本原則（Gilchrist提出）

01 情感與關懷

乃植基於情感所建立且以平等為基礎，屬於跨組織或跨疆界的直接對話。網絡建構及其後續的管理與維繫，如建立在非利益考量的情感與關懷上，將可為永續的網絡奠定穩固的基礎。

02 溝通與理解

網絡建構基本上含有跨越個人或組織的意涵，隨著參與者個人或組織的異質性加上參與網絡之動機或目的的不同，可能使得網絡成員間存有潛在的隔閡。所以，好的網絡溝通者除了要善用正式的溝通機制（如會議或撰寫報告）外，更重要的是要能夠對跨文化的語言、態度和行動具有敏感度，以便在交談與互動過程，讓彼此理解對方所傳遞之訊息的真實意涵。

03 信任與尊重

信任是社會資本建立的要素，網絡建構也是社會資本成果的展現，信任對於有效網絡建構與維繫是不可或缺的要素，唯有建立成員間的信任關係，始可降低交換或交易所必須付出的成本。

04 彈性與適應性

網絡建構在分享彼此的資源、知識與經驗，其目的也在導正或補充科層組織運作的不足，所以網絡參與者須能持有彈性的態度與作為，以突破既有慣例與規則的侷限。此外，網絡建構超越個人與組織的層次，參與者面對的可能是複雜且陌生的環境，所以這也意味著需要有某種程度的妥協，若要快速且平順的運作，就要能夠適應多變的環境。

Unit 12-6
資源網絡的建構與維繫

410

社會資源網絡的建構，涉及到相當多層面的思考，可採取的策略包如下（整理自黃源協等著，2017）：

一、確立資源網絡建構的主導單位

資源網絡的建構必須以個案的需要為前提，但提供服務之潛在網絡成員（含個人和團體）參與網絡的動向，卻是網絡能否成形與運作的關鍵性因素。無論是政府的部門，還是公部門與民間部門之間，資源網絡的建構必須基於一種自願的結合。由於政府往往擁有龐大的資源，再加上民間部門對社會服務的提供，許多是基於政府方案的補助或契約委託，因此，公部門顯然是較具有主導權，也是較合宜的單位。

二、從部門的內部整合到外部整合

當政府各相關單位在強調跨部門整合或夥伴關係的重要性時，最易於忽略的是：自己本身往往忽略組織內部的整合問題。實務上，無論是中央或地方的衛政部門或社政部門，經常出現對自身內部業務或工作彼此認知或搭配不足，致使有限資源的使用產生零散甚或浪費的現象，政府的社政、衛政或相關單位，實有必要檢視內部整合問題，並從事必要的修正與改善，以為外部的整合奠定良好的基礎。

三、資源網絡的盤點與穩定性的確立

資源網絡建構之初，除需要對潛在服務使用者的需求做事先的了解外，也要進行資源調查與盤點，以確認已存在或潛在的資源有哪些及數量之多寡。資源的穩定性也是網絡運作重要的一環，以確保提供服務使用者全面及穩定的滿足；甚至網絡間也可透過相互支援、互補的機制，讓資源運用發揮最大的效益。

四、網絡建構的願景與目的之釐清

資源網絡的建構往往有其理想與目標，網絡建構的主導者應透過參與的方式，與潛在網絡成員討論網絡的願景和目的，以讓每位參與者清楚了解網絡存在的目的，以及網絡對個案及各機構的助益，進而讓網絡發揮功能。這種願景的塑造與釐清，在積極面將可讓網絡成員彼此相互尊重與接納，進而提升網絡成員的士氣；消極面則可避免彼此間的對抗或緊張關係的產生。

五、網絡成員間夥伴關係的營造

跨專業和跨部門所形成的資源網絡，或因彼此間沒有強制的約束或因專業間或權力的不平等而易於產生嫌隙。主導單位對於參與其中的公、私部門，要能避免專業主義或部門主義作祟，並強化彼此之間的尊重與信任感，以為基於自願結合的網絡留下更多討論和協議的空間。

財務策略

透過政策性整體規劃，並以經費補助策略或購買式服務契約來促使服務輸送能相互配合。尤其針對較為辛勞和成效彰顯不易之工作，應增加比例。

個案管理策略

以整合或開發案主所需之服務，尤其透過了解實際情況之所需，以協調方式，或是財物與法規為手段，完成資源網絡建構。

人際關係策略

透過領導人主動建構人際關係網絡，或成立協會定期召開聯誼會協調工作，或以非正式的關係願意配合工作，以達成志願性交換。.

STRATEGY

立法規範策略

規範資訊共享與轉介服務連接，以強制性方式完成資源網絡。但是目前現有法規中，對此一問題仍未有明確規定。

合聘或互聘董事或委員策略

各機構空出數個名額，由相關機構或單位推派代表擔任機構委員或董事。許多機構的配合障礙即可以獲得控制。

成立地區性協會或聯盟策略

相關機構或單位共同組成協會，以協調或促進各會員之間的合作。初期可以以聯繫會報型態出現，後期則以建構盟約方式，針對服務主題與服務輸送網絡問題進行協商，以達成網絡的建構，使網絡確實發揮功能。

資料來源：整理自曾華源（2000）。

Unit 12-7
資源網絡的建構與維繫（續）

在資源網絡建構後，網絡的維繫更顯重要，事關以後網絡中各項服務的提供，基此，資源網絡維繫不可不慎，可用的策略，說明如下（整理自黃源協等著，2017）：

一、網絡成員是參與者（主角）而非搭配者（配角）

網絡的建構是基於自願的結合，參與網絡的專業或部門彼此是基於一種夥伴關係的互動，其維繫須建立在個案的服務上；亦即，網絡關係的焦點在於為個案供整合性的服務。此外，為強化網絡的基礎，相關網絡成員也須定期或不定期的會談或討論（如聯繫會報）。在網絡運作上，若主導者的角色過於強勢，而令其他網絡成員覺得僅是個搭配者，可能會令網絡成員感到角色不足，或覺得在網絡中參與不足或未受到重視，疏遠的感受便可能隨之出現，甚而危及到網絡的穩定性。為避免網絡成員可能的疏遠，網絡成員的角色應予適度的分配與肯定，以讓他們覺得在網絡中可發揮功能，及每個機構有機會或輪流扮演主要角色，將可更加維繫相關機構參與網絡運作的意願。

二、網絡成員非正式關係的重要性並不亞於正式關係

正式互動往往是機構間透過正式公文往返，或是在正式集會場合所從事的互動。非正式互動則是成員彼此之間的私人情誼所建立的網絡關係與信任。信任可增進網絡合作的可預測性，降低行動參與者的投機行為與交易的風險，進而促進網絡的績效。網絡運作時若能營造成員間非正式的互動關係，可強化彼此的信任關係，並藉以做為網絡運作的潤滑劑，以降低形式主義、冷漠或僵化的風險。

三、增進網絡合作實質績效的可見度

為實際解決個案問題並滿足其需求，主導單位宜依所設定的目標準則，就網絡的績效指標做必要的檢視，除可讓網絡成員了解到彼此合作的實質成果，也會藉由檢視而增進網絡成員合作的可見性，進而激勵與強化網絡成員的合作意願，以及激勵網絡成員的士氣與能量。

四、不斷檢視網絡目標的達成度

資源網絡的建構有其願景與目的，在網絡的運作上，主責單位須不斷地藉由網絡成員共同參與擬訂的目標，定期或不定期地予以檢視，以確定目標的達成度。過程中若發覺目標的達成比預定的還要慢，便可與網絡成員共同商討並發現問題的癥結，以做為後續改善的方向。

網絡管理的三種觀點

- ■ 網絡可視為在既定的組織關係架構下，讓抱持不同資源與目標的行動者之間合作策略的形式之一，以解決某些政策議題為目的。
- ■ 由於網絡組織比較沒有清楚、一體適用的決策程序，利用網絡管理可以創造行動者之間對於共同行動策略的共識。
- ■ 三種網絡管理的意涵
  - ➤ 工具觀點：認為網絡管理是在目標導向之下解決問題的工具。較著重於網絡中某一行動者的導航能力，尤其在網絡中政府因為角色、權力與資源擁有之故，常常在網絡中有特殊的地位，適合擔任此一角色。
  - ➤ 互動觀點：強調網絡中有眾多的參與者，網絡管理不是為了達成政府的目標，而是協助建立與提供成功互動的情境，讓這些參與者有效率地達成共同目標。由於互動觀點的網絡管理著重於集體行動扮演的功能，認為在網絡中行動者可以發揮相互影響力，甚至試圖去影響集體行動，以克服合作的阻礙。此一觀點也意味網絡參與者無法獨自解決問題，利益的衝突會阻礙集體行動的績效，因此，網絡管理應該注意到互動過程的順利進行，包括衝突降低與衝突解決。此外，互動觀點不但著重在參與者價值的多元化，也認為政府與民間社會要積極合作，以解決共同的問題。
  - ➤ 制度觀點：強調制度對於參與者策略與意圖的影響。制度觀點強調制度的功能與制度化的重要性，注意到網絡之中互動的規則與制度架構的運作。

比較項目	工具觀點	互動觀點	制度觀點
研究焦點	促進導航的條件	合作過程	網絡安排及其影響
分析層面	焦點組織	互動	網絡制度
網絡管理的特質	利用導航策略與處理互賴關係的策略	■強化合作 ■防止與移除妨礙合作的因素	誘因結構的強化調適與結構的規則
優勢	■應用性 ■與政府的導航想法一致	在多元的情境下合作的實現	■有利於制度與制度化的角色 ■利用結構解決
弱點	■限制在目標導向 ■落入工具主義的狹隘觀點	■不太注意制度的觀點 ■形成黨派意識的危險	有限操作的變化
採用的策略	以目標導向影響參與者的認知	相互調適參與者的認知與目標	強調參與者認知的差異性
評估的標準	■效能 ■問題解決	■滿意的政策 ■共識 ■開放性	■開放性 ■穩定 ■有利於互動過程

資料來源：劉宜君（2006）。

413

Unit 12-8
網絡治理

治理（governance）的產生，起因於政府傳統的統理模式（governing）隨著資源減少及全球化影響下，科層管理與政府單方領導等方式已無法迅速回應社會的多元需求，導致政府失靈的現象產生。原本二次大戰的「大有為政府」（Big Government）得以處理當時社會變革與復甦經濟的概念，在面臨財政赤字及官僚體系運作失靈與效率不彰的惡相不斷浮現，「政府失靈」（Government Faiure）的窘境普遍發生於西方各國，進而改納入市場體制的競爭機制以縮小政府的角色，但其管理方式也因市場的不確定性與資訊不對稱，產生了「市場失靈」（Market Faiure）的狀況。在大政府與小政府都未能解決國家管理的問題時，以重新探索政府、市場與公民價值的「治理」，就在 1990 年代開始竄起，改變了國家的施政策略。

為了解脫伴隨著國家資源減少的窘境，政府一改過往的統理模式，不斷強調「市場機制」及「顧客導向」的新公共管理（New Public Management）成了首選，認為此舉能大幅減輕政府負擔並有效的提供服務；但市場的不確定性及資訊不對稱的情況，將提高交易成本，導致市場失靈的情況發生。

而為了跳脫「政府」與「市場」的兩種對立思維，「治理」的概念便油然而生，想藉由重新塑造與市場及公民社會的網絡及夥伴關係，擺脫「統治」的傳統

角色，也解決非政府即市場的「零和」（zero-sum）狀態。治理概念的前提是行動者與政府部門各單位的權力相互依賴，治理主體本身的多元性將形成一種政策網絡，成為政府與民間共同管理的理念型（ideal type）。

在這樣的思維下，在政策執行過程中有別於以往只限於重視政府結構部分，現今乃朝向社會政治共同管理的架構，並興起政策網絡的概念；亦即，在政策執行過程中，參與者是多元的，彼此在權力授權下進行互動，且各自具有自主性，公私組織之間建構出夥伴關係，彼此分享資源，共同達成目標，以預防前面所說的困境出現。

Rhodes 曾經指出：將網絡視為科層與市場以外的替代方案或是第三種治理結構（governing structure），且其範圍遍及公、私及志願性部門，並認為此治理網絡具有「自我組織」（self-organizing）（意味著網絡是自主的〔autonomous〕而且是自我治理〔self-governing〕的）之能力。Gonzalez 與 Bhatta 指稱「建構更強的經濟與更好的社會，有效治理企業、政府與市民，三者的互動都是夥伴關係」。網絡治理出現的價值在於試圖去解決傳統公共服務提供的困境，建構出一個具有多元性、信任、互賴的新運作模式，期待能最有效地提供公共服務，以回應社會多元的需求。

統治與治理觀點的對照表

項目	統治（Government）	治理（Governance）
參與者	公部門	公、私部門或兩者合作
參與者關係	命令服從	權力依賴
權力的掌控	集權式	分權式
權力的運作	由上而下	上下互動
管轄範圍	國家領土內部	跨越國界的
領導方式	注意權威	注意指導
權威基礎	法規命令	公民認同與共識
特質	強調制度、具強制性	強調過程、具志願性
理論觀點	以國家為中心，從政府觀點思考社會政策	國家與公民社會各自享有自主性，兩者相互依賴合作

公共價值與網絡治理

觀點	傳統公共行政	新公共管理	網絡治理
脈絡	穩定的	競爭的	不斷改變的
人口	同質的	個體的	多樣的（互異的）
需求／問題	■簡單、不複雜 ■由專業人士定義	■因應需求之物品 ■透過市場表達	■複雜的 ■不安定的、易發生風險的
策略	國家和生產者為中心	市場和顧客為中心	由公民社會塑造
透過何者治理	階級制度	市場	網絡和夥伴關係
由何者規範	發言權	退出機制	忠誠
參與者	公務員	買方和供應商 客戶和承包商	公民領袖
理論	公共物品（公共財）	公共選擇	公共價值

資料來源：Bengington, J.（2011）。

Unit **12-9**
網絡治理（續）

治理是各種公私部門中的個人與機構，用以處理其共同事務的一種方式；它是使相互衝突或不同利益的各造得以溝通調和，並且採取聯合行動的一種持續性過程，它包括了具有強制權力的正式機構與規章制度，以及非正式的各種關係或安排。而這種治理機制均以參與民眾或機構的同意及共識為前提，同時也是在符合各造利益下所設置。

治理特別重視國家與公民社會的合作，或者是公私部門的「夥伴協力關係」；換句話說，治理的最大特徵即是「合作協調」與「權力分散」。從權力關係觀察，國家與主要社會團體之間是「夥伴關係」，不但能夠參與決策，兩者的互動關係亦屬於雙向水平互動，而非傳統的「由上而下」或「由下而上」；亦即，治理的權力運作是一種上下互動的模式，彼此透過信任、合作、夥伴協力關係共同完成一項任務。治理強調的是，政府應該與私部門或志願部門等夥伴進行政策與執行的協商，以及由社區居民共同決定社區事務的方向，透過鄰里間的合作，以使社區成員能相互關懷與共享，是一種公私協力的夥伴關係。

組織進行網絡治理之特性，包括如下：

1. 組織間的相互依賴關係：治理的概念較政府廣闊，因為它包括了非政府（nonstate）的行動者。改變了政府與私部門、志願性團體間的邊界，使得政府與私部門、志願性團體間的邊界易變而不明確。

2. 網絡的成員不斷互動：因為需要交換資源，協商共同的目標，因而網絡的成員持續互動。

3. 博戲／賽局的（game-like）的互動：參與者所信任與受約束的遊戲規則是由網絡參與者共同協商而同意的。

4. 具有相當程度不受政府干涉的自主性：政府在這樣的自我組織的網絡之中，將不再擁有特權和支配性的地位，但它可以非直接地和不完全地引導網絡。

綜合言之，將治理視為網絡的學者認為，現代社會的複雜性與多元已非政府單獨治理能解決，而應該平衡及協調各個行動者與政策之間的權力關係，透過高水平的公私協力（public-private partnership, PPP）模式來達到這些網絡需求之間的聯繫，滿足複雜的公民需求。憑藉著國家與社會頻繁的互動，形成互相依賴的政策網絡，跳脫層級制與市場的限制，獨立而成一種治理模式。

網絡治理（Network Governance）因強調溝通的重要性，並透過協調來跨越公私部門的界線，除了解構科層制度外，其跨部門的策略聯盟方式，恰可回應日漸緊密的公私部門關係。網絡治理強調跨組織的功能，下放或解除政府原有職能及權力，透過公眾參與組織網絡來提供貼近實際需求的公共服務。相較於傳統科層體制著重政府單向控制的權威，及趨向市場模式僅以市場交易為目標、僅重視成效而言，強調協商、溝通及建立網絡機制的治理形式，更能折衷地切合多元且具較高公民意識的社會變遷。

三種治理模式比較

比較項目	科層體制	市場模式	網絡模式
政府的定位	政府治理能力決定治理的有效性	政府治理並非有效，建議引進準市場的機制	政府只是參與的行動者之一，必須與其他非國家部門共同行動
管理方式	單向統治	交易	協調、商議、合作
使用工具	權威	價格	信任
公共利益	以政治途徑界定，並以法律形式表達	個別利益的匯合與表徵	共同價值的對話結果
政策達成機制	透過現有的政府組織機關化執行	創造誘因結構，鼓勵民間組織與非營利組織分擔執行	建立公部門、非營利和民間組織的聯合機制

資料來源：孫本初、鍾京佑（2006）。

比較項目	科層體制	市場模式	網絡模式
規範的基礎	固定關係	契約－所有權	互補優勢
溝通工具	例行規則	價格	關係
解決衝突的方法	■行政命令 ■監督	討價還價	■講求互惠原則 ■強調彼此信任
彈性化的程度	低度	高度	中度
承諾度	中度	低度	高度
組織氛圍	■正式的 ■官僚的	嚴肅和（或）多疑	■開放式式的 ■互利共存的
行動者的偏好或選擇	依賴	獨立自主	相互依賴

資料來源：江大樹（2006）。

Unit 12-10
夥伴關係

　　Guy Peters 對於夥伴關係之意涵，從三個面向加以分析：1.兩個或兩個以上的參與者，每個都是主角；2.成員間有持久的關係和持續的互動；3.每個參與者必須對夥伴提供物質或非物質資源，且須共同分享與共同承擔責任。

　　Jennifer M. Brinkerhoff 則認為，夥伴關係係指各個行動者基於相互同意的目標所形成的動態關係，並且以理性原則劃分工作範圍，追求每個參與夥伴的利益。夥伴關係中的參與者會互相影響，並且在綜效（synergy）與自主性（autonomy）之間取得平衡，為維持夥伴關係，參與者必須互相尊重，以及決策的推行要公平公開及相互課責等原則。

　　由夥伴關係延伸而來的公私協力夥伴（public-private partnership）（社會夥伴〔social partnership〕），是結合公私部門所提供的生產項目，協力生產公共服務。在國內「公私協力」的概念界定與「公私夥伴」經常交替使用，係指除了政府之外，公民或「第三部門」參與公共財貨和服務之提供或輸送的重要方式。而所謂的「公」，也就是公部門，即指政府或公務員；「私」即是「私部門」，即指公民或「第三部門」，如人民、服務對象、社區組織、非營利團體等，而公私協力即公部門與私部門可以形成一種特殊的互動關係，在共同合作與分享資源的信任基礎下結合，以提供政府部門的服務。

　　傳統上以市場或層級二分法來區分公部門與私部門的社會機制似乎過於簡化，

相反地，必須尋求兩者間最適合的治理網絡關係，以「合作與參與」代替「競爭與控制」，此種關係即是公私協力夥伴所構聯的政府附加價值而建立的角色。M. Stephenson 認為公部門與第三部門夥伴關係的定義，即公部門與第三部門間一種互動的相互合作過程。

　　社會服務夥伴關係，具有的共同特性，說明如下（引自黃源協、莊俐昕，2020）：

　　1. 綜效或增值：夥伴關係可獲得個別機構難以獲得的好處，且因權力或資源的結合而產生綜效（synergy）。

　　2. 志願性的結合：夥伴關係的組成往往是基於一種志願而非強制性的結合，成員之間的非正式關係高於正式關係。

　　3. 互賴、互信與互惠：夥伴關係的組成分子必須要認知到彼此之間有一定程度的相互依賴，彼此之間的互動必須建立在信任且互蒙其利的基礎之上。

　　4. 共同的願景與目標：夥伴關係的結合至少有其共同欲達成的願景或目標，這亦是夥伴關係維繫的動力。

　　5. 持久性的關係：儘管夥伴關係較偏向志願的結合性質，然而，成員之間的關係普遍上並非一次性或短暫的關係，它們可能維持一段時間之持續性的關係。

　　6. 無縫隙之整合性的服務：夥伴關係的形成動機在於欲提供服務使用者無縫隙之整合性的服務，但這目標並不容易達成。

社會服務領域須推動公、私部門夥伴關係之理由（英國審計委員會提出）

處理棘手或相互關聯的議題

試圖取得或獲得新資源

01　　**03**　　**05**

02　　**04**

提供協調性的服務

降低組織分化的衝擊，以及減少任何因分化而可能產生的負面誘因

符合法令的要求

建構協力夥伴關係的成功要素

1. 平等互惠關係

協力式網絡關係的形成通常基於相互依賴的需要，強調參與者之間資源、資訊和目標價值的共享，處於平等且無主從之分的地位。參與者對協力關係會具有相互承諾與義務感，認為須關照到彼此的利益，否則協力關係將無以為繼。

2. 協力過程

協力關係需要被治理，才能有效促進參與者各自與共同的利益。因為有時參與者眾多，其有各自利益的盤算與不同的之參與目的，且有時參與者在協力過程中來去，網絡關係的結構並非固定，而是呈現相當的動態性。

3. 信任與社會資本

信任是指參與者彼此對信守承諾之態度均抱持高度的信心，且相信彼此不會有犧牲對方而成就利己的投機行為。此信任須透過長期互動接觸的培養，當信任關係形成便成可資利用的資源，此即社會資本的意涵，其不僅可以減少後續協力過程的交易成本，也能創造額外的非正式聯繫管道以彌補正式制度安排之不足。

資料來源：整理自陳敦源、張世杰（2010）。

419

Unit 12-11
夥伴關係（續）

420

事實上，在夥伴關係的協力過程中，往往並非一帆風順，在此協力過程可能遭遇到的阻力，包括如下：

1. 協力受到一兩個主要機構所主導，但他們卻很少真正對協力工作有興趣，特別是分享權力和影響力的意識，或開放管道給影響力較小、資源較貧乏的夥伴來貢獻其策略。

2. 未準備就緒的夥伴急於聚集在一起，以便在名譽上讓夥伴關係更為榮耀，進而能夠獲得特定的方案贊助。

3. 鄰里中的邊緣團體遭到排除，由於他們在夥伴關係形成開始時即遭到忽略。

4. 過度誇耀協力強度，但事實上決策是由少數強有力的利害關係人所把持。

5. 太多的時間花在成立夥伴關係的過程，如長時間的會議、無止境的諮詢選民團體，以至於少有具體成就的感覺。

6. 夥伴關係太急躁（試圖短時間內獲得太多），卻沒有充分的關心到決策是如何做成的，以及誰有影響力。

以上的這些阻力，使得公、私部門夥伴關係的推動，可能遭遇到之問題或挑戰，說明如下：

1. 口號過於空泛：夥伴關係中的利害關係人或因缺乏以真誠合作為基礎，或因缺乏明確性，抑或因無法從夥伴關係運作中感受到它的重要性或必要性，致使「夥伴關係」成為一種「無所不包」（catch-all）的概念，且易流為空泛的言辭或口號。

2. 組織承諾不足：組織加入夥伴關係的動機往往是多元的，有的是為了組織自身利益、存活、商業考量，以及獲取或交換資源，有的是為了回應政策或政治利益等，在缺乏共同的歷史或文化作基礎的前提下，皆可能造成組織對夥伴關係的承諾度不足，進而增加了運作的阻力。

3. 組織的不信任或衝突：夥伴關係的運作必須關注到不同資源的移轉性問題，如何在整體夥伴關係中達到利益與激勵的平衡是一大挑戰；此外，夥伴關係的運作需要有資源、人力或經費的搭配，若資源不足或配置不當，可能導致組織間的不信任，甚至出現衝突。

4. 運作成本增加：夥伴關係的運作可能出現「未蒙其利」、「先受其害」的困境，例如：因組織文化的不同而增加溝通、協調的時間成本，抑或因組織潛在的衝突、風險或領導權的爭執，而耗損組織服務的能量或成本。

5. 自主、創新與選擇性的降低：在夥伴關係的運作過程中，志願部門可能因為接受政府部門的經費運作，而受其目標與規範的約制，進而降低組織（尤其是非營利組織）的自主性創新。甚至民間部門的多樣化服務，也可能因夥伴關係強調目標的一致性，而降低民眾的選擇權。

6. 成效設定不易：夥伴關係運作可能因其具體目標或成效指標設定不易，導致因難以聚焦而造成了夥伴關係即是目的，讓原本設定的成效反而被忽略。亦即人們在一起工作後，唯一的收穫就是彼此之間好像有夥伴關係，但卻缺乏實質、具體的成效。

形成有效夥伴關係的步驟

1 藉由探究問題的組合，決定需要一個跨組織的體系。

2 在環境中出現什麼樣棘手的問題是不能夠由一個組織或另一個組織來解決。

3 發展協力的動機：看得出的好處能夠促使更高度的熱情。

4 確認關心問題的成員，且願意參與協力的過程。

5 協力計畫：哪一種跨組織的實體應被設置，以及它的願景和行動策略會是什麼？

6 建立夥伴關係：組織願景和行動成為一個結構，包括領導、溝通、政策和決策程序和執行。

7 依據成果、夥伴之間的互動品質，以及使用者和實務工作者的滿意度，來評估跨組織的實體。

社會夥伴關係的優缺點

優點

(1)服務方案較為多元、創新、彈性，也較易受民眾信賴，故可以彌補公部門服務之不足。
(2)利用志願部門的服務據點資源，可有效將服務效能與服務空間極大化。
(3)借重志願部門之專精化服務，提升服務責信。
(4)志願部門獲得政府之穩定的財源，可利機構發展。
(5)減少政府人力員額，縮減政府人力支出。
(6)較可提供案主多元化、可近性、可及性的服務。
(7)減少案主對科層官僚的不良印象，提升服務滿意度。

缺點

(1)加重社會行政人員的契約管理責任，除了仍須承擔職位所賦予的任務外，更須對契約所引進的關係網絡進行協調，行政人員是否有足夠的時間和專業能力，則有待商榷。
(2)難以清楚釐清彼此之間的責任與績效期待。
(3)容易出現獨占、利益衝突、政府規避、組織責信之情形。
(4)政府機構過度依賴志願部門，恐會降低其在服務方針和策略上的協議。
(5)志願部門因財源來自於政府，產生財源依賴效益，致使機構喪失自主性與利他主義使命。
(6)志願部門因政府科層組織層層節制，造成行政管理的複雜和負擔。
(7)易有政府與機構之對服務作為之衝突，致對服務輸送產生影響。

Unit 12-12
團隊管理

「團隊（team）」，是指「數個人形成一個團體，並共同從事某件事或達成某項任務」。團隊係為二人以上組成，成員各自有明確的角色與任務，並且有著共同目標，彼此相互依賴。團隊（team）是人群服務的一個重要概念，團隊可界定為解決多元且複雜的問題，亦或為滿足多元的福利需求所組成的工作團體，其成員係來自機構內或跨機構的各專業領域，成員們對其團體具有歸屬感，並透過專業的分工、協調、統整與合作，以致力於共同確認的使命、宗旨或目標之達成。

Jelphs 與 Dickinso 指出，團隊是指個體的聚集，在任務中互相依賴，對成果共同分擔責任，此種完整的社會實體相對於更大的社會系統當中，可以看見彼此的存在，並跨越組織間的藩籬建立彼此的關係。團隊是個體所組成的團體，個體一起工作藉以生產或進行服務輸送，其擁有相互的責信。再者，團隊成員共同分享目標與擁有相互的責信，且相互依賴，藉由彼此的互動來影響結果，因為團隊擁有集體的責信，故與其他成員的整合及共事成為每一位成員的責任。

Shonk 認為共同的目標和協調的活動，使一群人成為團隊，其從四個面向提出團體與團隊在概念上的差異：

1. 目標：團體成員的目標是可以區分的，而團隊成員則具有共同的目標，並且需要在一起工作。

2. 成員之間的互賴程度：團體成員能夠自由決定或採取不影響其他成員的行動，而在團隊中，任何成員的行動或決策都會影響其他成員。

3. 成員的合作程度：團體成員獨自工作最能有效達到任務，而團隊成員則透過合作才能夠最有效地完成工作。

4. 時間架構：團體成員可以獨自工作很長的一段時間，而團隊成員則必須每日或每週密切地協調工作。

此外，Katzenbach 與 Smith 則從七個面向建立團體與團隊之差異，說明如下：

1. 領導者：團體具有一位正式且強有力的領導者，而團隊則傾向於共享領導權的角色。

2. 責任歸屬：團體多講求個人責任，而團隊則是個人及彼此相互責任兼併。

3. 目標：團體的目標與組織使命相同，而團隊則有其特殊之目標。

4. 工作成果：團體注重個人的工作努力成果，而團隊則注重集體的工作努力成果。

5. 會議過程：團體只著重於進行有效率的會議，而團隊則著重進行鼓勵每一個人參與討論，充分溝通，並一起解決問題的會議。

6. 績效評估：團體的績效衡量多著重個人表現成效的影響力，而團隊則注重集體的工作成果。

7. 工作方式：團體在經過討論及決策後，授權個人去進行任務；而團隊則是在經過討論及決策後，大家共同完成任務。

簡言之，Katzenbach 與 Smith 認為，團隊是具有互補技能（complementary skills），彼此認同於共同的目標、績效的標準和工作方法，且相互信任的一群人的組合。

有效團隊的若干特徵

明確的目標

05 共同的承諾

02 相互信任

06 適宜的領導

03 良好的溝通

07 相關的技巧

04 協商技巧

08 內部與外部的支持等

團隊的類型

問題解決團隊
（problem-solving team）

問題解決團隊的成員係由相同部門或相同功能領域的成員所組成，其目的是要去改善工作活動或解決特定問題。例如：品管圈。

自我管理團隊
（self-managed work team）

自我管理工作團隊係指一種團隊成員可以自行領導和管理自己，並決定團隊執行任務的方法。

423

跨功能工作團隊
（cross-functional work team）

跨功能工作團隊係由同一層級但不同工作領域的員工所組成，他們集合在一起以完成某一特定任務。

虛擬團隊
（virtual team）

虛擬團隊成員之間的溝通或互動，絕大部分是透過電子方式而非面對面來進行；亦即，成員使用許多新資訊科技來分享資訊、互動和達成目標。

Unit 12-13
專業團隊

圖解社會工作管理

424

　　「專業團隊」指的是不同專業背景的服務提供者為處理同一服務對象的問題或需求，而規律性地多在一起工作。專業團隊的合作模式分為多專業團隊模式（multi-disciplinary model）、專業間團隊模式（inter-disciplinary model）、跨專業團隊模式（trans-disciplinary model）等三種不同的類型，茲分為二個單元說明，本單元先說明前二個單元，至於跨專業團隊模式則於次一單元說明。

一、多專業團隊模式（multi-disciplinary model）

　　此概念由「多」（multi-）與「專業」（disciplinary）所組成。此模式在運作上係指由多位不同專業人員共同為服務對象提供服務，但卻是各專業人員獨自進行或同時平行（parallel）提供服務。本模式之優缺點，綜整如下：

　　（一）優點

　　於專業人員可以深入了解個案問題，並擬定及執行處遇計畫，不需花費時間與其他專業人員協調，節省時間、人力。

　　（二）缺點

　　在於整合層次最低，是最少實際運用的模式；團隊運作缺乏強制溝通整合的機制，因此容易流於分散片段、各自為政之服務，專業間各行其道，宛若五指併行，永無交集，導致缺乏整合或服務重複性高。此外，服務對象須面對多種專業人員之評估與介入，將可能不斷受到團隊成員之干擾，並需要適應不同的專業人員。是故，此模式較適合在組織規模不大、專業種類不多、各

專業成員彼此之間已建立合作默契之情況下使用，較能避免前述之缺點。

二、專業間團隊模式（inter-disciplinary model）

　　專業間團隊模式是專業間先各自進行專業評估，再定期召開會議研討，共同擬定服務處遇計畫與執行，專業彼此間有所交流與互動、合作關係指的是各專業人員間運作達成共識，彼此分工並分享資料，定期針對個案召開研討會議，但是專業人員是個別對案主負責，專業人員之間缺乏互動與討論。本模式之優缺點，綜整如下：

　　（一）優點

　　在於彼此合作支持整體性介入、團隊成員之間關係是對等，以及專業人員透過討論與整合後擬定之處遇計畫是較符合個案全面發展之需求；服務對象能夠獲得多種專業，且經過整合之處遇，所有團隊成員配合具體的專業團隊處遇目標與計畫努力，能夠避免重複性或片段之服務。

　　（二）缺點

　　專業間會出現重複性服務及太多的專業觀點，若不經整合會造成決策不一致，還有耗時且各專業人員所提供的服務多半是優先以自身專業為考量，而非整合性服務之提供；且正式溝通與會議需花費較多時間且安排不易；服務對象仍有著須面對多種不同專業人員之困擾；專業團隊中若有堅持專業己見者，則會影響協調過程及團隊服務之效能；擔任協調整合角色之專業人員，其若以主導者之角色自居，太過於強調個人之判斷，亦將影響團隊整體之服務效能。

工作團體與工作團隊之比較

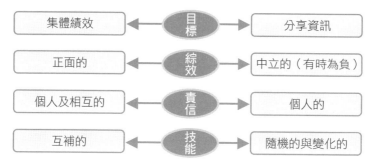

資料來源：Robbins , S. P. & Decenzo, D. A.（2004）。

建立專業團隊的「七階段模式」（seven-stage model）（Drexler、Sibbet和Forrester提出）

階段	說明
階段一：引介（orientation） ①	成員釐清自己為什麼在這個團隊裡。
階段二：建立信任（trust building） ②	認識彼此。
階段三：目標和角色釐清（goal/role clarification） ③	每個人要做什麼。
階段四：承諾（commitment） ④	我們要怎麼做。
階段五：執行（implementation） ⑤	誰在何時、何地做什麼。
階段六：評量（evaluation） ⑥	我們做得如何。
階段七：更新（renewal） ⑦	團隊為什麼要繼續走下去。

Unit 12-14
專業團隊（續）

本單元接續說明專業團隊的合作模式中的第三種類型「跨專業團隊模式」（trans-disciplinary model）如下：

三、跨專業團隊模式
（trans-disciplinary model）

跨專業團隊模式係以整合形式共同進行專業評估、擬定處遇計畫，並由主要提供服務者執行計畫。為了改善前二種模式各做各的和缺乏連貫服務的缺失，此模式會與各專業共同協商、診斷評估及一起實施共同擬定的服務計畫。

跨專業團隊模式有著專業間資訊分享與合作，也能在最後將各個專業的意見整合形成一份完整且融入各專業的建議，此種模式最能符合個案管理中強調服務整合、單一窗口的概念，也能使得服務對象獲得完整、不斷裂的服務。由此可知，在跨專業的團隊裡，必須要有一位專業人員負責協調與整合的工作，將各個專業的建議彙整成服務計畫，並依服務計畫提供服務對象完整的服務，而負責聯繫協調的專業人員就是社會工作者。

本模式之優缺點，綜整如下：

（一）優點：此模式最大的優勢在於能提供完全適合發展案主所需的服務，並將家庭視為團隊的一分子，團隊成員共同分擔療育責任。另外，跨專業團隊之運作對於其專業知能與團隊合作上，皆能產生正向影響。其中包括：專業知能之促進、專業知識之擴充、團隊成員角色與職責之釐清、獲得相關實務經驗，以及增進溝通協調能力。

（二）缺點：此模式需要大量的人力、時間與經費，還有各專業間整合不易的困境也需要克服；且此模式的各個專業仍然不可能完全取代其他任何一個專業，因此影響服務對象接受更專業化服務的權利，甚至服務品質；由於專業界限之釋放，將可能成為機構管理階層節省專業人員費用開支，不聘任某些專業人員之藉口；由於團隊中各專業角色較模糊，因此尊重專業的概念容易式微；主責人員的專才與通才角色易混淆不清。

前述此三種專業團隊合作模式各有其特色，主要差異在於專業團隊中各專業人員彼此之間的互動情形，以及合作模式的核心角度。多專業團隊模式及專業間團隊合作模式強調以單一專業為導向進行服務，偏屬以專業人員為中心之評估、處遇服務，合作模式流於表面化的關係，缺乏專業合作的整合機制，服務內容可能重疊或衝突，但各專業人員可直接進行處遇，無須與其他專業討論研擬；專業間團隊合作模式好處在於各個專業彼此之間有正式溝通管道，彼此分享與支援。

然而，跨專業團隊模式則不再只有專業人員參與評估和處遇，納入服務對象與其重要他人之參與，透過專業成員間之溝通、討論，雙向的互動將服務融入當中，帶有以個案為中心的色彩，相較於其他兩種合作模式，其所需花費的時間與溝通協調將更為複雜，優點是可以獲得較完整的評估，對於個案而言，僅須面對單一窗口的個案管理員。

有效夥伴工作的關鍵的七大面向

1.目標與目的的共同承諾
(1)清楚自己的團隊和組織的目標
(2)清楚夥伴關係的目標
(3)相信夥伴工作的目標是有價值的
(4)樂意投入夥伴工作

2.成效的互賴性
(1)自己的團隊、組織以及夥伴工作的目標是相互依賴的
(2)為了達到這些目標，創新是必要的
(3)不同夥伴帶進夥伴工作中的各種技術與經驗，是獲致成功所必需的

3.角色的釐清
(1)了解夥伴工作中自己與彼此的角色
(2)確保夥伴工作中的權力與地位是經過同意與說明的
(3)以結構化的工作來解決地位與角色的衝突

4.文化的一致性
(1)了解跨團隊或跨組織文化的差異
(2)投注時間發展合作共事的有效過程
(3)檢視工作與人際間的關係

5.聚焦於品質與創新
(1)關注聚焦於夥伴工作目標的品質
(2)鼓勵有關實務工作的正向挑戰與建設性的論辯
(3)錯誤中學習的分享
(4)對於實務的創新提供支持

6.真正的合作
(1)界定有效夥伴工作的必要條件
(2)規劃設計整合性的政策與實務
(3)提供各種層次夥伴工作的訓練
(4)確保有效的溝通過程

7.跨專業的信任與尊重
(1)了解每一個團體的專業角色
(2)了解每一個團體所採行的不同工作方式
(3)使用正向的語言闡述他人的角色與貢獻
(4)針對各種專業團體的成員給予建設性的回饋

資料來源：Jelphs, K., & Dickinson, H.（2008）。

專業團隊類型之比較

項目	多專業團隊	專業間團隊	跨專業團隊
合作模式意涵	各專業人員分別獨立與平行式型態進行評估個案情況或需求，並各自擬定與執行處遇計畫和目標，各自提供服務，成員之間是透過非正式的溝通管道，不跨越界線。	專業間以信任、合作為基礎相互討論交流，定期進行會議達成共識，但仍依照自身專業範圍內各自評估，以個別執行自我專業服務計畫為主。	各專業人員以整合方式共同進行評估，強調服務對象及其重要關係人參與之重要性，以個案為中心進行全面性需求與資源評估，擬定整體性的服務計畫，選一人負責協調（個案管理員）。
核心	以專業人員為中心	以專業人為中心	以個案為中心

第 **13** 章

社會工作的行銷管理

••••••••••••••••••••••••••••••••••••••• 章節體系架構

Unit 13-1
行銷的意涵

430

美國行銷協會（American Marketing Association）於1995年對行銷下定義為：「行銷是規劃與執行理念、實體產品和服務之構想、定價、推廣和分配的過程，用以創造交換（exchange），滿足個人與組織的目標。」科特勒（Philip Kotler）被譽為「現代行銷之父」，他所撰寫的《行銷管理》為經典之作。科特勒認為「行銷是一種社會與管理的過程，個人或群體可經由創造，並與他人交換產品和價值，以滿足他們需求和慾望」，是一種分析、規劃與執行的一連串的過程，藉此程式以制定創意、產品或服務的觀念化、定價、促銷與配銷等決策，進而創造能滿足個人和組織目標的交換活動。

依照 Pride 和 Ferrell 的研究，行銷概念歷經三個主要的發展期：

1. 第一期：生產時期（Product Era），此一時期行銷者的假設是，只要產品優良，顧客自然會上門，所以重點在於如何改進生產的技術，忽略消費者的需求。

2. 第二期：銷售時期（Sales Era），在銷售時期所重視的是如何利用廣告等推銷技術強力推銷產品，至於消費者是否滿意並不受重視。

3. 第三期：為行銷觀念期（Marketing Era），所謂行銷觀念就是以滿足消費者的需求與慾望為行銷目標的觀念，此期是屬於顧客導向的時期。

有效的行銷有下列四項好處／重要性（黃源協、莊俐昕，2020）：

1. 以消費者的需求為導向，增加顧客的滿意度：行銷觀念又可稱顧客導向觀念，藉由行銷能確認與滿足消費者的需求，透過行銷的規劃與實施，使消費者能在市場上購買所需要的產品或服務，如此可增加顧客的滿足。

2. 提供顧客參與，增進居民生活素質：行銷透過市場調查，即可增加潛在的顧客參與；從研究發展、生產、銷售到售後服務，皆可藉由顧客的參與，而朝向提高民眾生活素質的方向努力，以滿足現代人的生活需求。

3. 增加利潤或吸引資源：企業經營以獲取利潤為目標，做好行銷工作，商品銷路增加，當可為企業創造利潤。若將此概念擴展至非營利機構，則可因適當的行銷，而為機構吸引或創造更多的資源。

4. 增進生產或服務效率：行銷可針對顧客的需求提供產品或服務，減少不必要的服務，進而增進生產或服務的效率。

Kotler 和 Levy 認為行銷概念可擴大至任何類型組織，只要組織有產品或服務輸出，就必須執行行銷工作；至此，行銷概念逐漸為社會服務組織所採用，而行銷策略的應用則成為提升社會服務品質的有效工具。但行銷對社會服務組織來說其實並非是新的課題，早在社會服務組織提供的服務中已有相似的行銷概念，例如：在社會服務方案規劃時要確認社區的需求、了解是誰的需求、並滿足其需求等，都是行銷概念的運用。

行銷的模式

正向行銷（positive marketing）

- 是一種基於使用者利益的行銷，在於鼓勵標的群使用組織認為符合其需求的特定產品或服務。
- 例如：支持健保改革行銷。

社會行銷（social marketing）

- 是以推動社會、環境或政治的觀點的行銷，目的在於增進社會的利益。
- 例如：救救北極熊活動的行銷。

反行銷（anti-marketing）

- 是一種倡導標的群停止使用特定產品或服務的行銷，因為它違反自身或社會的利益。
- 例如：防治二手菸活動的行銷。

去行銷（de-marketing）

- 是指制止非標的群對服務的不當使用。
- 例如：呼籲珍惜全民健保醫療資源的行銷。

交換／行銷交換

Kotler提出之「交換」的五個條件

(1) 交換至少要雙方當事人；一方為行銷者（較積極尋求交換的一方），另一方為顧客。
(2) 每一方都擁有對方認為有價值的物品；亦即，交換雙方都提供一些對雙方而言具有利益的東西，此東西可以是實質的物品，也可以是機構所提供的服務，雙方更可能提供某種價值，以滿足彼此的需求。
(3) 每一方都有溝通與運送的能力；亦即，交換雙方彼此可以意見溝通，同時交換的東西必須是可以送達的，如說明交換的是什麼東西、交換之後的成效為何，以及說明交換的地點、時間、方式等。
(4) 每一方都有接受與拒絕交換提供物的自由；亦即，交換行為的產生完全聽其行自由，交換的基本假設，就是雙方均採取自由意願行為，而且交換對雙方均有利。
(5) 每一方都認為與對方交換是適當且符合所需者。

「行銷交換」的重點

(1) 行銷是用以影響行為的一連串活動。
(2) 當交換程序完畢時顧客隨即採取行為。
(3) 當顧客知道某種行為的利益大於報酬及犧牲（成本），而且本益比大於其他任何活動時即可達成交換。
(4) 行銷者由顧客那裡獲得利益，（這是行銷的最大的理由），顧客所得到的利益是行銷者的成本。
(5) 交換可能是固定期間交換，也可能是持續的交換。
(6) 行銷可能由兩方或兩方以上，兩方或兩方以上均可進行行銷的工作。

資料來源：整理自黃俊英（1992）。

Unit 13-2
公共關係與行銷

美國公共關係協會（Institute of Public Relations）認為：「公共關係（Public Relation）乃任何組織機構為成功達成與公眾（audiences）溝通所採取經過設計而持續使用的一套計畫。」Kotler 和 Andreasen 將公共關係定義為：「評估重要大眾的態度，將個人或組織的政策及過程與公眾利益結合，並執行行動方案，以爭取這些大眾的了解與接受之管理功能。」而 Harris 對公共關係的解釋為：「公共關係具有獨特的管理功能，在企業與大眾之間建立並維持雙向溝通的管道，促進兩者間互信、接納與合作的關係；在突發事件來臨時參與危機處理及善後工作；將公眾的意見告知管理階層並做出回應；規範企業的社會責任並督導企業做出合乎公眾利益的決策；協助企業了解並善加利用外界環境的變化，同時具有預警作用，協助擬定因應變化之道；採用研究調查和其他正當的傳播技巧完成工作使命。」

公共關係的運作，具有下列幾項特性（黃源協、莊俐昕，2019）：

1. 公共關係是一種團隊工作：公共關係的推動並非只是領導者的責任，而應由組織全體成員共同參與，唯有所有成員都能明瞭，並認同組織所進行活動的目的與目標，活動始能收到成效。

2. 公共關係是一種持續性的歷程：組織與公眾之間相互理解、互信與互賴關係的建立，其成效並非一蹴可幾，而是必須經過長期的持續努力，始能達到效果。

3. 公共關係是一種有系統、有步驟的行動：組織發展公共關係應是透過審慎計畫的一套工作，必須是要有系統、有步驟地經由輿論調查、問題界定、計畫發展擬定決策，再付諸行動，且還須經由評估修正程序，才能圓滿達成。

4. 公共關係是手段而非目的：公共關係是組織為達成目標所經歷的過程，經營者為促進行政溝通與人際關係，常運用公關活動來爭取公眾的了解和支持；因此，公共關係是一種手段而非目的。

5. 公共關係的運作需要符合誠信原則：誠信的目的在於建立組織的公信力，組織的公關活動是為了達成組織的目標而進行。因而，當行政人員與外界進行溝通協調時，要能秉持超然的態度，以組織的整體利益做考量，以建立以誠信為基礎的公共關係。

公共關係與行銷的觀念常被混為一談，其實公共關係應並不等於行銷，公共關係在建立及維持和諧的社會與政治環境，而行銷是維持組織的效益與服務的市場。公關與行銷兩者間的差異，可歸納如下：

1. 公共關係主要是一種溝通工具，而行銷同時還包括需求評估、產品發展、定價和分配。

2. 公關企圖影響態度，而行銷則嘗試影響特定的行為，例如：購買、參與、投票、捐贈等。

3. 公關不界定組織的目標，而行銷則直接涉及到界定事務使命、顧客和服務。

行銷與公關使用的四個層級

<table>
<tr><td></td><td colspan="2">弱　　　　公關　　　　強</td></tr>
<tr><td>弱

行銷

強</td><td>1.

如：小型社會利機構

3.

小型製造公司</td><td>2.

如：醫院和學校

4.

如：財星500大企業</td></tr>
</table>

圖：行銷與與公關使用的四個層級

資料來源：Kotler, P. & Mindak, W.（1978）。

Kotler認為除了傳統的行銷4P外，更需要重視政治（Politics）與公共關係（Public Relations）的運作，才能獲致競爭優勢。因此Kotler將行銷的4P擴充為6P，構成強勢行銷（Megamarketing）。

資料來源：Kotler, P.（1997）。

Kotler與Mindak提出組織中行銷與公關使用的四個層級：
1. 小型社會福利機構：此類組織很少使用行銷或公關的策略，因為它們的管理者並未認知到行銷的問題，也未關注公關事務的發展。
2. 醫院與學校：此類組織有健全的公關部門，卻沒有行銷部門。它們藉由公關部門的計畫吸引媒體正面的報導，並提供形塑組織形象的意見。
3. 小型製造公司：此類組織有很強的行銷、業務部門，較不注重公關部門。它們只關注於如何發掘客戶、服務客戶，卻不需要取悅任何股東或社群團體。
4. 財星500大企業：此類組織有健全的行銷與公關部門，它們在不同的主管底下獨立運作，並且相互影響。

建立公共關係的方式

01 ▶ 媒體／廣告　　04 ▶ 發布新聞

02 ▶ 遊說　　　　　05 ▶ 社區互動

03 ▶ 發行出版品

Unit 13-3
社會行銷

　　行銷之目的是完成交易，特別是志願性的交易，交易的內容可以是以金錢換取產品或服務，為某個目的換取的貢獻，或是志工付出的時間。換言之，行銷觀念並不僅侷限於商業部門，也被用於政府或非營利組織，以推廣公共利益或政策。若將這種行銷原理和技巧運用於社會服務單位，藉以提升社會理想、理念或行動改變模式，稱為社會行銷（social marketing）或理念行銷（idea marketing）。

　　依據Kotler和Zaltman的看法，他們認為社會行銷是利用社會變革方案的設計、執行和控制，其目的是在增進某一個或數個目標群體對特定社會議題與理念的接受度。在這個過程中所採用的規劃程序，可分為分析社會行銷環境（分析社會行銷環境、顧客的行為、社會產品的擴散）、發展社會行銷方案（設計社會產品、管理成本、藉由媒體及溝通管道、動員影響力群體、管理顧客的滿意情形）、管理社會行銷方案（發展社會行銷計畫、組織及實踐社會行銷行動方案、控制及評估社會行銷計畫）。社會行銷之意涵是指非營利事業組織，尤其是政府或社會團體，藉用行銷的手法，以推廣自己的政治或文化理念，企圖改變社會大眾的意見和態度，進而帶動社會進步和發展。

　　社會行銷的目的在於社會改革（Social Change），而這些改革是有利於民眾本身的福祉或對社會是有益的。社會行銷所促成的改變大致劃分為下列四種（Kotler, P., & Roberto, E. L.,1989）：

　　1. 認知的改變（Cognitive Change）：這類型的行銷在於喚起大眾的注意，並傳遞新的訊息，取得大眾的認同感。因為這類型的行銷活動不在於改變各人內在深層的態度或行為，所以比較容易達成，然而，若社會行銷不能了解目標群之需求、媒體使用不當或經費不足等，會導致行銷計畫失敗。

　　2. 行動的改變（Action Change）：此類目的在於造成短期間行動的改變，即尋找廣大的群眾於一段時間內參加某一特定活動。除有資訊的傳遞外，還需要參與者以實際行動做為回應。認知部分的改變，可能不涉及代價付出，但在行動改變的部分，可能就需要付出如時間或金錢成本，所以如果沒有足夠的誘因，社會行銷將難以成功。

　　3. 行為改變（Behavior Change）：此類型的行銷在於企圖改變個人長期的既定行為模式或習慣，與短期的行動改變稍有不同。然而想要澈底改變個人長久以來的行為模式，遠比獲得認同感或是採取短期行動來得困難，因為新行為塑造須經由複雜的學習過程。所以這類的行銷光靠大眾媒體的力量可能不足，可能還需要人際傳播輔助。

　　4. 價值改變（Value Change）：這類型的行銷在於改變個人的信念或價值觀，由於是企圖改變個人偏好或態度，會對個人產生壓力，逃避或排斥與其社會行銷意見相左的資訊。所以在面對此類型的行銷時，多傾向於立法的方式，強制民眾接受新觀念，而當法律進行一段時間後，新的價值觀念便逐漸成形。

社會服務行銷（非營利行銷）與商業（營利）部門行銷的差異

標準	社會服務行銷（非營利行銷）	商業（營利）部門行銷
目標	組織的目標相當複雜，且超越財務的考量，即社會福利服務的利益往往與案主（顧客）／捐贈者的支付無關（實踐公益使命）。	目標是財務的，以營利、銷售或投資回報為主。故商業行銷僅為了尋找當前或潛在可獲利的市場（極大化利潤）。
關心之事	關心的層面較廣，可以是人們、場所、組織、理念、財貨和服務。	關心的層面較窄，大部分關心的是財貨和服務。
交換的方式	可能是以無形的方式回報，像是服務的改善及較低收費，且多有超越財務的考量。	多採金錢的方式交換財貨和服務，以營利、銷售或投資回報作說明，財務的考量是主要的交換目的。
特色	1.專注在案主（顧客）的體驗上 2.案主是理性與情感的動物 3.創造綜合效應、重視行銷募款的體驗情境 4.行銷思考的延展與提升 5.傳遞品牌（組織形象）承諾與組織使命	1.專注於活動功能上的效益 2.顧客是理性的決策者 3.競爭主要是發生在狹義定義的產品分類
利益—支付關係	社會福利服務的利益往往與案主／捐贈者的支付無關	活動利益通常與顧客的支付有關
市場部分的服務	社會服務組織也許會被期待或被要求服務經濟上不可能的市場	商業行銷僅尋找目前或潛在可獲利的市場
服務使用者的付費能力	未付費或無付費能力的服務使用者	有付費能力的服務使用者
顧客（服務對象）	社會福利組織有兩種典型的顧客：案主和捐贈者	營利取向的商業行銷僅有一種傳統的顧客：案主（購買者）
品牌建立方式（組織形象）	品牌等於體驗與感動	品牌等於識別
理念	著重做對的事	只是把事情做對
成效評估	較難衡量，因為較難標準化成效及保證品質水準	較易衡量，因為較易制定標準化測量指標、品質指標

資料來源：工明鳳、黃誌坤（2018）。

社會行銷之意涵

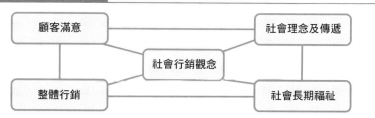

資料來源：林東（1996）。

Unit 13-4
非營利組織的社會行銷

　　Peter Drucker認為非營利行銷的首要步驟，是先界定清楚本身的市場，Kotler也認為行銷中最重要的任務，是研究市場、區隔市場、鎖定你想要服務的目標市場、做好市場定位（positioning），然後創造出與需求相契合的服務，接下來是推廣。茲將社會服務策略性行銷的七個步驟，綜整說明，並分三個單元說明如下（黃源協、莊俐昕，2020；陸宛蘋，2009）：

　　1. 確立組織的使命、願景、目的和目標：使命係指對「機構存在的理由為何？」之回答，使命不僅可提供組織正確地決定其所要提供的服務類型，也可導引組織行銷計畫的焦點和員工努力的方向。目的（goals）係指一個組織對其成員的活動所要（或應該）達成的結果之說明，它要比使命更明確些。目標（objectives）係指將整體目標轉換成可觀察與可測量的實體，它將有助於我們監督和評估整體目標的達成程度。當整體目標與具體目標確立後，即可為行銷奠定更加明確和具體的基礎。

　　2. 分析組織內外部環境的優劣勢：社會服務機構不僅要能判別自己所處的優勢與劣勢，也要能夠掌握（潛在）競爭機構的優、劣勢，否則將可能讓自己暴露於相對較為不利的環境中。這種優劣勢並非僅是組織的內部環境，組織外部的機會與威脅也要納入整體的分析中。

　　3. 分析市場機會，設定行銷目標：分析市場即是進行市場研究，以便做為市場區隔和市場目標的依據。行銷者要能有效地依其所肩負的任務進行市場區隔（market segmentation），讓自己聚焦在顧客群的不同利益和需求，並將他們鎖定為自己的市場目標，進而依據其特性和需求做出適當的設計。而市場研究（marketing research）係透過研究與了解目標對象的欲求、需求、態度、信念及行為，以幫助社會行銷者有效的規劃。分析市場機會的目的，是為了幫助決策。

　　4. 市場定位與行銷組合：在選擇目標市場之前，可先將市場做區隔，再做選擇，包括：人口統計區隔、地理區隔、心理變項區隔等；市場定位係指在市場中尋求一個獨特的位置，以及在競爭市場中所扮演的角色，以便能夠確定機會和發展行動。在區隔社會服務市場與定位之後，針對服務目標市場發展行銷策略，亦即發展輸送社會服務的行銷組合（marketing mix）。行銷組合是透過可控制行銷變數的組合體，將它運用在所設定的目標市場，以達成行銷任務。Doherty與Horne 在傳統的「4Ps」基礎上，建構出公共服務行銷組合的「5P」模式，新增人們（People）為第5個P。5Ps：套裝產品（P for Package or Product）、促銷或推廣（P for Promotion）、通路或地點（P for Place）、價格（P for Price）、人們（P for People）。（有關5Ps的內容，於次一單元詳細說明之。）

行銷管理的程序

R → STP → MM → I → C

市場研究
Marketing
Research

市場區隔定位
Segmentation
Targeting
Position

行銷組合4Ps
Marketing Mix
➤產品 Product
➤價格 Price
➤通路 Place
➤推廣 Promotion

執行
Implementation

控制
Controling

資料來源：高登第譯（2020）。

行銷管理的步驟

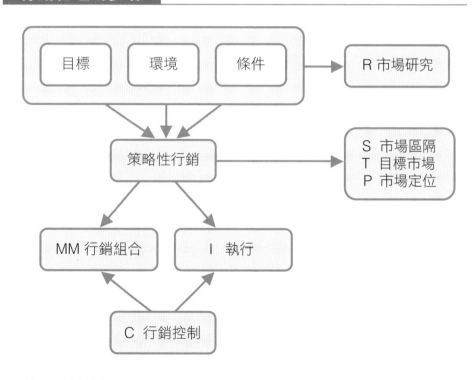

目標　　環境　　條件　　→　R 市場研究

策略性行銷　　→　S 市場區隔　T 目標市場　P 市場定位

MM 行銷組合　　I 執行

C 行銷控制

資料來源：陸宛蘋（2009）。

Unit **13-5**
非營利組織的社會行銷（續1）

438

　　本單元接續前一單元「4.市場定位與行銷組合」，說明其中的5Ps如下：

　　1. 套裝產品（P for Package or Product）：產品包括核心產品、具體產品、附加產品。非營利組織的產品是指組織所提供的社會服務、理念或實體產品。就公共服務而言，所謂的產品（product），事實上是主要服務與周邊服務所形成的「套裝」產品。非營利組織為維持生存必須隨時因應外在環境與需求的轉變而調整組織的服務方案，否則最終將在競爭的服務市場中被淘汰。

　　2. 推廣或促銷（P for Promotion）：由於社會服務往往是無形的，它很難如市場上的財貨被推廣，要推廣的往往是提供服務之組織形象，當人們信任組織，便會被吸引來使用組織所提供的服務，否則，再好的組織或服務，若沒有或很少人知道它的存在，其價值或使命便難以實現。推廣的三個基本目的為：告知、說服、提醒。推廣的本質是在「溝通」，組織須依據方案的特殊性而採取不同的溝通媒介與建立不同的訊息與符號，以期訊息能正確地傳播至潛在服務使用者身上。

　　3. 通路或地點（P for Place）：通路或地點係指非營利組織輸送社會服務的地理區位、位置或時間；在選擇社會服務的輸送通路時應考慮地點的可近性、服務時間的方便性以及交通的便捷性，亦即衡量社會服務應於何時、在何地、如何被輸送等問題。而Shapiro認為服務通路是產品的一部分（同時性），通路的選擇是否適切將會影響社會服務的使用意願，尤其是對潛在使用者而言，可近的社會服務通路將提升服務使用的動機，因此服務通路的選擇等同於非營利組織目標的可實現性。

　　4. 價格（P for Price）：價格係指在行銷的交換過程中，為了獲得所需的服務或產品而必須付出。在社會服務的輸送過程中，價格包含貨幣與非貨幣價值。就貨幣價值而言，社會服務的使用者主要為弱勢者，因此非營利組織通常提供免費，或由第三者付費的服務；縱使有些服務收取服務費用，也採取平衡預算或低於成本的服務，所以貨幣價值並非非營利組織的主要考慮因素。對服務使用者而言，非貨幣價值是使用社會服務時的機會成本。機會成本係指獲得某種物品，而必須放棄其他事物的成本。當服務使用者使用某一組織的社會服務時，相對地須放棄選擇使用其他社會服務的機會，或從事其他事務的時間、精力與接受社會烙印的成本。因此，若欲激勵潛在服務使用者使用社會服務，則組織的社會服務價值需高於服務使用者的機會成本。

　　5. 人們（P for People）：在社會服務中，「人」是行銷組合的主要要素，這些主要參與者即是所謂的利害關係人，他們之間的關係可能會影響到服務的提供。包括：誰是主要的行銷者？誰參與其中？誰等待服務？誰可能會抗爭？誰在幕後影響？這些皆是相關的利害關係人。

Kotler提出的行銷組合對應目標市場

資料來源：高登第譯（2000）。

社會服務策略性行銷的七個步驟

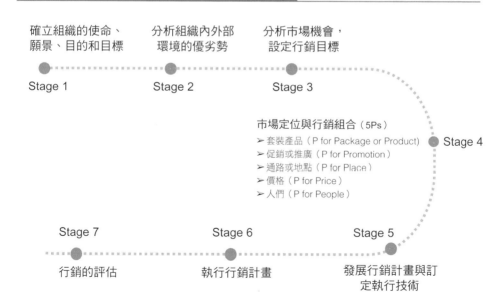

確立組織的使命、願景、目的和目標　Stage 1

分析組織內外部環境的優劣勢　Stage 2

分析市場機會，設定行銷目標　Stage 3

市場定位與行銷組合（5Ps）　Stage 4
➤ 套裝產品（P for Package or Product）
➤ 促銷或推廣（P for Promotion）
➤ 通路或地點（P for Place）
➤ 價格（P for Price）
➤ 人們（P for People）

Stage 5　發展行銷計畫與訂定執行技術

Stage 6　執行行銷計畫

Stage 7　行銷的評估

Unit 13-6
非營利組織的社會行銷（續2）

本單元接續說明社會服務策略性行銷的七個步驟，其中的第五至七個步驟如下：

5. 發展行銷計畫與訂定執行技術： 這個階段必須發展並決定衡量成果的基準（benchmarks）和指標（criteria），以做為評估之用。在一個講究績效的年代，即使契約委託的單位並沒有要求組織必須具體呈現績效，但若一個組織能夠主動建構服務的績效指標，在競技場上就已略勝一籌。績效能夠為組織帶來某些標的群之資源和支持。

6. 執行行銷計畫： 執行行銷計畫是將行銷策略與計畫化為實際行動，在社會服務領域即是服務輸送。Kotler 和 Armstrong 指出，行銷執行是「為達成行銷策略目標，將行銷策略與計畫付諸行銷行動的過程」。執行計畫的主要功能是用來說明努力的方向，並成為追蹤進度的依據，它提供一個重要的機制，就是確定我們是否在預定的時間及預算內，完成我們所承諾的工作事項。因此，一個執行計畫所包含的關鍵元素有，我們要做什麼？誰要負責？何時要做完？要花多少成本？社會行銷活動者必須切記在心的是，「活動成功後」的挑戰，並非僅是成功改變行為，還能提出永續行為的解決方案。

7. 行銷的評估： Kotler 和 Levy 指出，行銷計畫要有持續性的回饋，而此種回饋則有賴於控制工作之建立，也就是行銷計畫執行之後，其成效如何，應繼續研究和評估，以了解哪些計畫是成功的，哪些計畫是失敗的，以及失敗的原因何在，才能做為往後訂定計畫之參考。任何行銷的活動都須評估（evaluation），主要是評估過程中階段性的目標是否達成。行銷控制為有效達成短期與長期目標，組織所建立的一套對於實際執行活動的監測、評估，以及偏差矯正的機制與系統。行銷控制是行銷規劃（Marketing Planning）的一部分，行銷計畫（Marketing Plan）需要靠行銷控制隨時地調整與即時修正。

此外，Kotler 等學者歸納指出社會行銷成功的 12 項關鍵因素，包括如下（俞玫妏譯，2019）：

1. 汲取過去成功經驗及知識。

2. 由已準備行動的目標對象做起。

3. 用一個簡單、明確的口號，帶出一個可行的行為。

4. 考慮應用「輔助實體或服務」，促成行為改變，強化行為改變的好處與利益。

5. 強化行為改變的效益與成本。

6. 使過程更簡易可行。

7. 發展一個引起注意力的訊息。

8. 使用適當媒體並製造參與機會。

9. 提供回饋機制。

10. 分派適當的資訊資源，使資訊極大化。

11. 適度研究可促進計畫成功。

12. 追蹤結果並進行調整。

4Ps、5Ps、7Ps

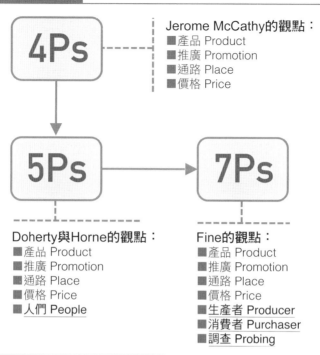

4Ps

Jerome McCathy的觀點：
- 產品 Product
- 推廣 Promotion
- 通路 Place
- 價格 Price

5Ps

7Ps

Doherty與Horne的觀點：
- 產品 Product
- 推廣 Promotion
- 通路 Place
- 價格 Price
- 人們 People

Fine的觀點：
- 產品 Product
- 推廣 Promotion
- 通路 Place
- 價格 Price
- 生產者 Producer
- 消費者 Purchaser
- 調查 Probing

非營利組織的三類行銷市場

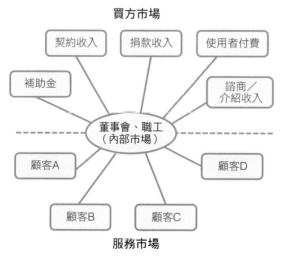

買方市場

契約收入　捐款收入　使用者付費

補助金　　　　　　　　諮商／介紹收入

董事會、職工（內部市場）

顧客A　　　　　　　　顧客D

顧客B　　顧客C

服務市場

- 買方市場（payer markets）：非營利組織主要經費來源，可從政府（聯邦、州、地方）部門計畫補助收入、民眾捐款收入、基金會或企業補助收入、使用者付費，以及非營利組織提供的心理諮商、社會工作等的收入。
- 服務市場（service markets）：非營利組織可從不同的年齡層、性別、社經做服務的市場區隔。
- 內部市場（internal markets）：非營利組織亟需優秀與堅強的職工，以及董事會成員，如此才能有效地達成組織的使命。

資料來源：許瑞妤等譯（2004）。

Unit 13-7
非營利組織的募款活動：基本概念

「募款」是社會福利機構宣達組織的使命、理念、服務，打動捐款者的情感或想法，讓他們自願性地將口袋的錢掏出，並貢獻組織的一個過程。穩定的經費來源，是社會福利機構實踐「維護社會價值、提供社會服務、啟發觀念、改變行為、提升人的身心品質」等崇高社會責任，以及維持運作的基本要件。究竟該如何來定義募款呢？依據The Random House Dictionary of English Language對「募款」定義為：非營利組織或政治組織或個人為了政治因素，發動募集資金的行動或過程。

Hasenfeld與English指出，組織處於一種「依賴情境」（state of dependency）中，保持經費的持續流入是維繫組織的核心工作之一，穩定的資源供給則是社會福利機構追求永續經營不能間斷的目標，而此一經費的募集過程，即是所謂的募款（fundraising）。

「募款」是組織維持經營的重要活動，所以募款工作執行的成功與否，為組織能否永續經營的重要指標，對強調「不營利」但擅用「社會資源」的組織而言，與政府、企業、社會大眾捐款人的關係，是組織有形及無形的重要資本。與財力來自於稅收的政府和仰賴市場交易收入的營利組織相較，社會福利機構的經費來源則主要依賴政府補助或契約委託、營利部門的贊助及社會大眾捐款，以較複雜的贊助結構（complex funding structure）獲取資源，所以可稱為是經費補助的「混血兒」。

非營利組織的在募款的過程，經常以金字塔形狀來表示：在金字塔的頂端一小撮捐款大戶；而金字塔的底部，則是由許多小額的捐款者所組成（如右頁圖解）。這個金字塔一方面呈現出捐款人參與組織的程度，從確認組織、獲得充分資訊、對組織產生興趣、積極參與至有計畫性的捐贈承諾；在另一方面，亦表現出組織可以運用的募款方法以及其彼此之間的關係。

雖然經費來源多元，社會福利組織在不景氣的經濟情勢中，普遍面臨捐款市場瓜分競爭及籌措不易的困境，因此不會只運用單一方式籌措經費，而會採用多元化的募款方式以增加經費。Flanagan指出，募款是捐款者導向，使用不同策略的行銷技巧，與不同的捐款者接觸，讓社會大眾選擇最可接受的方式進行捐款，再經由反覆的捐贈動作，建立捐款者的忠誠度。而Kotler認為，因不同的募款管道接觸不同的目標群體，所以將募款管道分為兩種：「溝通管道」（communication channel）、「集款管道」（collection channel）。溝通管道，主要以大眾傳播媒體與不特定的大眾溝通，或以小眾傳播方式進行一對一的宣傳；而集款管道則是指捐款人將錢捐款給非營利機構的管道。

組織如何在募款市場中穩定耕耘，Flandez等學者在探討募款成功及困境的研究中提及，在經濟困難的募款環境中，各募款組織應以更不同於以往傳統的方式去爭取並達到募款目標，以開拓募款對象的多元性。

公益勸募具有的特質

1 **非營利目的**
藉由勸募活動來達成公益目的。

2 **志願性**
勸募者本身對於勸募活動的回應具有志願性與選擇性。

3 **補充性**
勸募活動所募得資金尚無法完全取代其他管道所獲得的財物資源。

4 **勸募對象的去地域化**
勸募對象可以多元化且不侷限於特定時間與地點。

5 **高度組織化**
勸募團體與組織朝向結構化發展。

6 **市場化經營**
勸募活動漸漸與市場或行銷活動結合。

募款金字塔

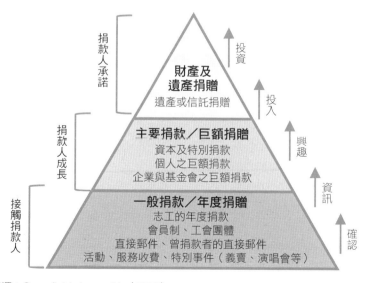

資料來源：Greenfield, James M.（1999）。

Unit 13-8
非營利組織的募款活動：募款的方法

非營利組織的募款，可透過許的募款方法加以展開，分二個單元說明如下（江明修，2000）：

1. 年度募款活動（annual campaigns）： 是一種組織在一年內常態性、持續性、歷史性、例行性地重複的募款方式。私人懇請、俱樂部、會員制、電話認捐節目及直接郵件都是年度募款活動的典型方式。

2. 私人懇請（personal solicitation）： 是一種涉及私人性的募款方法，係領導者、職工於志工與他們的潛在捐款人面對面會談，表達需求、尋找幫助機會、適切請求捐款的募款方式，屬於較私人性、人際關係的募款方式。

3. 俱樂部（gift clubs）： 這是捐款人依據一定捐款數量組成的團體，是一種給予這個團體成員回饋與表揚的設計，鼓勵捐款人增加其捐款數量以成為俱樂部成員，以及鼓勵俱樂部成員繼續捐款以保留成員資格。

4. 會員制度（member shops drives）： 會員制度提供的組織每年穩定的收入來源，同時對其他捐款人提供關於組織合法性與接受度的證明基礎。藉由提供成為會員的機會，這種方式是組織利用的個人歸屬感的要求以及成為團體一分子的努力。這個方法通常結合了不同的方式：私人懇請、俱樂部、電話勸募以及郵件信函。

5. 電話勸募（phonations）： 電話勸募乃運用志工庫或僱用人員以簡單易懂的訊息，增加組織大量的潛在捐款者。通常組織運用少數志工來規劃電話勸募的實行，在緊湊的期間內密集電話拜訪，並讓管理者知道短時間內可能快速募集的金額。這種方法相較而言成本較低，尤其是運用志工的成本更低且更為有效，因為潛在捐款人對於和志工交談通常感到較為舒適，並認為他們也是為慈善事業付出時間參與勸募，而不是為了賺錢而打電話。

6. 直接郵件（mails）： 直接郵件主要尋求贈與的範圍：從那些沒接觸過的人得到小額捐款、重新與增加年度支持者的捐款，以及從慷慨的人那裡得到大的捐款，而一些大型非營利組織透過郵件信函也能得到一定數量的捐款。這種方法通常與年度募款活動、會員制度及電話勸募結合使用，以期接觸那些因為其他方法不知不覺錯失掉的潛在捐款人。

7. 特別事件（special events）： 是組織透過特殊事件的安排，以引起社會大眾對組織或議題產生注意，諸如召開記者會、研討會、旅遊、展覽、競賽、周年慶、義賣會及演唱會等活動，這些都有助於提高組織和目標大眾接觸的層面，以及增加組織募款的機會。

8. 提供電話認捐（telethons）的募款電視節目： 電話認捐是特別事件的一種特殊形式，它係透過電視媒體邀請名人以活潑的方式將需求呈現出來，以吸引觀眾參與的意識。然而，使用這種方法有一種風險，因為事件和名人相連結，其突來的改變可能對個人的名聲或使他在這個議題（如 AIDS 議題）中受到傷害。

非營利組織新策略性行銷理念與方法

策略觀	非營利組織新策略性行銷理念與方法
價值觀	追求服務對象與資源提供者之最高滿意度。強調核心產品——組織的使命與理念運用理念行銷（idea marketing）或社會行銷（social marketing）。
效率觀	不僅重視效率，更重視策略性績效（使命達成度、投入／產出效益、平衡度、轉換度）管理擴增服務範圍，創造規模經濟與經驗曲線，進而成為領導地位。
資源觀	創造核心資源與無形資產（例如KNOW HOW 、CIS），強調資源整合、以形成競爭優勢結合社會資源、運用志工行銷與關係行銷。
結構觀	重視市場區隔、尋找利基市場創造獨占性結構。
競爭觀	採取差異化行銷，重視產品組合降低交易成本，善用公共報導與名人推廣，運用事件行銷與造勢活動。
管理觀	重視整合性行銷（內部行銷與外部行銷兼備），強調行銷研究與專業行銷部門的重要性，重視創新與科技管理、運用網路行銷。
互賴觀	建立合作網絡、促進資源共享策略聯盟的運用（例如：成立聯合勸募組織）。
環境觀	選擇最合適的目標市場與市場定位，追求組織之永續發展與經營。
本質觀	進行需求管理，提升服務對象、資源提供者、參與者之需要層級。

資料來源：王振軒（2006a）。

445

行銷策略的過程

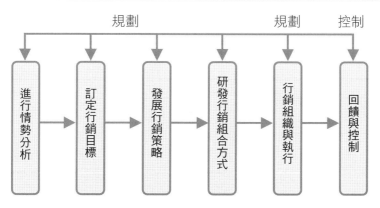

資料來源：黃俊英（2007）。

Unit **13-9**
非營利組織的募款活動：募款的方法（續）

446

本單元接續前一單元說明非營利組織的募款方法如下：

9. 沿街拜託（neighborhood canvasses）： 沿街拜託主要是那些新成立、小型和較不為人知的機構，直接將他們的個案呈現給新的群眾，並請求捐款的一種勸募方式。例如：美國全國性健康及青少年機構採用此種方法已行之多年。然而，在都會其治安不佳的社區卻不適用，因為居民通常不願意向陌生人任意開門，更遑論成為志工。

10. 聯合勸募（united way）： 聯合勸募意指地方組織的全國性聯合，以系統化及合作方式建立，投入自願性的基金籌募工作。經由聯合勸募募集之款項，用於提供社會福利機構、非營利服務機構，以及健康、教育、地方社區重建方案的資金用途上。在美國一些地區亦稱為「聯合勸募運動」、「聯合基金」、「社區基金」等不同名稱。

11. 專案募款（project funding）： 這種募款方式和年度募款活動和資本勸募不同，專案募款係強調在短時間內、有組織地透過各式各樣來源募集特定金額之方案和計畫。專案的目的可能是為了購買特定的設備、整修設備和平衡新計畫不足的成本。

12. 資本募款（capital campaigns）： 資本募款主要是針對特定目標，並限定預定時間內完成募集一定金額為目標的募款活動，是一種密集而大型的募款活動，募得的款額多用於支持新建大樓、充實設備等。

13. 巨額募款（major gifts）： 在傳統上，巨額募款主要發生在資本勸募活動時。不同於過去等待潛在大額捐款者，現在非營利組織的職工與志工持續透過計畫書與潛在巨額捐款者接觸，了解他們的興趣並增加他們對組織的參與程度，等到時機成熟時，他們自然願意捐贈。但這種方式有其缺點，即由於長期維持與大額捐款者的關係，增加了非營利組織募款人員的成本，尤其是執行長和組織少數高層管理者付出的心力與時間；以及非營利組織的各種策略計畫，可能為了等待大額捐款者的捐款而延遲或耽誤。

14. 計畫性贈與（planned giving）： 計畫性贈與意指捐款人承諾在一段時間後捐贈，是一種認贈協議，從承諾到非營利組織得到實際贈與相隔時間長短不一，非營利組織只在特定事件發生時才能得到贈與，例如：捐贈人死亡後的保險金或遺產，及大型信託基金到期等。

良好的募款方法應該考慮組織名聲與特色、與捐款人的關係、募款人員與志工的素質，以及競爭狀況、彈性運用，最重要的是為募款活動注入重要性、急迫性、相關性。如果活動的目標與社會關切的議題、個人的興趣、忠誠度息息相關的話，募款策略或活動的實行才能得到極大的注意力與回響。

成功募款的基本原則

01 建立深且廣的贊助者群眾基礎：
建立深且廣的贊助者群眾基礎：募款活動應該儘量擴大參與，以求能出現最大量的贊助者，因而，募款的第一課，即是要在無限寬廣的社會群眾裡，辨識出樂意出一點力贊助慈善事業的人，接著就是逐漸增加他們捐助的意願，更重要的是，不可忽略為數眾多的小額捐款者。

02 與最佳贊助人建立長期、穩定的關係：
若機構能持續追蹤記錄善款流向，並讓贊助人曉得受惠民眾，即可強化贊助人對機構的信心，認同機構的目標，並願意加倍出力協助。若再配合簡易、方便的捐款方法，將可促成更加穩定且長期的贊助。

03 提供捐款者多樣化的選擇機會：
捐款人若有多樣且方便的選擇機會，則可以刺激其捐款意願。例如：諮詢函、網際網路或與公司行號合作，讓員工自願由薪水中扣除部分比例繳交的方式。

04 遵守一定倫理規範的募款：
工作實務經驗顯示，贊助人要求募款工作者遵守一定的倫理規範，否則，若發生濫用善款醜聞，不僅會影響到自己機構的募款，可能連其他的慈善機構也因此遭到質疑。

資料來源：黃源協、莊俐昕（2020）。

各種募款市場的募款方法

大量小額捐款市場	會員與其友人市場	具影響力人物市場	鉅富捐款者市場
商店內的捐款箱	年度慶祝活動	會議場合	遺產規劃
直接郵件	藝術表演	聚餐	委員會親自拜訪
登門募款	義賣活動	高階主管的信函	紀念活動
街道募款	餐會	接待會議	感謝餐會
電視與廣播	旅遊活動	高階主管的電話拜訪	

資料來源：張在山譯（1991）。

Unit 13-10
非營利組織的募款活動：募款的操作過程

面對激烈的資源競爭過程，非營利組織之募款操作過程，可採下列步驟進行（黃源協、莊俐昕，2020）：

一、分析募款市場

非營利組織也必須先分析贊助資源的市場狀況，亦即對捐款人與潛在的捐款者有深入分析，進行市場區隔，再針對不同市場區隔或捐助來源提出不同的訴求（請參考本章第 7 單元圖解頁有關「募款金字塔」說明），故要分析所要傳遞的人口群，將決定如何發出訊息。社會服務組織的主要經費來源是多元的，其管道包括直接補助、合約或募款等，在募款部分主要為個人捐贈和基金會或企業贊助。

二、成立募款單位

社會服務組織募款要有策略性的辦法，特別是誰來募款便是募款能否成功的關鍵。不管組織的募款單位規模如何，組織在募款之前，應該要有較為完善的準備，如了解組織的優勢及所需的資源，了解方案或計畫的緣起和效果，準備可能被質疑的問題等。

三、設定募款目標

募款目標必須充分反映組織的營運目標，社會服務組織募款時應設定年度目標與長期目標，在設定目標之前，必須先確定募款的用途：為組織年度經費募款、為方案經費或為籌募資產，這三種用途各有其目標設定的差異性。一般而言，年度經費是較難募的，它需要設立長期、穩定、發展的募款目標；方案經費則是以方案計畫所需的經費為目標設定依據；資產目標則是較大筆，且需要長期以階段性計畫目標來達成。

四、擬定行銷組合

針對不同的募款對象，擬定 5Ps 行銷組合擬定募款技術（請參考本章的第 5 單元有關「非營利組織的社會行銷」的說明）進行募款。

五、募款方法的決定與運用

社會服務組織常用的募款方法有直接信函、街頭勸募、電視勸募、電話行銷及特殊事件性活動（請參考本章的第 8 單元有關「募款的方法」的說明），這些方法的使用必須要能考量到潛在標的群的人口特性。另外要提醒的是，募款方法的選擇，亦須將可能的支出成本納入考量，否則有可能存在著支出高於收入的風險。

六、績效評估

募款是競爭且需要成本的，在募款告一段落時，也應該要能評估整個活動的績效，以做為後續改善的參考依據（請參本單元右頁圖解募款活動績效指標說明）。績效評估有助於我們了解策略的優、劣勢，並更加了解捐款標的群的回應，各種評估獲得的訊息，將有助於實務運用上的價值。

448

用於吸引捐款者的募款個案說明

募款個案內容	必須闡述的重點
使命說明	對於募款緣起的體認；對於非營利組織本身方案的了解
目的	解決問題過程中所欲達成的目的
目標	目的達成後的成果
方案與服務	非營利組織可以提供的服務（包括一些實際案例的說明）
財務	提供服務與非服務支出，藉此顯示慈善的重要性
治理	由志工領導及治理結構所顯示出的組織特徵與品質
員工	組織成員的資格與優勢
設配與服務輸送	可使用的設備；方案與服務輸送的優勢與效能
規劃與評估	藉由方案、募款計畫與評估程序以顯示服務的投入、優勢與影響力
歷史	組織成立者或成員的輝煌歷史；彰顯組織過去累積的信譽

資料來源：The Fund Raising School（2002）。

募款活動績效指標

指標項目	說明
捐款人數	實際提供捐款的捐贈者
募款收入	總勸募所得
成本	募款成本
參與程度	實際捐贈者除以勸募標的人數
平均捐款額	總捐款收入除以實際捐贈者人數
淨募款所得	總捐款收入減去總捐款支出
每筆捐款的成本	總募款成本除以實際捐贈者人數
平均募款成本	總募款成本除以總捐款收入（乘以100）
報酬	淨募款所得除以總募款支出（乘以100）

資料來源：Greenfield，J. M.（1996）。

Unit 13-11
非營利組織的募款活動：募款倫理

非營利組織的存活與永續經營，除了人力、物力外，還要依賴穩定的捐款以維持組織的運作。因此，非營利組織的財政收支、經費籌募、預算管理，也就成為社會公眾關注的焦點，募款倫理的注重更是重要的議題，茲將非營利組織進行募款時應注意的募款倫理，說明如下（王振軒，2006b）：

一、與捐款人維持良好的信任關係

事實上，非營利組織都靠各種募款方式來維持，因此募款就涉及到「信任」和「倫理」問題。募款工作者必須要遵守募款倫理，募款機構的所有單位都必須證明每一筆捐款都是以慎重的態度來處理。誠信和公眾的信任才是非營利組織最大的資源，缺乏誠信或喪失公信力將造成很大的傷害。英國亨利管理學院（Henley Management College）曾發表一份研究報告，指 69% 的人決定捐款給公益慈善團體與否，主要因素為：能獲得滿足感、對募款主題的認同，以及個人對公益的態度。這份研究報告也指出，捐款者對慈善團體的信任（trust）與信心（confidence）也是影響他們捐款行為的因素，如果慈善團體能夠積極發展與捐款人的互信關係，便可以讓這些捐款人更樂於掏腰包。

二、有效運用善款並透明化

對捐款人而言，最重要的便是能夠得知他們的捐款是如何被運用的，以及這些捐款會對需要幫助的民眾產生什麼樣的影響。例如：將年度財務報表與業務執行報告、捐款徵信資料、捐物徵信資料，刊登在每年度發行的會刊以及個案官網上面。社會大眾與捐款人可以從上面管道取得每年的財務、業務徵信資料等。同時，捐款人也會希望，能夠有更多的機會讓他們可以參與團體的活動，以及擁有對團體決策更大的影響力。

三、建立監督機制，取信於民

透明與責信是NPO組織獲得社會認同的重要關鍵，內部自律與外部他律機制必須能夠同時發揮效益。若要捐款人慷慨解囊，組織必先有一套良善、健全的自律、自清的機制。除了讓組織能在正常的制度下運作外，也可藉由將這些自律機制對外公開的機會，取信於民，讓捐款人願意相信組織，挹注更多的資源給組織。對於機構的人員，必須加強專業倫理意識，建立督導機制，避免工作人員因違反專業倫理造成案主的傷害，致使機構失去社會的信任，影響以後的募款。

我國公益勸募條例規定之勸募團體

1 公立學校　　　　**2** 行政法人

3 公益性社團法人　　**4** 財團法人

企業與非營利組織合作模式與影響評析

合作模式	概述	影響／挑戰
金錢捐助	■企業編列預算捐贈：由企業在年度預算中編列捐出。 ■企業鼓勵員工捐款：企業運用內部管道，鼓勵員工捐款。 ■結合事件鼓勵相關人捐款：結合企業特定活動，如周年慶，鼓勵往來單位以捐款代替祝賀。	■不可預期，較難達成企業、媒體之期待。 ■可接觸個別捐款人，以持續經營捐款。 ■開發新的捐款人，較難維持其持續性捐款；但較易有發揮媒體宣傳空間。
與產品結合	■售出比例捐出：產品售出後依銷售量與金額比例捐出。 ■捐贈產品義賣或運用。 ■與特定行銷結合：為特定對象合作特定產品，如銀行認同卡。	■結合企業行銷資源，並有機會與消費者溝通。 ■非營利組織將產品透過義賣轉為為金額。 ■成效受企業投入的行銷資源影響。
企業釋出核心資源參與	■員工參與：與前述員工捐贈最大不同是，企業規劃相關措施鼓勵員工出錢出力，如企業相對捐款或提供志工日。 ■專門技術的協助：如手機系統業者開發簡碼捐款協助款項募集。 ■通路合作。 ■店頭門市宣傳。 ■釋出與客戶的溝通點，如帳單、刊物。 ■釋出廣播廣告資源：如贊助公益廣告播出。	■雖不以募集款項為成效，卻開創志願服務的參與及推動。 ■企業結合其核心能力（專門技術）協助非營利組織擴大參與，發揮聚沙成塔的累積與深入社區效果。 ■降低宣傳成本並擴大參與。 ■降低宣傳成本，達成企業形象塑造。

資料來源：周文珍（2007）。

451

第 **14** 章

社會工作的資訊管理

 章節體系架構 ▼

Unit 14-1
資訊管理的基本概念

資訊管理（ Information Management, IM ）是運用資訊科技來協助組織滿足需求，提升績效，以達成目標並強化組織優勢。資訊是組織中最有價值、最重要的資源之一，卻常與資料一詞混淆。資料（data）是指原始的、沒有整理的、尚未經過分析的事實，通常是一些數量。例如：65歲以上的老人有多少人，或是員工之姓名、一週工作工時、庫存號碼或銷售訂單等。當數種資料被使用以代表事實，而這些事實以有意義方式組織或安排時，資訊於是產生。

資訊（information）是有組織之事實總集，其具有事實本身以外的額外價值。資訊是指有意義的資料，會改變接收者的認知，即管理者用來詮釋和理解在組織或環境之內所發生的事之背景資料。例如：某社區65歲以上低收入獨居老人有15人，這是社會福利機構在社區辦理長期照顧2.0的服務對象。亦即，資訊（information）是指資料經過「資料處理」過程後，產生可以做為未來行動參考的有意義、有價值的數據，故資訊化是充分利用資訊科技，開發或利用資訊資源，促進資訊交流和創新，以提高或改善品質，推動經濟社會發展轉型的歷史行程。

將資料轉變成資訊是程序（process），或是一組邏輯上連貫的工作，執行以達成設定好之結果。在資料間定義關係的過程需要知識。知識（knowledge）是規則、要領與程序的總體，用以選擇、組織及操作資料以符合特殊工作之要求。例如：

製作梯子的知識，在於掌握階梯平行而梯腳垂直的原則。重要的不是資料從哪裡來或如何處理，而是結果是否有用與有價值。

此外，容易混淆的是，誤將電子化視為資訊化，電子化不等於資訊化。電子化是把實體的物件轉變為電子物件的形式存放。例如：把紙本資料透過電腦存成數位檔案、把手寫的工作改為輸入資料、把相片存成數位檔等。電子化和資訊化最大的差別在於，電子化只是將資料的輸入與保存方式，從原來的實體轉為數位電子資料，但對後續的應用完全沒有任何效益；而資訊化則是借助資訊系統，將這些資料透過網路存在雲端或機構內自己的主機中，只要利用系統歸納分類好的數據資料，即可進行數據統計或列印出所需要的圖表，清楚知道各種分析結果。

由於組織這些資訊資源的數量龐大，且持續增加，為了有效的管理及使用，必須進行管理，此即為資訊管理。資訊管理的對象是資訊，其中包含資訊本身及可轉換為資訊的資料。由於資料是產生資訊的重要依據，因此，資料亦被納入資訊管理，成為不可或缺的一環。其中對於資料的管理，要求完備、可快速更新、便於查詢；對於資訊，則必須加以組織、解釋。此外，最重要的一點在於，所有的管理工作必須建立在組織的需要上，依需求制定管理策略加以管理，如此才能有效地利用資源。

資料的種類：範例

資料種類	代表形式
數字、文字資料	數字、字母或其他文字
圖案資料	圖像或相片
聽覺資料	聲音、噪音或音調
視覺資料	影像或相片

資料轉化為資訊之過程

資料 → 規則 分類、歸納、分析、解釋 → 資訊

資料 → 轉換過程（以選擇、組織及操作資料而運用知識） → 資訊

Unit 14-2
資訊系統的基本概念

圖解社會工作管理

456

　　資訊系統（information systems）係指以電腦為基礎的系統，其傳統的角色是支援組織各層級的資訊需求。茲將資訊系統的特點，整理成五個面向加以描述如下（引自曾華源等主編，2017）：

　　1. 工作流程自動化與標準化：資訊系統導入後，訂定了規範與步驟，並將傳遞過程透過系統自動轉發給相對應者。這樣可以大量減少例外與疏失的發生，並將工作流程進行規範以便簽核、追蹤或稽核，而且透過資訊系統傳遞訊息也能減少資料遺失或竊取的風險。

　　2. 資料資訊化：資訊（infomation）是把資料再整理、分析、組織後的訊息，使這些訊息具有意義以供使用。例如：填寫問卷調查的分數本身沒有意義，只是一種紀錄，但經過分析、統計與評估等有意義的訊息則是資訊，會影響對一件事情的判斷、看法或是決定。

　　3. 數據透明化：資訊系統導入後，各種基本資料、統計數值、時間等都被明確記錄在系統中，甚至多久沒有更新資料、資料延宕時間等，也能透過系統看得一清二楚，只要有相對應權限就能看到相對應的資訊。數據相較於過去的紙本，變得更透明清晰。

　　4. 資料權限的管控：過去紙本工作沒有權限控制（有規定但無法控制），社會工作者要看到不屬於自己服務對象的資料非常容易，甚至有時非組織人員也有可能因各種狀況而翻看到各種資料。但在資訊系統中，每種身分角色、權限都被規定

好，只能看到屬於自己的資料，也不易因為傳遞或其他因素造成資料外洩。

　　5. 研究與策略規劃：資訊系統可提供統計分析數據，以系統性的分析數據發現問題或成果等訊息，進而使用這些數據與完整的紀錄做為研究的依據，並進一步用來創新或改善服務模式，或調整組織未來的行進或政策方向。

　　組織所蒐集的資訊，會對組織的決策發生影響，因此，所蒐集之資訊應具有下列特色（黃源協、莊俐昕，2019；陳志瑋譯，2015）：

　　1. 適時—最新的：一個好的決策必須建立在即時的訊息上，過時或未更新的資訊將可能誤導決策。

　　2. 準確—正確的：管理者必須要仰賴正確的訊息，不正確的資訊可能導致不佳或錯誤的決策。

　　3. 簡潔—精要的：訊息過於瑣細之資訊超載（information overload）現象，可能成為溝通或決策上的障礙。管理者在有限的時間內僅能吸取有限資訊，因此，訊息須限定於最需要且必要者。

　　4. 可用—可近的：必須要能篩選出最相關的資訊，讓管理者可以非常容易的方式使用，且能夠以自己所希望的格式來讀取所需要的資訊。

　　5. 完整—安全的：有時沒有訊息要比片面的訊息好，若管理者持有不完整的訊息，可能會做出錯誤的判斷。資訊也必須要能夠被妥善保存，以降低有意或無意的損毀。

資訊管理之功能

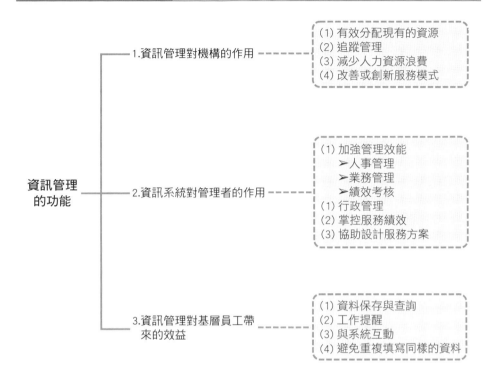

資訊管理
的功能

1.資訊管理對機構的作用
- (1) 有效分配現有的資源
- (2) 追蹤管理
- (3) 減少人力資源浪費
- (4) 改善或創新服務模式

2.資訊系統對管理者的作用
- (1) 加強管理效能
  - ➤人事管理
  - ➤業務管理
  - ➤績效考核
- (1) 行政管理
- (2) 掌控服務績效
- (3) 協助設計服務方案

3.資訊管理對基層員工帶來的效益
- (1) 資料保存與查詢
- (2) 工作提醒
- (3) 與系統互動
- (4) 避免重複填寫同樣的資料

457

資訊管理的對象

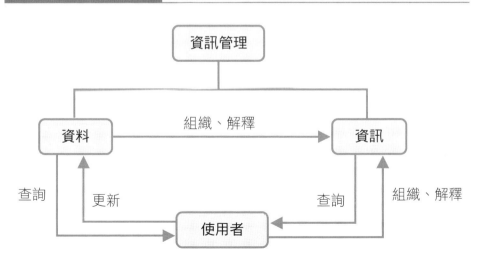

資訊管理

資料 ──組織、解釋──→ 資訊

查詢　更新　　　　使用者　　　查詢　組織、解釋

Unit **14-3**
資訊系統的類型

圖解社會工作管理

　　組織中有不同的階層及專門領域，需要有不同的系統。沒有任何單一系統可以完全滿足組織內的所有資訊需求。基本上，依照組織中不同管理層級的活動性質，資訊需求也不同，從低階到高階管理者需求的資訊系統，可分作業控制（operational control）、管理控制（management control）、策略規劃（strategic planning）等三類，茲分為二個單元加以說明如下：

一、作業控制

　　作業控制（operational control）所需的是「作業資訊」（operational information），支援的系統是作業支援系統。決策特性屬於結構化，大多是已定義、即時性及正確性皆相當高的結構性資訊。例如：對社會福利行政機關而言，「電子化政府」（e-government）即是一種支援作業系統的具體作法，是透過資訊與通訊科技，將政府機關、民眾與資訊相連在一起，建立互動系統，讓政府資訊及服務更加方便，隨時隨地可得。電子化政府可發揮資訊透明化、增進行政效率、提升政府政策與服務品質、增進民眾與政府的互動，以及促進公民參與等功能。

二、管理控制

　　管理控制（management control）所需的支援系統是「管理資訊系統」（management information system, MIS）MIS是一種定期提供管理者所需資訊的系統，提供的資訊必須是經過處理及分析的資料，而非未經處理的「原始資料」，其目的在於提供管理者決策時系統性的資訊。MIS可將資訊依組織的功能或資訊的用途，分類成各種不同的次系統。以社會福利領域為例，MIS包括以下的次系統：

　　（一）人力資源資訊系統（human resource information systems, HRIS）

　　HRIS目的在於蒐集、儲存、分析與檢索有關人力資源的資料，內容可能包括每位員工的完整資料檔案，如個人基本資料、目前及過去的薪資紀錄、目前的福利資格與使用狀況、訓練與員工發展的紀錄、生涯發展資料等，這些資料可與績效考評資料相連結，以便對員工做整體性的了解，進而做為人力資源發展的參考。

　　（二）績效導向系統（performance-directed system, PDS）

　　PDS著重於組織的運作，包括方案和服務的資料，內容可能包括所有服務個案的資料、個案接受服務方案的資料、服務提供的數據與類型，其他服務成果的變項等。從該系統衍生出的資料和資訊可建立成指標，並足以回答在朝向目標達成過程中所遭遇的各種問題。

　　（三）行銷募款系統（marketing and fund-raising system, MFRS）

　　MFRS著重蒐集有助於透過行銷以達到募款目的之相關資料，內容可能包括組織的使命和目標、組織的財務和預算、組織的通路、過去及未來可能的捐款者、捐款紀錄、捐款用途等相關訊息，這些訊息可為負責行銷的管理者提供重要參考。

管理資訊系統（MIS）的金字塔結構

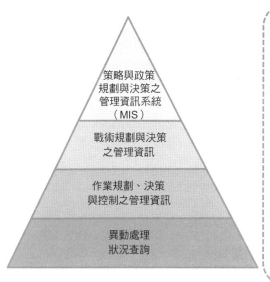

- ■管理資訊系統被描述成為一金字塔結構：
  - ➢最底層：由異動處理、狀況查詢等資訊組成。
  - ➢第二層：由支援逐日作業與控制的資訊資源組成。
  - ➢第三層：由協助管理控制之策略規劃與做決策的資訊系統資源組成。
  - ➢最上層：由供應高階主管做策略規劃與決策程序之資訊資源所組成。
- ■每一資訊處理階層，可利用較低層所提供的資料，但也可能引入新資料。例如：某些支援管理與決策程序的資訊，是由異動處理所得之資料提供，而某些則可能是組織外之活動所提供的新資料。

管理資訊系統的主要報表

週期性報表（Periodic Scheduled Reports）：
其係使用預定格式以提供基本的定期資訊給管理者。例如：每週之銷售分析報表、每月之財務盈餘報表等。

例外報表（Exception Reports）：
用於顯示或報導例外或特殊狀況的報表。

需求報表（Demand Reports）與回應（Responses）：
不論何時對管理者需要資訊，資訊隨時能滿足其需求。
例如：簡易的SQL查詢語言與報表產生器。

459

Unit 14-4
資訊系統的類型（續）

本單元接續說明組織的三種資訊系統（作業控制〔operational control〕、管理控制〔management control〕、策略規劃〔strategic planning〕）中的策略規劃資訊系統如下：

三、策略規劃

策略規劃（strategic planning）所需的是「決策支援系統」（decision support system, DSS）。決策支援系統係以電腦為基礎，透過交談方式，使用模式及資料以協助決策者解決非結構化的決策問題。亦即，DSS是指利用電腦系統處理組織的資訊，以支援主管人員針對「非結構化」問題制定決策與執行決策的一套體系。主要目的在於協助決策人員制定決策與執行決策。此系統之基本哲學，是利用電腦以改進並加速使用者制定決策與執行決策的過程。其著重於運用資訊系統來協助決策者提高決策效能。簡單來說，決策支援系統所強調的是提高個人與組織的效能，而不是在增進處理大量資料的效率。

決策資源系統包括三項資料管理技術：

1. 資料倉儲（Data Warehousing）：資料倉儲的功能除了儲存資料外，還要整合資料。資料倉儲藉由整合組織內部資料，並綜合各種外部資料，透過電腦的分析、模擬、比較、推論等，將作業中的資料轉換成有用的、策略性的資料，進而提供組織重要決策者一個完整的、廣泛的訊息，以支援決策的制訂。資料倉儲是決策支援系統的核心。

2. 資料探勘（Data Mining）：資料探勘就是指將大量的資料進行分類、排序，以及運算，以歸納出事先未知的有用知識之過程。而這個過程所產出的結果，透露出特殊的資料模式，是光做排列或是摘要時所看不出來的。資料探勘是一種新的、且不斷循環的決策支援分析過程，它能夠從組合在一起的資料中，發現出隱藏價值的知識，以提供給組織專業人員參考。

3. OLAP（On-Line Analytical Processing）線上分析處理：其透過快速、一致、交談式的界面對同一資料提供各種不同的呈現方式，提供不同層級的使用者使用，使其具備透析資料所反應的資訊之能力。

對社會福利領域而言，較可能需要的DSS次級系統包括（中山大學企業管理學系，2014）：

1. 群體決策支援系統（group decision support system, GOSS）：GDSS係指在系統環境中有多個決策者參與，共同尋找一個令人滿意和可行的方案。GDSS藉由決策過程中參與者的增加，使得資訊來源更為廣泛，透過大家的討論，避免了個人決策的片面性，使得結果更具有代表性。

2. 高階主管支持系統（executive information systems, EIS）：EIS是一種為滿足高階主管資訊需求之特殊化DSS系統，它讓管理者可直接存取即時的資訊及管理報表。EIS多用圖像做為介面，易於使用，且能夠監督內部關鍵成功因素與績效指標，並且快速地蒐集與分析組織外部的相關訊息。另外，EIS具有向下挖掘（drill down）的功能，可對任何資訊提供更進一步的細節，也能提供例外事件通報，對高階主管非常實用。

管理資訊系統（MIS）與決策支援系統（DSS）之比較

比較項目	管理資訊系統（MIS）	決策支援系統（DSS）
功能重點	提供管理資訊	支援決策
系統設計導向	部門功能導向	解決問題導向
系統設計策略	整合交易處理系統反應組織現況	反應決策前瞻性
問題類別	結構性問題	半結構性、非結構性問題
輸出	彙總摘要、管理報表	協助決策分析的特殊報表
時點	反應過去到現在	反應過去、預測未來

資料來源：湯宗泰、劉文良（2012）。

高階主管支持系統（EIS）與決策支援系統（DSS）之比較

比較項目	高階主管支持系統（EIS）	決策支援系統（DSS）
系統使用目的	協助高階主管掌握經營現況與成功關鍵因素	協助決策制定
使用者	高階主管	各階層管理者
決策問題類型	非結構化問題	半結構化或非結構問題
輸入	過濾、壓縮、分析、重組內外部資訊	決策資料
輸出	例外報告、即時查詢彙總報告	決策報表
系統導向	提升資訊的價值及時效性導向	分析模式導向

資料來源：湯宗泰、劉文良（2012）。

Unit 14-5
資訊管理系統對社會服務重要性

因應資訊化時代的來臨，社會服務愈來愈重視資訊科技運用，尤其是社會服務的資訊管理，可提供決策者相關資訊，以促進組織提升服務效率與檢視目標的達成率。何以社工界須建立資訊化管理系統呢？可由以下幾項加以說明：

1.社會工作處遇之問題複雜化及需求多元化：隨著社會變遷與人口的成長，社會工作機構所服務的對象在數量上有增加的趨勢，現在的服務對象多元化，且在社會工作處遇的問題上則有更複雜的趨勢，導致需求上也多元化，例如：兒童虐待、婚姻暴力、愛滋病防治、長期照顧、安寧照顧等。因此，社會工作服務範圍的擴大，使得許多領域的服務需要靠資訊系統連結和整合。

2.電腦化科技的發展可以促進社會工作機構責信（accountablity）與管理：由於方案評估日益普遍，方案計畫需要依據所輸入的資料，進行服務績效的評估，及客觀實務工作的分析。同時為研究的需要，無論資料的統計或結果的分析都須依照資訊管理，才能提升解決問題的可能性。

3.可改善傳統人工作業的限制：在順應變遷而發展的過程中，社會工作實務共同面臨的一個問題就是例行工作的增加。如果繼續以有限的社工人力和傳統的服務方式，已難以滿足日益漸增的福利需求。因為發展社會工作的資訊化，必須先檢討現行作業的缺失，再以需求和目標為導向，對現行作業方式和流程進行改善的過程。過去個案紀錄和個案量的統計皆是

社會工作者提供手寫資料，再製作成統計表，耗費作業之工時。若社會工作者未及時完成工作紀錄的呈核，則督導無法了解服務之狀況。

此外，因應時代變遷，社會服務方案重視服務績效成為趨勢，政府部門與非營利部門許多服務方案不管在申請補助或結案，績效皆為必呈現項目之一，如何證明其成效也需從資訊管理系統來了解服務品質和成效。資訊管理系統對社會服務重要性不言可喻。可從文獻和實務中依三個層次來說明（黃源協、莊俐昕，2020）：

1. 在組織層次

(1) 需求及服務使用者導向已取代服務及組織導向。

(2) 在目前契約化的社會服務下，資訊管理是一種風險管理。

(3) 資訊科技使用有助於組織在資源配置、控制和員工發展上的雙重功能，以及方案計畫費用和員工訓練等依據。

2. 個案層次

(1) 強調資源整合、專業團隊及長期介入的個案管理服務模式興起與受到重視。

(2) 可追蹤每一個案投入資源與努力的軌跡，並可判斷是否達到預期目標。

3. 專業發展

完善的資料和資訊可讓社工專業更能掌握資源廣度與深度，也可讓介入處遇技術更精緻和有效率，這些事實讓我們深切思索資訊對社工專業和實務的影響力。

一套完善的社會服務資訊系統應包括之訊息

1 社區訊息

係指機構服務標的人口群或社區的相關訊息，這些訊息提供機構規劃服務上的參考。

包括訊息內容：人口群的基本訊息；社會經濟特性；社區問題與需求；社區資源。

2 機構訊息

係指機構內部的相關資訊，這些資訊主要是提供給行政管理人員、督導和社工員等使用。

包括機構的使命任務與目標；機構的策略、長遠及特定目標的方案計畫；機構內各部門、單位或方案的運作；人力資源；技術資源。

3 服務訊息

包括機構內各單位提供服務的類型、接受服務案主數、某一特定時間允許或解除接受服務的人數、服務相關措施的詳細內容、未服務的人口群。

4 個案訊息

係指與個別案主及案主群相關的訊息，包括：問題、歷史、接受服務的型態、服務期限、社經和家庭的特性、就業，甚至滿意度的測量和服務結果等資料。

福利服務輸送的資訊體系所蒐集之資訊須能夠提供之用途

■評估服務輸送的模式。例如：誰在何時、何地接受什麼樣服務類型和數量？

■界定目前的資源是如何取得和消費的。例如：主要收入來源為何？保護性服務之專業人員的成本為何？

■提供各種人群服務的供給者和管理者監督之協助。例如：特殊的接案是否適當？

■發展需要多方面報告要求的資料。例如：什麼樣的報告是贊助或補助單位所要的？

■建立一個提供計畫的資料檔。例如：在使用的模式上是否有改變？

■評估服務輸送的結果。例如：案主功能表現的程度，及其問題的改變為何？

Unit 14-6
管理資訊系統的發展步驟

為使管理資訊系統能周延、有效能的發揮系統的效益，依據Kettner的觀點，提出管理資訊系統的發展步驟七個步驟，說明如下（Kettner, P. M., 2002）：

1. 確認個別部門或方案的輸入、處理、輸出和結果的元素：輸入係指在開始時所有可以被組織所應用的元素（如個案或顧客）和資源（如員工、設施、設備和材料等）；處理係指透過服務的提供（如個案管理、諮商、職能訓練等），以滿足方案與個案的目標；輸出係指服務的供應和完成，包括中間輸出的服務量（如每日服務時間的單位、員工發展和參與訓練的次數），以及最後輸出之完成案主或顧客的所有服務（如追蹤完成方案的個案數、追蹤完成訓練和取得證照人數）；結果係指問題解決或方案目標達成的狀況，如家庭關係改善、成功就業的人數等。

2. 確認哪些事項須用管理資訊系統來回答：確認外部顧客所需的資訊，包括經濟性（如捐款者、競爭者、轉介者等）、社會性（如社區環境、需求、優劣勢等）、政治性（如政府部門、規範單位、認證等）及技術性（如新專業知識或技術、新的軟體等）等四方面的考量。

3. 確認需要哪些資料元素來回答問題：即確認和選擇要產生回答問題所需要的資訊時，所須具備的特定元素，包括對於案主、方案計畫、組織績效的監督、評

估及報告所應用的元素，以及了解社區問題、需求與力量所需的元素。

4. 發展報告時可顯示資料需求的表格、圖表和曲線圖：有意義的資訊可以透過繪製成表格、圖表或曲線圖的形式來呈現，透過這些形式，可以讓資料做出有意義的比較，包括橫斷面的分析、時間序列分析，以及其他資料單位的比較分析。

5. 規劃資料蒐集的步驟和手段：包括蒐集方案計畫資料、組織化資料及社區資料，方法可以是填寫表格後再輸入電腦，或直接由電腦點選，亦可依資料的性質制定出流程圖，做為依循之依據，甚至成為標準化的作業程序。

6. 設計資料的輸入、處理和報告系統：資料的輸入如果不是按照格式蒐集，並交由資料輸入人員輸入系統，即是由蒐集資料的人自行輸入系統；簡化的程序可能容許更簡易的資料累積。事實上，現代資訊科技的社會，藉由電腦的協助以累積並建立完善的資訊，已是一股不可抗拒的趨勢。

7. 執行該系統，彙整樣本資料並調整系統：確保員工是精確、即時地輸入資料，且軟體能夠透過符合報告需要的方法來累積資料；應該將資料與員工分享，並鼓勵他們批評與檢討，將有錯誤的資料予以移除或修正，以更加確立對資料的信心。

464

管理資訊系統的特色

服務對象

協助中階或低階管理者從事管理工作（規劃、組織、領導、用人、控制）。

資料來源

大多為下層的交易處理系統（TPS）。

資料處理方式

整合交易處理系統所產生的資料成週期性管理報表——年、季、月、週，對已訂定規範之週期報告作控管。

465

產出資訊

交易紀錄的彙總分析，用於一般管理業務的定義報告，例如：行銷經費與效益的評估、應收／應付帳款管理、業務績效評比等。

主要目的

主要目的在於例行工作之控制與管理，是用來管控各種業務活動，並且用來做為策劃未來管理經營依據。

決策問題

使用歷史與現有資料支援管理者制定「非結構化決策」。

資料來源：整理自湯宗泰、劉文良（2012）。

第 15 章

社會工作的變革、衝突、創新管理

●●●●●●●●●●●●●●●●●●●●●●●● 章節體系架構 ▼

Unit 15-1
衝突的基本概念

衝突是由於個體對於事件或是處理方式與其他關係人有不同看法所引起的。傳統論點認為衝突是不好的現象，組織內應該避免衝突。在互動理論則鼓勵衝突，認為某些衝突是組織運作所必需的。維持低程度衝突可保持團體活力、自我反省思考能力與創造力。有關衝突思想之演變可區分為三個階段，說明如下：

一、傳統觀點（1930至1940年代）

傳統觀點（traditional view of conflict）認為衝突是有害的，衝突會帶來成本進而影響團隊績效。所以認為管理者應該致力於避免與清除衝突。傳統觀點對於衝突多持否定看法，認為衝突是異常現象，對組織與個人不利，具有無理、破壞、毀滅性質，管理者或領導者之要務在於消弭組織內衝突。傳統觀點認為衝突發生，乃因組織內成員溝通不良，缺乏誠信與信賴，此衝突論點在於找出衝突原因並加以改進或消弭。

傳統衝突觀點認為衝突對組織具有不好的效果，並將組織績效的衰退與衝突劃上等號，認為所有的衝突都是應該避免，因此其研究焦點集中於衝突的起因，認為減低衝突就可以增進團體和組織的績效。這種觀點現已被許多研究推翻，但仍然有很多人以這種觀點來看衝突。

二、人際關係觀點（1940至1970年代）

人際關係觀點（human view of conflict）認為衝突是自然現象無法避免，採取接受衝突存在態度，其存在應合理化。此觀點認為衝突為團體中自然而不可避免的現象，且不一定會給組織帶來壞的影響。既然衝突是不可避免的，管理者應該接受衝突，妥善處理衝突，並承認衝突在組織中存在的必然性與合理性。

此觀點亦認為種族、文化、黨派、機關、個人間的衝突也是社會結構的自然產物，不必反對也不必恐懼。此觀點將衝突的存在予以合理化，認為衝突在很多時候對團體績效是有所助益的，因此衝突不需予以去除。此觀點雖將衝突去罪惡化，並肯定衝突的必然性及合理性，僅是被動的接受衝突及所引發的結果，並無針對衝突本身有更積極的作為。

三、互動觀點（1970年代迄今）

與人際關係觀點的被動接受不同，互動觀點（interactive view of conflict）強調管理者要鼓勵有益的衝突。和平、安寧的組織容易對變革與革新產生阻力，組織中擁有一定的衝突能保持組織的活力。此觀點認為，組織由於不滿與欲求改善才會產生變革，而變革是因衝突激發來的，除可提升自我反省、了解議題外，更可刺激創意、流通資源與解決方案並強化團體運作。衝突過強時必須適時解決，因太多衝突會產生許多敵對力量、低品質決策；衝突太弱時亦必須給予刺激，沒有衝突刺激之組織將缺乏活力、觀念停滯、力量削弱、不適當決策，甚至組織瓦解之後果。

互動觀點不僅肯定衝突，更希冀從衝突中發掘出組織的活力及動能，並進而促成組織的變革，此與組織變革的觀點不謀而合。

衝突的定義

提出者	對衝突的定義
Dressler & Rahim	衝突是組織中兩人以上，因為目標、利益、期望或價值觀的差異，而產生不同意見的結果。
Forst & Wilmot	衝突通常是指存在兩個以上相互依賴的個人或團體之間的情境，彼此之間有著不相容的目標，且雙方相互干擾以阻擾對方獲取目標的交互作用。
Smith	認為衝突是一種情境，參與者在此情境中，其條件、經驗和目標有本質上的不同。
Likert	衝突是人們為了自己的偏好成果所做的積極努力，這種成果如果獲得的話，便妨礙了別人獲得他們所喜歡的成果，因此產生了敵意。
Resser & Loper	衝突是人、我之間對於目標的看法不能取得一致，所形成的一種敵對的感受。

衝突思想演變理論表

衝突思想演變理論	傳統觀點	人際關係觀點	互動觀點
理論時期	1930～1940年代	1940～1970年代	1970年代～至今
假定	不利於組織	自然現象、不可避免	衝突有好、有壞
重點摘要	衝突是不好的，對組織效能有負面影響。	衝突是自然發生現象不可避免，要接受衝突存在。	衝突可保持團體活力，自我反省及創造力。
處理	完全消除（避免衝突）	強調管理（接受衝突）	刺激或降低水準（運用衝突）
著重事項	注意衝突起因，應消弭衝突，降低其破壞性。	衝突存在合理化，倡導接受衝突，解決衝突。	鼓勵適當衝突，創造良性衝突發生環境。

Unit 15-2
衝突的原因

衝突或起於主觀的個體內心，或起於客觀的外在環境，最後衝突的結果仍會對於衝突主體者的身心或組織結構產生影響。衝突的出現必有其形成的因素，Koehler 將衝突的原因歸納有七項，說明如下（Koehler, J. W., Anatol, Karl W. E., & Applbaum, R. L., 1978）：

1. 角色衝突：一個團體中每一個個體均被賦予其角色之權力與義務的規範。當某一個體對其權責認識不清，濫用其權力或不履行其義務時，將會妨礙到整個組織的運作，也因此形成了衝突之根源。

2. 資源之爭議：在一個組織中，組織的各個單位或成員通常均賦予其合作而非爭議的關係，而合作的關係必須借助於酬賞、資源、服務等分配的平衡。但當有單位或成員認為資源有分配不均或為某人把持時，就會發生爭論，導致衝突。

3. 知覺的差異：知覺是個體對情境的自我解釋，而解釋與事實之間可能因個人性向、態度、角色或其他各方面之背景文化之不同而產生差異。因此，同一情境在不同的個體可能會有完全不同的知覺，因而產生不同的行為，而這些歧異的行為就會引起衝突。

4. 期望的不同：個體對情境的判別、工作目標的追求，在知覺上會產生不同的期望。期望的差別如果太大，就會產生衝突。

5. 爭取決定權：個體在團體中，企圖擁有「決定」的權力來影響他人的期望或工作目標，而另一個體亦在爭取相同的權力，兩者之間就會發生衝突。

6. 目標對立：在團體中的個體或單位都會有其工作之目標及達成目標的作法，而當兩個個體或單位彼此間的目標對立時，就會引起衝突。

7. 溝通不良：溝通是用來調和組織成員間認知的差異所產生之行為，惟無效率的溝通或不良的溝通方式，更易引起衝突。另溝通的質量不良，亦為造成衝突的原因。

Sashkin 與 Morris 將衝突的原因分為個人和組織兩個層面，說明如下（Sashkin, M., & Morris, W. C., 1984）：

1. 個人行為引起衝突的原因

(1) 溝通失誤：此指衝突雙方溝通上出現障礙或由於言語態度上的不和諧而產生衝突。

(2) 實質差異：乃是衝突雙方在爭取實質利益或有限資源時所發生的衝突。

(3) 情感衝突：乃指衝突雙方對於事物的喜好程度上的差異而引發的衝突。

(4) 價值衝突：此為衝突雙方的價值取向與認知判斷不同所引起的衝突。

2. 組織結構層面引起衝突的原因

(1) 角色模糊：指組織中的成員對於自身的角色無法確知所引起的衝突。

(2) 角色衝突：指組織成員需同時扮演多種角色而無法滿足多種角色的期望或期許時的衝突。

(3) 工作流程設計：指由於組織流程設計不當，造成工作協調失誤引發衝突，或由於組織結構的必然設計增加了衝突的機率。

Kurt Lewin對衝突類型的分類

01
雙趨衝突
（approach-approach conflict）

指個體面對兩個具有同等吸引力的選擇，個人對此二者選擇具有相等強度的動機，但因限制而無法兼得，只能擇其一，心理上會產生魚與熊掌不可兼得，難以取捨的衝突心理。

02
雙避衝突
（avoidance-avoidance conflict）

指個體面對兩個具有威脅性的目標，此二者皆為個體所厭惡，但迫於情勢，必須選擇其一，才能避免另一者，而造成選擇時左右為難的情境。這是一種前無退路，後有追兵之心理狀態。

03
趨避衝突
（approach-avoidance conflict）

指個體面對單一目標，而同時產生兩種動機。對個體而言，此目標同時具有吸引力與排斥力，造成個體進退維谷的矛盾心理。

Steers對衝突類型的分類

■ **目標衝突：**
當某個體或群體希望達到的目標與別人不同時，在追求目標的過程中所發生摩擦即是目標衝突。

■ **認知衝突**
當某個體或群體所堅持的信念或意見與他人不同時，所表現在認知上的衝突。

■ **情感衝突**
情感衝突是指某人或某群體在情感或動機態度上與其他人不同時所產生的結果。

■ **行為衝突**
這種類型的衝突存在於某人或某個群體的行為方式不能為其他人所接受的情況。

Unit 15-3
衝突的歷程

有關衝突的歷程，Pandy 認為衝突是一連串事件的動態過程，每一衝突都是由一連串有關的衝突事件組合而成，衝突歷程可分為以下五部分加以說明如下（Pondy, L. R., 1967）：

1. 潛在的衝突（latent conflict）：此期是指在個人間或組織內存在著許多可能發生衝突的因素，這些因素潛藏在組織內，尤其是角色衝突最多，例如：組織成員常覺得主管的要求不合理等。但是潛在衝突並不意味著會立即產生衝突。

2. 知覺的衝突（perceived conflict）：此期是指衝突雙方雖都已察覺到衝突的存在，但有時衝突並不會發生，這些衝突的知覺常常是因為彼此缺乏了解所致。在此階段人們會試圖透過一些努力，以減低衝突發生的可能性。

3. 感受的衝突（felt conflict）：此期是指衝突雙方雖努力消除衝突原因，卻遭逢失敗，彼此已感受到敵對狀態，察覺到衝突已無可避免，並準備因應衝突的來臨。

4. 外顯的衝突（manifest conflict）：此期是指已出現了外在明顯的衝突行為，最常見的是爭吵、敵對和公開的攻擊等。

5. 衝突的結果（conflict aftermath）：此期是指衝突後的最後結果。Pondy 指出，如果衝突沒有獲得良好的管理，衝突的潛在條件可能會繼續惡化，導致將來爆發更嚴重的衝突。

此外，Robbins 將衝突的歷程分為下列四個階段（Robbins, S. P., 1998）：

1. 第一階段：潛在對立或不相容

衝突的來第一階段是指可能產生衝突的要件。這些要件並不一定導致衝突的發生，但卻是衝突發生的必要條件。它可歸納為三類：

(1) 溝通：由溝通引發的衝突主要來自語意表達困難、誤解，以及溝通管道中的干擾。

(2) 結構：包括團體的大小、分派給團體成員的工作之專門性程度、權限的清楚度、成員目標的一致性、領導風格、酬償系統，以及團體間相互依賴的程度等。

(3) 個人變項：包括個人的價值系統，以及可以凸顯個人特性和個別差異的性格。

2. 第二階段：認知與個人化階段

如果階段一所提的各項要件產生了挫折，其所引發的衝突就會在此階段顯現出來。包括知覺到、感受到衝突兩個層次。

3. 第三階段：行為

當個體做出阻撓他人達其目標與獲取利益的行動時，即進入了衝突的第三階段。Robbins 將衝突處理的策略依合作性及肯定性兩個向度，分成五種處理策略，包括：(1) 抗爭；(2) 統合；(3) 逃避；(4) 忍讓；(5) 妥協。

4. 第四階段：結果

外顯的衝突行為和衝突處理方式交互作用之後，會產生某些結果，包括良性結果與惡性結果兩種類型。

Pondy的衝突歷程模式

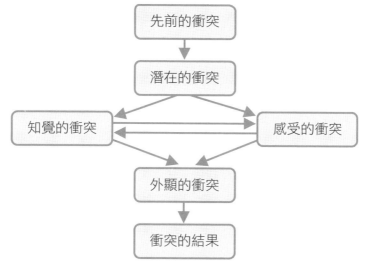

資料來源：Pondy, L. R.（1967）。

Robbin的衝突歷程式

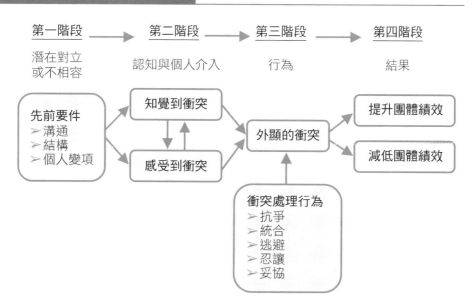

資料來源：李茂興等譯（1994）。

Unit 15-4
衝突管理的策略

衝突本身並不可怕，但如果未能妥適好好處理所遺留下來的後遺症，形成惡性循環，將對組織形成難以彌補的傷害。茲將Blake與Mouton的衝突管理方格理論、Thomas雙向度應付衝突模式、Rahim的衝突管理模式等衝突管理的策略，分為二個單元說明：

一、Blake與Mouton的衝突管理方格理論

過去許多衝突管理模式或風格之研究，都將之視為單向度之行為，只有合作與競爭兩種選擇。這種過度簡化的分法，實在無法描述複雜的衝突管理行為。Blake與Mouton最早將衝突管理清楚劃分，首先提出管理方格理論（Managerial Grid Theory）（如右頁圖解）。將橫坐標訂為「關心他人」（concern for people），縱坐標訂為「關心生產」（concern for production）。茲依據結果將衝突管理策略區分為五種方式，說明如下（Blake, R. R., Mouton, J. S., Barnes, L. B., & Greiner, L. E., 1964）：

（一）**退避**（withdrawing）：是指採取明哲保身、置身事外的態度，對於衝突當事人及衝突結果的關切程度均最低，與人無爭，與事無意見，容易導致冷漠。

（二）**安撫**：是指對衝突結果冷漠但對當事人則力求安撫、虛假承諾，只求表面無事和諧。然而，一旦失信，將增加當事人的不滿。

（三）**妥協**（compromising）：是指經由適應、調適的過程求取衝突解決的折衷策略。基本的前提為相互妥協、讓步，但並非最佳方案。

（四）**脅迫**（forcing）：是指對當事人冷淡，而優先考慮衝突的解決，不惜利用高壓力量以控制衝突。

（五）**問題解決**（confronting）：是指對衝突結果及當事人均予以高度的關切，利用事實檢證、客觀評估的觀點，進行有效的問題解決，允許不同意見的提出、交換、討論，所有的疑慮、保留問題均予以解決，深入探討衝突的原因，終而獲致最佳滿意方案。

二、Thomas雙向度應付衝突模式

Thomas對人際衝突分類模式進一步解釋，認為發生衝突之後，會有兩種可能的反應產生，「關心自己」和「關心他人」。關心自己表示在追求個人利益過程中堅持的程度。關心他人表示在追求個人利益過程中合作的程度。因此將衝突管理定為兩個向度，合作性（cooperativeness）與堅持性（assertiveness），依雙向度將衝突管理分類如下（Thomas, K. W., 1976）：

（一）**競爭**（competing）：高堅持低合作型；堅持己見，而強迫對方接受自己的看法，毫無妥協的餘地。你輸我贏型。

（二）**合作**（collaborating）：高堅持高合作型；雙方雖有己見，但卻坦誠與對方合作，在過程中對問題重心加以探討，謀求解決之道。雙贏型。

（三）**妥協**（compromising）：中堅持中合作型；雙方各退一步，經由交涉而達成協議。有輸有贏型。

（四）**逃避**（avoiding）：低堅持低合作型；雙方不願意面對衝突，一味粉飾太平，表面雖無衝突，實則暗潮洶湧。雙輸型。

（五）**順應**（accommodating）：低堅持高合作型；在碰到問題時，採消極合作的態度，以平息衝突，事實上卻未得到滿足或實現目標。你贏我輸型。

Blake與Mouton的衝突管理方格理論

主要概念：當人類面臨衝突情境，至少須考量兩個因素：一為衝突當事人；另一是衝突結果。此二因素分別構築為縱、橫座標。橫座標九點量表代表對衝突結果的關切程度，1至9點表示由低而高。縱座標表示對衝突當事人的關切程度，1至9點亦表示由低而高。此81格代表衝突反應的方式。研究發現，個人對於衝突人事物的愈關心，愈會採用較佳的衝突管理。

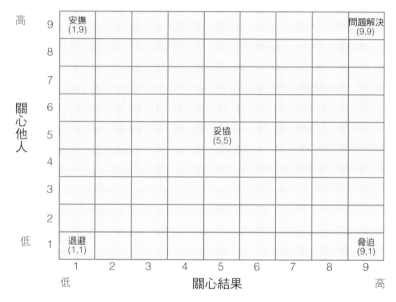

資料來源：Blake, R. R., Mouton, J. S., Barnes, L. B., & Greiner, L. E.（1964）。

Thomas雙向度應付衝突模式

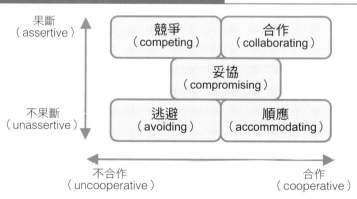

資料來源：Thomas, K. W.（1976）。

Unit **15-5**
衝突管理的策略（續）

本單元接續說明衝突管理策略的Rahim的衝突管理模式如下：

三、Rahim的衝突管理模式

Rahim延續了Blake & Mouton的衝突管理方格和Thomas的雙向度衝突管理模式，以「關心他人」（concern for others）和「關心自己」（concern for self）兩向度的程度，將衝突管理分為以下五種（Rahim, M. A., 1986）：

（一）支配（dominating）：高度關心自己、低度關心他人。個人只想達到自己的目標或利益，不顧慮衝突會對另外一方造成的影響或損失。

（二）逃避（avoiding）：低度關心自己與別人。個人可能承認衝突的存在，但採取退縮或壓抑的方式。漠不關心、希望逃避外顯的爭論、與他人保持距離，以及劃清界線等等。

（三）讓步（obliging）：低度關心自己、高度關心他人。個人滿足對方時，會將對方的利益，擺在自己的利益之上。為了維持彼此的關係，某一方願意自我犧牲。

（四）妥協（compromising）：中度關心自己與他人，一種折衷的方式。當衝突的雙方都必須放棄某些堅持時，則會因為分享利益而導致妥協的結果。在妥協時，沒有明顯的贏家或輸家，而是對利益結果予以定量分配。妥協的特性是：雙方都必須付出某些代價，同時也有些許獲益。

（五）整合（integrating）：高度關心自己與他人。是一種雙贏的方式。衝突的雙方都希望滿足對方的需要時，會共同尋求對兩方都有利的結果。雙方著重問題的解決，澄清彼此的異同，而不只是順應對方的觀點。

經由對前述三種衝突管理的策略的理解後，在進行衝突管理時，可依循以下的步驟做為衝突管理的參考（牛涵錚等著，2019）：

1. 步驟1：了解管理者本身「衝突管理風格」。

2. 步驟2：確認須處理的衝突項目。不須處理的衝突項目包括：不具解決價值者、團隊無能力解決者、無重大影響者，以及對組織績效有幫助的功能性衝突。

3. 步驟3：評估各方涉入對象及立場差異，包括：目標、利益、價值、資源、個性等差異，以有效尋求解決衝突的方向。

4. 步驟4：評估衝突的來源，包括溝通差異（溝通上的誤解）、結構差異（部門結構設計不當）、個人差異（成長背景、經驗、訓練的差異）。

5. 步驟5：選擇可行的解決衝突的策略中的解決方案。例如：Blake與Mouton的衝突管理方格理論、Thomas雙向度應付衝突模式、Rahim的衝突管理模式等。

Rahim認為衝突管理應做到防範大規模破壞性的衝突產生，使已經發生衝突的潛在損失降至最小，同時充分利用現有衝突所帶來的好處。Rahim所提出的人際衝突方式的雙向關心模型，整合了Blake與Mouton衝突管理方格和Thomas的雙向度衝突管理模式，建立起衝突管理模式的完善度。

476

Rahim的衝突管理模式

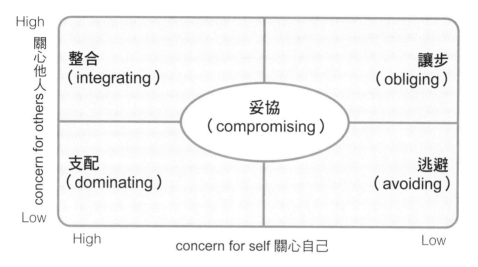

High
關心他人 concern for others
Low

整合（integrating）

讓步（obliging）

妥協（compromising）

支配（dominating）

逃避（avoiding）

High　　concern for self 關心自己　　Low

資料來源：Rahim, M. A.（2002）。

衝突的管理技巧

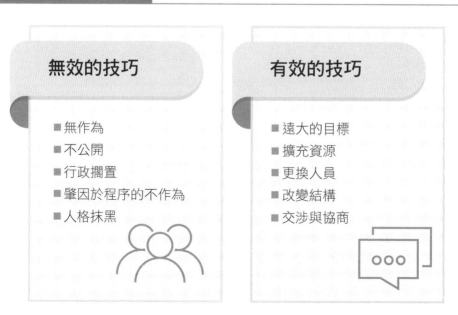

無效的技巧

- 無作為
- 不公開
- 行政擱置
- 肇因於程序的不作為
- 人格抹黑

有效的技巧

- 遠大的目標
- 擴充資源
- 更換人員
- 改變結構
- 交涉與協商

Unit **15-6**
組織變革的基本概念

Fried 與 Brown 指出，「組織變革」是一種促進結構和過程、人員和技術之變革和發展之方法。亦即，組織變革是組織為了追求生存及積極發展，對於不合時宜的組織結構及工作關係等進行有計畫的改變，以因應新事務與新需求之過程或活動。

當大環境變遷，適當的變革是組織能夠繼續生存下去的重要因素，以變革標的可劃分以下五類（溫金豐，2019）：

1. 策略變革：策略變革是為了適應經營環境變化，以及達成組織長期目標而推動的。策略變革一般都是由上而下推動，起因於高階管理者為了釐清一些專業領域的議題，避免錯誤決策，或為了尊重員工、排除抗拒，有時也會有徵詢或參與討論的過程，不過真正的決策者通常是高階管理團隊，一旦做成變革的決策，組織就會依照既定的步驟，透過組織結構的層層控制推動變革。

2. 結構變革：結構變革是指組織結構的改變，是關於組織分化與整合方式的改變，包括垂直分化變革的組織階層增減，以及水平分化變革的部門的增減。故結構變革對個人的職權、利益、工作內容及生涯發展影響極大，在變革推動上經常造成許多抗拒與阻礙。此種變革因為涉及員工關心的個人利益等議題，通常也必須由上而下推動，利用組織層級強力推動。在進行結構變革前仍應進行適度溝通，讓每個

人了解自己可能受到的影響，並給予受影響者安置與協助。

3. 產品與服務變革：產品與服務變革是指組織提供新的產品與服務，藉以滿足顧客之需求。產品與服務變革首先須了解顧客的需求，然後整合內部各個部門的意見，設計適當的產品與服務。產品與服務變革適合以水平變革的方式推動，組成不同的團隊來滿足不同顧客的需求。

4. 技術變革：技術變革是指製造或服務流程的變革，將牽涉到產出的品質與成本，對於組織的經營效率有重要的影響。因為技術變革與工作方式及工作流程的改善有關，所以技術變革通常必須高度仰賴基層人員的參與。因此，成功的技術變革多採取由下而上變革的方式。

5. 文化變革：組織文化有很大的部分是無形的價值觀與基本假設，因此文化的管理及變革更不容易，組織文化具備內部整合及外部適應的特性，組織如果沒有特定的主導文化，組織成員及個人都各行其是，通常組織績效較低，隨著主導文化強度增加，才可能提升績效。要找出組織文化的方向加以強化，必須仰賴由上而下變革，因為每個組織成員或部門的特性不同，對於文化方向的看法也不一樣，要有共識並不容易，但群體中有許多已經存在的次文化，所以高階管理者應配合組織策略與願景及整體運作的需要，進行文化稽核，再針對文化的方向及強度進行變革。

組織變革的力量（原因）

01 外部力量

主要有技術、產業變遷、國際貿易、企業及政府、人口驅力等5種。

02 內部力量

主要指組織結構、組織流程及人員行為等要素。

資料來源：Szilagvi, A. D.（1983）。

外部力量

- 消費者的需求不斷改變，企業須不斷開發新產品與改善行銷策略。
- 政府新法規與行政命令，影響企業營運的方式。
- 產業技術的改變與突破，驅使企業必須不斷提升設備以符合產業需求。
- 經濟情況與景氣變動，對產業組織的影響往往是全面性的。

內部力量

- 新的組織策略，會導致組織結構調整。
- 組織人力結構改變、人員素質提升。
- 導入新設備與製程的必要性。
- 員工態度的轉變，為保持組織繼續成長及生存，促進了組織管理制度與價值觀的變革。

Unit 15-7
組織變革的模式

有關組織變革的模式，以Lewin三階段變革模型、Lewin變革力場模型是最重要的論點，說明如下：

一、Lewin三階段變革模型（Three-Step Model of Change）

Kurt Lewin應是最早提出變革管理理論的學者之一，故Lewin被廣泛認為是創建變革管理之父。Lewin的三階段變革模型，是最有名的變革理論。

Lewin的三階段變革模型，其認為成功的組織變革需要經過解凍（Unfreezing）、改變／變革（Changing or Moving）、再結凍（Refreezing）等三步驟。解凍的過程需要兩種力量的同時作用，一為驅離的力量，一為滯留的力量，組織藉由增加驅離力、降低滯留力的方式可讓組織內部打破既有行為、結構與價值觀念，進而引發組織成員變革的動機，創造變革的需要。經解凍完成後的組織便可進行變革，變革完成後再加以結凍，整個組織變革的程序才算完成。

二、Lewin變革力場模型（Force-field Model of Change）

Kurt Lewin為能更佳理解變革的阻力，發明了力場分析的概念。他認為組織在準備進行變革之前，組織內部是處於二種力量以相反方向運作所形成的平衡，一為驅動變革的力量，二為阻礙變革的力量，在思考任何變革的情況時，應該先清楚這二項因素。

Lewin提出「變革力場模型」用來分析變革成因。據這項理論，所有個體、群體或組織均處於由兩種相互競爭的力量組成的力場之中：驅動力量與限制力量（抗拒力量）。當驅動力量與限制力量旗鼓相當時，一種平衡狀態就會出現，使組織暫時保持穩定；當驅動力量超出限制力量時，變革就會出現，只要驅動力量繼續處於強勢地位，變革就會持續下去。若在此過程中，限制力量開始聚集，以抵抗驅動力量，變革就會隨之放緩，一旦兩者重新建立平衡狀態，變革就會中止。

另外，Leavitt指出，變革的途徑可由下列三種變革方式來完成，三者具有高度相互依賴性，任何一種變革都可能引起其他變革（吳秉恩，1993）：

（一）結構途徑（structural approach）：一個組織的結構變革包括專業化如何分工、部門如何協調劃分、指揮鏈、控制幅度、中央集權與地方分權，以及制式化程度等因素而決定，係透過正式工作結構及職權關係的改善，而企圖改善績效的管理行為。

（二）技術途徑（technological approach）：為技術方面之革新，將資源轉變成產品或服務的任何新方法的應用，包括新技術、新設備、新生產方法的使用，及自動化、電腦化的作業流程。

（三）行為途徑（behavioral approach）：改變員工的觀念、態度、期望、價值、認知、行為。組織發展是指某些技術或方案對人員的改變，以及服務人員對服務對象觀念的改變，使組織由變革中提升服務品質及組織價值，其主要目的在於提升人員的生產力，並與他人協同一致的完成指派的工作。

Lewin三階段變革模型（Three-Step Model of Change）

資料來源：Moorhead & Griffin（1992）。

Lewin變革力場模型（Force-field Model of Change）

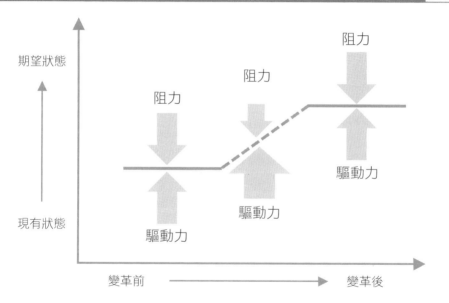

資料來源：艾昌瑞譯（2006）。

- 上圖中，下方的面向代表推動組織邁向新事態的驅動力量。上方的面向則代表維持現狀的抑制（抗拒）力量，這些力量普遍被認為是「抗拒改變的力量」。而促使有效變革發生的方法是將目前的狀況解凍，移向意欲的狀態，然後將意欲的制度再結凍，使它們能持續維持意欲狀態。

- 因此，在該圖上可以看到「解凍步驟」（即現有狀態）的驅動力和阻力是相同的（箭頭大小相同），解凍之後進入「進行變革步驟」（即虛斜線部分）時，則是驅動力大於阻力（驅動力箭頭明顯較人）。接著進入「再結凍步驟」（即期望狀態）時，再呈現驅動力和阻力是相同的狀態（箭頭大小相同）。

Unit 15-8
有效推動組織變革的流程

在面對變遷快速的環境，組織必須適時進行變革，任何組織變革計畫將遭遇的反應有三種可能：

1. 積極支持，這對於變革計畫推行最為有利。

2. 中立觀望態度，因為成員還不能確定變革對組織和自己的影響如何。

3. 反對，即所謂「抗拒變革」。

在個人與組織行為研究中可以發現，組織為有效的進行組織變革的流程（步驟）包括如下（邱如美譯，1998）：

1. 建立危機意識：分析市場環境和競爭情勢，找出環境可能帶給組織的危機或重要機會，並召開成員討論會議，確認這些危機或機會的潛在影響。

2. 成立領導團隊：組織領導變革的工作小組與團隊，並促進團隊成員的合作，及匯集所有成員共識的共同目標。

3. 提出願景：勾勒組織未來願景以協助引導變革行動，並擬定達成願景的相關策略，讓組織變革有方向，員工亦能有所遵循。

4. 溝通變革願景：運用各種溝通管道與方式，向成員明確說明新願景及相關策略，並透過變革領尋画隊以身作則，影響員工行為的改變。

5. 授權員工參與：授權員工參與變革過程，將有助於掃除變革障礙；修改破壞變革願景的制度、結構，或鼓勵冒險創新的想法。

6. 創造短期可達成之戰果：規劃且創造短期可行的小幅變革的績效，繼而公開獎勵與表揚有功人員，建立員工對於未來大幅變革方案的信心。

7. 鞏固戰果並再接再厲：改變所有不符合變革願景的制度和結構，拔擢或培養具正面變革態度的員工，然後推動更多、更大規模的變革方案。

8. 讓新作法深植企業文化中：明確指出變革的新作法和企業績效的正向關聯，訂定辦法培養新的領導者和接班人，改變組織內的規範和價值觀，亦即改變組織文化，讓新作法的價值深植人心。組織變革要能成功，最終一定進入文化改變的狀態；唯有組織文化的價值觀改變，才能讓變革深植人心。

為了降低員工對於組織變革方案的阻力，增加變革成功的機率，可採用的方法如下（牛涵錚等著，2019）：

1. 充分溝通：正式資訊發布訊息，避免不正確消息流竄造成誤解；藉由種團隊會議、討論會、手冊等，說明可行的變革方案，培養互信。

2. 參與管理：挑選持正面態度、肯承諾投入變革且有具專業技能的員工，投入變革的決策過程。也邀請反對改變者參與變革決策，以利於提供更多樣化的、更周延的想法。

3. 職能協助：員工常會害怕能力不足無法勝任變革的新作法，須採取各種協助與支持方案，降低員工的擔憂。例如：教育訓練。

4. 貫徹執行：管理當局基於策略考量而執行變革方案時，應努力貫徹執行，運用職權的力量，較容易獲得基層主管的支持與員工的投入。

組織變革的三種取向

1.由上而下變革

由上而下變革是一種由組織高階管理者主導的變革模式，利用其正式的職權，由上而下推動變革。這樣的變革透過正式職權，各層級的主管及員工並沒有太多抗拒的空間。在科層式／官僚式或機械式的組織中，因為每個職務有明確的工作內容與報告關係，可以嚴密監控員工的行為，因主管的職權較大，利於採取由上而下的變革。

2.由下而上變革

由下而上變革在方向上剛好與由上而下變革相反，是由第一線的工作者發起或主導。這樣的變革通常發生在高階管理者未具充分變革知識時，必須由基層工作者，或是專業人員推動變革。由下而上變革的另一個意義是透過員工的參與，提升其對變革目標的認同與承諾，尊重並接受基層員工提出的意見，有助於變革推動，也可以強化員工的創業精神，對於形成學習型組織文化有正面的影響。

3.水平整合變革

水平整合變革通常應用在需要強化跨部門整合時，可能以跨部門團隊推動整個變革的流程。組織將涉入變革的關鍵人員納入變革推動團隊中，將各部門的觀點與需求先整合在變革方案中，使變革方案在規劃及執行階段能兼顧相關部門與人員的需要。

人們對變革會產生抗拒反應的原因的五種因素

1
習慣：
人類常依習慣模式來因應生活的複雜性，因此當面臨變革時，這種慣性反應方式便成了抗拒的原因。

483

2
安全：
對安全有高度需求的也會抗拒變革，因為他們的安全遭到威脅。

3
經濟因素：
擔心變革之後會降低收入、無法勝任新的工作或無法維持過去的生活水準。

4
對未知的恐懼：
變革會對已知的事物產生混淆與不確定性，且組織內的員工同樣不喜歡不確定性的事物。

5
選擇性處理資訊：
個人會透過知覺去形塑他們的世界，一旦建制完成，即抗拒改變。所以個人會為了保有認知的不變，而依權責做選擇性的訊息處理。

資料來源：Robbins, S. P.（2001）。

Unit 15-9
創新的基本概念

最早提出「創新」（innovation）觀念的是，是奧地利經濟學者約瑟夫·熊彼得（Joseph A. Schumpeter），他在1934年在《經濟發展理論》一書中提到，他認為創新是資本主義發展的主要動力，同時認為經濟本身是創造性破壞的過程。他將「創新」定義為：企業利用資源改變生產的程序或方法來滿足市場的需要。

Drucker 認為創新是一個經濟性或社會性用語。它是有組織的、有系統的、有目的尋求改變，亦是改變資源給消費者的價值與滿足。Porter 強調以產品、程序及技術上的創新為主，目的是達到競爭優勢，並將創新定義為：做事的新方法，且使之商業化。創新的過程不能從企業的策略與競爭的環境條件中區隔出來

Robbins 認為，創新是一種新的意念，可以應用在啟動或增進某項產品、過程或服務。亦即，企業為了永續經營就必須不斷創新，創新必備條件則是必須提升員工的智慧資本。Nonaka 與 Takeuchi 從組織創造知識理論的觀點，提出他們對創新的新看法，他們認為，創新是透過知識螺旋的運作，或當組織的內隱知識和外顯知識發生互動時，所獲致的結果。Burnside 認為，創新是更多必須與團隊一起實現特定的構想。

Chan、Go 和 Pine 依據技術（technology）與消費模式（consumption patterns）提出服務創新架構圖，區分出三種服務創新型式：

1.漸進式創新（incremental innovation）：一般較為常見的服務創新型態，包含較輕微改變的服務程序與步驟，較不需運用科技或是使顧客行為改變。例如：商標的更換與色彩的重置。

2.卓越式創新（distinctive innovation）：顯著地對服務程序與步驟做改變，通常會使顧客行為有些許的改變，這必須運用某種程度的技術，對企業而言是新的技術。

3.突破式創新（breakthrough innovation）：利用新的技術或方法做顯著的改變，但顧客消費行為，如購買決策之認知評價與購買決策，也可能因企業的突破式創新而有所調整。

Hunt 和 Morgan 則從創新的主被動關係加以探討，在其資源—優勢理論的研究中，認為創新對於組織競爭優勢方面扮演著關鍵角色，而創新可區分為兩部分：

1.自主性創新（proactive innovation）：創新是來自企業自身的條件，按照組織的能力與時程所孕育而成，非競爭壓力下所產生的。

2.受迫性創新（reactive innovation）：創新是因為競爭使然，受到環境或競爭對手的壓力，迫使組織採取創新。

Hunter 和 Morgan 由組織創新的主被動觀點論述，可以明確了解組織的創新或許是組織既定計畫的自主創新，或是競爭壓力下的受迫式創新，端看組織在市場中的定位而論。此外，Marquish 在探究創新時，認為組織的創新可依改變程度不同區分為三種型態：

1.漸進創新（incremental innovation）：將產品服務或製程做為小改善的創新。

2.系統創新（systems innovation）：需花費較昂貴的成本與較長時間做一全盤改善。

3.輻射創新（radical innovation）：將對整體產業造成影響帶動產業整體創新。

Chan、Go和Pine區分之服務創新架構圖

消費模式

	舊	新
舊	漸進式創新	卓越創新
新	卓越創新	突破式創新

技術

資料來源：Chan, A., Go, F. M., & Pine, R.（1998）。

創意與創新

創意（creativity）

是一種能對各種問題、不完全及不協調的東西、漏洞或缺失，乃至知識等對象，產生敏感並證實其困難，以及找尋出答案。因此，創意是一種基於概念性及精神上技巧，而產生發現及察覺的過程。與慣性思維最大的不同，創意思維沒有固定的模式或特定的方法標準。

創新（innovation）

較具有某種不可預見性，是由各類創新主體與相關要素交互作用下的一種複雜湧現之現象。創新亦為一種改變現有資源、創造資源新價值並賦予創新意義的能力。

485

創意與創新的關係

■ 兩者之關係，在於創新為在新產品構想和設計過程中所具有的創意程度，創意所涉及的多是個體的現象與歷程。故創新為個體創意的進階，亦即將新奇的觀念或問題解決策略（創意）加以實踐應用的歷程。

■ 亦即，創意是以獨特的方式，組合不同的想法或進行想法間特殊連結的能力，創新則將創意轉為有用的（具獲利潛力的）產品、服務或工作流程之能力。

Unit 15-10
創新管理

486

創新管理是確保組織有效率的工作程序與形塑創新的組織文化。Collis將創新管理視為組織一種無形（intangible）的能力資產，即在組織現有的資源基礎上，透過創新管理能力的發揮，例如：鼓勵創新（innovation）、集體學習（collective learning）與資訊的傳遞（information transfer），來持續地改善組織的效能與效率，使組織基於外在環境或內在管理傳統的需要，調整組織進而達成任務。

在創新管理的過程中，Bassiti 和 Ajhoun 提出影響創新管理的關鍵因素，他們認為影響創新管理是否成功的關鍵概念（Key Concept），包含：創造力（Creativity）、知識（Knowledge）、協力（Collaboration）以及學習（Learning）等四個關鍵因素（innovation's dimensions），說明如下（El Bassiti, L., & Ajhoun, R., 2013）：

1. 創造力（Creativity）：創造力可以從三個方面來說明：第一，係指將現有的概念（Idea）透過結合、改變與再應用的方式去產生新概念的「能力」；第二，係指願意接受改變並有意願去嘗試各種不同可能性的「態度」；第三，係指將一個抽象的概念，透過不斷地改進轉化成為組織可運用的方案之「過程」。一個組織必須要有效的執行與完成其所提出來的抽象概念，方能成功地達成創新。

2. 知識（Knowledge）：創新被視為結合概念和知識兩者成為一個組織可運用且具價值的方案，而且這個新的方案必須能被組織與其成員所吸收、彼此分享並轉換成能產生新知識的過程。因此，如能將組織中所提出的概念與知識持續不斷地結合，並且有系統地發展及運用新知識，方

能提升組織的創新能力，以適應外在劇烈變化的競爭環境。

3. 協力（Collaboration）：人是創新的核心，因為將一個概念轉化成為組織可運用之方案的過程是透過集體知識的互動與協力合作所達成的。因此，創新管理其實就是管理組織中的成員以及他們所必須遵守的工作條件與原則，亦即管理組織中成員協力合作的過程，以有效地改進概念，成功完成創新。

4. 學習（Learning）：在組織成員願意將彼此的知識透過合作來進行交流時，學習即是將現有的知識與新知識透過多種不同的方式進行整合，最後以產生創新的過程。故組織成員的個人知識及經驗與組織學習的連結，是創新管理過程中最重要的一項課題。

Bassiti 和 Ajhoun 認為一個創新要達到好的效果，必須是創造力、知識、協力、學習這四個關鍵因素彼此間有密切的連結關係，而這些連結關係，不論是正向或是負向都會受到「環境系絡」的變數所影響，故必須視組織的環境系絡來調整其所採取的創新管理策略。此外，Bassiti 和 Ajhoun 認為一個好的創新管理過程，除了上述五項關鍵因素（創造力、知識、協力、學習、環境系絡）之外，還需要建立一個概念庫（ideas bank）、反覆回饋的課責（account for feedback and iteration）以及正式的整合決策機制（formal integration of gates）。故組織若能在創新管理的過程，兼顧上述八項關鍵因素，即能收到其創新所欲達成之效果。

Bassit和Ajhoun提出的「創新管理生命週期圖」

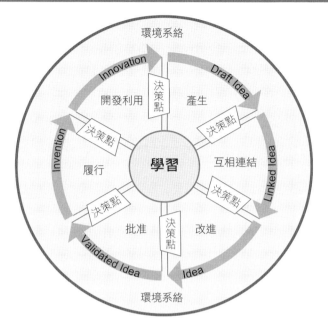

資料來源：El Bassiti, L., & Ajhoun, R.（2013）。

Savioz和Sannemann提出的創新的流程四階段

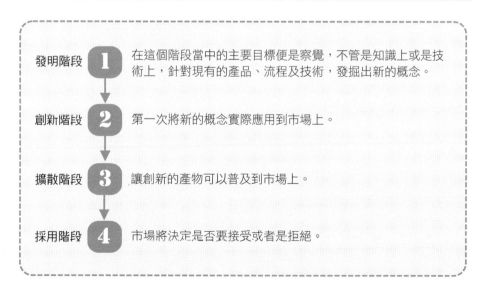

發明階段 **1** 在這個階段當中的主要目標便是察覺，不管是知識上或是技術上，針對現有的產品、流程及技術，發掘出新的概念。

創新階段 **2** 第一次將新的概念實際應用到市場上。

擴散階段 **3** 讓創新的產物可以普及到市場上。

採用階段 **4** 市場將決定是否要接受或者是拒絕。

Unit 15-11
推動創新的應對策略

488

在推動創新的過程中，可以會面對組織中內部因素反對，當然，來自外部的反對力量亦時有所見，也能是服務使用者、壓力團體，或是利害關係人等。因此，要克服抗拒創新的力量，Dees 等提出相關的應對策略，說明如下（江明修審定，2004）：

一、找出最可能的創新者，及在反對團體中找出早期採用者，例如：對現象最不滿、最想求變的人，或曾有創新經驗的人。

二、聽取那些可能採用者的建言，並調整創新使他們更容易接受，亦即，在創新過程中，讓他們成為組織中的活躍分子，以爭取並提升他們的認同感。

三、利用創新者及早期採用者來展示創新與現狀的對照成果，藉由比較可凸顯創新的具體成效或成果，以改變抗拒者對創新的認知。

四、盡可能了解那些潛在使用者（特別是那些可能的早期多數者）的需求和考量，了解潛在使用者何以抗拒創新，及他們真正的需求和考量為何，以便能針對其考量或所關心的議題做準備。

五、讓人們容易取得他們所需的資訊，並確定這些資訊是可靠的，提供可以方便取得及正確的資訊給潛在抗拒者，將有助於他們對創新的了解與信任，以期能夠化阻力為助力。

在組織中推動創新，必須能取得員工的支持或認同，才能順利推動。但在推動的過程中，常會遭遇阻力，因此，如何處理這些阻力，是一門管理技術，也是一門藝術。Dees 等列舉處理創新之內部阻礙的六個步驟，說明如下（江明修審定，2004）：

1. 找出成功推動創新的創新者，並協助他組成一個示範隊伍：創新最好是由一個有力量、有權威的創新者加以推動改革，即便創新者不是資深員工，高階管理者也應完全地支持，以確保通往成功創新的道路能順暢。

2. 為最可能的反對者在組織中預留一個位置：預留位置給受尊敬且有智慧和能力的反對者，並設法鼓勵他們提供客觀的批判，這將有助於避免創新的盲點，也可為吸收他們加入創新行列而預做準備。

3. 找出能夠讓顧客或其他關鍵性外部夥伴表達觀點的管道：創新涉及到組織內外部因素，若能找出並提供外部關係人，對組織內部的障礙表達其看法和意見，將有助於突破內部思維的侷限。

4. 追蹤團體的經驗和進行創新時所獲得的成果：記錄並建立創新的經驗與成果，有助於說服他人相信創新是有價值的，以爭取他們的支持，或至少降低阻力。

5. 確定員工的抗拒原因：找出員工的抗拒是源於學習新技術的擔心、認知不一或懼怕創新帶來的威脅等。

6. 為每種阻礙量身打造一個回應策略：針對抗拒的個別原因，提供必要的支持或協助，如以溝通、訓練或獎懲做為說服的工具。

創新的七個來源

外部來源（3個）

01 人口統計變數的變化

藉由人口統計資料，可觀察到人口結構的變動，進而發現許多創新的機會。例如：高齡化時代產生許多銀髮族的商品與服務，包括銀髮族使用的電子產品、健康照護服務與保險產品等。

02 認知的改變

顧客對於產品認知與價值觀的改變，也會激發創新。例如：對於健康與樂活（LOHAS）的觀念認知愈普遍，市場出現愈多樂活商品。

03 新知識

新知識的發現或發明，往往提升技術層次，研發出創新產品。例如：觸控螢幕的開發，影響了許多日常生活中的用途。

內部來源（4個）

01 非預期事件

組織內部突然的意外發現，往往也能招致創新。例如：組織內起初不被看好的點子，有時往往變成高市場機會的創新產品。

02 內部不一致

組織內部部門間的理念不一致或衝突，或顛覆傳統思維與習慣，往往能帶來創新。

03 流程需求

當發現企業流程有許多需要改進、提高效率的地方，也能造成流程的創新。

04 產業變革或市場結構變革

例如：因市場解除管制，或是資訊進化，都會帶來創新的機會。

第 16 章

社會工作的風險、危機管理

●●●●●●●●●●●●●●●●●●●●●●●● 章節體系架構 ▽

Unit 16-1
風險的基本概念

圖解社會工作管理

492

風險（risk）的概念最早起源於十七世紀機率理論的發展。Gratt 定義風險為事件發生的機率與事件後果的乘積。

風險的定義主要分為兩種：其一，風險為「事故發生的不確定性」；其二，風險為「事故遭受損失的機會」。經歸納，關於「風險」之三組核心意義，說明如下：

一、不確定性（uncertainty）

這是一種主觀的看法，著重於個人、組織或社會集體的心理狀態，是風險的核心概念。而風險便是存在於某種系絡下的不確定性，其範圍包含：發生與否、發生的時間、發生的狀況及後果的嚴重程度等。「不確定性」至少來自四個概念：（一）沒有能力去辨認未來事件的風險程度；（二）在因果關係（cause effect）中缺乏資訊；（三）無法準確地預測任何決策的後果，也不具備能力來處理後續問題；（四）對事件發生後的結果產生恐懼。

二、發生的機率（probability）

風險指涉一個特殊事件在某個特定時間、範圍與環境內發生的機率，此種機率介於 0 與 1 之間。若機率為 0（0%），則表示該事件絕對不會發生；相對地，機率若為 1（100%），則表示該事件絕對會發生。若一年發生火災的機率為 0.5（50%），則表示未來兩年內可能會發生一次火災的風險。

三、事件的影響（impact）

事件發生後對於個人、組織、環境或社會集體所產生的後果。若不會帶來任何損失，即便其發生的機率再高也不會被認為是風險；相反地，縱使事件發生的機率極低，一旦發生如有可能帶來重大損失，則可能被認為是風險的一環。

此外，風險所具有的五項特性，說明如下（鄭燦堂，2020）：

1. 客觀性：是為獨立於人的意識之外的客觀存在。人們只能採取風險管理辦法，降低風險發生的頻率和損失幅度，而不能澈底消除風險。

2. 普遍性：人類所面臨到各式各樣的風險，例如：自然災害、疾病、意外傷害等；同時隨著科技技術的發展和生產力的提高，導致風險所造成的損失也會愈來愈大，例如：核能的運用、輻射汙染等。

3. 損害性：只要風險存在就有損失的可能。風險的存在不但會造成人員傷亡，也會造成生產力的破壞、社會財富的損失和經濟價值的減少，最終使人類處於憂慮之中，因此需尋求分擔或轉移之辦法。

4. 必然性：個別事故雖然出於偶然，但是人類透過大量的風險事故案件可觀察出明顯的規律性。因此經由大量的統計處理後，可以較準確地反映風險的規律性，使得人們可藉由機率和數理統計方法計算其損失的幅度。

5. 可變性：其指風險可變化的特性。隨著世界因科技或醫療的進步，降低死亡率及風險導致改變人類的壽命。

風險的性質

1 不確定性：
風險為事故發生的不確定性，不確定愈高，表示風險愈大。

2 損失性：
風險係人員受傷或財物損失的可能性，及其對組織目標影響之可能性與影響程度。

3 社會性：
風險與群眾憤慨（群聚的社會現象）有關。

4 時間性：
風險為某一技術經過一段時間後產生特定影響之可能性，因此風險除可能性外，同時亦具時間性。

5 客觀性：
風險的影響程度可以定量測量加以衡量。因此風險是指在某一特定環境下，在某一特定時間內，某種損失發生的可能性。亦是在某一個特定時間，人們所期望達到的目標與實際出現的結果之間產生的距離，稱之為風險。

組織所容易遭受損失的環境風險來源類別

01 般環境風險

意指總體環境的風險，包括政治風險、法令風險、經濟風險、社會風險、天然風險，為組織在經營時皆會面臨的營運風險。

02 任務環境風險

與組織活動產生直接關聯的外部環境，如顧客偏好改變所產生的需求風險、供給風險、競爭風險與技術風險。

03 組織特有的風險

來自組織本身的決策與營運方式，也包含了因為營運範疇選擇不當所造成的風險，或組織財務的營運風險等。

Unit 16-2
風險管理的步驟

494

　　風險管理乃指為了有效管理可能發生的事件及不利影響所執行的步驟及系統。

　　風險管理是一連串動態的過程，必須視風險的情形不斷地加以修正。在進行風險管理時，可依循風險辨識、風險分析、風險評量、風險處理等步驟，說明如下：

一、風險辨識（risk identification）

　　風險辨識是風險管理的第一步，也是風險管理的基礎。能明確辨識其所面臨之各項風險的基礎上，才能夠主動選擇有效適當的方法進行處理。風險辨識就是認識風險的來源與所在。因此，根據以往的經驗、所具備的專業知識與特定風險管理工具將有助於確認實質或潛在之危險因素，對整個風險管理程序具事半功倍的關鍵影響。組織管理者必須利用系統化的步驟，進行廣泛研判需要被管理的風險，在此階段沒有被辨識的風險，將被排除在分析的步驟之外。通常，在風險辨識上，包括：會發生什麼狀況、如何、為何、何處與何時發生等。

二、風險分析（risk analysis）

　　這個步驟的目的是將重大風險與可接受風險分開，提供風險評估及風險對策所需的基本資料。風險分析包括風險的後果及探討後果發生的機率，因此，必須掌握所有可能造成的後果之嚴重性、負面影響的事件及發生機率。在執行風險分析之前，可先進行初步風險分析，將影響力較低或相似的風險排除於進一步的分析之

外。在可能的情況下，未被納入分析的風險也必須列出，以確保分析步驟的完整性。

三、風險評量（risk evaluation）

　　風險評量是將風險的來源性質做一分析。風險評量乃是指組織目標或工作遭遇危險因素而發生損失之機率大小與程度輕重。本步驟為針對已發生之可能性及嚴重性，進一步檢查每一個或連續多個可能引發危險之偶發事故，以決定其風險等級；本項評估步驟是應用數量或非數量方法，以決定與某特定危險因素有關之風險的高低程度。風險評量可加強對全部情況的了解，用以建立團隊人員信心，並允許相關單位採取即時、有效之保護或防範措施。然而風險評量的意義則在於排出預判可能發生風險的優先順序，換言之，就是將風險的發生頻率與風險的嚴重性透過評估做出正確區別。這種評估途徑將基本和詳細風險評量優勢結合，節省評估所需耗費的資源，確保獲得一個全面系統的評估結果，並讓所擁有的資源能夠應用到最能發揮作用的地方。

四、風險處理（risk disposal）

　　係指對於風險評估後不可容忍之風險，列出將風險降低至可容忍程度之對策，進而執行相關對策，以降低事件發生之可能性或其影響之嚴重程度。常用的風險控制對策包括：風險控制、風險規避、風險轉移等。

組織風險管理的目的

01
控制並使風險減至可接受的程度

02
降低風險決策的不確定性

03
提升組織成員及外界對風險決策的信心

組織風險管理的原則

1
詳細考慮風險發生後，損失發生的機率。

495

2
用於消除風險的費用，不能超過預期的真正損失。

3
在組織管理上多加考慮損失潛在性的大小，切勿因小失大。

4
善加考慮利益與損失之間的關係，不必要冒組織本身所不能承擔的風險，而強行執行營運計畫。

Unit 16-3
風險控制策略

風險管理的目的在於讓組織降低危害事件的發生並減少損失，所謂的風險管理策略，乃是針對組織長期生存所發展出來的策略邏輯。一般而言，組織的風險管理，包括以下幾種策略（國家發展委員會，2020；鄭燦堂，2020；吳思華，2000）：

一、規避風險

規避風險指的是不要涉入或退出可能產生風險的活動。風險規避易造成組織成員不願面對風險，或輕估與淡化風險處理所需要的成本。換言之，風險規避是依賴其他人來做重要的決定、延後組織當下必須要做的決定，或在不考慮利益（風險獲利）的情況下，選擇這個處理方法。

二、降低特定損失發生的機率

此策略的目的在於降低特定損失的發生機率。其方式包括：（一）稽查及遵守計畫；（二）正式檢討必要條件、明細事項、設計、工程和操作；（三）檢查和過程控制；（四）投資和有價證券的管理；（五）計畫管理；（六）預防管理；（七）品質保證、管理和標準化；（八）研究和開發；（九）技術開發；（十）規劃良好的訓練及其他計畫；（十一）監督；（十二）測試；（十三）機關的配置；（十四）技術控制等。

三、減低特定損失招致之影響與衝擊

此策略的目的在於降低特定損失的幅度（severity）。其方式包括：處理偶發事故的計畫、合約的要求、業務持續計畫、工程和結構的強化、控制貪汙計畫、減少暴露於風險來源、價格政策及控制、活動和資源的分離或重置、強化公眾關係。

四、風險轉嫁

風險轉嫁是指由其他的團體來承擔或分擔部分的風險。其方法包括：契約簽訂、保險或其他方式（如合夥經營、共同投資或委外經營），將風險轉嫁給其他團體，或將風險轉移至其他地方。此一策略或可降低風險對組織的影響，但卻無法減低風險對整個社會所可能產生的影響。當風險全部或部分被轉移至其他組織時，該組織即可能會遭遇新的風險。

五、保有風險

保有風險係指組織特意或非特意承擔風險所造成之損失，或為組織之財務損失負責。當組織無法適時地發現並轉嫁風險時，組織會因此保有風險。此外，當組織應用其他風險對策降低及轉嫁部分風險後，亦可能仍保有剩餘風險。組織應訂定計畫來管理風險發生時所產生的影響，包括：處理風險時所需的經費來源與支應方式。組織雖保有風險，但仍然可以進行風險控制，以降低風險所招致的影響及發生機率。

六、風險隔離

風險隔離係指透過分隔（separation）或複製（duplication）風險單位，使任一風險事故之發生不至於導致所有財產的損毀滅失，能比較有效控制風險。相關策略包括：建立緩衝機制、設計配額制度、蒐集環境資訊或調整組織結構等。

風險類型辨識圖

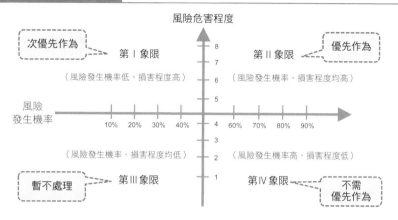

風險危害程度

次優先作為 - - → 第 I 象限　　　　　第 II 象限 ← - - 優先作為

（風險發生機率低、損害程度高）　　（風險發生機率、損害程度均高）

風險
發生機率
10%　20%　30%　40%　60%　70%　80%　90%

（風險發生機率、損害程度均低）　　（風險發生機率高、損害程度低）

暫不處理 - - → 第 III 象限　　　　　第 IV 象限 - - → 不需優先作為

風險管理的關鍵成功要素

1 確認支持、主導及領導風險管理的高階管理階層

2 將風險管理政策及有效管理的好處清楚傳達給所有人員

3 建立並採用一個透明且可重複使用的整體風險管理架構

4 建立一個支持經過深思熟慮的風險承擔和創新的組織文化

5 將風險管理澈底深植於管理流程中,並持續地應用

6 風險管理必須與目標的達成密切相關

7 與其他組織合作有關的風險,必須明確地加以評估和管理

8 積極地監督風險,並在建設性、不責罰的基礎上,定期檢視風險

497

Unit 16-4
風險管理的分析理論

對於風險的分類可粗分為環境風險、流程風險及決策風險等三類，茲分述如下：

1. 環境風險：環境風險是不可掌握的，如外部環境的天災、政治、媒體及競爭對手的作為等。

2. 流程風險：流程風險包括組織內部之(1)作業風險：如員工作業安全、人力資源之數量與素質、作業績效的落差及民眾滿意度等；(2)資訊風險：如資訊之存取與獲得、資訊的設施與設備及資訊的整合等；(3)行政風險：如管理的不當、員工的舞弊等；(4)授權風險：如外包的效率與失誤等。

3. 決策風險：決策風險是決策人員面臨的風險，其包括組織的政策方向與計畫、法令制度的修正、組織結構的調整及資源的分配等。

總體而言，以全部風險的面向分析，「全部風險」是「已確認風險」與「未確認風險」之總和。已確認風險（Identified Risk）是藉由各種分析工具確定風險；在風險評估步驟中，首要工作為在可行的情況下，儘可能提高已確認風險占全部風險的比例，分析所投入的時間與成本、風險管理計畫品質及技術水準等，將影響已確認風險的數量。已確認風險可再細分為二類：

1. 可接受風險：已確認風險的一部分，被允許存在且不加以控制；各不確定性包括是否發生、何時發生、發生階層的決策者接受，是因為更深入的風險控制而造成任務其他方面更多的抵銷與落後。

2. 不可接受風險：指無法忍受的風險；它是已確認風險的一部分，而必須被消除或控制。

在風險管理上，常用以分析事件風險的風險理論，包括以下幾種：

1. 骨牌效應理論（Domino Sequence Theory）：國外學者 H. W. Heinrich 認為「在一個相互聯繫的系統中，一個很小的初始能量就可能產生一連串的連鎖反應」。由於骨牌遊戲，在碰倒第一個骨牌後，其餘排列在後的骨牌就會產生連鎖傾倒的反應，可用以協助管理階層來探究各項工作流程是否存在一樣的問題，以發掘改善之方法。

2. 莫非定律（Murphy's Law）：西元1949年間，參與美國空軍高速載人工具火箭雪橇MX981發展計畫的研發工程師 Edward A. Murphy，在模擬實驗時，要求參與者把夾子以正面夾好，結果還是發生47個都夾錯的失誤，故引申出「凡是可能出錯的事都會在未來出錯」。管理者需時刻做好應變，以面對預期的錯誤和失敗。

3. 乳酪理論（Swiss Cheese Theory）：英國曼徹斯特大學教授 Reason 在1997年提出「乳酪理論」（Swiss Cheese Model）來解釋飛安事故發生原因的連鎖關係。其解釋風險事件之所以會發生，就是在每一道防護措施的漏洞同時且湊巧地被穿過，好比每一層乳酪中湊巧有一組漏洞的集合能讓一束光線直接穿過。重點在強調組織上整體性的預防能力，及時消除潛在問題，以系統化的管理程序來改正，使預防功能達到其預定的目標。

指一件事的發生會引發一連串連鎖反應。

骨牌效應理論
（Domino Sequence Theory）

MURPHY'S LAW

「凡是可能出錯的事就一定會出錯」，指的是任何一個事件，只要具有大於零的機率，就可確定它終有一天會發生。

莫非定律
（Murphy's Law）

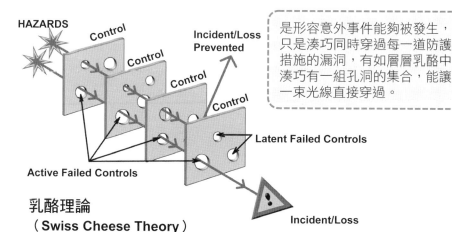

是形容意外事件能夠被發生，只是湊巧同時穿過每一道防護措施的漏洞，有如層層乳酪中湊巧有一組孔洞的集合，能讓一束光線直接穿過。

乳酪理論
（Swiss Cheese Theory）

Unit 16-5
危機的基本概念

危機（crisis）一詞兼具「危險」和「機會」雙重意涵，隱含一種雙面刃的內在矛盾。危機具有威脅性，會影響組織的目標及價值，且具有不確定性，決策者需在極為有限的時間內做決定；因此必須了解危機的特性，俾有利於立即的因應及管理，危機具有下列特性（鄭美華，2003）：

1. 具有階段性：Fink 將危機之發生分成四階段：(1)潛伏期（Latent Crisis Stage）：即危機發生前的警告階段；(2)爆發期（Acute Crisis Stage）：危機爆發，產生嚴重後果的階段；(3)後遺症期（Chronic Crisis Stage）：亦即長期危機期，危機之處理與善後階段；(4)解決期（Crisis Resolution Stage）：危機解決之後，另一場危機來臨的前兆。亦有將危機分成：(1)預防階段（Preparedness）；(2)舒緩階段（Mitigation）；(3)回應階段（Response）；(4)復原階段（Recovery）四階段周而復始循環進行。總之，在危機潛伏期、爆發期、處理與善後階段至解決的循環過程中，必須辨識危機的產生與存在，快速而有效回應。

2. 具有不確定性：危機之發生與影響具有不確定性，且突然爆發必須立即反應，時間上無法蒐集完整資訊或詳細規劃處理方案，由於其不確定性，考驗決策者、管理者與組織的危機應變能力；無法精確估量快速的環境變遷，組織的決策及因應均受影響。

3. 複雜性與複合性：危機爆發前經歷潛伏期，潛藏的問題常常表面不易觀察，必須探究原因才能對症下藥；由於關係生命財產也牽涉多方利益，危機事件的發生與處理方案自有不同；處理過程所須考量的層面廣泛，更需要仔細研析正確判斷。災害的成因會因人為因素導致不同程度的損害，可能是複合發生，並非單一呈現，而是不同因素的綜合。

4. 空間性與時間性：災害的發生或災情的嚴重程度，常因時間、空間情境的不同而異。危機突然發生具時間緊迫性，決策者須在有限時間即刻處置；同樣事出突然且無任何預警，無法以平日標準作業程序處理。

5. 過程的動態性與持續性：災害有其持續、動態的發展過程，而非個別發生立即結束，災害經相互影響，波及、擴大，容易形成連鎖性的災害。因此，須視危機為一持續發生的過程，不僅是單純的救災等控制或處理過程。

6. 雙面效果性：「危機就是轉機」。危機隱含「危險」與「機會」之雙重意義，危險指危機即將產生之負面效果，對組織的生存目標或價值造成威脅，會影響組織之運作，組織因無法招架致效能不彰或應調整組織結構，以符需求。反之，危機亦可能形成新的契機，組織因為危機的考驗，管理者對組織有充分了解，俾妥善改進，亦可能借助成功的處理經驗，使組織功能能更加健全，大為提振士氣。

危機成因的類型

危機的類型

內部因素
> 1）組織管理因素：組織的不法與弊案或不當處置。
> 2）技術因素：如電腦駭客、第一銀行ATM盜領案等。

外部因素
> 1）政治法律因素：如學運、年金改革、鐵路東移等。
> 2）社會文化因素：如勞資對抗、少子女化等。
> 3）經濟因素：如薪資停滯但物價上漲、產業外移等。
> 4）自然因素：如風災、水災、震災等。

社會福利機構遇到危機時會經歷的三個階段

感到震驚：
因為從來沒遇過，不知道如何處理；或者以前沒這般嚴重。

立即回應：
必須儘快進行內部了解並及時採取介入，適時對外部回應。

重要價值：
社福機構處理社會福利服務工作，處理過程必須強調人道精神、勇於負責承擔、誠實策略、積極不推拖。

Unit 16-6
危機診斷的模型

事實上，危機管理（Crisis Management）與風險管理（Risk Management）兩者並非同義詞，有程度上的差異。危機管理與風險管理均為特殊的管理，因兩者均涉及到籌畫、組織、指導及控制一組織的活動與資產，來達成一特定的成果。不同的是，危機管理要求的是以小的損失渡過任何危機。在歷經任何可預見之意外損失後，組織仍能生存下去。當事件已經發生後所做的一些補救措施，稱為危機管理。危機管理是指在危機的發展階段，組織做不同的因應管理措施。

Pauchant 和 Mitroff 曾歸納出四個因素，用以來協助組織診斷自身是否具有危機傾向。由於這四個因素如同洋蔥般具有層次，由外而內分別為：1.組織策略；2.組織結構；3.組織文化；4.組織中的個人主觀經驗，因此被稱為「危機診斷的洋蔥模型」（如右頁圖解），愈外層的因素愈容易診斷與處理，愈內層則愈難以診斷與處理。此模型認為：任何組織會發生危機，其成因將會是介於光譜兩極之間，光譜的一端是準備好應付危機（crisis-prepared），因此較不可能發生危機，屬於好的結果；另一端則是具有危機傾向（crisis-prone），極有可能會發生危機，是屬於不好的結果。

危機診斷的洋蔥模型認為：診斷不同層次的危機雖有難易之別，但對任何組織而言，每個層次皆有出現危機的可能。例如：組織經診斷後，判斷危機成因是位於最外層的組織策略層次。如果組織預防得宜或具有彈性，則組織在策略上出現危機

的可能性較低（即 crisis-prepared）；反之，如果組織沒做好預防工作或組織不具調整彈性，則組織在策略上便有發生危機的傾向（即 crisis-prone），餘此類推至其他層次。各層次分述如下：

1. 模型最外層（第四層），「組織策略」的辨識與診斷：這個層次主要在於辨識與診斷組織現存之危機管理方案、程序，以及處理危機所特別發展之機制。在這個層次上，即使是未受過訓練之觀察者也能輕易發現。

2. 模型第三層，「組織結構」的辨識與診斷：這個層次主要檢視組織中是否有專責危機管理單位及其運作情況，並判定這些權責是否對危機事件的發生有抑制作用。相較於策略層次，結構層次的問題比策略層次更不易被辨識與診斷。

3. 模型第二層，「組織文化」的辨識與診斷：這個層次主要檢視組織文化，特別是那些沒有明文的潛規則、處理符號、信念系統，以及那些可說或不可說、可做或不可做的規範。組織文化與最內層的個人主觀經驗類似，均屬於不易被觀察及描述的組織面向。

4. 模型最內層（第一層），「組織中的個人主觀經驗」的辨識與診斷：組織中的個人，對於運用不同危機防禦機制的偏好度、處理方式及對危機的焦慮程度，均會因個人成長歷程所建構出來的主觀經驗而有所不同。組織中個人主觀意識所導致的行為偏差仍有可能發生，這也是組織危機管理機制中最不易被察覺與診斷之處。

風險管理與危機管理的異同

項目	風險管理	危機管理
相同點	組織的活動與資產的籌畫、組織、指導與控制。	
達成管理目標的策略	採風險控制及在損失發生前預防，損失發生後進行有效控制。	風險控制方法為在事前、事中、事後，有效採取因應措施。
管理重點	事前防範的工作。	當事件已經發生後所做的一些補救措施。
執行策略	著重事前推測、損害預警，採取不同的策略因應，定期評估，必要時改進。	注重速度與時效，危機發生時的因應處理，以及危機發生後的善後處理。

危機診斷的洋蔥模型

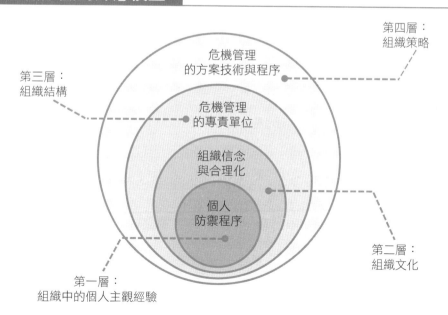

資料來源：Pauchant, T. C., & Mitroff, I. I.（1992）。

Unit 16-7
危機管理的階段論

　　許多的學者對於危機管理，提出相關的階段論觀點。危機管理的階段依照細緻化程度可以區分為三階段、四階段、五階段、六階段等觀點。本主題分為二個單元分述。本單元先說明危機管理三階段。

一、危機管理三階段

　　Nunamaker等人將危機管理活動區分為「前、中、後」三大階段，即「危機爆發前」、「危機發生時」的及「危機解決後」的階段做為探討指標，說明如下（Nunamakerl, J. F., Weber, E. S., & Chen, M., 1989）：

（一）危機爆發前階段

　　此階段的活動目的是幫助組織預測危機的狀況，以期在危機未發生前，經由完善的規劃能避免危機發生，及一旦危機發生時有事先規劃才不致使情況失控。這階段的相關的活動包含以下四項，說明如下：

　　1.草擬危機劇本：經由戲劇般的沙盤推演過程來詮釋危機，有助於增加組織成員對危機的臨場感，並且能降低成員在處理危機時的恐懼與壓力。

　　2.危機計畫系統：危機計畫的目的是針對可能的潛在危機，事先做出研究與討論，以便提出應變準則，危機計畫愈是周詳，則危機發生時，組織對危機應變能力也愈高。

　　3.危機感應系統：危機發展初期有其徵兆，組織如能及早將系統將警訊傳達至危機處理小組，可使危機管理小組能採取適當措施來回應。

　　4.危機訓練系統：組織依據危機計畫，經由訓練或模擬的方式對組織成員進行一系列的實務訓練，培養成員過濾與分析危機資訊、獨立判斷化解危機的能力。

（二）危機發生時階段

　　主要是對危機管理小組提供危機的相關資訊，以期可以做出正確的決策。而這階段的活動包活：

　　1.危機指揮中心：指揮中心針對各項任務的推動，應分別設立相關的權責單位；在危機處理時需要足夠專業性才能勝任。

　　2.危機情境監測系統：危機情境監測系統負責追蹤危機狀況的改變程度，並向危機管理小組回報，使小組能依據可靠的訊息對危機情境做正確的評估，並決定其所需採行的因應步驟。

　　3.危機資源管理系統：危機資源管理系統是負責有關解決危機發生時的資訊分析，並提供資源給指揮中心。

（三）危機解決後階段

　　危機解決後管理工作並未結束，不僅要將損害恢復，更需為下次危機做好準備，組織必須從中學習經驗，為使調查評估達預期效果，評估時應依下列原則進行評估作業：

　　1.危機事件未調查清楚前，不宜妄下結論及判定責任歸屬問題。

　　2.危機之形成通常並非單一因素所造成，從事調查時不能只針對危機形成之近因，更需針對組織之內部環境與結構做更深入之探討。

危機管理的階段論

三階段論	四階段論	五階段論	六階段論
危機爆發階段	潛伏期（徵兆）	危機訊號偵測期	預防危機發生
	爆發期（危機爆發或顯現）	準備及預防期	擬妥危機計畫
			嗅到危機的存在
危機發生時階段	善後期（後遺症）	損害抑制期	避免危機擴大
			迅速解決危機
危機解決後階段	解決期（解決）	危機復原期	化危機為轉機
		危機學習期	

Caponigro提出的危機管理「SAFETY」模組

S 檢視危機點

Y 建立良好信譽

T 危機前後的合適溝通

A 防範危機發生

F 制定可行應變計畫

E 危機處理行動

- 檢視危機點（Search, S）：危機管理首重危機點的檢視，及早了解危機之所在。例如：地震帶、土石流、易淹水地區等的確認，即是在檢視可能造成危害區域。
- 防範危機發生（Avoid, A）：一旦確認危機點，就需要擬定預防措施，避免突如其來的變化，造成無法挽救的後果。
- 制定可行應變計畫（Feasible Plan, F）：也就是危機應變計畫的訂定。例如：前進指揮所及醫護站的位置、撤離災民的路線及臨時安置所的選定等。
- 危機處理行動（Emergency Action, E）：這尤其需要考慮上下及水平部門之間的跨域協調與合作。
- 危機前後的合適溝通（Timing for Communication, T）：危機溝通是一項需要持續進行的工作。事發前需要溝通，例如：颱風來襲前低窪地區民眾的撤退；事情發生時各單位間也需進行協調與分工；事後的災後重建更需要與災民或受害者及其他利害關係人進行溝通。
- 建立良好信譽（Yield Goodwill, Y）：透過事後的賠償與補救措施，重新建立組織的信譽及民眾的信任。

資料來源：陳儀、邱天欣譯（2003）。

Unit 16-8
危機管理的階段論（續）

本單元接續說明危機管理階段論的四階段、五階段、六階段等觀點如下：

二、危機管理四階段

Fink 運用病理的概念來解釋危機的四大階段（Fink, S., 1986）：

（一）**潛伏期（徵兆）**：此階段是潛在危機開始有徵兆，它會有警告的信號，也決定事件是否會產生轉機。

（二）**爆發期（危機爆發或顯現）**：危機事件已經發生並帶來傷害，衍生的損害程度之輕重則全視處理方式是否得宜，這是能否將危機化為轉機的關鍵時刻。

（三）**善後期（後遺症）**：即使當前危機已經解除，但危機的影響仍持續作用，管理者應運用此階段，做好危機處理計畫，分析問題所在，並採取補救措施避免危機進一步擴大，以期儘快恢復到危機發生前的狀況。

（四）**解決期（解決）**：危機此時已經趨於末期，所面臨的威脅與損害已大為降低，當相關利害關係團體已不再關切該危機事件時，則就渡過危機了。

三、危機管理五階段

Mitroff 和 Pearson 認為提出危機管理五階段，說明如下（吳宜蓁、徐詠絮譯，1996）：

（一）**危機訊號偵測期**：感覺到早期的警告訊號，事先知道危機發生的可能性。

（二）**準備及預防期**：組織內謹慎及持續地做好監督的工作，並在問題還沒有擴大之前就做好結構性的管理。

（三）**損害抑制期**：避免危機影響到組織，應實行短期及長期的組織恢復計畫，以協助組織恢復正常運作。

（四）**危機復原期**：致力於善後恢復工作，對危機做好準備的組織將會實行短期及長期的組織恢復計畫，以協助組織恢復正常運作。

（五）**危機學習期**：從組織中自我經驗或是其他組織中的經驗吸取重要的教訓，以期組織在未來有更好的表現及更佳的危機管理。

四、危機管理六階段

Augustine 為了分析組織危機的全貌，將危機管理分成六個階段（吳佩玲譯，2001）：

（一）**預防危機發生**：管理者應盡可能降低風險，對於不得不承擔的風險做好管理，對於那些不可避免的風險亦應做好適當防備。

（二）**擬妥危機計畫**：擬定緊急計畫、事先選定危機小組成員、提供現成及備用的溝通管道，更重要的是，測試那些溝通管道。

（三）**嗅到危機的存在**：此階段的危機管理通常是最具挑戰性的，因為必須嗅出實際上有危機存在。

（四）**避免危機擴大**：為阻止危機繼續擴大，此時需要快速做出艱難的決定，而此階段最大問題是「你不知道你到底不知道什麼」。可能是因為資訊太缺乏或資訊過多而無法篩選出重要訊息。

（五）**迅速解決危機**：此階段速度是最重要的，危機是不等人的。

（六）**化危機為轉機**：如果組織正確無誤地執行前述幾個步驟，未讓危機更形惡化，那麼第六個步驟等於讓你有一個機會回收部分損失，並且能開始修補之前的混亂。

危機管理四階段、五階段、六階段

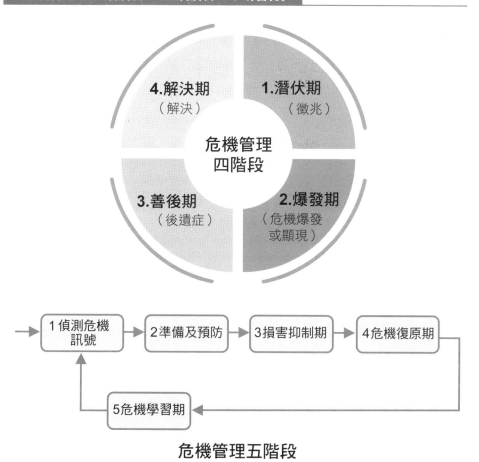

危機管理四階段

4.解決期（解決）

1.潛伏期（徵兆）

3.善後期（後遺症）

2.爆發期（危機爆發或顯現）

1 偵測危機訊號 → 2 準備及預防 → 3 損害抑制期 → 4 危機復原期

5 危機學習期

危機管理五階段

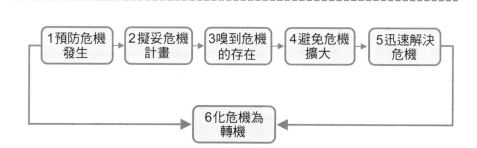

1 預防危機發生 → 2 擬妥危機計畫 → 3 嗅到危機的存在 → 4 避免危機擴大 → 5 迅速解決危機

6 化危機為轉機

危機管理六階段

Unit 16-9
危機領導

所謂「危機領導」，是指在危機發生的時刻，具有能力領導團隊快速處理，成功化解危機的領導者所具有的領導技能。在面對突如其來且具威脅性的危機時，領導人必須面對並儘速完成以下十項任務（Boin, A., Kuipers, S., & Overdijk, W., 2013）：

1. 及早確認危機：領導者在資訊不全的情況下，可以從下面二個方向去找尋即將發生危機的蛛絲馬跡：(1)豐富的危機處理經驗：如同一位經驗豐富的消防員一樣，具有對危險逼近的敏銳感；(2)組織已具備危機意識的文化特性：此種文化特性有助於快速蒐集即將到來的危機感。

2. 建立對危機的共同認識：危機管理的一項挑戰是理解危機為何發生、如何減低損害、可能產生的影響及危害。危機共識可以透過資訊分享、危機模擬演練等方法來共同建立。

3. 進行關鍵決策：危機總是讓當局面臨許多急迫的議題，需要即刻進行決定，採取必要措施。由於情況不明、時間緊迫及威脅的擴大，領導人在此關鍵時刻，絕不能依照例行的行政流程進行決策，而必須縮短決策時間、縮小決策人數、快速採取行動。

4. 進行垂直與水平的協調：危機管理一般需要不同組織之間的合作，一旦危機發生，則需要即刻進行垂直或水平單位間的協調合作，讓危機處理發揮最大的綜效。身為一位危機領導者，當這種協調合作缺乏或出現障礙時就需要介入。

5. 危機的建構與解構：當小事件失控而逐漸擴大成危機時，就需要以隔離問題的方式解構危機。

6. 危機處理之意義建構：當面臨危機時，民眾往往需要來自於領導者堅毅果斷的信心喊話與積極的處置作為。為了說服民眾勇敢面對危機，身為一位危機領導者，就必須要清楚地說明危機處理的必要性、處置作為的適切性及危機領導的正當性。

7. 危機溝通：無論在危機發生前、處理期間，或是善後恢復時期，溝通都是一件必要的工作。尤其對危機領導者而言，危機溝通不但能減緩危機的損害，更能將危機轉化為利基，增加個人與組織的聲譽。

8. 展現課責能力：面對危機的處理，在執行上並不容易遂行。除了標的對象之外，眾多利害關係人之間的角力，有時會讓執行單位疲於應付卻又徒勞無功。因此，身為一位危機領導者，危機處理中需要努力去展現出一種公開透明和積極負責的行動價值。

9. 從危機中學習：每個危機事件都具有獨特性，因此危機管理者的學習能力便變得相當重要，尤其是在危機發生期間與危機善後期，學習能力益顯重要。身為一位危機領導者，更應該鼓勵和容忍不同聲音的出現，並記錄危機管理的過程以提升危機學習。

10. 強化韌性能力：建立一個具備良好韌性的組織，所需要的是持續不斷準備練習、訓練、脆弱性分析、情境分析和網絡練習。

一位成功的危機領導者應具備之特質

1 保持冷靜，不要讓個人情緒影響了處置作為。

2 要勇敢地面對迎面而來的各種壓力。

3 不計毀譽，負責任的承擔起所有的成敗。

4 不要把失敗歸咎於自己。雖不能盡如人意，但絕對無愧我心。

5 在危機處理過程中，永遠保持正向、積極、樂觀的態度。

社會福利機構危機領導應掌握的原則

01 掌握優先順序

03 穩定人心

02 兼具同情與同理

04 立即行動

509

Unit 16-10
危機溝通

510

　　危機應變處理的第一要務是溝通，持續的溝通是危機管理恆久不變的原則。溝通是一種傳遞訊息及使人理解的過程，其目的除了能傳遞訊息給接收者並使其了解外，還能讓自己在接收者心中維持良好及受歡迎的形象。組織如何做好形象修復工作是危機溝通中的核心要項。

　　在形象修復上，要給予人一個勇於承擔責任的受害者（victim）形象，而不要令人有不負責任的惡棍（villain）印象。當危機發生後，為避免組織聲譽遭受損害，或為維持組織原有的良好形象，形象修復理論（theory of image restoration）提出五種形象修復策略（image repair strategies），分述如下：

　　1. 否認（denial）：可以有二種選擇作為，分別是(1)單純否認（simple denial）：不承認錯誤行為，並表明根本沒這回事；(2)歸咎他人（shift the blame）：不僅表明沒做過，還將責任歸因他人，例如：颱風過後的豪雨導致積水，縣市政府可能歸咎於氣象局沒有做精準的氣象預報。

　　2.逃避責任（evasion of responsibility）：可以有四項選擇作為，分別是(1)回應挑釁（provocation）：說明自己的行為是出於對方挑釁的合理反應；(2)無力控制（defeasibility）：這是指事情的發生是因為在重要關鍵因素上，缺乏足夠的資訊做判斷，因此不應歸責於我；(3)意外事件（accident）：並非有意造成，純屬一項不幸的意外；(4)善意動機（good intentions）：雖然確實發生錯誤，但這完全是出於善意的結果。

　　3. 減緩衝擊（reduce offensiveness）：可以有六項選擇作為，分別是：

　　(1)尋求援助（bolstering）：當被指控需要為危機發生負責時，可強調本身的正面特質或做過的善舉，並以此尋求他人的支持，以減少被攻擊與指責的力道。

　　(2)淡化傷害（minimization）：想辦法說服他人，危機已經控制，損害的狀況已逐漸好轉。

　　(3)區隔（differentiation）：藉由比較相似而較嚴重的事件，以說明眼前的危機其實還好。

　　(4)提升層次（transcendence）：從對自己比較有利的角度解釋說明，或宣稱自己的所作所為具有更高的價值或更重要的目的，而超越了一般人的理解範圍。

　　(5)反擊指控者（attack accuser）：透過直接反擊以減損控訴者的可信度，若指控者是受害者的話，則設法營造出受害只是報應的結果。

　　(6)補償（compensation）：提供受害者損失補償。

　　4. 改善行動（corrective action）：承諾修復或建立預防機制，以防止類似的情形再發生。

　　5. 誠意致歉（mortification）：此形象修補策略不僅承認錯誤，並祈求原諒，讓控訴者認為被控訴的對象是真心誠意地接受這些指控，給予人一個勇於負責任的形象。

　　修復策略的選擇，可以從硬拗的惡棍作風，到坦承認錯並努力改善的負責任作風，究竟要做何選擇，完全取決於決策領導者的思維及危機溝通的作為。

與媒體進行溝通的原則

1 不要故意或無意的說謊。因說謊最容易破壞組織的可信度。

2 不要說你所不知道的。因為錯誤的資訊會快速傳給媒體。

3 不要談論其他組織的所作所為，因為容易造成誤傳與誤解。

4 不要承諾你所做不到的。因為承諾的失效，將無法立足於公開場合。

5 充分告知且不要隱藏。除可避免誤傳外，亦有助於資訊蒐集與分析。

6 嚴正的對談，需要確認也需要適時反駁。

7 聚焦於自己組織的所作所為，以滿足需求者未來的需求。

危機管理金字塔：成功之基本要素

避免再犯
復原
成功之標的
控制無形之損害
人力及物力
決策者之反應能力
危險及機會之認知
決策者之遠見

第 17 章

社會工作的方案管理

章節體系架構 ▼

Unit 17-1
方案管理的基本概念

514

對於社會福利組織而言，具有方案管理的能力是非常重要的，尤其，在新管理主義興起後，政府的許多社會福利服務提供，均係透過強制競標的方式委託服務，社會福利組織除了必須要有撰寫社會福利服務方案的能力，方案管理更是影響責信的重要關鍵。社會專業工作者常以服務方案做為服務之手段，提供規劃與設計，並適時對方案做評估、處遇、評鑑與結案，以使服務發揮最大的效果。

方案（program）是完成某一特定目的（goal）所採取的具體行動（action）。方案是針對服務對象所產生的社會問題，此對象包括國家、社會、社區、機構、團體、個人在內，經過相關需求之評估、決策、規劃、預算等程序，所研擬之解決或服務計畫或企劃。社會服務方案是以一套有系統的服務設計方式，運用各項資源、執行各種相關可行的服務活動，以達成事先決定之目標的計畫文件。社會服務方案是一系列的設計步驟，藉此一系列步驟使我們能夠清楚地了解所要解決的社會問題；受服務的對象或案主進入服務體系時，也能對其問題做預估或評量（assessment），提供或進行相關服務處遇或處置（intervention）；案主離開服務體系時，對問題解決的程度做評估（evaluation）。此外，也要選定適當的指標進行追蹤檢視（review）或研究（study），以便確認服務所產生的中長程成果（outcome）或效能（effectiveness）。

方案管理（Program Management）是持續循環運作的過程，主要由：1.問題情境的辨識與分析；2.需求預估；3.規劃與設計、執行；4.績效評占等四個要素構成，目的在提升社會福利服務的品質，並滿足顧客的需求。方案管理可定義為：針對一個方案的開始、準備、執行與結束階段的相關活動，進行必要的管制或評估作為。在社會福利或社會工作領域裡，每個方案發展階段須聚焦的管制工作，包括（黃源協、莊俐昕，2019）：

1. 開始階段（starting stage）：開始階段要能思考「何以」及「如何」提案，主要聚焦於需求評量、發展相關事宜、核准方案，以及確認利害關係人。

2. 準備階段（preparing and planning stage）：準備階段包括發展整套的方案內容，主要聚焦於界定和推崇目標，細部規劃方案要提供什麼，需要完成哪些工作，及需要的時間、成本或相關資源有哪些。

3. 執行階段（executing stage）：執行階段包括進行並完成所規劃的工作、主要聚焦於執行計畫、發展及促使利害關係人的協力運作，以及監測目標和績效。

4. 結束階段（closing stage）：結束階段包括明確停止方案的各項工作，主要聚焦於評估、任務報告、處理結案、關帳，以及分派團隊成員至新職位。

方案、計畫、政策之比較

比較項目	方案	計畫	政策
意義重疊之處	均為針對社會所產生的問題，研擬之解決或服務策略，三者無法完全區分。		
範圍	最小的服務範圍	介於方案與政策之間	服務之範圍最大
主體	由社區、機構、專業人員執行	由地方社會行政機關人員執行	由中央社會行政機關人員執行
性質	技術層面	傾向技術層面與概念性層面	概念性層面
內容	具體實行的手段	包括具體實行的手段與宣示性的理想方針	宣示性的理想方針

方案管理者與專案管理者之比較

比較項目	方案管理者（Program Manager）	專案管理者（Project Manager）
範圍	包含多個專案	單一案件
焦點	機構總體目標與標的	單一目標
方案時程	長期性	有時間性
管治層級	高層董事會與執行長	與高層關係較少直接關係
關注對象	所有利害關係人	專案利害關係人
財務控管	每季服務成果與機構財務相關	執行專案的預算
執行人力	關注人力資源政策與管理	關注執行團隊建立與激勵
經費預算	關注與定期檢視經費來源與概況	組織預算
主要工作重點	關注與機構長期策略之關係	關注此一專業有效達成目標
方案變革管理	與策略性改變有關，反映執行長層級的領導能力	將由正式程序提出改變

資料來源：曾華源等主編（2017）。

515

Unit 17-2
方案規劃之步驟

為了使方案所規劃的目的，必須周延的思考，有關方案規劃之步驟，說明如下（曾華源等主編，2017）：

1. 確認社會問題

(1) 情境之陳述：社會問題是個具有相對性的概念，亦即是「帶有某種特定參考架構及價值觀的一群人，對某一現狀情境的詮釋」。經由詮釋之後，該情境被標示為某種屬性的社會問題，而且這樣的詮釋與標示，不但成為採取行動的起點，也成為要採取行動的合理依據。

(2) 問題之陳述：問題之陳述在於建構一套因果關係性之陳述（若─則：方法／手段─目的／成果）。這種因果關係陳述不僅可以支持準備要採取的服務行動，同時也解釋正在進行的服務或即將要進行之服務。

2. 指認服務對象需求：問題陳述之後的工作，就是研判和界定需求是什麼。這是分析與確認問題為何會發生，以便做為服務內容之依據。在社會福利領域裡，Bradshaw 的「需求」（needs）類型區分最常被引用，包括規範性需求（normative need）、感受性需求（felt need）、表達性需求（expressive need）以及比較性需求（comparative need）（請參考本章「方案的需求類型」單元之說明）。

3. 盤點與規劃可開發運用的資源：方案設計要詳加考慮提供服務過程中，因應服務對象需求所需之資源，以及關心組織如何配置和使用這些資源，才能使服務輸送避免發生阻礙、風險和達成預期績效。

4. 服務方案目標要可度量和做為績效標準：績效責信涉及以績效為基礎的方案規劃，必須能讓組織清楚地了解所要解決的問題，服務對象進入服務體系時對問題的評量，提供哪些相關的服務處遇、服務對象離開服務體系時對問題的評估，以及選定適當的指標進行追蹤研究，以便確認服務所發揮的長程效果。因此，服務方案目標應該明確清晰，以使利害相關人確認服務整體績效。

5. 方案目標與專案服務行動之關係：提供服務之目的（goal）不同，服務方案規劃與重點就有所不同。所以最後想要達成怎麼樣的狀態，是需要被清楚認定的；亦即，為達成方案目的擬提供的服務行動專案為何，必須有具體關聯性。方案目的之選擇，除了要有理論依據、回應服務需求外，也是反映所屬組織服務理念的追求。

6. 資訊管理系統：運用適時有效的資訊，以及確認現有的服務方案相關訊息蒐集，才能使方案規劃能確實與需求做好搭配，使方案服務朝結構上的調整、改變和成效性邁進。因此，必須為方案設計資料蒐集的系統，才能運用來統計分析服務成果，以判斷方案達成度。

7. 方案預算：經費是影響方案能否執行與達成目標之關鍵因素。方案預算是針對方案現在和未來的各種可能狀況，研擬經費可能來源和支出主要項目，使方案資源運用能有控管之依據，以便呈現經費使用能否回應機構使命和服務對象之需求。

社會服務方案的種類

1 從專業服務組織運作區分

- 組織經營方案：是組織內部策略性或成長性的方案，強調人群服組織整體經營發展之策略與成長。例如：策略聯盟。
- 組織服務方案：是人群服務組織提供整個服務過程之規劃方案。例如：行銷、品管圈。
- 組織支援方案：是人群服務組織提供服務時，針對需要支援的部分所做的方案規劃。例如：人力資源、資訊系統。

2 從專業的方法區分

- 個案工作、個案管理
- 團體工作
- 社區工作

3 從專業的範圍區分

- 巨視層面：以國家、大區域為範圍，如大型方案、政策、計畫。例如：照顧服務產業方案。
- 微視層面：以個人、團體、社區為範圍，如針對個案的個別化服務計畫、成長團體方案、社區的各類服務方案。

4 從服務的時間區分

- 長程或遠程方案：以五年以上至十年的方案為時間長度。
- 中程方案：以二年至五年為時間長度。
- 近程方案：以一年內的方案為時間長度。

5 從服務的對象區分

- 依服務之對象而區分為：老人、婦女、兒童、青少年、身障者、低收入戶、勞工等。

6 從經費的來源區分

- 依申請補助方案：為申請政府或非營利組織的輔助方案。
- 契約委託方案：係由受委託機構依照公告之競標投標須知等規定，研擬投標的受委託方案計畫。
- 本機構服務方案：目的是向機構內的會計、長官尋求認可與經費之支應，通常會要求各單位配合運作。

資料來源：整理自黃松林等著（2020）。

Unit 17-3
方案的需求類型

　　需求評估是規劃任何有效方案的第一個步驟。有關方案需求的界定，常以 Bradshaw 所提出之規範性、感受性、表達性、比較性等四種需求為主；另有學者提出第五種需求類型為科技性需求，亦一併說明如下：

　　1. 規範性需求（normative need）：此類區需求的界定，係依據現有之資料做為規劃的基礎，例如：調查報告、統計數據或專家意見等，且一般是透過以比率（ratio）的方式，與現有資料之間做對照比較來表達需求的程度。如果實際的比率低於特定標準，就可據以認定需求的存在。這種方法的優點在於，能使方案規劃者以較客觀的方式建立標的人口群；限制則為隨著知識、技術、價值觀的改變，需求的程度也會隨之改變。

　　2. 感受性需求（felt need）：需求也可透過有需要的人來加以界定，即為感受性需求。但人們的期望本來就會隨現況而變動，此外，不同生活品質的人的需求亦不同。通常服務對象表達的需求多半僅是問題的表徵，並非問題的原因。使用此種需求的主要限制在於，感受性需求沒有絕對唯一的標準（不像規範性需求具有一定的標準），亦即，判別感受性需求的標準會有因人而異的現象。

　　3. 表達性之需求（expressive need）：這是依照實際尋求協助的人數來界定需求。方案規劃者試圖去估算實際尋求協助的人數。在這群尋求協助的人當中成功率（需求獲得滿足）及失敗率（需求或要求未獲得滿足）各是多少。這個方法之優點在於，它著重人們將感受實際轉化成行動的情況，而未滿足的需求或要求，自然就成為規劃所要改變的標的。當方案規劃者抱持「任何有需要的人皆會尋求適當的協助」之假定時，會凸顯這個方法的限制，亦即它缺乏對社區整體需求的通盤了解。在這種情況下，由於並非所有具有明確需求的人都會尋求服務，因此需求程度的標準只受尋求服務者的影響。

　　4. 比較性需求（comparative need）：比較性需求亦稱為相對性求（Relative Need）。此種需求之界定，無須從提出一套標準或應提供之服務這種假定開始。比較性需求的測量，是以比較類似之兩社區或兩地理區域間現有服務的差距來說明需求的存在。在某些情況下，這個方法會使得已享有許多資源及服務的貧困社區，因為仍呈現出大量未滿足之比較性需求，相較於境遇略佳但享有較少資源的社區，而可繼續獲得更多的資源分配。

　　5. 科技性需求（technical need）：所謂科技是指「電子或數位產品與服務」。隨著日新月異的供給形式與物件的發明及創造，既有的科技物品已被研發得更符合人性、更易於便利地使用。因為使用上更有效率，也就使得人們的需求水準往上提升。Forder 認為現代人對科技產品（例如：電腦、手機、自動熱水瓶，以及各項家用電器等生活用品）的習慣性使用，已產生依賴與需求，即為科技性需求。

Bradshaw提出的四種需求類型

需求類型	定義	範例
規範性需求	將需求界定為低於某個標準或判準,而此一標準的建立來自於慣例、權威或普遍共識。	社區中住在未達標準住宅的人數,而此一標準係採政府之界定。
感受性需求	將需求界定為人們主觀認定或感受到的需求。	在社區調查中,自認健康不佳的人數。
表達性需求	以實際尋求協助之人數來界定需求。	社區中正在等候接受家庭諮商的人數。
比較性需求	基於類似之兩社區或兩地理區域間現有服務的落差,加以測量需求。	與乙社區相較,甲社區中已安置於庇護所的遊民比例。

需求類型	定義	優缺點	範例
規範性需求	依慣例、權威(專家或官方),或共識所建立的需求	■優點:有具體(客觀)的標的 ■缺點:難以回應快速的社會變遷需求	低收入標準的界定;福利機構床位數與社會工作者的比例
感受性需求	標的人口群所認為或感覺的需求	■優點:具回應之服務輸送體系 ■缺點:高估需求、需求多元、離間潛在使用者	社區調查中自覺健康狀況、自覺居家服務需求
表達性需求	有需求者實際嘗試或接受滿足需求的服務	■優點:將感覺化為行動,可掌握未滿足的需求。 ■缺點:可能低估實際的需求	等待日間照顧名單中的人數、等待進入公立托兒所的人數
比較性需求	比較類似社區的情境與服務差距所存在的需求	■優點:符合公平原則,可將服務優先配置給需求較大的人口或地理區 ■缺點:弱勢人口或社區較無能力提出具體事證供比較	社區中弱勢人口在A社區與B社區的比例;投資在A社區與B社區的福利設施

資料來源:Kettner, P. M., Moroney, R. M., & Martin, L. L.(2008)。

Unit 17-4
需求評估的方法

需求是方案服務的核心，常見的需求評估的方法，包括以下幾種：

1. 社會調查（social survey）：針對可能接受服務的人口群，以電話訪問、面對面訪談、郵寄問卷等方式調查，蒐集資料。其優點是調查工作可視為提高居民參與的過程，且可以建立社區基礎線（base line）的資料；缺點是時間與成本過高、調查方法的信效度控制，以及可能引發居民對於服務的過度期待。

2. 次級資料分析法（secondary data analysis）：以現有的研究或統計資料進行推估，又稱為差補推法。資料來源包括：官方定期調查資料、各主管機關的統計數據、學術研究資料、現有調查或研究資料推估等。使用此法推估需求時，需注意與現有調查資料的差異性。此法的優點是成本低、蒐集時間短、信度高；缺點是資料較老舊、特定性較低。

3. 社區印象法（community impression approach/local elites）：社區印象法是由社區菁英、專業人士、社區意見領袖、社區居民代表、地方民意人士，或社區資訊提供者組成小組，提供平日的觀察、了解與意見。優點是可以快速掌握社區的需求；缺點是菁英的對需求的看法，未必等同於一般民眾的需求看法。

4. 資源盤點法（resources inventory method）：資源盤點法是隨時清點目前正在推動的方案數量，並指出方案推動內容何以無法滿足案主人口群的需求，提出須再加強的部分。此法的優點是衡量現有服務體系是否達到預定服務量、可檢視服務重疊現象、可拓展現有服務量或發展新服務項目；缺點是需要建立一套標準化的盤點工具、對於潛在人口群需求未必能呈現。

5. 使用分析法（use analysis method）：使用分析法是把案主人口群期待機構要推動的方案，與目前正在或已經實施的方案做比較、對照；把分析後所得的資料（如：相同需求的求助人數及比率、未來推動方案的社會資源估算等）提供給機構參考，以評估規劃日後執行新方案的可行性。

6. 現存統計資料（existing statistics）：是以機構的服務資料做為需求評量的根據。資料來源包括：機構每月的工作統計報表、機構年報等。此法的優點是資料取得容易、可以提供需求長期趨勢分析；缺點是無法反映問題的普及狀況或未滿足的需求。

7. 德菲法（delphi method）：德菲法是指當需求的性質複雜、難以評量，加上資訊不充足、社會意見不一致時，以團體討論、腦力激盪等方式來達成團體一致性決策，以做為方案針對需求的決策過程與方式。優點是能夠周延地蒐集到相關的資料；缺點是有時太過耗時。

8. 公聽會（public hearing/community forums）：邀請居民參加公開的會議，提出與需求有關的建議。例如：里民大會。優點是符合民主決策過程、時間與成本較低、互動性高，可澄清相關概念、發揮腦力激盪效果，發展出更多意見；缺點是出席者代表性問題、事前須投注相當多的資源廣邀居民參與、與會人數多及發言踴躍，不等同完整、全面需求的呈現。

Martin提出的方案生命週期模式

Martin以方案生命週期模式（project life-cycle model）描述方案的發展，他將一個方案視為一次生命，其過程包括：出生、成長、成熟、老化和死亡。之所以稱之為一個方案的生命，即是意味著方案的時間是有限的，在期限內我們會期待它能夠成長和達到結果，而後予以終止，而方案的結束也象徵參與方案者之合作關係的結束。因而，儘管所有的方案內容是不同的，但卻必須歷經類似的幾個階段。

階段一： 方案的界定	階段二： 規劃	階段三： 執行	階段四： 結束	階段五： 評估
當方案的要旨已被書寫並同意時，這階段便已完成。	包括組成方案計畫的所有要素。	包括達成方案結果的所有活動和工作。	包括確定方案已完全結束之所有活動和工作。	包括方案過程及其所達成之結果的評估。

方案計畫書格式表

項目	基本內容
一、起始	■ 封面（說明計畫名稱、指導、主辦、承辦、協辦或贊助等單位名稱，計畫名稱最好是具有創意的名稱） ■ 目錄（頁次說明）
二、計畫緣起	■ 計畫辦理的動機（為何要此份計畫） ■ 計畫主題的設定（說明更確切的活動性質）
三、計畫主體	■ 目的（最終要達到的目的）及目標 ■ 時間（執行的起迄，或籌備所需的具體時數） ■ 地點（計畫執行地點） ■ 對象（服務的對象） ■ 方式（達到目的的方法內容） ■ 活動流程 ■ 經費（含經費項目、單價、數量、使用說明等，依需求項目核實編列） ■ 人員（承辦人員或是分工職務表）
四、結語	■ 預期結果、效益（預計計畫完成後的效果） ■ 結語（表達希望計畫被採用的心得） ■ 相關資料、附件（所使用的資料與副本）

資料來源：黃源協、莊俐昕（2020）。

521

Unit 17-5
方案評估

方案評估的可以用多種不同型式的來達成，茲依方案執行前、執行中、執行後，就相關的評估，分二個單元說明如下（黃源協、莊俐昕，2020；蔡啟源，2018）：

一、方案執行前的評估

（一）需求評估（evaluation of need）

需求評估是辨識組織或社區中有哪些未獲滿足的需求，並估計這些需求量有多大。需求評估是規劃任何有效方案約第一個基本步驟。所謂方案規劃是考慮各種可能滿足需求的方法，以便決定要選擇或放棄某些方式，所以等於是早在方案開始之前就已經做了某種評估。需求評估是將所欲處理的問題情境嚴重程度，由「問題」轉換為「服務需求」的估算過程，目的是要確認出社區中未被滿足的需求類別與潛在需求量，以做為服務設計及預算編列的基礎。

（二）投入評估（input evaluation）／評量性評估（evaluability assessment）

投入評估／評量性評估是在方案正式付諸執行前所進行的評估，以便於日後監測或確保方案執行績效之用。投入評估的重點，是在於一項福利方案尚在規劃階段或未執行之前，先檢視其是否值得採行，及其執行方向與項目的要點；評估工作之進行，首須確定可供投入的資源，再分析可供採用的策略，其後藉以協助決策人員選擇、設計或修改各種執行的程序，以及提供達成目標的方法。

二、方案執行中的評估

方案執行過程中的評估，常以過程評估（process evaluation）或形成評估（formative evaluation）稱之（黃源協、莊俐昕，2020）。

過程評估係指一旦方案被發展出且開始付諸施行時，規劃者或評估者的工作會轉向檢視方案執行的程度、接受服務者的特性，以及方案的運作，是否如原先規劃或預期發展。方案一旦被規劃並啟動之後，評估工作便進入另一個階段。此時需要完成的任務，包括記錄方案被執行的程度、哪些人接受了服務、方案的進行過程是否符合原先的預期等。因此，過程評估是針對當初方案規劃時的預設，進行一系列的檢查：社區或組織的需求是否和當初規劃時所設想的一致？需求評估是否符合規劃階段的估計？方案的執行狀況是否符合規劃者的期望？有沒有證據能顯示方案設計者的理論是正確的？如果要將同樣的方案運用到其他類似的情況，這些證據非常重要。

亦即，過程詳估是在服務方案介入後，到目標達成之整個過程的監督和測量，包括：檢視方案規劃時的假設，組織或社區的需求是否如規劃期間所認為的？是否有證據支持規劃階段所做的需求評量？員工所執行的措施是否符合方案所規劃的？方案是否涵蓋適當的受益者？方案的資金是否適切地使用？效能能否被評估？

甘特圖

甘特圖（Gantt-Bar Chart）係由Harry L. Gantt設計的，是用來表現準備方案活動所需的作業時間。針對方案各項所需完成的作業活動，就其進行的先後次序，標示出作業的執行內容、起迄時間，以利方便監控實際作業進度。

項目	1月	2月	3月	4月	5月	6月	7月	（繼續）
決策	▬							
規劃	▬▬							
執行			▬					
操作				▬▬▬				
評鑑							▬	
（其他）								
完成率	%	%	%	%	%	%	%	

時間線表

時間線表（Time Line）係依實際進度狀況來決定方案所有需要準備的作業項目，分別估計各作業項目所需花用的時間後，再依照開始作業後的時間次序，排列而成。

作業活動項目	作業時間
方案規劃	3月1日至4月30日
方案財源募集	5月1日至5月31日
人員培訓	6月1日至6月30日
方案執行	7月1日至9月30日
成果發表	10月1日至10月20日
方案檢討	10月20日至10月30日
經費核銷	11月1日至11月30日

Unit 17-6
方案評估（續）

本單元接續前一單元，說明方案執行執行後的相關評估如下：

三、方案執行後的評估

（一）總結評估（summative evaluation）

總結評估係指針對已完成的社會服務方案進行評估，以提供充分的訊息，協助評估者審查方案的優缺點。總結評估包括以下幾類的評估：

1.產出評估（output evaluation）：產出評估係指針對服務單位界定之數量或服務量的產出予以測量。例如：在職訓練方案中，要求參與者必須完成某些次數的課程，才能算是成功地完成服務。

2.結果／成效評估（outcome evolution）：結果／成效評估係指判定方案達到其整體方案評估目標的程度。成果評估可以從幾種層面來看，最基本的評估層面是從接受這個服務方案的人來看：他們是否有良好的表現？例如：一項治療性的方案，其結果評估即是治療處遇有效的程度。若一項方案中有高比例的案主達到處遇的目標，便可被視為成功的有方案；反之，則是不成功。結果評估往往指出方案是否有效運作，但並成效未提到它為何有效，也不提到效率問題。換言之，其所關心的側重於方式是否達到其所欲達成的目標。

3.成本─效率評估（cost-efficiency evaluation）：效率的評估是指成果投入比，也可針對服務作業之程序。成本效率評估之重點，在於檢視提供服務單位所需要的成本，提供服務成本之基礎是時間、期間、物料以及輸出等各種不同的單位。主要考慮達成方案目標之資源成本，以及

524

確保服務輸送作業流程之合理性，所以也具備監督的功能。

4.成本─效益分析（cost-benefit evaluation）：這是在評定方案中所使用的資源與所達成的目標之間的關係及其效益，以「金錢計價之方式」量化方案所提供的服務。此類評估之目的，在於如何才能善用現有的資源以達到目的。此分析只能用在事先的估量與選擇行動方案的工具（如預估今年增加用在募款經費與募得款項增加之比較）。

5.成本─效能評估（cost-effectiveness evaluation）：是指對方案實施效能的評估；指產出（output）部分，例如：該部分之影響如何？給服務對象帶來何種變遷？達到目標的何種程度，關注的是達到成果所需的成本。亦即，方案的投入與每一個成果之間的比例，不以金錢來衡量，而以達成此一方案實際目標的各項工作及數字做為效能（如訓練人數、就業人數、技術水準），包括已經提供的服務量、服務完成人數，以及依品質標準來評量的服務量。

（二）影響／效果評估（impact evaluation）

影響／效果評估係指方案結束後，其所產生成效的延續性或造成的影響。這種評估是繼總結或結果評估後，持續觀察方案所產生的後續效應。例如：一項身心障礙就業服務方案的目的，在於促進身心障礙者就業的機會，其結果可能達到原先所設定之促進就業的人口數；若方案結束後，雇主即減少或增加僱用人數，皆是方案結束後發生的現象，則它即是因方案影響所致。

方案內部評估與外部評估之比較

內部評估
（internal evaluation）

係由方案執行單位的成員所從事的評估工作，動機往往是為了能夠立即改善或提升服務品質。

外部評估
（external evaluation）

係由機構以外的專家，對計畫或方案進行評估工作。

項目	內部評估	外部評估
優點	■內部評估者易於掌握第一手訊息 ■內部評估者有較佳的機會了解方案的知識內容 ■內部評估者較易於獲得主事者和員工的信任，進而讓他們能承認問題和分享祕密 ■內部評估豐富化服務品質的改善過程，有益於機構或方案的外部責信	■較易於維持評估工作的客觀性 ■可依評估標準對組織結構進行監督 ■可避免介入組織的衝突，保持中立地位，以有效執行評估工作 ■評估經費與行政作業獨立於方案外，可避免邊際人角色及地位不一致的困擾 ■評估者較具專業知識和經驗，有助於評估的可信度
缺點	■較缺乏獨立自主的可靠性 ■可能對服務相關知識或經驗不足，而難以做深入評估 ■與方案有密切關係，評估較易陷入主觀性	■對方案內容及進行狀況不易有全面性的了解與掌握 ■可能要有方案外的額外支出 ■有時評估者與方案執行者的特殊關係，可能影響到評估的客觀性

Unit 17-7
方案評估的步驟

當一項方案執行後，要想知道方案執行是否達到方案原先的目標，可以透過方案評估加以進行。茲將擬定評估計畫的步驟，分二個單元說明如下（羅國英、張紉譯，2014）：

一、了解方案及方案利害關係人

（一）取得完整的方案描述資料

一個有效評估要做的第一件事就是取得方案的描述資料，評估者必須弄清楚這個方案的某些特性：它是一個新規劃的方案，還是已經行之有年、上了軌道；它是只在區域實施，還是在各地廣泛實施的方案；參與方案的人是自願的還是被指派的；參與者的心智體能與一般人無異，還是有某些特殊的認知、情緒或肢體上的障礙；它服務的對象是多還是少；這個方案的規劃是根據辯證良好的理論，還是基於一般的常識。

（二）會見方案利害關係人

有效評估要做的第二件事是要確定各種方案利害關係人（stakeholders）。所謂方案利害關係人是指與方案有關的人或團體，他也許會從這個方案獲得某些收入，他的未來生涯也許會受這個方案的影響，或者他就是這個方案企圖服務的潛在案主。方案人員（包括直接服務者及行政人員），通常比方案的贊助者或案主涉入更深；方案的主持人更是整個評估工作的關鍵人物，所以多了解這個方案主持人是非常有幫助的；直接提供服務的工作人員對方案有最直接、細密而長時間的接觸，可以對評估細節提供更透徹的見解。方案的

贊助者也是重要關係人，有時候贊助者就是方案人員，有時也可能是基金會、政府機構或民間機構的核心行政單位。

二、釐清方案利害關係人需要哪些資訊

在初步了解方案以及會見了相關的利害關係人之後，評估者要開始回答下列問題：

（一）誰想要做這個評估？

如果是贊助者要求做評估，評估者就要面對一個挑戰：如何讓工作團隊在實際蒐集評估資料之前放下心防，以利評估者順利得到必要的合作來完成評估工作；如果是方案人員要求評估，評估者必須確定贊助者是否認同這種需要。如果贊助者對於評估沒有興趣，他們很可能不會去理會評估的發現，當然也不會支持評估者建議的改進方法。

（二）這次評估的重點是什麼？

在和方案贊助者及工作人員會談的過程中，評估者很可能會注意到，每一個人對於「方案評估」的理解都不相同，常常有不同的立場，有時工作人員只期待評估者肯定他們已有的付出，而方案贊助者在某些壓力下，常會想要做總結型的評估，以便他們可以把資源轉向其他的方案。還有一些人可能會誤把方案評估所用的測量工具，當成個人工作成果的評量工具。在這種混亂的階段中，評估者要協助相關人士去判斷哪一種型態的評估最適合他們的需求和資源。

圖解社會工作管理

方案評估的步驟

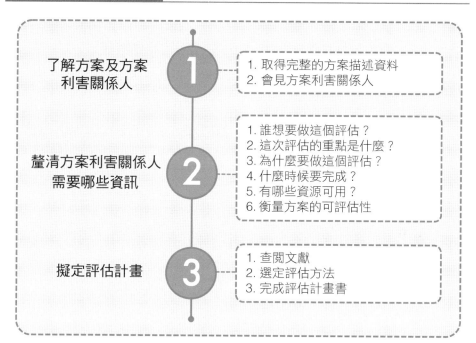

了解方案及方案利害關係人
1
1. 取得完整的方案描述資料
2. 會見方案利害關係人

釐清方案利害關係人需要哪些資訊
2
1. 誰想要做這個評估？
2. 這次評估的重點是什麼？
3. 為什麼要做這個評估？
4. 什麼時候要完成？
5. 有哪些資源可用？
6. 衡量方案的可評估性

擬定評估計畫
3
1. 查閱文獻
2. 選定評估方法
3. 完成評估計畫書

服務評估檢視的三大基本項目

1.投入

指在方案執行前的各項準備與所投入的各種努力或成本，主要是評估其適當性、足夠性及必要性。例如：人力、財力、資源、時間、物力、能力、知識、資料等。

2 過程

指方案執行過程中所產生的服務效應（service impact），往往被認為是經由生產或轉換過程所產生的效應；亦即，檢驗已經發生的狀況、產生的效益，甚至是已發生的問題或阻礙。例如：所投入的是否已足夠應付？目前已產生的效果能否符合預期？對於尚未執行的方案部分是否要繼續？案主對方案服務的觀感與看法是否為正向？

3.輸出

指方案執行後所產生的狀況或結果，通常是以可觀察或可評量的指標作為具體性依據，而會有良莠、優劣、好壞、高低的分別。例如：服務效果、成本效益、案主改變、案主滿意度等。

資料來源：蔡啟源（2018）。

Unit **17-8**
方案評估的步驟（續）

本單元接續前一章說明擬定評估計畫的步驟如下：

（三）為什麼要做這個評估？

強調有效評估的評估者會先去思考這個問題，也就是去確認為什麼他們會想要做評估。評估者應該知道，不同的方案利害關係人對於問題有不同的優先排序。評估者的職責之一就是協助這些贊助者、管理者和方案人員在評估目的上達成共識。

（四）什麼時候要完成？

方案利害關係人總是希望評估工作儘快完成，做評估計畫則要在「理想的評估所需時間」和「關係人期待的速度」之間，求取彼此都能接受的平衡點。在設定這個可行的完成時間點時，評估者要記得把各種實際工作項目所需的時間考慮在內。

（五）有哪些資源可用？

通常評估工作需要有一定的預算金額，即使是內部評估也需要花費資源，如果是外部評估，需要更多的資源。因此，建議評估者把評估的工作項目明細以書面方式列舉出來，以了解所需要的資源。

（六）衡量方案的可評估性

釐清各種資訊和資源的需求之後，評估者還必須考量目前可以得到哪些資源。這整個過程是評估者是否要做正式方案評估的理性基礎，可稱之為可評估性的衡量（evaluability assessment）。所有的方案利害關係人最好能既同意方案的具體目標項目，也同意評估者對於這些項目是否成功的判定標準。

三、擬定評估計畫

一旦決定要正式進行評估，就要開始正式擬定評估計畫。在這個準備階段，評估者需要查閱和這個方案或類似方案有關的各種文獻，決定一個最適當的評估方法，然後撰寫一份計畫書。包括如下：

（一）查閱文獻

如果評估者進入一個不太熟悉的新領域，在決定設計或製作一個新的測量工具之前，一定要很細心地蒐集相關的文獻，以便從別人的經驗中，學到可能遭遇的困難有哪些，同時也學習解決之道。

（二）選定評估方法

這個階段的工作包括怎麼取樣、研究如何設計、資料怎麼取得及決定採用什麼統計分析方法。用來評估的訊息最好來自不同的源頭，並且採用多元的指標。在擬定計畫的階段，就必須仔細考慮評估的結果，將以什麼方式呈現評估方案。

（三）完成評估計畫書

在文獻查閱及上述方法上的考量都完成以後，就要著手書寫評估計畫了。所謂計畫書獲得採納，是指評估者、方案人員、可能也包含贊助單位，對於方案的目的、特質、評估方式、採取的評估指標，及方案是否適合在這個時機進行評估等問題達到某種共識。

方案評估報告書格式表

壹、執行摘要
貳、導言
　　一、評估目的
　　二、評估報告的閱讀對象
　　三、評估報告的限制
　　四、評估報告的概要
參、評估報告的焦點
　　一、評估對象
　　二、評估問題與目標
　　三、完成評估相關訊息
肆、評估設計與評估程序
伍、評估結果的呈現
　　一、評估發現摘要
　　二、評估發現的解釋
陸、結論與建議
　　一、評估指標與標準
　　二、評估對象的優缺點
　　三、建議
柒、附錄
　　一、評估設計工具和資料分析暨解釋
　　二、附表

Evaluation
Report

績效測量、監督與方案評估之比較

比較項目	績效測量	監督	方案評估
分析單位	方案	方案	方案
主要目的	外部報告	方案管理	方案和政策改善
應用範疇	財務／管理面	方案管理	政策／規劃面
資料的使用	對外部相關人士回饋方案績效	對機構管理者回饋方案運作	對政策制定者和規劃者回饋方案結果（成果）

資料來源：高迪理譯（2009）。

Unit 17-9
規劃方案評估時應有的態度

為了使方案評估能順利進行，除了秉持方案評估的步驟進行外，評估者在面對方案評估時，應具有以下的態度，說明如下（黃源協、莊俐昕，2020）：

1. 不應對方案效果抱持著過度的期待： 評估者不應對方案效果抱持著過度的期待，而是要協助利害關係人判斷實際可行的改善程度，以免因不務實的期待而令自己受挫。

2. 不必擔心徵詢他人意見會影響專業形象： 專業服務要能藉由不斷地學習以改善服務品質，有些方案的主事者覺得若詢問案主有關其服務品質，將會降低自己的專業形象。事實上，這種觀念是不正確的。

3. 無須擔心評估會嚇阻創新： 員工也許會擔心評估將嚇阻對新技術的採用，甚而妨礙創新。在實務運作中，方案人員仍可在廣泛的架構下，依方案發展狀況做適度的彈性修正。

4. 無須擔心方案會被緊縮或終結： 有效能的評估者會嘗試讓方案人員視評估者為共同提升服務品質的夥伴，評估是一種持續取得責信的重要工具，而不是終止方案的劊子手。

5. 無須擔心評估訊息被誤用： 評估者要讓評估能明顯地有別於論功行賞的績效評比。因為若將方案評估做為員工考核的依據，則各層級人員所準備供作評估的資料，可能會挑選對他們本身最有利的，這便違背了方案評估的旨趣。

6. 無須擔心質化的理解會被量化的數據取代： 同時採納量化和質化的資料，評估工作就能做得更好。重點不在於獨尊量化或質化資料，而是要整合兩種方法所得到的訊息。

7. 無須擔心評估會排擠方案的資源： 若能妥適的操作和進行評估，除了有助於散播好的服務理念外，也可能會為方案帶來更多的支持和資源。

8. 無須擔心不能掌控方案： 員工和主管們也許會擔心評估將會降低他們對方案的決定權。評估有時會為方案帶來更多符合實際需要的資源，也讓方案人員對於資源的運用有更多主導權。

9. 無須擔心方案的影響力微不足道： 不應期待每項建議都會被接納，但對於一些良好但未被接納的建議，評估者可隨著環境的變化，找機會適時再提出建議。

10. 不應屈服於利害關係人的不當壓力： 面臨這種兩難的困境，規劃評估者應試圖與利害關係人做充分的溝通，以試圖找出較佳或可行性較高的方法。

11. 不應讓方案評估做為已決定之決策的合理化工具： 評估資料最常被誤用的情況，即是用它來合理化評估之前已決定的決策。這種作法可能會犧牲真正有效或最佳的替代方案或決策。

12. 不應為經費而故意讓評估符合贊助者所設定的條件： 福利服務方案經費的贊助者，有時會要求承辦機構必須要有某種評估，以做為取得經費支持的要件。這種只為了取得經費而迎合贊助者的作為，事實上已悖離了評估是為了改善案主服務的初衷。

美國評估學會公告的倫理準則

01 系統化的探討：
無論所評估的對象是什麼，評估者都要依據真實數據作系統化的探究。

02 勝任的能力：
評估者提供給方案利害關係人的服務是其專業能力的實踐。

03 正直／誠實：
在整個評估過程中，評估者必須堅持誠實與正直。

04 對人的尊重：
評估者對於所有與他互動的人，包括受訪者、方案的參與者、案主和其他關係人，都會正視他們的安全、尊嚴與其自我價值感。

05 對大眾福祉的責任：
評估者會思索各種攸關大眾福祉的利益及價值觀，並隨時將它們考慮在內。

資料來源：羅國英、張紉譯（2014）。

評估者最常遇到的倫理問題

01 取得資料後才更換評估問題

02 未經諮詢案主就做某些評估決定

03 為了某些團體的面子而在報告時有所保留，讓方案的弱點避重就輕。

04 某些資料很難保證不外洩卻承諾保密

05 沒有足夠訓練就執行評估工作

資料來源：Newman, D. L., & Brown, R. D.（1992）。

Unit 17-10
「以成效為導向」的方案規劃與評估

當社會福利組織要具體展現方案的成果與成效，並不是在整個方案執行後才蒐集資料來呈現或證明之，而是在構思方案之初，就仔細、認真地思考這個方案主要是要解決哪個族群的什麼問題，或滿足他們什麼需要，以及這個方案理想的目標是什麼，然後再回過頭來思考可以運用什麼樣的策略與方法來達到這樣的理想。以這樣的方式來構思方案，美國聯合勸募協會（United Way of American）稱之為「以成效為導向的方案規劃與評估」。此模式強調，我們在構思方案時並非純然是「順向」的思考，而是以「成效」為核心加以思考，透過「以成效為基礎的取向」（effectiveness-based approach）一步一步地推演出方案的內容。

「以成效為導向的方案規劃與評估」其核心的思考是：「如何產生對服務對象有正向助益的方案」，以及「如何證明服務方案可以讓服務對象產生正向的改變」。「以成效為導向的方案規劃」之精神，本質上是進行定期查核的觀念。涉及了一系列經過設計的步驟，以清楚了解所欲處理的問題、評量服務對象接受服務時的問題類型及嚴重程度、所提供相關的服務處置；評估服務對象離開服務體系時的問題類型及嚴重程度，以及檢視選定的指標進行追蹤研究，以便確認服務所發揮的長程效果。

茲將「以成效為基礎的方案規劃與評估」之各項要素（中華社會福利聯合勸募協會、鄭怡世，2010），分成四個單元逐一說明，本單元先說明「一、釐清誰在經歷著什麼問題」如下：

一、釐清誰在經歷著什麼問題

（一）誰在經歷什麼問題

清楚地說出「是哪一群人經歷著什麼問題」時，就比較能夠具體地想像與描繪方案的整體圖像，包括可以回應或處理這樣的問題到什麼程度？方案可以達到預期的理想是什麼？可以用什麼樣的策略與方法、需要投入多少資源來達到這樣的理想等。

（二）從什麼觀點／角度看問題

以什麼觀點／角度來理解與看待服務對象所面臨的問題，是構思方案後續一系列行動的基礎。而以什麼觀點／角度看待這個群體所面臨的問題，其實就是理論的觀點，因為理論觀點是指社會工作介入／處遇的立論基礎，因為這樣的立論基礎而採取不同的介入／處遇與方法。

（三）將「誰在經歷什麼問題」書寫、表達出來

在確定與表達服務對象時，如果能夠具體寫出「誰在經歷著什麼問題」，包括這個「誰」目前的問題或狀態，那麼我們就較能具體地表達出方案的「服務對象」。由於資源與時間的限制，方案往往只能在某些區域內實施，因此，在確定服務對象時，也必須考量與寫出方案實施的區域。

「以成效為導向」的方案規劃與評估之架構

架構大綱

1. 釐清誰在經歷著什麼問題
2. 確認服務對象的問題與需求
3. 界定方案的範圍與邏輯模式
4. 設定方案的目的（goal）與目標（object）
5. 描繪服務方法與內容
6. 決定資源投入的程度
7. 規劃與執行成效評量
8. 撰寫方案計畫書

架構示意圖

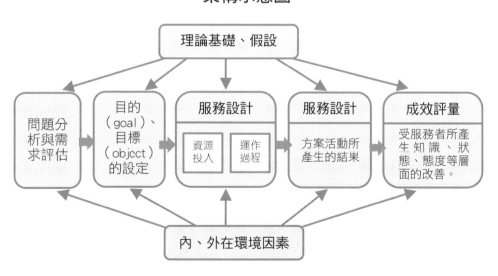

資料來源：中華社會福利聯合勸募協會、鄭怡世（2010）。

Unit 17-11
「以成效為導向」的方案規劃與評估（續1）

本單元接續前一單元，說明「二、確認服務對象的問題與需求」如下：

二、確認服務對象的問題與需求

（一）進行問題分析

1.有多少服務對象：透過相關的數據來呈現及說明有多少這樣的服務對象，這樣的數據可以說是了解問題的開始。例如：依據主管機關的統計，1997至2002年平均每年領取視覺障礙身心障礙手冊者為2,300人。

2.方案實施區域的問題現況為何：掌握方案實施區域／範圍的問題現況，包括這個區域／範圍有多少服務對象，如此我們才能思考方案的規模。例如：主管機關的統計資料顯示，臺中市截至2007年2月底止，累計的愛滋病患感染者共844人，占全臺灣感染人數的6.3%。

3.問題的本質與成因是什麼：亦即釐清方案的理論基礎與假設。理論觀點是指社會工作介入／處遇的立論基礎，因為這樣的立論基礎而採取不同的介入／處遇與方法。

4.誰來判定這個問題是問題：方案規劃者必須清楚了解誰在界定問題？哪些人會反對此方案？如何化解反對的意見？否則方案可能無法順利執行。

5.既有的解決方案有哪些，呈現出什麼成效：必須廣泛地蒐集與了解，曾經有哪些人、哪些團體針對服務對象做過什麼事？實施過哪些方案？這些方案是否產生具體的成效？我們是否要延續這些行動與作法？這些都是可以幫助我們構思方案可能走向的重要資訊。

（二）進行需求評估

以Bradshaw的規範性、感受性、表達性、比較性等四種需求類型為分析架構與方向，協助我們了解服務對象的需求，並可運用下列方法進行探求服務對象的需求：

1.運用次級資料推估：運用已經存在的統計資料或數據，依方案的需要來進行統計分析或推估。主要是用來推估某項服務的需求量。

2.運用現有機構的服務統計資料進行推估：透過現有機構的服務量統計資料，可以幫助我們了解現有服務的概況，並以此數據為基礎，來推估某項服務的需求；或是以這樣的數據與上述的次級資料推估結果做比較，來觀察兩者之間的差距，透過這樣的差距來推估某項服務的需求量。

3.分析與整理相關的文獻資料：透過閱讀相關文獻資料、整理，是探求規範性需求很重要的方法之一。以這個方法所探求出來的需求，往往是我們進行規劃與評估的重要參考依據。

4.進行需求調查的研究：要確切地了解服務者的需求，以服務者為研究對象進行需求調查的研究，通常能獲得確切且精準的資訊。

5.整理既有的服務經驗：我們往往忽略服務經驗也是很寶貴的資產，透過第一線的服務，累積了很多「實務的智慧」，也可清楚理解服務對象的需求。

方案的邏輯模式圖：案例

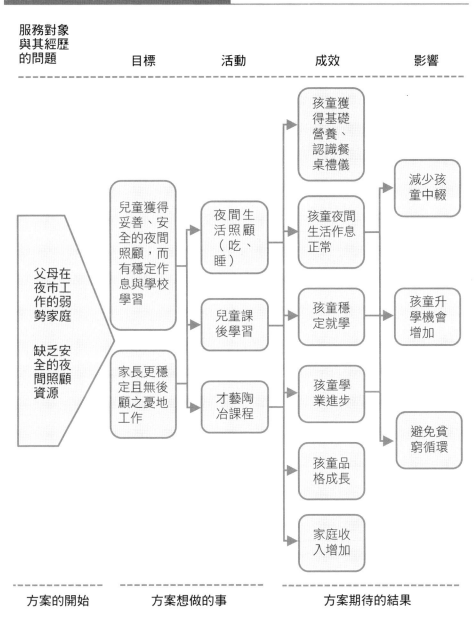

服務對象
與其經歷
的問題　　　　　　目標　　　　活動　　　　　成效　　　　　影響

父母在
夜市工
作的弱
勢家庭

缺乏安
全的夜
間照顧
資源

兒童獲得
妥善、安
全的夜間
照顧，而
有穩定作
息與學校
學習

家長更穩
定且無後
顧之憂地
工作

夜間生
活照顧
（吃、
睡）

兒童課
後學習

才藝陶
冶課程

孩童獲
得基礎
營養、
認識餐
桌禮儀

孩童夜間
生活作息
正常

孩童穩
定就學

孩童學
業進步

孩童品
格成長

家庭收
入增加

減少孩
童中輟

孩童升
學機會
增加

避免貧
窮循環

方案的開始　　　　方案想做的事　　　　　方案期待的結果

資料來源：中華社會福利聯合勸募協會、鄭怡世（2010）。

Unit **17-12**
「以成效為導向」的方案規劃與評估（續2）

本單元接續前一單元，說明「三、界定方案的範圍與邏輯模式」如下：

三、界定方案的範圍與邏輯模式

（一）思考方案的範圍

1. 將問題及需求區分為幾個可以處遇的領域： 當釐清受服務者的問題需求後，應該將服務者的這些問題與需求區分為幾個可以處遇的領域。

2. 考慮組織使命、專長與優勢： 每個組織都有其擁有的資源、專長與優勢，所以，當我們在思考方案可以處理的範圍時，應將組織的使命、專長與優勢納入考慮，這樣才能確保後續執行方案的品質。

3. 選擇最可能處理的問題／議題及範圍： 方案規劃者在思考組織擁有的資源、專長與優勢後，方案規劃者便應選擇最可能處理的問題／議題及範圍。由於每個組織因其資源、專長與優勢等不同，且每個方案都有其特定的任務與範圍，所以就必須透過組織間的協調合作、夥伴關係，以從事網絡服務。

（二）釐清方案的理論觀點與假設

方案所採用的理論會引導方案所採用的策略、服務方法與評估的方向。亦即，方案規劃者如果在這個步驟上有更清楚的思考，後續的服務策略與方法也會跟著浮現。理論觀點形成方案假設的步驟如下：

1. 理解理論的內涵： 理論觀點是指社會工作介入／處遇的立論基礎，因為這樣的立論基礎而採取不同的介入／處遇與方法。

2. 將理論內涵轉化為處遇的策略與方法： 不同的理論對於方案所欲處理的問題或現象有很大的差異，也因為這樣的差異，對於後續要採取什麼樣的服務策略、提供什麼樣的服務內容，以及要做什麼樣的成效評估會有所不同。

（三）將處遇的策略與方法化為一連串的處遇行動，並以「若－則」的敘述加以串聯之

進一步以「若－則」的敘述將行動串連起來，並寫成方案的假設。並以邏輯模式來描述方案。

邏輯模式源自於系統理論的基本概念之取向，而此一模式可做為設計服務方案的參考架構。邏輯模式有助於實務工作者建立一個理論融入規劃過程的背景脈絡。邏輯模式的目的在於明確描述事件，包括確認方案所需的資源、匹配資源與需求、啟動服務流程，以及測量成果。此一模式能讓規劃者清楚掌握，處理某個社會問題及啟動處置程序的理性流程，同時又能持續聚焦於整個付出的效力。

邏輯模式指的是「你的組織做事情的方法——即方案服務的理論假設基礎」。方案邏輯模式把短期到長期成效、方案的活動與服務流程，以及理論假設和方案的原則環環相扣連在一起。釐清方案的理論觀點與假設之後，可採「方案邏輯模式圖」來描述方案（詳本章第14單元圖解頁之說明）。

思考方案的範圍：找出方案可處理的範圍

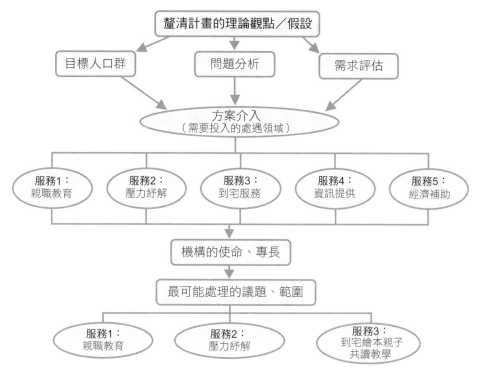

資料來源：中華社會福利聯合勸募協會、鄭怡世（2010）。

「若—則」的敘述：範例

方案的理論基礎／假設

新移民家庭學齡前兒童學習困擾問題是因為從主要照顧者獲得中文化的學習資源較少所造成。若新移民家庭主要照顧者有適當的識字教材，有教導兒童學習中文的能力，願意撥出時間來教導孩童學習中文，則新移民家庭兒童可以提升中文識字能力以及增強中文表達能力，其學習困擾自然獲得解決。

方案的服務方法或方案活動

Unit 17-13
「以成效為導向」的方案規劃與評估（續3）

538

本單元接續前一單元，說明「四、設定方案的目的（goal）與目標（object）」、「五、描繪服務方法與內容」、「六、決定資源投入的程度」等如下：

四、設定方案的目的（goal）與目標（object）

（一）目的（goals）

方案目的是指對於方案所欲達到的最終影響或理想的陳述，其重點在於呈現服務對象問題被解決或需求被滿足的狀態。透過方案目的的陳述，可以描繪出方案整體的大方向。目的應包含幾個面向：1. 方案的服務對象（目的人口群）；2. 方案所欲處理的主要問題或議題；3. 方案最終希望達到的影響或理想；4. 達成理想所使用的策略。

（二）目標（objectives）

描繪出方案的目的後，接著就是將目的化為數個具體、明確、可測量的陳述，這樣的陳述就是所謂的「目標」。目標必須呼應目的的陳述，其重點應放在特定時間內，方案預期可達到的明確、可測量的成果。設定目標時的思考方向，包括時間架構、方案的服務對象、欲達成明確與可測量的具體成果、測量目標是否達成的方法等。

五、描繪服務方法與內容

（一）描述服務定義

對所欲提供的服務加以描述定義；其作用是將解決服務對象問題和需求所需的一系列服務活動，從一個較大的範圍濃縮或簡化成一個較小且特定的重點。例如：本方案是針對18歲以下未婚懷孕少女所提供的親職教育技能訓練服務。

（二）訂出服務或處遇項目／內容

所應該包括的各項活動。例如：某服務方案係希望透過宣導工作來降低少女未婚懷孕的比例，所以該服務內容包括：印製宣導手冊、至各學校辦理安全性行為講座，以及開設青少年諮詢專線等，而這些活動即構成一整套的服務。

（三）畫出服務流程圖

將實施的先後順序，把這些服務或處遇項目之間的關係畫成一套切合實際運作的服務流程圖，以做為方案執行時的依據。

（四）設計相關表單

應針對每項服務或處遇設計相關的表單。

六、決定資源投入的程度

（一）資源投入

資源包括：服務對象、工作人員、知識與技術、物質資源、設施、設備、合作夥伴，以及經費等八個面向。

（二）編列預算

是對方案所需的花費進行估算。編列預算具有三個主要的目的：控制、管理與規劃。常見的預算編列方法，包括單項預算、方案／功能預算。

方案目的（goal）與目標（objective）描述方式之差異

項目	方案目的	方案目標
描述用途不同	要指引方案方向，使讀者很快地理解並投入。	要描述方案可達到哪裡，使讀者很快地知道方案可能的執行效率。
描述範圍不同	兼具個人、社會問題與福祉這兩個層面的連結，說明方案要解決哪些社會問題與需求，範圍常是較為寬廣的。	較少論及個人、社會問題與福祉層面的連結，亦較少談及要解決哪些社會問題與需求，範圍通常是較為狹窄的。
指出明確與否	僅有方向感即可，因此可有較多的解釋空間。	較為特定清楚，因此較少有解釋彈性空間。
時間點之有無	少有時間架構，訂定者常期待可容納長期計畫的執行，少有檢視之可能。	需有時間架構與改變的內容，訂定者常期待到時可以檢視。
結果標準之有無	重視宣示的效果，少有欲達成的結果標準，致難以評估或監督。	重視實質服務的效果，可能訂有欲達成的結果標準，用以評估或監督。
達成測量方式之有無	偏向於質化的表達，少有包括目標達成之測量方式。	偏向於量化的表達，包括目標達成之測量方式。

資料來源：黃松林等著（2020）。

成效評量的邏輯模式概念圖

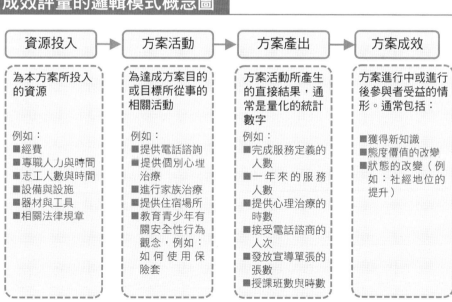

資料來源：中華社會福利聯合勸募協會、鄭怡世（2010）。

Unit 17-14
「以成效為導向」的方案規劃與評估（續4）

本單元接續前一單元，說明「七、規劃與執行成效評量」、「八、撰寫方案計畫書」等如下：

七、規劃與執行成效評量

所謂「方案的成效評量」，是指透過一系列的過程，來了解及呈現接受方案服務或處遇者，是否有因為方案所提供的服務或處遇而產生知識、行為、態度、狀態（包括處境與地位）等層面的改變。其步驟如下：

（一）發展成效的邏輯模式

1.確認方案的產出：方案的產出是指方案活動所產生的直接結果，通常是以量化的統計數字呈現之。例如：完成服務定義的人數。

2.選擇方案的成效：選出最重要、最具代表性的方案，以及最想知道的成效，可透過討論進行選擇。

3.畫出成效評量的邏輯模式圖：將方案所投入的資源、方案的活動、方案的產出，以及方案的短、中、長期連結成一個彼此具有關聯關係的邏輯模式圖。

4.再次檢視所界定的產出與所選擇的成效：再次檢視所選擇出來的產出與成效是否符合。

（二）確認指標

針對所選擇出來的成效分別訂定其指標。指標必須是可觀察、可測量、具體且明確的陳述，透過這樣的陳述將較為抽象的成效轉化為明確、特定、可觀察或可測量的事項。例如：服務方案中一個成效是「服務對象穩定就業」，但要如何才確認服務對象是否有「穩定就業」呢？可將「穩定就業」界定為「持續被同一家公司僱用達6個月（含）以上的人數」。

（三）構思如何蒐集所需資料

包括質化或量化資料的蒐集。

八、撰寫方案計畫書

方案計畫書分為三大部分：

（一）方案前篇

包括方案計畫書的封面、摘要以及目錄。

（二）方案主體內容

包括前言（或計畫緣起）、問題分析與需求評估（含服務對象及理論觀點）、方案目的與目標、問題分析與需求評估（含服務對象及理論觀點）、方案目標與目的、服務策略與方法、經費預算、時程進度、評估計畫、工作團隊與分工。

（三）方案後篇

包括參考文獻以及附件。

「方案邏輯模式圖」的六個元素

1. 問題或議題的陳述：描述您的方案所欲處理的問題，或方案所著重的議題。
2. 服務對象或社區的需求：具體說明服務對象或社區的需求，致使組織需要規劃特定的方案來滿足服務對象或社區的需求。
3. 希望得到的結果：思考方案希望得到的結果或是未來的願景；重點在於描繪出方案實施後，近期及遠程所希望達到的理想。
4. 影響因素：將要達到理想所可能遭遇到的內、外在干擾因素臚列出來。
5. 策略：思考及臚列達成理想以及克服影響因素的所有可能策略與方法。
6. 理論基礎／假設：思考方案的理論基礎，以及一連串「若一則」的敘述。

「方案邏輯模式圖」範例：
新移民家庭學齡前兒童學習的困擾問題

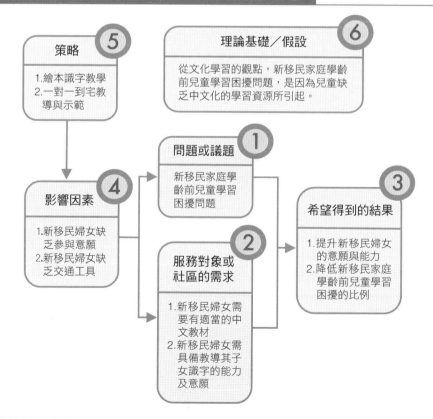

資料來源：中華社會福利聯合勸募協會、鄭怡世（2010）。

參考書目

中文部分

丁志達（2014）。《績效管理》。揚智。

中山大學企業管理學系（2014）。《管理學：整合觀點與創新思維》。前程。

中華社會福利聯合勸募協會、鄭怡世（2010）。《成效導向的方案規劃與評估》。巨流。

方世榮（2000）。《基礎管理學》。東華。

方世榮譯、Gary Dessler 著（2016）。《現代人力資源管理》。華泰。

牛涵錚等著（2019）。《管理學》。全華。

王文秀等譯、Peter Hawkins & Robin Shohet 等著（2003）。《助人專業督導》。學富。

王明鳳、黃誌坤（2018）。《社會工作管理》。華都。

王振軒（2006a）。〈非營利組織與公共關係〉，《非營利組織管理學刊》，4：1-26。

王振軒（2006b）。〈建構非政府組織的募款能力〉，《非政府組織學刊》，1：117-138.

王精文譯、Raymond A. Noe 等著（2018）。《人力資源管理：全球經驗本土實踐》。華泰。

丘昌泰（2010）。《公共政策：基礎篇》。巨流。

朱道凱譯、Kaplan, Robert S., & Norton, David P. 著（2003）。《平衡計分卡──資訊時代的策略管理工具》。臉譜。

江大樹（2006）。〈建構地方文官培訓藍海策略網絡治理觀點〉，《研習論壇月刊》，72：1-21。

江明修（2000）。《第三部門經營策略與社會參與》。智勝。

江明修審定、Dees, J. G., Emerson, J., & Economy, Peter 著（2004）。《企業型非營利組織》。智勝。

江盈誼等譯、Allan Brown & Iain Bourne 著（2000）。《社工督導》。學富。

艾昌瑞譯、McShane, S. L. & Von Glinow, M. A. 著（2006）。《組織行為：剖析職場新思維》。麥格羅希爾。

吳佩玲譯、Augustine 著（2001）。《危機管理》。天下。

吳宜蓁、徐詠絮譯、Lan I. Mitroff & Christine M. Pearson 著（1996）。《危機管理診斷手冊》。五南。

吳秉恩（1993）。《組織行為學》。華泰。

吳思華（2000）。《策略九說：策略思考的本質》。臉譜。

李宗勳（2007）。《政府業務委外經營──理論與實務》。智勝。

李茂興等譯、Robbins, S. P. 著（1994）。《組織行為》。揚智。

周文珍（2007）。〈從非營利組織使命出發的行銷與資源募集〉,《社區發展季刊》,118：101-111。

官有垣（2012）。〈社會企業在臺灣的發展——概念、特質與類型〉,收錄於官有垣、高迪理譯、Peter M. Kettner, Robert M. Moroney, & Lawrence L. Martin 著（2009）。《服務方案之設計與管理》。揚智。

林水波、張世賢（2006）。《公共行政》。五南。

林孟彥譯、Robbins 等著（2014）。《管理學》。華泰。

林東（1996）。〈社會行銷的理論與實務〉,《社會教育學刊》,25：49-75。

林勝義（2017）。《社會福利行政》。五南。

邱如美譯、John P. Kotter 著（1998）。《企業成功轉型8 STEP》。天下。

俞玫妏譯、Kotler, P. , Roberto, N., & Lee, N. 著（2019）。《社會行銷》。五南。

孫本初、鍾京佑（2006）。〈從地方政府到地方治理：網絡治理之分析〉,《中國地方自治》,59：33-54。

孫建忠等譯、Peter M. Kettner 著（2005）。《人群服務組織管理》。雙葉。

孫煒（2006）。〈非營利組織績效評量的問題與對策〉,《政治科學論叢》,28：163-202。

翁慧圓（2006）。〈兒童福利專業資源網絡之探討〉,《社區發展季刊》,115：173-185。

高登第譯、Philip Kolter 著（2000）。《科特勒談行銷》。遠流。

國家發展委員會（2013）。《我國非營利組織社會企業化之研究》。國家發展委員會。

國家發展委員會（2020）。《風險管理及危機處理作業手冊》。國家發展委員會。

張仁家主編（2018）。《組織行為》。全華。

張在山譯、P. Kotler & Andreasen 著（1991）。《非營利事業的策略性行銷》。授學。

許瑞妤等譯、Peter C. Brinckerhoff 著（2004）。《非營利組織行銷：以使命為導向》,揚智。

陳志瑋譯、GroverStarling 著（2015）。《行政學：公部門之管理》。五南。

陳政智（2018）。《非營利組織管理》。華都。

陳敦源、張世杰（2010）。〈公私協力夥伴關係的弔詭〉,《文官制度季刊》,2（3）：17-71。

陳儀、邱天欣譯、J. R. Caponigro 著（2003）。《危機管理：擬定應變計畫、化危機為轉機的企業致勝之道》。麥格羅希爾。

陳錦堂、陸宛蘋、王仕圖編著（2012）。《社會企業:臺灣與香港的比較》。巨流。

陸宛蘋（2009）。〈非營利組織管理〉,收錄於蕭新煌、官有垣、陸宛蘋主編《非

營利部門：組織與運作》。巨流。

彭懷真（2012）。《社工管理學》。雙葉。

曾華源（2000）。〈社區資源網絡建構之基本概念〉，《推動社會福利社區化實務工作手冊》，內政部。

曾華源等主編（2017）。《社會工作管理》。洪葉。

湯宗泰、劉文良（2012）。《資訊管理概論：Web 2.0思維》。旗標。

黃良志等著（2017）。《人力資源管理理論與實務》，華泰。

黃松林等著（2020）。《社會工作方案設計與管理》。華都。

黃俊英（1992）。《行銷研究：管理與技術》。華泰。

黃俊英（2007）。《行銷的世界》。天下。

黃源協（2013）。《社會工作管理》。雙葉。

黃源協、莊俐昕（2019）。《社會福利行政》。雙葉。

黃源協、莊俐昕（2020）。《社會工作管理》。雙葉。

黃源協等著（2017）。《個案管理與照顧管理》。雙葉。

溫金豐（2019）。《組織理論與管理》。華泰。

榮泰生譯、Kettner著（2013）。《管理學》。麥格羅希爾。

齊若蘭譯、Jim Collins著（2002）。《從A到A+》。遠流。

劉宜君（2006）。〈公共網絡的管理與績效評估之探討〉，《行政暨政策學報》，42：107-142。

劉曉春譯（2009）。《社會工作管理》。心理。

劉麗雯（2004）。《非營利組織：協調與合作的社會福利服務》。雙葉。

蔡啟源（2018）。《方案規劃與評鑑》。雙葉。

鄭美華（2003）。〈危機管理機制建立之研究〉，《通識研究集刊》，4：193-224。

鄭善明等著（2009）。〈社會資源運用之探討——以屏東私立椰子園老人養護之家為例〉，《社區發展季刊》，126：395-405。

鄭燦堂（2020）。《風險管理理論與實務》。五南。

蕭文高（2019）。〈社會服務契約網絡與管理職能〉，《社區發展季刊》，166：42-55。

蕭新煌等主編（2017）。《非營利部門：組織與運作》。巨流。

戴永久（1994）。《全面品質經營》。中華民國品質管制學會。

羅國英、張紉譯、E. J. Posavac & R. G. Carey著（2014）。《方案評估：方法及案例討論》。雙葉。

英文部分

Alderfer, C. P. (1969). An empirical test of a new theory of human needs, *Organizational Behavior and Human Performance*, 4, pp. 142-175.

Bengington, J. (2011). From Private Choice to Public Value?. In J. Bengington & M. H. Moore (Eds.), *Public Value: Theory and Practice*. Palgrave Macmillan, 34-37.

Blake, R. R., Mouton, J. S., Barnes, L. B., & Greiner, L. E. (1964). *Breakthrough in Organization Development*. Harvard Business Review. McGraw-Hill.

Boin, A., Kuipers, S., & Overdijk, W. (2013). Leadership in times of crisis: a framework for assessment. *International Review of Public Administration*, *18*(1), pp. 79-91.

Carr, D. K., & Littman, I. D. (1993). *Excellence in government: Total Quality Management in the 1990's*. Copper & Lybrand.

Chan, A., Go, F. M., & Pine, R. (1998).Service innovation in Hong Kong: attitudes and practice. *The Service Industries Journal*, *18*(22), 122.

Conger, J. A. & Kanungo, N. (1998). *Charismatic Leadership in Organizations*. SAGE.

DeSimone, R. L., Harris, D. M., & Werner, J. M. (2002). *Human Resource Development*. Harcourt College.

Dessler, G. (1999). *Human Resource Management*. Pearson.

Dunnachie, H. (1992). Approaches to quality systems. In. B. Warr & D. Kelly (Eds.), *Quality Counts: Achieving Quality in Social Care Services*, pp. 14-35.

El Bassiti, L. & Ajhoun, R. (2013).Toward an Innovation Management Framework: A Life-Cycle Model with an Idea Management Focus. *International Journal of Innovation, Management and Technology*, *4*(6): 551-559.

Fineman, S. (1985). *Social Work Stress and Intervention*. Grower.

Fink, S. (1986). *Crisis Management: Planning for the Inevitable*. Amacom.

Greenfield, James M. (1996). *Fund-raising cost effectiveness: A self-assessment workbook*. John Wiley.

Greenfield, James M. (1999). *Fund Raising: Evaluating and Managing the Fund Development Process*. John Wiley.

Howe, K. & Gray, I. (2013). *Effective supervision in social work*. Sage.

Jelphs, K., & Dickinson, H. (2008). *Working in teams*. The Policy Press.

Kaplan, Robert S., & Norton, D. P. (1996). *The balanced scorecard：*

圖解社會工作管理

Translating strategy into action. Harvard Business School Press.

Kettner, P. M. (2002). *Achieving Excellence in the Management of Human Service Organization*. Allyn and Bacon.

Kettner, P. M., Moroney, R. M., & Martin, L. L. (2008). *Designing and Managing Programs: An Effectiveness-Based Approach*. Sage.

Koehler, J. W., Anatol, Karl W. E., & Applbaum, R. L. (1978). *Public communication*. Macmillan.

Kotler, P. & Mindak, W. (1978). Marketing and Public Relations. *Journal of Marketing*, October, pp. 13-20.

Kotler, P. (1997). *Marketing Management*. Prentice-Hall.

Kotler, Philip, & Roberto, E. L. (1989). *Social Marketing-Strategies for Changing Public Behavior*. The Free Press.

Martin, L. L. (1993). *Total Quality Management in Human Service Organizations*. Sage.

Milkovich, G. T., & Boudreau, J. W. (1997). *Human Resource Management*. IRWIN Inc.

Moorhead & Griffin (1992). *Organization Behavior: Managing People and Organization*. Cengage Learning.

Morgan, C. & Murgatroyd, S. (1994). *Total Quality Management in the Public Sector*. Buckingham Open University.

Moullin, M. (2002). *Delivering Excellence in Health and Social Care*. Maidenhead Open University.

Newman, D. L., & Brown, R. D. (1992). Violations of evaluation standards: Frequency and seriousness of occurrence. *Evaluation Review, 16*: 219-234.

Nunamakerl, J. F., Weber, E. S., & Chen, M. (1989). Organizational Crisis Management System: Planning for Intelligent Action. *Journal of Management Information System, 5*(4): 7-23.

Pauchant, T. C., & Mitroff, I. I. (1992). *Transforming the crisis-prone organization: preventing individual, organizational, and environmental tragedies*. Jossey-Bass Press.

Pondy, L. R. (1967). Organizational Conflict Concepts and Models. *Administrative Science Quarterly, 13*, pp. 296 -320.

Rahlm, M. A. (1986). *Managing Conflict in Organizations*. Praeger.

Rahim, M. A. (2002). Toward A Theory Of Managing Organizational Conflict. *The International Journal of Conflict Managemen, 13*(3), pp. 206-235.

参考書目

547

Randy, L. D., & David, M. H.(1998). *Human Resource Development.* Dryden Press.

Robbins, S. P. (1998). *Organizational behavior: Concepts, controversies, applications.* Prentice Hall.

Robbins, S. P. (2001). *Organizational Behavior.* Prentice Hall.

Robbins, S. P., & Coulter, M. (2002). *Management.* Prentice Hall.

Robbins, S. P., & Coulter, M. (2018). *Management.* Person.

Robbins, S. P., & Decenzo, D. A. (2004). *Fundamentals of Management Essential Concepts and Applications.* Pearson Prentice Hall.

Sashkin, M., & Morris, W. C. (1984). *Organizational behavior: Concept and experience.* Reston.

Skidmore, R. A. (1995). *Social Work Administration—Dynamic Management and Human Relationships.* Allyn & Bacon.

Szilagvi, A. D. (1983). *Organizational Behavior and Performance.* Scott, Forman and Company.

Tenner & DeToro (1992). *Total Quality Management: Three Steps to Continuous Improvement.* Addison-Wesley.

The Fund Raising School (2002). *Principles and Techniques of Fund raising.* Center on Philanthropy at Indiana University.

Thomas, K. W. (1976). Conflict and conflict management. In M. Dunnette (Ed.), *Handbook of industrial and organizational psychology.* PandMcnally.

Weinbach, R. W. (2008). *The Social Worker as Manager.* Person.